KARL BARTH · PREDIGTEN 1954-1967

TVZ

KARL BARTH · GESAMTAUSGABE

I. Predigten

PREDIGTEN 1954–1967

TVZ

THEOLOGISCHER VERLAG ZÜRICH

KARL BARTH

PREDIGTEN 1954–1967

Herausgegeben von Hinrich Stoevesandt

TVZ

THEOLOGISCHER VERLAG ZÜRICH

Gedruckt mit Unterstützung der Karl Barth-Stiftung

Karl Barth
Gesamtausgabe. Im Auftrag der Karl Barth-Stiftung hrsg. von Hans-Anton Drewes

1. Predigten
Predigten 1954–1967, hrsg. v. Hinrich Stoevesandt,
3. Aufl. 2003
ISBN 3-290-17278-3
CIP-Einheitsaufnahme bei der Deutschen Bibliothek .

Printed in Germany
By ROSCH BUCH Gmbh, Scheßlitz

INHALT

VORWORT

In Abteilung I der Gesamtausgabe sind bisher zwei vollständige Jahrgänge – 1913 und 1914 – von Predigten des jungen Safenwiler Pfarrers Karl Barth vorgelegt worden. Ihnen folgt an nächster Stelle nun eine Sammlung der Predigten aus den letzten Jahren von Barths akademischer Tätigkeit und aus der Zeit seines Ruhestandes. Die Pointe, die in dieser Folge des Erscheinens entdeckt werden könnte, ist nicht deren Beweggrund. Zwar ist es in der Tat reizvoll und lehrreich, jene frühen und diese spätesten Predigten einander gegenüberzustellen und sich im Spiegel der nach Inhalt und Form so außerordentlich gewandelten Verkündigung desselben Predigers die Weite und Bedeutsamkeit des Weges zu vergegenwärtigen, den Barth als Theologe in jenen Jahrzehnten zurückgelegt hat: Er ahnte, als jene posthum veröffentlichten Predigten entstanden, noch nicht, daß er einige Jahre später mit einer Auslegung des Römerbriefs zu einer grundlegenden Erneuerung der Theologie ansetzen würde; und er stand, als er die ersten der hier wieder vorgelegten Predigten hielt, bei der Niederschrift des zweiten Teils der Lehre von der Versöhnung innerhalb seines monumentalen Hauptwerkes (KD IV/2) und damit auf dem Höhepunkt der Entfaltung jener erneuerten Theologie. Doch hat nicht die Absicht solcher Kontrastwirkung zu dem Entschluß geführt, in der Veröffentlichung jetzt diesen Sprung vom Früh- zum Spätwerk zu machen. Bestimmend waren lediglich praktische Gründe: Da die Gesamtausgabe nach und nach die bisherigen Einzelausgaben der Werke Barths, wenn sie vergriffen sind, ersetzen soll, lag es nahe, diejenigen Predigten, die im Buchhandel am meisten verlangt werden, mit Vorrang in die Gesamtausgabe zu überführen.

Seit dem Übergang vom Safenwiler Pfarramt ins akademische Lehramt (Oktober 1921) hatte Barth keinen amtlichen und regelmäßigen Predigtauftrag mehr. Doch hat er seiner berühmt gewordenen Erklärung, daß die Wurzel seiner Theologie «das spezifische *Pfarrer*problem der *Predigt*» sei[1], auch in der Weise die Treue gehalten, daß er Einla-

[1] K. Barth, *Not und Verheißung der christlichen Verkündigung* (1922), in: ders., *Das Wort Gottes und die Theologie*, München 1924, S. 101. Vgl. auch ders., *Fünfzehn Antworten an Herrn Professor von Harnack* (1923), in: ders., *Theologische Fragen und Antworten*, Zollikon 1957, S. 10: «Die Aufgabe der Theologie ist eins mit der Aufgabe der Predigt.»

dungen zum Predigen, wann immer sein sonstiges Arbeitspensum es zuließ, gern Folge leistete. Aus den Jahren 1921 bis 1964 liegen rund 130 Predigten Barths vor, in der überwiegenden Mehrzahl in ausgeschriebenem Wortlaut (die meisten von ihnen einmal oder mehrfach veröffentlicht), zu einem kleinen Teil auch nur als Stichwortkonzept, wie er es auf die Kanzel mitzunehmen pflegte. Von einigen weiteren sind Datum, Ort und Text bekannt, aber keine Aufzeichnungen erhalten. Für diese Predigten aus Barths Professorenzeit sind drei Bände der Gesamtausgabe vorgesehen. Der erste wird diejenigen aus Barths Jahren in Deutschland (1921–1935) enthalten, der zweite diejenigen vom Beginn der Basler Zeit bis zu der einzigen großen Pause in seiner Predigttätigkeit: zwischen 1947 und 1954 hat er keinmal in Basel und nur dreimal auswärts gepredigt. Nach dieser Unterbrechung setzt eine neue, letzte Predigtperiode ein. Was in ihr entstanden ist, ist lückenlos erhalten und wird nun in diesem Band gesammelt vorgelegt.

Eine eigenständige Periode ist dieser letzte Zeitabschnitt nicht allein dadurch, daß ein längeres Fernbleiben von der Kanzel sie von der vorangehenden trennt, sondern viel mehr noch durch den neuen und von nun an (bis auf wenige Ausnahmen) kaum noch gegen einen anderen vertauschten, ja allen anderen ausdrücklich vorgezogenen Predigt*ort*: die Basler *Strafanstalt*. Die mündliche Einladung des dort wirkenden Pfarrers Martin Schwarz hatte Barth zunächst mit Zurückhaltung auf- und nicht sofort angenommen. Doch bat er Schwarz noch am selben Tag, an einem von diesem gehaltenen Gottesdienst in der Strafanstalt teilnehmen zu dürfen, und unter dem dort empfangenen Eindruck sagte er dann sofort zu.[2] Von dem, was ihn seitdem mit dieser besonderen Predigtstätte verband, geben die Predigten selbst das beredteste Zeug-

[2] Diese Darstellung folgt der rückblickenden Niederschrift von M. Schwarz: *Bericht des evangelischen Strafanstaltspfarrers 1968. Karl Barth in der Strafanstalt*, Privatdruck o. J. [1969] (gekürzt abgedruckt unter dem Titel *Karl Barth im Gefängnis* in: Stimme der Gemeinde, Jg. 21 (1969), Sp. 3–5, und unter dem Titel *Karl Barth in der Strafanstalt* in: Kirchenblatt für die reformierte Schweiz, Jg. 125 (1969), S. 210–213), S. 5. Die zeitliche Abfolge hat sich in der Erinnerung von Schwarz zusammengezogen; er legt nur eine Woche Abstand zwischen Barths Gottesdienstbesuch und seine erste eigene Predigt. Tatsächlich hörte Barth am 25. April 1954 die Predigt von Schwarz; ein Predigttermin für ihn selbst am 9. Mai stand zur Diskussion, kam aber nicht zustande. Am 1. August 1954 hielt Barth seine erste Predigt in der Strafanstalt. (Daten nach Tagebucheintragungen Barths und Briefen von M. Schwarz an Barth im Karl Barth-Archiv.)

nis. Pfarrer Schwarz brauchte ihn fortan nicht mehr zu bitten; Barth fragte selbst von Zeit zu Zeit an, ob er wieder einmal predigen dürfe. Auch kam er mehrmals zu Gesprächsabenden und, während der Urlaubszeit des Pfarrers, zu Einzelbesuchen ins Gefängnis. Ihr Ende fand die über knapp zehn Jahre sich erstreckende Reihe der 28 Strafanstaltspredigten am Ostersonntag 1964, weil Barth sich danach zu einer Fortsetzung gesundheitlich nicht mehr in der Lage fühlte.

In dem vorliegenden Band gehen die beiden Predigtsammlungen *Den Gefangenen Befreiung* (1959) und *Rufe mich an!* (1965) auf. Die darin enthaltenen insgesamt 30 Predigten werden ergänzt durch die einzige in diesem Zeitraum gehaltene Kasualpredigt, die (S. 24ff.) in die chronologische Folge eingereiht ist, und eine weitere, bei der Drucklegung von *Rufe mich an!* versehentlich ausgelassene Gefängnispredigt: «Bekehrung»[3] (S.193ff.).

In einem zweiten Teil sind, wie generell für Abteilung I der Gesamtausgabe vorgesehen, die aus derselben Periode stammenden, für verschiedene Publikationsorgane verfaßten Artikel zu kirchlichen Feiertagen gesammelt. Sind sie durch den Bandtitel «Predigten» strenggenommen nicht miterfaßt, so wirken sie doch insofern auf die Namensgebung des Bandes ein, als sich durch sie die hintere zeitliche Begrenzung von 1964 auf 1967 verschiebt: Der letzte der Artikel, gleich der letzten Predigt zum Osterfest entstanden, ist drei Jahre jünger als diese.

Im dritten Teil werden Vorworte Barths zu Sammelbänden, die durch Übernahme ihres Inhalts in die Gesamtausgabe aufgelöst werden, abgedruckt: dasjenige zu der ersten der beiden genannten Predigtsammlungen – die zweite erschien ohne Vorwort – und das zu dem 1963 im Chr.Kaiser Verlag erschienenen Büchlein *Gebete*[4].

Im Anhang endlich werden (vor den «Nachbemerkungen» von M. Schwarz zu *Den Gefangenen Befreiung*) zwei der schon im ersten Teil

[3] Sie ist jedoch 1961 auf einer Schallplatte und 1962 als Einzeldruck erschienen; s. den «Nachweis früherer Veröffentlichungen ...» am Ende dieses Bandes.

[4] Von den 50 dort (teilweise leicht redigiert) abgedruckten Gebeten – die sämtlich im Zusammenhang mit Predigten entstanden sind – sind 40 (in ihrem originalen Wortlaut) im vorliegenden Band enthalten, jeweils in Verbindung mit der Predigt, zu der sie gehören. Die restlichen zehn Gebete des Büchleins stammen aus früherer Zeit; sie waren der Sammlung *Fürchte dich nicht!* (1949) entnommen.

des Bandes enthaltenen Predigten in leicht abweichender Textform noch einmal wiedergegeben: in wörtlicher Reproduktion des gesprochenen Wortlauts nach den – einzig von diesen beiden Predigten existierenden – akustischen Aufzeichnungen. Manchem Leser mag es lieb sein, außer der von Barth leicht geglätteten Druckfassung in diesen beiden Fällen auch genau das lesen zu können, was der Prediger, das Einzelne im Augenblick spontan formulierend, auf der Kanzel gesagt hat, und dergestalt dem Ereignis des Predigens gleichsam noch einen Schritt näher zu sein. Die zugehörigen Gebete werden im Anhang nicht wiederholt, weil sie im Unterschied zu den Predigten vorher wörtlich fixiert waren, so daß dabei (nahezu) keine Textabweichungen auftreten.

Mit dem Vorliegen jener beiden Predigten in akustischen Aufzeichnungen schließt sich im übrigen auch der Kreis von Dokumenten, die das Entstehen einer Predigt dieser Periode von der Vorbereitung am Schreibtisch bis zur Druckfassung in der regelmäßigen Abfolge von meistens neun Phasen belegen.

1. Barth notierte die Predigt handschriftlich in Stichworten. In dieser Erstgestalt ist nur eine Predigt (5. August 1956) erhalten geblieben.

2. Er schrieb die Stichworte mit der Maschine in das Konzept (in der Regel 3 oder 4, bisweilen auch 2 oder 5 Blätter des Formats DIN A 5), das er auf die Kanzel mitnahm.

3. Er versah das maschinenschriftliche Konzept mit handschriftlichen Korrekturen (meist Zusätzen) sowie oftmals mit Unterstreichungen mit blauem und rotem Farbstift. Die Konzepte sind bis auf vier Ausnahmen sämtlich erhalten.

4. Anhand dieser Stichworte formulierte er die Predigt auf der Kanzel im einzelnen frei.

5. Während der Predigt nahm seine Mitarbeiterin Charlotte von Kirschbaum, die ihn stets in die Gottesdienste begleitete, ein Stenogramm auf. (Von den Stenogrammen scheint keines erhalten zu sein.)

6. Gewöhnlich noch am selben Sonntag schrieb sie das Stenogramm in normaler Handschrift aus.

7. Diese handschriftliche Ausarbeitung versah Barth wiederum mit handschriftlichen Korrekturen. Zwei Predigten (14. August 1955 und 14. Juli 1959) sind in dieser Fassung erhalten.

8. Nach der korrigierten Handschrift stellte Charlotte von Kirschbaum eine maschinenschriftliche Reinschrift her.

9. Diese Reinschrift wurde von Pfarrer Schwarz abgeholt und in die Strafanstalt gebracht, wo sie von einem Häftling auf Matrizen abgeschrieben und vervielfältigt wurde. Die Vervielfältigung wurde in der Strafanstalt an alle Interessenten verteilt und von Barth an Bekannte verschickt. Sie lag auch dem Druck in den zahlreichen Einzelveröffentlichungen und in den beiden Sammelbänden [5] zugrunde.

Seit etwa 1962 war Charlotte von Kirschbaum gesundheitlich nicht mehr in der Lage, in der gewohnten Weise an der Textherstellung mitzuwirken. Mangels eines Stenogramms arbeitete Barth nun nach gehaltener Predigt anhand seiner Stichworte eine endgültige Fassung selbst handschriftlich aus. In dieser Form sind vier Predigten (31. Dezember 1962, 24. Februar, 19. Mai und 24. Dezember 1963) vorhanden.

Von den Textstufen 1, 2/3, 6/7 sowie von Barths eigenen nachträglichen Ausarbeitungen wird diesem Band (im Anschluß an das Vorwort) je ein Blatt im Faksimile beigegeben. Die Textstufe 4 ist durch den Anhang repräsentiert.

Zum Technischen der Edition ist noch folgendes zu sagen.

Orthographie und Interpunktion wurden nach den für die Gesamtausgabe gültigen Regeln durchgehend korrigiert. Das legte sich um so mehr nahe, als in den bisherigen Druckausgaben – entsprechend der geschilderten stufenweisen Entstehung der Endfassung, die Barth nicht mehr im einzelnen zu überwachen pflegte – in beiderlei Hinsicht weitgehende Regellosigkeit und ein ständiger Wechsel im Grade der Angleichung an Barths persönliche Gepflogenheiten herrschen. So wurde z. B. statt der regellos alternierenden Formen «anderen»/«andern», «unseren»/«unsern» usw. stets die erstere Version eingeführt, «irgend ein» u.ä., wie Barth es zu tun pflegte, getrennt geschrieben. Barths spezifische Praxis der Großschreibung gewisser Worte, die nach Duden klein zu schreiben wären, wurde auch dort durchgeführt, wo es in der ursprünglichen Druckfassung nicht geschehen ist.[6] Die Zeichensetzung

[5] Vgl. den Nachweis früherer Veröffentlichungen des Inhalts dieses Bandes, unten S.307ff.

[6] Ausnahme: «alle», «alles» usw., das Barth, wenn es quasi-substantivische Funktion hat, groß schreibt, wurde (entgegen Barths überwiegender Praxis) in

wurde vereinheitlicht und im Interesse der Lesbarkeit – in diesem Fall ohne Rücksicht auf Barths (in den Druckfassungen ohnehin nur partiell zum Zuge kommende) Abweichungen von den üblichen Regeln – modernisiert. Einige wenige kleine grammatische Unstimmigkeiten wurden ohne Vermerk verbessert, weitere wenige etwas schwerer wiegende Eingriffe in Fußnoten angezeigt. In Zweifelsfällen wurde, wo immer das möglich war, Barths Stichwortkonzept zu Rate gezogen.

Zwischen senkrechten Strichen in den Text eingefügt wurden die Seitenzahlen je einer früheren Druckausgabe. Sie bezeichnen jeweils den Beginn einer neuen Seite der früheren Ausgabe und beziehen sich bei den Predigten auf die beiden Sammlungen *Den Gefangenen Befreiung* und *Rufe mich an!*, bei den übrigen Stücken (sofern dort die Anwendung des Verfahrens in Betracht kam) auf die Erstdrucke, die im «Nachweis der früheren Veröffentlichungen ...» hinten im Band ersichtlich sind.

Wo größere Absätze (mit einer Leerzeile) eingeführt wurden, die in der älteren Druckfassung fehlen, und wo umgekehrt solche Absätze eliminiert wurden, ist es jeweils in Angleichung an die aus dem Stichwortkonzept ersichtliche Gliederung Barths geschehen.

Bibelstellenangaben sowie eine syntaktisch notwendige Textergänzung (S.187) in eckigen Klammern wurden vom Herausgeber hinzugefügt. In den Gebeten wurde auf diese Zusätze verzichtet. Doch sind unverkennbare Anspielungen auf biblische Texte innerhalb der Gebete im Bibelstellenregister mit verzeichnet.

Die Anmerkungen stammen ausnahmslos vom Herausgeber.

Auf den Stichwortkonzepten sind meist die in den Gottesdiensten gesungenen Lieder notiert. Sie werden jeweils am Schluß der Predigten im Kleindruck mitgeteilt. Die Liednummern beziehen sich dort wie in den Anmerkungen, wo nicht anders angegeben, auf das 1952 eingeführte *Gesangbuch der evangelisch-reformierten Kirchen der deutschsprachigen Schweiz*, das auch in den von Barth gehaltenen Gottesdiensten der Jahre 1954–1964 benutzt wurde. Die entsprechende Liednummer des (deutschen) *Evangelischen Kirchengesangbuchs* (EKG) wird nur dann zusätzlich angegeben, wenn die Strophenzählung in den beiden Gesangbüchern nicht übereinstimmt.

Verbindungen, wo es diese Funktion nicht hat («wir alle», «das alles» usw.), klein geschrieben.

Abweichend davon werden in den *Anmerkungen* Kirchenliedzitate stets nach den beiden genannten Gesangbüchern nachgewiesen, sofern beide das betreffende Lied enthalten.

Die Namen der Dichter von Liedern, die gesungen wurden, aber nicht in der Predigt erwähnt sind, bleiben im Namenregister unberücksichtigt.

Das Begriffsregister möchte u. a. dazu beitragen, den Gebrauch dogmatischer Topoi in den Predigten leichter auffindbar zu machen. Daher sind darin auch einzelne Stichworte aufgenommen, die in den Predigten nicht wörtlich so vorkommen, und sind verwandte Gedanken gelegentlich unter einem gemeinsamen Stichwort subsumiert.

Für wertvolle Hilfe beim Lesen der Korrekturen habe ich Herrn Pfarrer i. R. Helmut Goes und meiner Frau zu danken.

Basel, im Juni 1979 Hinrich Stoevesandt

Legenden zu den Faksimilia

1 Anfang der Predigt vom 5. August 1956 in Barths erstem Entwurf. Original 20 × 11,7 cm.

2 Aus der Predigt vom 23. Dezember 1956 in Barths Stichwortkonzept. Original DIN A 5.

3 Aus der Predigt vom 14. August 1955 in der Ausarbeitung von Charlotte von Kirschbaum. Original DIN A 5. Die meisten Streichungen und interlinearen Eintragungen sind von Barths Hand.

4 Ausschnitt aus dem letzten Manuskriptblatt (DIN A 4) der Predigt vom 24. Dezember 1963 in Barths Ausarbeitung.

Ps. 39,8 Herr, wes soll ich mich trösten? Ich hoffe auf dich.

[illegible]

[illegible]

[illegible]

[illegible]

Dopple: [illegible]

2) nahe k.

Die Mitteilung: Die Zeit ist erfüllt und das Reich Gottes ist in die Nähe gerückt. - Gehört zus.: Zeit erfüllt, weil... RG in d.Nähe darum, damit...

D.Z.ist erfüllt Stunde schlägt, n.viertel.... volle, ganze St. Jede Minute d.Moment entgegen. Jetzt ist er da: RG ~~in d.Nähe ger.~~ nahe, Weihn. alte vorbei, neue St.begonnen
Alles hatte s.Zeit: Engländer - Franzose - Hitler - Russe - Ungar - Schweizer: ging Alles bis dahin. Nun aber schl.d.St. RG, Weihn. alte- neue St.
Alle h.s.Z. - auch in d.u.m.Leben: gute u.böse Tage, Träume, Hoffn. u.Enttäuschg, Anstreng.u.Müdigk., glorr.u.finstere Augenbl. - Alles bis dahin. Nun aber schl.d.St. RG .Weihn., alte-neue St.

D.RG ist ~~in d.Nähe gerückt~~ nahe kam. R/=Herrschaft, RG = G.ausgeübte H. in d.N.ger. v.H.a.d.Erde, aus d.Ewigk.in d.Z.gek.: jetzt, hier G s.Herrsch.aus
D.RG ist....: dass G.d.H.selber z.uns gek.ist - uns M.d.führg unsr. Angel.aus d.Hand genommen - s.unser damit angen., dass er s.in s. Hand gen.hat. Tun will? wird? getan hat. - D.Weihn.!
dass er, d.uns besser kennt...mehr liebt,
dem Jammer, den wir anrichten...n.länger zusehen wollte : Unordng, Ungerecht., Greuel, Härte, Leid. Sicherheiten, Zusbrüchen - n.länger G.s.Wollte, ohne unser G.u.also unser Helfer, Retter, Heiland z. sein - D.Weihn.!
er hat uns in s.Arme gen., b.d.Hand ergr, in s.Haus geführt, an s.Tisch geführt, mit s.Brot u.allen guten Dingen gesp., hat - n.verdient!- als rechter Vater an uns gehandelt - Heimat geschaffen u.aufgetan - als Kinder wohnen... niemand vertreiben - nie mehr Fremdlinge... D.Weihn.!
So ist G., das will er, das tut er, hat er schon getan. Das ist s. nahe ~~in d.Nähe~~ gr.Reich. damit dass d.gesch. ist Z.erfüllt, schl.d.St.

hat doch gehandelt wie einer, der als Hauptmann, 4, durch die Reihen der Feinde hindurchgestossen ist u. den Sieg schon gewonnen hat. ~~Das ist nicht umsonst geschehen,~~ ~~sondern~~ Durch Ihn, in Ihm, sind wir gerettet, sodass uns unsere Sünde nicht anhaben kann, sodass unser Gefängnis offen ist, sodass unsere Leiden vorbei sind. Ja, das ist ein grosses Wort. Das Wort Gottes ist eben ein grosses Wort. Und ~~Man~~ man müsste ihn, den Herrn Jesus Christus, ~~ihn~~ leugnen, wenn man das leugnen wollte: Er macht uns frei. Und wenn er, der Sohn Gottes ~~Es hat uns~~ frei gemacht ~~hat der Sohn Gottes~~, der ist recht frei.

Aber eben weil, wie es ~~???~~ Jesus Christus gerettet hat, darum durch Gnade. Wir haben das nicht verdient (was wir verdient hätten, wäre etwas ganz Anderes.) ~~Wir~~ Wir können uns das auch nicht verschaffen. Man ~~konnte~~ las in diesen nächsten Tagen in der Zeitung ~~lesen~~, dass man sich sogar einen künstlichen Mond verschaffen werde ~~wolle~~. Aber dass wir gerettet sind ~~worden~~, das können wir uns nicht verschaffen. Und darauf kann keiner von uns stolz sein, sondern da kann jeder von uns in grosser Demut die Hände falten u. dankbar sein wie ein Kind. Und das ~~Das~~ ist dann nicht eine Sache, die wir haben, sondern eine, die wir immer wieder zu empfangen, nach der wir immer wieder die Hände auszustrecken haben.

Durch Gnade seid ihr gerettet; das heisst: da gilt es immer wieder von uns selber wegzuschauen dorthin, wo das Wort ist: auf Gott u. auf den Mann am Kreuz. ~~Drum: durch Gnade seid ihr gerettet!~~

[illegible] nur auf Ihn, der es uns deutlich sagt, Ehre, sei Gott in der Höhe, in Ihm, wie man das recht glaube' – auf uns Erde würde es

[illegible], gehört zu uns: [illegible] eine [illegible] Ruhe nicht von den Sternen, und nicht [illegible] und die Sterne, [illegible] nicht

an Sternen unsere Angst, gerade wenn wir die Rechte [illegible] und [illegible] nicht wo [illegible]."

Auf jene Frage: ob man denn, wie die Hirten [illegible], gehört [illegible]? [illegible] und [illegible] nicht [illegible]. [illegible]

[illegible] wir [illegible] gehört [illegible], [illegible] für uns alle. [illegible] als [illegible], [illegible]

Volk [illegible], [illegible] – [illegible] – [illegible] Glaube gesagt ist, [illegible] gehört [illegible] soll: [illegible]

Volk, [illegible] Ostern [illegible] Ende [illegible] Volk [illegible]. Ob [illegible] nicht [illegible] Angst der Engel

[illegible] Ehre sei Gott in der Höhe? [illegible] die Probe darauf: [illegible], [illegible] und [illegible]

[illegible], [illegible] gesagt habe: Friede auf Erden! [illegible] Frieden [illegible] und [illegible] [illegible]

[illegible] Welt! [illegible] [illegible]! [illegible] Ob [illegible] [illegible]? [illegible]

[illegible], [illegible] nicht [illegible], [illegible] auf die [illegible], [illegible]

[illegible] Ob [illegible] Z. Ch. [illegible], [illegible]

[illegible]? [illegible], [illegible] [illegible] nicht [illegible], [illegible]

[illegible] „Heute" [illegible], [illegible] J.C., [illegible], [illegible] Ob [illegible]

[illegible] Gott [illegible] nicht [illegible] Angst [illegible] nicht [illegible] Angst? [illegible]

[illegible], [illegible] J.C. [illegible] Gott [illegible]. [illegible]

? [illegible], [illegible]?

PREDIGTEN

DENNOCH BLEIBE ICH STETS BEI DIR

Psalm 73,23

1. August 1954, Strafanstalt Basel

Herr unser Gott! Wir danken dir, daß wir in dieser Stunde beieinander sein dürfen – um dich anzurufen – um Alles, was uns bewegt, vor dich zu bringen – um gemeinsam die frohe Botschaft vom Heil der Welt zu hören – um dir die Ehre zu geben.

Komm du selbst jetzt zu uns! Wecke du uns auf! Gib du uns dein Licht! Sei du unser Lehrer und Tröster! Rede du selbst mit einem Jeden von uns so, daß ein Jeder gerade das höre, was er nötig hat und was ihm hilft!

Und so sei du auch an allen anderen Orten denen gnädig, die sich an diesem Morgen als deine Gemeinde versammeln! Erhalte sie und uns bei deinem Wort! Bewahre sie und uns vor Heuchelei, Irrtum, Langeweile und Zerstreuung! Gib ihnen und uns Erkenntnis und Hoffnung, ein klares Zeugnis und freudige Herzen – durch Jesus Christus, unseren Herrn! Amen. |2|

Dennoch bleibe ich stets bei dir, denn du hältst mich bei meiner rechten Hand.

Meine lieben Brüder und Schwestern!

Ich will versuchen, euch das, was wir eben gehört haben, kurz zu erklären. Ihr werdet sehen, daß jedes Wort wichtig ist.

«Dennoch», so beginnt es. Dennoch: das heißt trotzdem, oder, wie wir in der Schweiz sagen: einewäg! Dennoch: das ist ein Kampfruf gegen eine uns angehende Macht, eine drohende Störung, Belastung, Gefährdung. Vielleicht durch einen schwer wieder gutzumachenden Verlust, den einer erlitten hat, vielleicht durch «Verhältnisse», wie man sagt, an denen Andere, vielleicht auch und vor allem wir selber schuldig sind, vielleicht durch einen Menschen oder mehrere Menschen, mit denen wir nicht auskommen, die uns so recht im Wege sind, vielleicht auch durch unseren eigenen Charakter, durch uns selbst, wie wir ein Jeder sind.

Ihr habt vielleicht auch schon einmal das Lied gehört, vielleicht sogar mitgesungen:

Unser Leben gleicht der Reise
eines Wandrers in der Nacht,
Jeder hat auf seinem Gleise
etwas, das ihm Kummer macht.[1]

Jeder! Nicht nur du, auch ich, nicht nur wir hier, auch die da draußen in der Stadt, jeder Mensch, alle Menschen in der ganzen Welt. Und hinter dem Kummer, den ein Jeder hat, steht der große Kummer einer Welt, die nicht in Ordnung ist, sondern die eine verworrene, eine dunkle und gefährliche Welt ist, steht der Kummer des Menschen, wie er ist: nicht gut, sondern ein hochmütiger, ein träger, ein verlogener Tropf, der darum nicht gut dran, der darum im Elend ist! |3|

Nicht wahr, das wäre eine große Sache, wenn man dem allem gegenüber so dran sein dürfte: Dennoch!?

Dennoch *bleibe ich*: das würde heißen, dennoch, trotz allem dem lebe ich, will ich gegen den Strom schwimmen, nicht nachgeben, nicht verzweifeln, nicht untergehen, sondern durchhalten und mehr als das: Zuversicht und Hoffnung haben, drüber sein und nicht drunter! Nicht wahr, wer dazu frei wäre, im Kleinen und im Großen, in seinem eigenen Kummer und in dem Kummer der Welt und des Menschen, der dürfte sich dessen wohl freuen: Dennoch *bleibe ich!*

Dennoch bleibe ich *stets*, das heißt immer, garantiert und unter allen Umständen, durch dick und dünn, also nicht nur gelegentlich, nicht nur am Morgen, sondern auch am Abend, wenn es dunkel wird und wenn die Nacht kommt, nicht nur «in allen guten Stunden»[2], sondern auch in den bösen, nicht nur, wenn man Nachrichten bekommt, die einen freuen, sondern auch wenn die anderen kommen, dauernd, beständig, auch in der Enttäuschung, auch in der Niedergeschlagenheit! Wie es in einem Kirchenlied heißt, das ihr wohl kennt, dem Liede Luthers:

[1] 1. Strophe des «Beresinaliedes» von L. Giseke (1756–1832). Der Name des Liedes geht auf die Überlieferung zurück, daß der Glarner Oberleutnant Thomas Legler das Lied am 28. November 1812 vor der Schlacht an der Beresina angestimmt habe. Die 3. Zeile lautet eigentlich: «Jeder hat *in* seinem Gleise ...«

[2] J. W. Goethe, Bundeslied (1775), Anfang der 1. Strophe:

In allen guten Stunden,
Erhöht von Lieb' und Wein,
Soll dieses Lied verbunden
Von uns gesungen sein! ...

Und wenn die Welt voll Teufel wär
und wollt uns gar verschlingen,
so fürchten wir uns nicht so sehr:
es muß uns doch gelingen ...[3]

Das heißt: *stets!* Wer das sagen, und nicht nur sagen, sondern denken und darum so dran sein dürfte: *Dennoch bleibe* ich *stets!*

Liebe Brüder und Schwestern, die Bibel, in der diese Worte stehen, ist eine einzige Einladung an uns alle, und wenn wir Gottesdienst feiern wie jetzt hier, dann bedeutet das, daß diese Einladung jetzt an uns ergeht, an uns alle: wir können und dürfen das nachsagen in unserem Herzen: Dennoch bleibe ich stets! Wir alle: nicht nur die sogenannten Guten, sondern auch die sogenannten Bösen, nicht nur die Glücklichen, sondern auch die, die sich für sehr unglücklich halten, nicht nur |4| die Frommen, sondern auch die, die sich für weniger oder auch für gar nicht fromm halten, Alle! sind eingeladen. Ist euch das klar, daß die Heilige Schrift ein *Freiheitsbuch* ist und der Gottesdienst eine *Freiheitsfeier?* Viel wichtiger als die ganze schöne Bundesfeier vom 1. August, die ja heute wieder einmal zur Erinnerung an 1291 gefeiert wird![4] Die Feier der Freiheit, meine Brüder und Schwestern, *das* zu sagen: «Dennoch bleibe ich stets ...»

Aber jetzt müssen wir alle gut Achtung geben: ich möchte 100 gegen 1 wetten, wenn es uns jetzt überlassen wäre (uns allen), so würden wir fortfahren: Dennoch bleibe ich stets – *bei mir!* Bei meinem Kopf, bei meiner Ansicht, bei meiner Meinung, bei meinem Standpunkt und bei meinem Recht! Bei dem, was ich zu wünschen und was ich zu fordern habe! «Dennoch bleibe ich stets», das würde dann heißen: allem zum Trotz sich selber behaupten, um sich an sich selbst zu halten! Ich habe einen guten Freund, der hat ein Lieblingswort, das er gerne zitiert, aus einem Gedicht des Schweizer Dichters Leuthold: «Mein stolzes Herz, sei du dir selbst genug!»[5] Wenn er mir das wieder einmal sagt, dann la-

[3] Aus Strophe 3 des Liedes 342 (EKG 201) «Ein feste Burg ist unser Gott» (1529) von M. Luther (4. Zeile: «es *soll* uns doch gelingen»).

[4] Schweizerischer Nationalfeiertag zur Erinnerung an den Rütlischwur als das (legendäre) Gründungsdatum der Eidgenossenschaft; erstmals 1891 begangen, seitdem allmählich eingebürgert.

[5] Der genannte Freund ist der Zürcher Nervenarzt Dr. Hans Huber (1889–1963). Der Vers ist der Refrain des Gedichtes «Entsagung» (1857) von Heinrich

che ich immer ein wenig. Man kann es niemandem verbieten, so zu denken und zu reden. Wir tun es ja alle gelegentlich. Man muß aber ganz nüchtern feststellen, daß das nicht geht. Habt ihr schon einmal einen Hund gesehen, der seinem eigenen Schwanz nachläuft, oder vom Freiherrn von Münchhausen gehört, der sich an seinem eigenen Schopf aus dem Sumpf herausgezogen habe?[6] Das hat ihm niemand geglaubt. Man kann nicht an sich selbst glauben, und man kann sich nicht an sich selbst halten. Denn die dunkle, verworrene, gefährliche Welt ist ja gerade in mir selbst, und der hochmütige, träge, verlogene Mensch lauert ja gerade in meinem «stolzen Herzen». Mit welchem Sinn sollte ich sagen können: Dennoch bleibe ich stets bei mir? Die Bi- |5| bel nennt das *Sünde*, wenn der Mensch bei sich selbst bleiben will. Nein, da ist keine Freiheit, wo das geschieht.

In der Bibel, dem Freiheitsbuch, lesen wir Anderes: Dennoch bleibe ich stets *bei dir!* Meine Freunde, könnt ihr euch einen Menschen vorstellen, der in der tiefsten, schwärzesten Finsternis ist, und auf einmal darf er Licht erblicken? einen Menschen, der am Verhungern ist, und auf einmal gibt ein Anderer ihm ein Stück Brot? einen Menschen, der am Verdursten ist, und auf einmal reicht man ihm einen Trunk? So ist es, wenn Einer das «bei mir» hinter sich hat und dafür vor sich: Dennoch bleibe ich stets *bei dir!*

Aber was ist das für ein *Du?* Ist das ein Mensch? Ja, da begegnet uns in der Tat Einer mit einem Menschengesicht, einer Menschengestalt, einer Menschenhand und Menschensprache. Einer, der in seinem Herzen auch seinen Kummer trägt, und nicht nur seinen, sondern den Kummer der ganzen Welt. Einer, der unsere Sünde und unser Elend auf sich nimmt und von uns hinweg nimmt! Der das kann, weil er nicht nur ein Mensch ist, sondern auch *Gott* ist, der allmächtige Schöpfer und Herr, der *dich und mich viel besser kennt,* als wir selber uns kennen, und der *dich und mich viel mehr liebt,* als wir selber uns lieben können. Der un-

Leuthold (1827–1879), in: H. Leuthold, *Gesammelte Dichtungen in drei Bänden*, hrsg. von G. Bohnenblust, Bd. 1, Frauenfeld 1914, S. 60f. (Es existiert auch eine – von E. Geibel mit Einverständnis des Dichters – veränderte Fassung des Gedichts, in der der Refrain lautet: «Verlangend Herz, sei du dir selbst genug!» So in: H. Leuthold, *Gedichte*, Frauenfeld 1906^5, S. 11–13.)

[6] Vgl. z. B. *Abenteuer und Reisen des Freiherrn von Münchhausen.* Neu bearbeitet von E. Zoller, Stuttgart o. J. (1872), S. 57f.

ser Nächster ist, näher als wir selber uns sein können, zu dem wir Du sagen dürfen.

Weißt du, wer der ist? In dem gleichen Kirchenlied, das ich vorhin anführte, hören wir die Antwort:

Er heißt Jesus Christ,
der Herr Zebaoth,
und ist kein andrer Gott,
das Feld muß er behalten.[7]

Und nun, meine Brüder und Schwestern, sind wir alle eingeladen, statt mit uns selbst, mit ihm zu reden. Nun dürfen wir die Freiheit haben, zu ihm zu sagen: «Dennoch bleibe ich stets *bei dir*».

Aber jetzt fragt ihr gewiß: Wie kann man denn das? Und |6| darauf möchte ich euch gleich antworten: Das kann man nicht. Es gibt aber etwas Besseres als das, was «man kann». Und da steht es: *Du hältst mich.*

Also: ich halte durch, weil *du* mich hältst. Ich bleibe, weil du mir bleibst. Ich sage Dennoch!, weil *du* mir Dennoch! sagst: zu mir, der das *nicht* kann, zu mir, der das *nicht* verdient hat. Du sagst Dennoch! zu mir, der ich bin, wie ich bin, und getan habe, was ich getan habe, und tue, was ich tue, zu mir, der ein Zweifler sein mag, ein Kleingläubiger, vielleicht sogar ein Atheist. Darum, weil du mich so hältst, sage ich: Dennoch bleibe ich stets bei dir. Ich sage es darum, weil mein Kummer offenbar nicht meine, sondern *deine* Sache ist, weil *du* meinen Kummer und den Kummer aller Menschen auf dein Herz genommen, in dein Leben hineingenommen und in deinen Tod ans Kreuz getragen hast, weil du ihn in deinem Tode besiegt hast, weil ich mit Leib und Seele, im Leben und im Sterben «nicht mein, sondern meines getreuen Heilandes Jesu Christi Eigentum bin»[8].

Du hältst mich, und darum wage und sage ich es: *Dennoch bleibe ich stets bei dir!*

Aber jetzt müssen wir noch ein Letztes beachten. Es heißt: Du hältst mich *bei meiner rechten Hand*. Die rechte Hand, das ist die Hand, mit

[7] Aus Strophe 2 des Liedes 342 (vgl. Anm. 3).

[8] Heidelberger Katechismus (1563), Frage 1: «Was ist dein einiger Trost im Leben und im Sterben? – Daß ich mit Leib und Seele, beides, im Leben und im Sterben, nicht mein, sondern meines getreuen Heilandes Jesu Christi eigen bin ...»

der der Mensch stark und geschickt ist (sofern er nicht gerade ein Linkshänder ist), mit der er arbeitet, mit der er schreibt, mit der er im Notfall auch kämpft; die rechte Hand, das ist die Hand, die er dem anderen Menschen «gibt», wenn er ihn ernstlich grüßen will. Die rechte Hand, das meint: *wir selbst*, und zwar wir selbst, wo es gilt, wo es uns ernst ist, wo wir unser *Herz* haben. – Und nun heißt es nicht, wir sollen dem lieben Gott unsere rechte Hand geben. Das ist gar nicht nötig – wir kommen zu spät – *Er hält uns* bei unserer rechten Hand, das heißt: er nimmt uns dort ernst, |7| wo es für uns ganz ernst ist. Das ist die Situation. Ich werde nie vergessen, wie einer meiner längst erwachsenen Söhne, der jetzt Missionar in Indonesien ist[9], als er noch ein kleines Büblein war, mich einmal frug: «Weißt du, wer der Herr Hauptsache ist?» «Nein, wer ist das?» «Der liebe Gott.» Daß Er der Herr Hauptsache ist, das zeigt uns Gott damit, daß *wir ihm* Hauptsache sind, daß er unsere rechte Hand hält mit seiner rechten Hand, so daß wir gar nicht gefragt sind, wohin wir mit unserer rechten Hand hingehen sollen. Wir können uns gar nicht bloß beiläufig, bloß nebensächlich an ihn halten. Unsere rechte Hand ist nicht mehr frei: Er hält sie, sie *ist* schon in der seinigen!

Und nun möchte ich kurz schließen mit der Frage: Wer bist du? Wer bin ich? Antwort: einer, *den Gott bei seiner rechten Hand hält* und dem er damit das Bekenntnis der Treue und den großen Trost ins Herz und auf die Lippen legt: *Dennoch bleibe ich stets bei dir*. Ehre sei dem Vater und dem Sohn und dem Heiligen Geist, wie er war im Anfang und heute ist und immer sein wird von Ewigkeit zu Ewigkeit! Amen.

Herr unser Gott! Das ist deine unbegreifliche Herrlichkeit, daß wir dich so anrufen dürfen: Herr *unser* Gott, *unser* Schöpfer, *unser* Vater, *unser* Heiland – daß du uns alle kennst und liebst und von uns allen wieder erkannt und geliebt sein willst – daß unser aller Wege von dir gesehen und regiert sind – daß wir alle von dir her kommen und zu dir gehen dürfen.

Und nun breiten wir alles vor *dir* aus: unsere Sorgen, daß *du* für uns sorgest – unsere Angst, damit *du* sie stillest – unsere Hoffnungen

[9] Christoph Barth (geb. 1917) war 1947–1965 im Auftrag der Basler Mission in Indonesien, zuerst als theologischer Lehrer und Rektor eines kirchlichen Seminars in Banjarmasin, seit 1954 als Professor für Altes Testament an der Kirchlichen Hochschule in Djakarta.

und Wünsche, damit geschehe, was nicht un- |8| ser, aber *dein* guter Wille ist – unsere Sünden, daß *du* sie vergebest – unsere Gedanken und Begierden, daß *du* sie reinigest – unser ganzes Leben in dieser Zeit, daß *du* es der Auferstehung alles Fleisches und dem ewigen Leben entgegenführest. Wir gedenken vor dir Aller, die in diesem Hause sind – auch aller anderen gefangenen Menschen auf Erden. Sei du mit unseren Angehörigen zu Hause – mit allen Armen, Kranken, Bedrängten und Betrübten! Erleuchte du die Gedanken und regiere du die Taten derer, die in unserem Land und in allen Ländern für Recht und Ordnung und Frieden verantwortlich sind! Laß es Tag werden – durch Jesum Christum, unseren Herrn, in dessen Namen wir zu dir beten: Unser Vater ... Amen.

Lieder:
Nr. 72: «All Morgen ist ganz frisch und neu» von J. Zwick, Strophen 1–4 (= EKG 336, Str. 1, zwei dort fehlende Strophen und Str. 2)
Nr. 343: «Erhalt uns, Herr, bei deinem Wort» von M. Luther, Strophen 1–3
Nr. 39: «Mein ganzes Herz erhebet dich» (nach Ps. 138), Strophen 1–3
Nr. 44: «Nun danket alle Gott» von M. Rinckart, Strophe 2

EUCH IST HEUTE DER HEILAND GEBOREN

Lukas 2,10–11

Weihnacht 1954, Strafanstalt Basel

Lieber himmlischer Vater! Weil wir hier beieinander sind, um uns dessen zu freuen, daß dein lieber Sohn für uns ein Mensch und unser Bruder geworden ist, so bitten wir dich von Herzen:

Sag du selber es uns, wie große Gnade, Wohltat und Hilfe du uns allen in Ihm bereitet hast!

Tu du selber unsere Ohren und unseren Verstand auf, um es zu erfassen, daß bei ihm Vergebung aller unserer Sünden ist, Same und Kraft eines neuen Lebens, Trost und Mahnung zum Leben und zum Sterben, Hoffnung für die ganze Welt! Schaffe du selber in uns den guten Geist der Freiheit, deinem Sohn, der zu uns kommt, demütig und tapfer entgegenzugehen!

Das tue heute in der ganzen Christenheit und Welt: daß es Vielen gegeben werde, durch all das Äußerliche und Eitle dieser Festtage hindurchzubrechen und mit uns eine gute Weihnacht zu feiern. Amen. |10|

Und der Engel sprach zu ihnen: Fürchtet euch nicht! Siehe, ich verkündige euch große Freude, die allem Volk widerfahren wird; denn euch ist heute der Heiland geboren.

Meine lieben Brüder und Schwestern!

Jetzt haben wir die Weihnachtsgeschichte gehört: vom Kaiser Augustus und vom Landpfleger Cyrenius und von Joseph und Maria und von der Geburt des Kindes in Bethlehem, von den Hirten auf dem Felde und vom Kommen des Engels des Herrn, der zu ihnen trat, und von der Menge der himmlischen Heerscharen, die lobten Gott und sprachen: Ehre sei Gott in der Höhe und Friede auf Erden unter den Menschen des Wohlgefallens. – Ich möchte wohl wissen, wie es euch allen ergangen ist, als ihr diese Geschichte gehört habt?

Vielleicht hat der Eine oder der Andere nicht so ganz zugehört – wie es ja vorkommt –, so daß die Geschichte an ihm vorbeigezogen ist wie ein Wölklein oder ein Räuchlein. Ob ich sie für ihn noch einmal lesen soll? Man könnte sie wohl zweimal, ja hundertmal lesen! Aber wir wollen es für diesmal gut sein lassen!

Oder ist vielleicht ein Anderer oder eine Andere da, der oder die geglaubt hat, ich erzähle ein schönes Märchen, das nichts zu tun hat mit dem wirklichen Leben? Zu schön, um wahr zu sein? Was soll ich ihm sagen? Soll ich mit ihm disputieren? Das könnte gern ein anderes Mal geschehen! Jetzt haben wir Besseres zu tun.

Vielleicht hat auch der Eine oder der Andere, wie er die Geschichte hörte, an längst vergangene Tage aus seiner Jugendzeit denken müssen, als er noch in die Sonntagsschule gegangen ist und die Geschichte dort vielleicht auch schon gehört |11| hat, und an den Weihnachtsbaum und die Äpfel und das Zuckerwerk, und wie es so schön war damals und wie das alles nun vorbei ist und nicht wiederkommt? Was soll ich dazu sagen? Soll ich ein ernstes Gesicht machen und antworten: «Ja, jetzt kommt es nicht auf die Weihnachtsbäume an und nicht auf wehmütige Weihnachtsgefühle, sondern auf die *Weihnachtsgeschichte?*» Ich will auch das jetzt nicht sagen.

Ich wollte euch nur zeigen: ihr lieben Freunde, *so* machen wir es mit dieser Geschichte, mit der Geschichte, die doch unser aller Geschichte ist und die ja so viel wichtiger und so viel wahrer und so viel ernsthafter ist als alle Geschichten in Geschichtsbüchern und Romanen und als Alles, was durch Zeitungen und Radio geht! So machen wir es: ein bißchen Zerstreutheit, ein bißchen Unglaube und ein bißchen Weihnachtsgefühl. Wir – nicht nur ihr, wir alle und ich selber ganz sicher mit eingeschlossen: so machen wir es!

Bis der *Engel des Herrn kommt* und uns Bescheid gibt! Der Engel des Herrn ist ganz gewiß heute nacht auch durch die Straßen und die Häuser und über die Plätze von Basel gegangen. Er war da auch für die, die einsam und traurig oder vielleicht auch nur zu lustig und dumm den Heiligen Abend gefeiert haben. Er ist auch da für alle die, die jetzt noch schlafen und vielleicht etwas auszuschlafen haben, und er wird auch heute morgen durch die Kirchen von Basel gehen, und man möchte wohl wissen, wie er allen diesen Menschen Bescheid sagt und wie sie ihm zugehört und – nicht zugehört haben!

Aber wir wollen jetzt nicht an Andere denken, sondern an uns selber: der Engel des Herrn ist ganz bestimmt auch hier unter uns, um mit uns zu reden und von uns gehört zu werden. Und ich bin dazu da, um euch zu sagen, daß er da ist und redet, und um mit euch zusammen zu lauschen und mich zu besinnen auf das, was er uns sagen will. |12|

Ein *Engel:* das ist ein *Bote*, der eine Nachricht bringt. Ihr könnt ganz einfach an einen Briefträger denken, der euch eine Nachricht zuträgt. Der Engel des Herrn ist der Bote Gottes mit der Nachricht von der Weihnachtsgeschichte. Und seht: wenn *er* sie bringt, dann ist es vorbei mit der Zerstreuung und mit dem Unglauben und auch vorbei mit den schönen Gefühlen, denn der Engel des Herrn kommt direkt von Gott zu uns! Ich habe in diesen Tagen ein Bild gesehen, auf dem er senkrecht vom Himmel herabstürzt auf die Erde, fast wie ein Blitz.[1] Das ist ein Bild, aber es ist schon wahr: wenn der Engel des Herrn die Nachricht bringt, dann schlägt es ein, dann wird es wahr: die Klarheit des Herrn umleuchtete sie [Lk. 2,9], daß die Nacht zum Tage wurde:

[1] Es handelt sich um eine Zeichnung von Wolfgang Strich, angefertigt im Auftrag des Oldenburger Bischofs D. Gerhard Jacobi, der sie als Weihnachtsgruß 1954 an die Pastoren seiner Landeskirche und an persönliche Bekannte verschickte.

Das ew'ge Licht geht da herein,
gibt der Welt einen neuen Schein.
Es leucht' wohl mitten in der Nacht
und uns des Lichtes Kinder macht.[2]

Und nun wollen wir versuchen, etwas von dem zu hören und zu verstehen, was der Engel des Herrn den Hirten gesagt hat und jetzt zu uns sagt. «Euch ist heute der Heiland geboren.» In diesen drei Worten: euch – heute – der Heiland ist die ganze Weihnachtsbotschaft enthalten. Wir wollen eines nach dem anderen hören!

Euch ist heute der Heiland geboren, sagt der Engel des Herrn. Da ist gleich ganz Wichtiges zu vernehmen.

Einmal das: Es ist mit der Nachricht von der Geburt des Kindes zu Bethlehem ganz anders als etwa mit der Nachricht – die ihr wohl auch gehört habt? – von der Ankunft des Negus von Abessinien in der Schweiz.[3] Wir hörten gern, daß es diesem Mann gut gefallen hat in der Schweiz und daß die, die ihn empfangen haben, auch Freude hatten. Aber, nicht wahr, das hört man, aber man denkt dabei: Was geht das mich an? Das ist seine oder ihre Sache! – Der Engel des Herrn aber zeigt nach Bethlehem und sagt: *euch* ist heute der Heiland |13| geboren. *Für euch* wollte Gott nicht nur Gott sein, sondern ein Mensch werden, *für euch* wurde er gering, damit ihr herrlich würdet. *Für euch* hat er sich selbst dahingegeben, um euch aufzurichten und zu sich zu ziehen. Er hatte nichts davon, er hatte das nicht nötig, er tat dies Wunderbare für euch, für *uns*. Also ist die Weihnachtsgeschichte eine Geschichte, die an *uns* und mit *uns* und für *uns* geschieht.

Und zum Anderen: Es ist mit dieser Nachricht von der Geburt des Kindes zu Bethlehem auch anders, als wenn uns in einem Lehrbuch etwas mitgeteilt wird. Der Engel des Herrn war nicht ein Professor, wie ich es bin. Ein Professor würde vielleicht gesagt haben: Den Menschen ist der Heiland geboren. Ach ja, den Menschen so im allgemeinen, und dann denkt man: ich werde nicht dazu gehören, es werden andere Men-

[2] Strophe 4 des Liedes 114 (EKG 15) «Gelobet seist du, Jesu Christ» (1524) von M. Luther.

[3] Kaiser Haile Selassie von Abessinien stattete der Schweiz vom 25. bis 28. 11. 1954 einen Staatsbesuch ab und hielt sich, nach einem Besuch in Österreich, vom 1. bis 6. 12. nochmals in der Schweiz auf.

schen sein. So wie man im Kino oder im Theater andere Menschen zu sehen bekommt, die nicht wir sind! – Der Engel des Herrn aber zeigt auf die Hirten, und er zeigt auf *uns*. Seine Nachricht ist eine Anrede: Euch ist heute der Heiland geboren! Euch: ungefragt, wer wir sind, ob wir die Nachricht verstehen oder nicht, ob wir gute und fromme Menschen sind oder nicht. *Ihr seid* gemeint! Ihr seid die, für die das geschehen ist! – Seht, die Weihnachtsgeschichte geschieht nicht ohne uns; wir sind in dieser Geschichte drin.

Und endlich: es ist mit dieser Nachricht von der Geburt des Kindes zu Bethlehem doch nicht so, wie es uns ergeht, wenn die Post kommt und Jeder fragt: ist auch etwas für mich dabei? Und wenn er dann seinen Brief hat und liest, es nicht gerne sieht, wenn ein Anderer ihm dabei über die Schulter schaut. Er will ihn für sich lesen, es ist seine private Angelegenheit. – Das Ereignis von Bethlehem ist keine private Angelegenheit: *Euch* ist heute der Heiland geboren. Der Engel des Herrn zeigt wohl auf dich und mich, sagt aber: *euch!* |14| Seine Nachricht geht uns gemeinsam an wie Geschwister, die alle miteinander ein schönes Geschenk vom Vater bekommen haben. Da ist Keiner der Erste und Keiner der Letzte, da ist Keiner der Bevorzugte und Keiner der Benachteiligte und vor allem Keiner, der einfach zu kurz käme. Der da geboren ist, der ist unser aller *gemeinsamer* ältester Bruder. Darum beten wir in Seinem Namen: *Unser* Vater. Darum beten wir nicht: Und gib mir mein tägliches Brot, sondern: Gib uns heute *unser* tägliches Brot! Und vergib *uns unsere* Schulden! Und führe *uns* nicht in Versuchung und erlöse *uns* von dem Bösen! [Mt. 6,9–13]. Und darum gehen wir zum Abendmahl als dem Tisch des Herrn und essen von *einem* Brot und trinken aus *einem* Kelch: «Nehmet und esset! Trinket Alle daraus!» Darum ist das ganze Leben der Christen eine einzige große Kommunion, d.h. eine Gemeinschaft mit dem Heiland, und darum auch eine Gemeinschaft untereinander. Wo es nicht Gemeinschaft mit dem Heiland ist, da ist es auch nicht Gemeinschaft untereinander, und wo es nicht Gemeinschaft untereinander ist, da ist es auch nicht Gemeinschaft mit dem Heiland. Eines nicht ohne das Andere. – Das alles ist in dem «Euch!» des Engels des Herrn enthalten und ist darum daraus zu lernen.

Euch – *heute!* sagt der Engel des Herrn. Als der Heiland geboren wurde, da hieß es *heute!* Da brach mitten in der Nacht ein neuer Tag an. Er selber war und ist die Sonne dieses Tages und die Sonne aller Tage. Der neue Tag, das ist nicht nur der Weihnachtstag, der ist unser Lebenstag.

Heute, das bedeutet *nicht nur: damals*, nicht «Laßt hören aus alter Zeit ...!»[4] Nein, der Engel des Herrn sagt uns *heute* dasselbe wie damals den Hirten. Wir leben in dem neuen Tag, den Gott gemacht hat. Wir dürfen es hören, daß es in unseren menschlichen Verhältnissen und Beziehungen, in unseren Lebensgeschichten und sogar in der Weltgeschichte einen |15| neuen Anfang gegeben hat und daß das Traurige, die Schuld und die Angst von gestern wohl noch da ist, aber gnädig zugedeckt, weil uns der Heiland geboren ist, so daß uns das alles nicht mehr schaden kann. Wir dürfen es hören, daß wir neuen Mut fassen und uns zusammennehmen und einen neuen Anlauf wagen und Zuversicht haben dürfen. Das verstehen wir nicht aus uns heraus, wohl aber sagt es uns der Engel des Herrn. Weil der Heiland geboren ist, darum ist ein neues Heute angebrochen!

Heute: das heißt nun freilich auch: *nicht erst morgen!* Sicher *auch morgen!* Der damals geboren wurde, der stirbt nicht mehr, der lebt und regiert in Ewigkeit. Trotzdem: wir wollen nicht spekulieren auf morgen. Man weiß ja, was das für Leute sind, die sagen «Morgen, morgen, nur nicht heute ...«[5]. Ich will nichts sagen gegen die Baselbieter, aber das Wort «Mer wei luege!«[6] ist ein gefährliches Wort. Ob wir morgen auch noch da sind? Der Heiland gewiß, aber wir? Und ob wir auch morgen das Wort noch gesagt bekommen und hören und noch frei sind, es aufzunehmen? Das haben wir nicht in der Hand. – Mir ist gerade gestern ein Wort von Jeremias Gotthelf begegnet: «Ein Leben ist kein Licht; ein Licht kann ich wieder anzünden: Das Leben ist eine Flamme

[4] Anfang des «Sempacher Liedes» von H. J. Bosshard (1811–1877); auch Titel eines «Schweizerischen Volksliederspiels» (op. 17) von Fr. Niggli nach Worten von O. v. Greyerz.

[5] «Morgen, morgen, nur nicht heute / Sprechen immer faule Leute» (Sprichwort).

[6] = «Wir wollen sehen»; das «Baselbiet» ist der Kanton Basel-Land. Vgl. die 4. Strophe aus dem «Baselbieterlied» von W. Senn (1845–1895):

Me seit vom Baselbieter und redt ihm öppe no,
er säg nu: «Mir wei luege», er chönnt nit säge: «Jo»;
doch tuesch ihn öppe froge: «Wit du für's Recht istoh?»
Do heißt's nit, daß me luege well, do sägen alli: «Jo!»

Gottes, einmal läßt er sie auch brennen auf Erden, dann nicht wieder!»[7] – Meine lieben Freunde, sehen wir zu, daß wir die Stunde dieser Flamme jetzt – heute, hier – nicht versäumen. Es heißt an anderer Stelle: «Heute, heute, so ihr seine Stimme höret, so verstocket eure Herzen nicht» [Hebr. 4,7].

Das ist es, was der Engel des Herrn uns mit seinem *Heute* zu sagen hat.

Und nun heißt es: Euch heute der *Heiland!* Das ist der Kern der Weihnachtsgeschichte: Euch ist heute der Heiland geboren! Dazu müßte man Vieles sagen, ich will jetzt aber nur etwas herausgreifen: |16|

Wovon redet dieser Name: Heiland? – Der Heiland, das ist der, der uns Heil bringt und also das, was uns hilft und heilsam ist. Er ist der Helfer, der Befreier, der Erretter, wie kein Mensch[8], sondern wie nur Gott es für uns sein kann und ist: der Befreier, der Helfer, der Erretter aus aller Not, in der wir verloren wären ohne ihn. Nun aber sind wir nicht verloren, denn Er ist da als der Heiland.

Und der Heiland, das ist der, der uns das Heil umsonst bringt, gratis, ohne unser Verdienst und ohne unser Zutun und ohne daß uns nachher eine Rechnung gestellt wird. Sondern so, daß wir nur die Hand auszustrecken und es anzunehmen brauchen und als die Beschenkten dankbar zu sein.

Der Heiland, das ist der, der das Heil *Allen* bringt, ohne Vorbehalt und Ausnahme, ganz einfach, weil wir *alle ihn nötig* haben und weil Er der *Sohn Gottes* ist, der unser aller *Vater* ist. Indem er ein Mensch geworden ist, ist er unser aller *Bruder* geworden. «Euch ist heute der Heiland geboren», sagt der Engel des Herrn.

Das also ist die Weihnachtsgeschichte. Seht, wir können das alles nicht hören, ohne daß es uns widerfährt, daß wir von uns wegblicken dürfen, von uns selber und von unserem Leben und Allem, was uns beschäftigen und beschweren mag. Da ist Er, unser großer Gott und Hei-

[7] J. Gotthelf, *Wie Anne Bäbi Jowäger haushaltet und wie es ihm mit dem Doktern geht* (1843/44), Zweiter Teil, 9. Kapitel, in: *Jeremias Gotthelfs Werke in zwanzig Bänden*, hrsg. von W. Muschg, Bd. 7, Basel 1949, S. 172.

[8] Original: «... der Erretter, der, wie kein Mensch ...»; «der» vom Hrsg. gestrichen.

land, und da sind wir, und nun gilt es: gerade Er gerade für mich, für uns. Wir können seine Geschichte nicht hören, ohne unsere Geschichte mitzuhören, ohne von der großen *Veränderung*, welche mit uns geschehen ist, ein für allemal, zu hören und von der großen *Freude*, die uns damit bereitet ist, und von dem großen *Zuruf*, der damit ergeht in unser Leben hinein, so daß wir uns aufmachen und den Weg antreten dürfen, den Er uns weist.

Und jetzt? Sollen wir jetzt fortfahren, wie wir es eingangs überlegt haben: in der Zerstreuung, in unserem Unglauben, |17| vielleicht in ein paar schönen Weihnachtsgefühlen? Oder sollen wir jetzt aufmerken und aufstehen, uns aufmachen und *umkehren?* Der Engel des Herrn zwingt niemand – und ich kann es erst recht nicht. Ein gezwungener Hörer der Weihnachtsgeschichte und ein gezwungenes Mittun in dieser Geschichte, die ja unsere eigene Geschichte ist, das wäre nichts. Es geht um ein *freies Hören* und um ein *freies Mittun* in dieser Geschichte.

Und nun möchte ich nur noch darauf hinweisen, daß es heißt: «bei dem Engel war die Menge der himmlischen Heerscharen, die lobten Gott und sprachen: Ehre sei Gott in der Höhe und Friede auf Erden unter den Menschen des Wohlgefallens» [Lk. 2,13 f.] (d.h. unter den Menschen, an denen Gott, obwohl sie es nicht verdient haben, Wohlgefallen hat). – Wir gehören nicht zu den Engeln, wir sind auf der Erde, hier in Basel, hier in diesem Hause. Aber wenn wir das hören von diesem Lobgesang und uns klarmachen, daß Gott nicht nur diesen einen Engel sandte, sondern daß die Menge der himmlischen Heerscharen zugegen war mit ihrem Lobgesang, dürften wir uns davon nicht mitreißen lassen, wie wenn wir etwa eine Marschmusik hören und in den gleichen Schritt fallen oder wie wenn eine bekannte Melodie ertönt, die wir unwillkürlich mitsummen oder mitpfeifen? Seht, das wäre es. Das hieße: frei hören und frei mittun in der Weihnachtsgeschichte. Amen.

Herr unser Gott! Du bist groß, hoch und heilig über uns und allen Menschen. Und nun bist du gerade darin so groß, daß du uns nicht vergessen, nicht allein lassen und trotz Allem, was gegen uns spricht, nicht verwerfen wolltest. Nun hast |18| du uns in deinem lieben Sohn Jesus Christus, unserem Herrn, nicht weniger als dich selbst und Alles, was dein ist, geschenkt. Wir danken dir, daß wir am Tisch deiner Gnade deine Gäste sein dürfen unser Leben lang und in Ewigkeit.

Wir breiten jetzt vor dir aus Alles, was uns Mühe macht: unsere Fehler, Irrtümer und Übertretungen, unsere Betrübnisse, unsere Sorgen, auch unsere Auflehnung und Bitterkeit – unser ganzes Herz, unser ganzes Leben, das du besser kennst als wir selber. Wir legen Alles in die treuen Hände, die du in unserem Heiland nach uns ausgestreckt hast. Nimm uns, wie wir sind, richte uns Schwache auf, mach uns Arme reich aus deiner Fülle!

Und so laß deine Freundlichkeit auch über den Unsrigen leuchten und über Allen, die gefangen sind oder Not leiden oder krank oder am Sterben sind. Gib denen, die zu richten haben, den Geist der Gerechtigkeit und denen, die in der Welt regieren, etwas von deiner Weisheit: daß sie auf den Frieden auf Erden sinnen möchten. Gib Klarheit und Mut denen, die hier oder in der Mission dein Wort zu verkündigen haben!

Und nun fassen wir Alles zusammen, indem wir dich anrufen, wie der Heiland es uns erlaubt und geheißen hat: Unser Vater ...!

Schriftlesung: Lukas 2,1–14

Lieder:
Nr. 119: «Fröhlich soll mein Herze springen» von P. Gerhardt, Strophen 1–4 (= EKG 27, Str. 1–3, 5)
Nr. 113: «Lobt Gott, ihr Christen, allzugleich» von N. Herman, Strophen 1–4 (= EKG 21, Str. 1–3, 6)
Nr. 114: «Gelobet seist du, Jesu Christ» von M. Luther, Strophen 1–4 und 7

ICH LEBE, UND IHR WERDET LEBEN

Johannes 14,19

Ostersonntag, 10. April 1955, Strafanstalt Basel

Herr, unser Gott! Hier sind wir, um vor dir und miteinander Ostern zu feiern: den Tag, an dem du deinen lieben Sohn, unseren Herrn Jesus Christus, offenbart hast als den lebendigen Heiland, der alle unsere Sünden und mit ihnen unser ganzes menschliches Elend und den Tod dazu auf sich genommen, an unserer Stelle gebüßt und erlitten und ein für allemal überwunden und abgetan hat.

Wir wissen wohl, wie es um uns steht, und du weißt es noch viel besser. Aber da kommen wir und danken dir für die Freiheit, die wir haben, von uns weg und auf dich zu sehen, der du Solches für die Welt und auch für uns alle getan hast.

Laß uns jetzt aufrichtig reden und hören – damit es dein wahres Wort sei, das uns in dieser Stunde regiert, bewegt und erfüllt – damit es uns alle tröste, ermutige und ermahne – damit unser armes Lob auch dir gefallen dürfe!

Laß das unter uns geschehen, aber auch überall sonst zu Stadt und Land, in der Nähe und in der Ferne: wo immer Menschen sich heute versammeln, um die Verheißung der Auferstehung und des Lebens zu vernehmen und zu ergreifen! Sieh dein Volk in Gnaden an! Amen.

|20|

Ich lebe, und ihr werdet leben.

Meine lieben Brüder und Schwestern!

Ich lebe. Jesus Christus hat das gesagt und sagt es jetzt auch zu uns: Ich lebe.

Laßt mich zur Erklärung dieser zwei Wörtlein beginnen mit der Erinnerung an ein anderes Wort aus seinem Munde: «Wo Zwei oder Drei unter euch versammelt sind in meinem Namen, da bin ich mitten unter ihnen» [Mt. 18,20]. Wir sind hier versammelt in Seinem Namen – nicht in unserem eigenen also. Nicht weil es uns freut, mit ihm zu tun zu haben, aber indem es ihn freut, mit uns zu tun zu haben. Nicht weil wir für ihn sind, aber indem er für uns ist. Nicht weil wir es verdient hätten, daß er zu uns gehört, aber weil er es sich Alles hat kosten lassen, daß wir zu ihm gehören dürfen. Indem er in die Welt gekommen ist und gerufen hat: «Kommet her zu mir Alle, die ihr mühselig und beladen seid, ich will euch erquicken» [Mt. 11,28] – und indem er das nicht nur als ein Wort gesagt hat, sondern indem dieser sein Ruf die mächtige Tat seines ganzen Lebens und Sterbens gewesen ist. Indem er mit diesem Ruf und mit dieser Tat eine Gemeinde auf Erden geschaffen hat, in der er für alle Zeit und überall der Herr, der Hirte und der Lehrer ist. Indem er heute und hier nun auch uns zu seiner Gemeinde versammelt hat. Da dem so ist, ist er jetzt und hier mitten unter uns, bezeugt und sagt er uns eben damit: Ich lebe. Er ist nicht im Grabe, er ist auferstanden, wie wir es vorhin aus dem Evangelium gehört haben. Er selbst sagt es uns: Vergeßt alles Andere und haltet euch daran, aber daran ganz fest: Ich lebe.

Es ist klar, wenn er das sagt, dann bedeutet das mehr, etwas Anderes und Besseres, als wenn ich euch sagen wollte: Ich lebe, oder wenn Einer von euch das sagen würde. Was ist schon unser Leben, verglichen mit dem seinigen? Es liegt freilich Alles an unserem Leben. Ich lebe – darauf folgt ja unmittel- |21| bar: und ihr werdet leben! Es geht also, indem er uns sagt: «Ich lebe», um die Errettung unseres Lebens – darum, daß unser Leben frei, heilig, gerecht, herrlich werde. Aber eben um das zu verstehen, müssen wir zunächst das Erste hören, in welchem dann dieses Zweite eingeschlossen ist: Ich lebe – ein ganz anderes, mit eurem, mit unserem Leben nicht zu vergleichendes Leben!

Ich lebe. Wenn Jesus Christus das sagt, dann heißt das: Ich lebe als ein wahrer Mensch *mein Gottesleben.* Wir müssen das ganz ernst, ganz wörtlich verstehen: ich lebe das Leben des ewigen, des allmächtigen Gottes, der Himmel und Erde geschaffen hat und der die Quelle und die Fülle alles Lebens ist. Was heißt das? Etwa: Ich lebe dieses mein reiches, herrliches Gottesleben, um es für mich zu haben, zu behalten und zu genießen, so wie ein reicher Mensch sein Vermögen zu haben, zu behalten und zu genießen pflegt? Oder vielleicht so: daß ich es euch als etwas höchst Seltsames und Kostbares von weitem zeige, damit ihr es bestaunen mögt? Oder vielleicht so, daß ich euch gelegentlich ein kleines Almosen daraus spende? Nein, meine Brüder und Schwestern, so ist es mit dem Leben Gottes nun eben nicht bestellt. So nicht mit dem Leben Gottes, der von Ewigkeit zu Ewigkeit gerade nicht nur für sich, sondern in dem ganzen Reichtum seines Lebens *unser* Gott sein will und ist.

Ich lebe: wenn Jesus Christus das sagt, dann heißt das: Ich lebe dieses mein Gottesleben *für euch.* Ich lebe es ganz und gar, indem ich euch liebe, indem ich ohne euch gar nicht Gottes Sohn sein, dieses mein Gottesleben gar nicht haben will – indem ich es vielmehr ohne Vorbehalt und Rücksicht für euch einsetze, hergebe, für euch drangebe und dahingebe. Indem ich nämlich an eure Stelle trete: an die Stelle, die euch zukommt – indem ich selbst werde, was ihr seid (nicht nur Einige von euch, sondern ihr Menschen alle!): ein Verurteilter, ein |22| Gefangener, ein Sträfling, der den Tod erleiden muß. Ich tue das aber, damit durch dieses mein für euch dahingegebenes mächtiges Gottesleben das Dunkel und die Verwirrung, der Kummer und die Angst und die Verzweiflung, die Sünde und die Schuld eures kleinen, bösen, traurigen Menschenlebens weggenommen, eben durch die Macht des Gotteslebens, in welchem ich an eure Stelle trete, weggeschwemmt, damit euer Tod durch mein Gottesleben in den Tod gegeben und vernichtet werde ein für allemal. So, in dieser Dahingabe, in dieser euch errettenden Macht lebe ich mein Leben, mein Gottesleben.

Ich lebe. Das heißt, wenn Jesus Christus es sagt: Ich lebe als der wahre Sohn Gottes *mein Menschenleben* – ja, das Leben eines schwachen, eines einsamen, eines versuchten, eines in Schande sterbenden Menschen wie ihr, ganz und gar euresgleichen. Wie das? Etwa so, daß ich es dann doch wieder besser haben möchte als Andere? Etwa so, daß ich mich dagegen auflehne, ein solcher Mensch zu sein? Oder daß ich mich in stummem, verbissenem Trotz damit abzufinden versuche, das nun eben sein zu müssen? Nein, nicht so! Dann würde ich ja nicht wahrhaftig euresgleichen, euer Nächster, euer Bruder sein wollen – gerade nicht der Nächste, nicht der Bruder des ganz bedürftigen Menschen. Dann würde ich den ja vielmehr verlassen und verraten. Ich wollte dann nicht der Mensch sein, der vom Erbarmen Gottes lebt. Ich wollte dann also gar nicht wahrer Mensch und dann sicher auch nicht Gottes Sohn sein.

Ich lebe. Wenn Jesus Christus das sagt, dann heißt das: Ich lebe mein Menschenleben, ohne zu widersprechen und zu widerstehen, als euer eigenes, wie es nun einmal ist. Ich lebe es als der, der es annimmt, eure und der ganzen Welt Torheit und Bosheit, euren Jammer und euer Elend nun gerade auf mich geladen zu finden. Ich lebe es, indem ich diese Last im Gehorsam gegen Gott, der sie mir auferlegt, trage, eben damit aber |23| auch aufhebe – indem ich in meiner Person euer Menschenleben mit Allem, was dazu gehört, wandle, umkehre, erneuere, taufe, indem ich aus eurem Verderben Errettung mache, aus eurer Sünde Gerechtigkeit, aus eurem Tod Leben. Damit in mir ihr alle wiedergeboren werdet zu neuen Menschen, die in Hoffnung Gott die Ehre geben, statt ihre eigene zu suchen! Damit ihr in meiner Person zu Menschen werdet, an denen Gott Wohlgefallen hat. So, indem ich es euch zugut so erhebe, lebe ich mein Leben, mein Menschenleben, mein Leben als euresgleichen.

Also: *Ich lebe* als der, der so lebt: in der Dahingabe meines Gotteslebens in eurem Dienst und in der Erhebung meines Menschenlebens zum Dienste Gottes. Als der, der so lebt, ist Jesus Christus am Ostermorgen den Seinigen offenbar geworden. Eben als Dieser ist er jetzt und hier in unserer Mitte und sagt er zu uns: Ich lebe.

Und nun das Zweite, das in diesem Ersten eingeschlossen ist: *Und ihr werdet leben*. In unseren Bibeln wird dieses Wort wiedergegeben in der Form: «Und ihr sollt auch leben!» Aber seht, es geht hier gerade nicht nur um ein Sollen, zu dessen Erfüllung wir bloß eingeladen und aufgefordert würden, um dann eventuell zu leben, eventuell auch nicht zu leben. Uns wird hier nicht bloß eine Chance gegeben, eine Offerte gemacht. *Ihr werdet* leben – das ist eine Verheißung, d.h. die Anzeige unserer Zukunft, die auf unsere Gegenwart in dem «Ich lebe» folgt wie 2 auf 1, wie B auf A, wie der Donner auf den Blitz. Wer das hört: Ich lebe, der hört sofort auch: und ihr werdet leben. Das will sagen: ihr seid solche, die nicht in ihrer Sünde und in ihrer Schuld, sondern, weil sie von meinem Leben herkommen, in wahrer Gerechtigkeit und Heiligkeit ihre Zukunft haben. Also nicht in der Traurigkeit, sondern in der |24| Freude, also nicht in der Gefangenschaft, sondern in der Freiheit, also nicht im Tode, sondern im Leben. Ihr seid solche, die von dieser Gegenwart in meinem Leben her *diese* Zukunft und *nur* diese haben.

Laßt mich noch etwas erklären, auf was es jetzt für uns ankommt, nachdem wir gehört haben: Ich lebe, und indem darauf unmittelbar folgt: und ihr werdet leben.

Es kommt für uns jetzt darauf an, daß wir uns steif daran halten: Er, Jesus Christus, sein Leben ist unsere Gegenwart. Also nicht unsere Vergangenheit, nicht der große Schatten, der von gestern her unser Heute verdunkelt, also nicht alles das, was wir uns selbst und was wir wohl auch anderen Menschen mit Recht oder Unrecht vorzuhalten haben, also nicht die Welt mit ihren Anklagen und wir mit unseren Gegenanklagen, also nicht einmal der verdiente Zorn Gottes gegen uns, geschweige denn unser Murren gegen ihn, geschweige denn unser heimlicher Gedanke: es möchte vielleicht gar kein Gott sein. Mit anderen Worten: nicht wir selbst, wie wir heute dran sind oder dran zu sein meinen. Nein, Er, Jesus Christus, sein Leben ist heute, ist unsere Gegenwart: sein für uns dahingegebenes Gottesleben und sein, unser in ihm erhobenes Menschenleben. Das gilt, das zählt, das ist wahr. Von da aus geht der Weg, geht die Reise weiter in die Zukunft. Und das ist die Zukunft von dieser Gegenwart her: ihr werdet leben.

Es kommt jetzt darauf an, daß wir uns von Ihm für diese Reise beschenken, ausrüsten, speisen und tränken lassen. Meine Brüder und Schwestern: wir alle können uns nicht selber helfen, können das Leben nicht aus uns selber hervorbringen, können uns gar nichts nehmen. Was der Mensch sich nehmen will und nimmt, das wird immer wieder Sünde und Tod sein. Wir haben es aber auch gar nicht nötig, uns irgend etwas nehmen zu müssen. Wir können und dürfen uns ja Alles geben lassen, |25| was schon für uns da ist. Es ist für uns alle Alles bereit, Alles in Ordnung gebracht, was in Unordnung war. Wir brauchen die Ordnung, die schon da, die schon aufgerichtet ist, bloß stehen und gelten zu lassen. Wir brauchen bloß zu sehen, was vor unseren Augen – und bloß zu hören, was uns laut und deutlich gesagt ist. Wir brauchen unsere Hände bloß zu öffnen und auszustrecken, statt sie immer wieder in den Sack zu stecken oder zu Fäusten zu ballen. Wir brauchen auch unseren Mund bloß aufzutun, um zu essen und zu trinken, statt, wie wir es als kleine Kinder wohl getan haben, unsere Zähne zusammenzubeißen. Wir brauchen bloß vorwärts zu laufen statt wie die Narren rückwärts.

Es kommt jetzt darauf an, daß wir die gewiß ganz kleine Wurzel von Zuversicht, von Ernst, von Freudigkeit wachsen lassen, die vielleicht gerade an diesem Ostermorgen in unseren Herzen und Gewissen, in unseren Gedanken und Absichten und Meinungen Boden sucht. Es ist ja doch nicht möglich, daß Jesus Christus uns sagt: Ich lebe, und daß dann nicht die Antwort irgendwo in uns aufsteigt: Ja, du lebst, und weil du lebst, werde ich, darf ich, will ich auch leben. Ich, für den du als wahrer Gott ein wahrer Mensch geworden bist – ich, für den du gestorben und auferstanden bist – ich, für den du Alles, wirklich Alles, was ich für Zeit und Ewigkeit nötig habe, vollbracht hast.

Es kommt jetzt Alles darauf an, daß niemand unter uns sich für ausgeschlossen, sich für zu groß oder für zu gering oder für einen Gottlosen hält. Es kommt jetzt Alles darauf an, daß ein Jeder von uns sich vielmehr für einen Solchen hält, der da eingeschlossen, dem im Leben unseres Herrn Erbarmen widerfahren ist und dem zugute das in seiner Auferstehung von den Toten am Ostermorgen offenbar gemacht ist. Es kommt jetzt Alles darauf an, daß wir uns in aller |26| Demut, aber auch mit großem Mut für solche halten, die in Ihm wiedergeboren sind zu einer lebendigen Hoffnung [vgl. 1. Petr. 1,3]: Wir werden leben.

Ich komme zum Schluß: Wir dürfen nachher zum Abendmahl gehen. Das Abendmahl ist schlicht das Zeichen dessen, wovon wir nun gesprochen haben: daß er, Jesus Christus, in unserer Mitte ist – der Mann, in welchem Gott selbst sein Leben für uns dahingegeben und in welchem unser Leben zu Gott erhoben ist. Und das Abendmahl ist das Zeichen, daß wir von Ihm als von unserem Anfang her aufbrechen dürfen in unsere Zukunft: in die Zukunft, in der wir leben werden, und daß wir uns zu diesem Aufbruch von Ihm stärken, speisen und tränken lassen dürfen. Von *einem* Brot und aus *einem* Kelch, wie Er selber *Einer* ist: der Eine für uns alle! Meine lieben Brüder und Schwestern, ich möchte niemand von euch bedrängen und bedrücken mit dem, was ich hinzufügen möchte: Wollen wir jetzt nicht alle – alle, die wir hier sind – miteinander zum Abendmahl gehen? Das Abendmahl ist für Alle, so gewiß der lebendige Jesus Christus selbst für Alle ist, so gewiß wir alle in Ihm nicht getrennt sind, sondern zusammengehören, Brüder und Schwestern sind: wir alle arme Sünder, wir alle reich durch seine Gnade! Amen.

Herr unser Gott, unser Vater in Jesus Christus, deinem Sohn, unserem Bruder! Wir danken dir dafür, daß Alles so ist, wie wir es jetzt wieder zu sagen und zu hören versucht haben. Es tut uns leid, daß wir so oft blind und taub waren für das Licht deines Wortes. Und es tut uns leid um all das Verkehrte, was |27| das in unserem Leben zur Folge hatte. Und weil wir wohl wissen, daß wir ohne dich immer wieder in die Irre gehen würden, bitten wir dich, daß du nicht aufhörest, uns durch deinen Heiligen Geist anzurühren, zu erwecken, uns aufmerksam, demütig und tapfer zu machen.

Das bitten wir nicht nur ein Jeder für sich selbst, sondern ein Jeder auch für die Anderen, für Alle, die in diesem Hause sind, für alle Gefangenen in der Welt, auch für alle an Leib oder Seele Leidenden und Kranken, für alle Besitzlosen und Vertriebenen, auch für alle die, deren Betrübnis und Not uns verborgen, dir aber nicht verborgen sind. Wir bitten es auch für unsere Angehörigen, für alle Eltern, Lehrer und Kinder, für die Männer, die im Staat, in der Verwaltung, im Gericht ein Amt haben und verantwortlich sind, für die Prediger und Missionare deines Evangeliums.

Hilf ihnen und uns allen, zu tragen, was zu tragen ist, aber auch das Rechte zu denken, zu sagen und zu tun und vor allem: zu glauben, zu lieben und zu hoffen in dem Vermögen, das du ihnen und uns dazu geben willst! Unser Vater ...!

Schriftlesung: Matthäus 28,1–10

Lieder:
Nr. 160: «Gelobt sei Gott im höchsten Thron» von M. Weiße, Strophen 1–4
Nr. 160, Strophen 5 und 6
Nr. 167: «Wach auf, mein Herz, die Nacht ist hin» von L. Laurenti, Strophen 1, 6, 7, 8 (= EKG 88, Str. 1, 7, 8, 9)

BESTATTUNG VON PAUL BASILIUS BARTH[1]

Johannes 21,18

27. April 1955, Friedhof am Hörnli, Basel

Herr unser Gott! Du gibst uns Menschen das Leben, und dann nimmst du es wieder, verbirgst es für eine Weile im Geheimnis des Todes, um es dereinst erneuert und gereinigt ans Licht zu bringen als unser ewiges Leben.

Sieh uns an und höre uns, die wir jetzt versammelt sind, weil unser Bruder und Freund von uns gegangen ist. Nimm du unser Erschrekken und unsere Trauer auf in deinen Frieden! Nimm alle unsere Gedanken über den Dahingegangenen und über uns selbst hinein in die Erkenntnis deines guten Willens mit ihm und uns! Lehre uns bedenken, daß auch wir sterben müssen, und laß uns bis dahin dankbar da sein: in der Hoffnung, die nicht zuschanden wird! Das alles bitten wir dich im Namen Jesu Christi, unseres Herrn. Amen.

Wahrlich, wahrlich, ich sage dir: Da du jünger warst, gürtetest du dich selbst und wandeltest, wohin du wolltest; wenn du aber älter geworden bist, wirst du deine Hände ausstrecken, und ein Anderer wird dich gürten und dahin führen, wohin du nicht willst.

[1] Paul Basilius Barth (24. 10. 1881 bis 25. 4. 1955), ein bekannter Basler Maler, hatte seinen Vetter Karl Barth im Jahre 1954 (15 Sitzungen zwischen 11. März und 17. Dezember) zweimal porträtiert.

Liebe Trauerversammlung!

Man pflegt das, was als Gebet und Bibelwort bei einer solchen Trauer- und Gedenkfeier laut wird, als deren «kirchlichen Rahmen» zu bezeichnen. Das Bild in diesem Rahmen wäre dann wohl das, was wir Menschen uns in solcher Stunde in dankbarem und wehmütigem Rückblick auf das Leben, die Gestalt und die Leistung des Verstorbenen bewegten Herzens zu sagen haben. Wie sollte das hier von unserem Paul Basilius Barth nicht auch gesagt werden? Aber eine Umkehrung dürfte am Platze sein. Kann auch das Beste und Gründlichste, was wir uns jetzt zu sagen haben, mehr sein als der Rahmen zu dem, was Gott uns in dieser Stunde zu sagen hat? Versteht mich wohl: *Gott!* Ich habe es auf besonderen Wunsch unseres Verstorbenen übernommen, auf das, was Gott uns zu sagen hat – was er allein uns sagen kann und selber sagen will – *hinzuweisen*, nur eben hinzuweisen! Mit meinem Vermögen dazu mag es stehen, wie es will. Bedenkt aber wohl: Gott ist nicht der Rahmen, sondern das Bild. Gott ist nicht am Rande, sondern «Gott ist in der Mitte, Alles in uns schweige und sich innigst vor ihm beuge»[2]. Ich glaube, daß Paul Basilius Barth im letzten Grunde immer gewußt hat, daß es so sein muß. Jetzt weiß er es sicher, und zwar besser als wir alle.

Sehr Viele von euch haben ihn viel länger und wohl auch vielseitiger und genauer gekannt als ich. Er und ich sind uns trotz verwandtschaftlicher Nähe erst im Lauf der letzten Jahre richtig begegnet und sind merkwürdiger Weise – zwei so verschiedene Menschen auf äußerlich so verschiedenen Wegen – in unserem Alter fast plötzlich Freunde geworden. Meine Gedanken darüber, in was wir uns eigentlich so gut verstanden haben und verbunden fanden, will ich hier nicht ausbreiten. Er hat mir viel auch aus seinem früheren Leben erzählt und angedeutet, und es wurde mir nicht schwer, in dem alten Mann den jungen, und umgekehrt: in seiner Vergangenheit seine Gegenwart zu sehen und zu verstehen. Alles in Allem will ich nur das bekennen, daß ich ihn genau so, wie er war, lieb gehabt habe und daß er mir nun, da er dahingegangen ist, in einem für mich sehr besonderen Sinn des Wortes fehlen wird.

Indem ich in diesen Tagen von daher über ihn nachdachte, hat sich mir das Schriftwort aufgedrängt – als ein aus der Höhe Gottes über ihn

[2] Aus Strophe 1 des Liedes 201 (EKG 128) «Gott ist gegenwärtig» (1729) von G. Tersteegen.

und zu uns gesagtes Wort –, das ich vorhin vorgelesen habe: das Wort von dem Mann, der, da er jünger war, sich selbst gürtete und wandelte, wohin er wollte, um dann, als er alt wurde, seine Hände auszustrecken, von einem Anderen sich gürten und dahin führen lassen zu müssen, wohin er nicht wollte. Der Apostel Petrus war der Mann, zu dem das gesagt wurde. Und der es zu ihm gesagt hat, war nicht der Erste, Beste, sondern war Jesus. Paul Basilius Barth war wahrlich kein Apostel. Er hat aber mit diesem Petrus jedenfalls das gemeinsam, daß derselbe Jesus ihm jetzt unmittelbar gegenübersteht und ihm viel, viel zu sagen hat, worunter dann wohl auch das sein mag, was er damals dem Petrus gesagt hat, so daß es uns wohl erlaubt und geboten ist, zuzuhören, weil es auch uns angeht.

Da du jünger warst, gürtetest du dich selber und wandeltest, wohin du wolltest. «Sich gürten» beschreibt in der Sprache der Bibel die Rüstigkeit, in der ein Mensch sich zu einem Marsch und zur Erreichung eines Zieles in Bewegung setzt: nach seinem freien Gutfinden dahin, wohin zu gelangen er sich vorgenommen hat. Ist das nicht unser dahingegangener Freund, wie er leibte und lebte? Wie ist er in die Welt hinausgestürmt! «In den Ozean fährt mit tausend Masten der Jüngling.»[3] Wie hat er sich von älteren und neueren Konventionen und Meinungen, Routinen frei zu machen, seinen eigenen Weg sich zu bahnen versucht! Wie hat er zu begehren und zu genießen gewußt! Wie haben vor allem seine unvergeßlichen hellen Augen getrunken von dem goldenen Überfluß der Welt![4] Wie konzentriert hat er aber in allen Jahrzehnten seines Lebens gearbeitet, und wie männlich ernsthaft hat er dabei eine bestimmte Linie seines Schaffens gesucht und immer frisch ausgezogen, auf dieser Linie weitere und weitere Aufgaben gesehen, in Angriff genommen und hinter sich gebracht! Wie hat er das Land und das Wasser, das stille Dasein auch der kleinen Dinge und nicht zuletzt das menschliche Angesicht in immer neuen Gestalten entdeckt, erforscht, erfaßt und vor uns hingestellt! Wie fragte er uns in seinem Schaffen: ob wir uns

[3] Fr. Schiller, *Xenien*, Distichon «Erwartung und Erfüllung»:
In den Ozean schifft mit tausend Masten der Jüngling.
Still, auf gerettetem Boot treibt in den Hafen der Greis.

[4] Vgl. G. Keller, *Abendlied*, Schluß der letzten Strophe:
Trinkt, o Augen, was die Wimper hält
von dem goldnen Überfluß der Welt.

denn an den Formen und Farben, in denen er das alles erfaßte und wiedergab, nicht mit ihm freuen könnten und wollten? Denn er hatte ein unruhiges, ein sehr kritisches, aber auch sehr verlangendes Herz, in welchem er, seiner Sache ganz hingegeben, endlich und zuletzt nach Menschen, nach ihm nahen Menschen suchte. Ja: «und wandeltest, wohin du wolltest» – nicht nur in seiner Jugend, sondern so auch in seinem Alter! Denn es brauchte keine große Menschenkenntnis, um zu sehen, wie auch in dem alten Paul Basilius dieses jugendliche Wollen nach allen Seiten blitzte. In diesem Wollen wurde er der Künstler, der er war, in seiner Art exemplarisch für das Wollen einer ganzen Generation von Künstlern. Und ich möchte hinzufügen: in diesem Wollen ist er ein echter Mensch geworden und geblieben. Denn zu solchem Wollen werden und sind wir Menschen freigegeben. Sehe ein Jeder zu, welches die an *seinem* Ort gerade *ihm* gegebene Freiheit ist: daß er sich also nicht für frei halte, wo er es gerade nicht ist! Und sehe ein Jeder zu, daß er von der ihm gegebenen Freiheit den rechten, vollen, treuen Gebrauch mache! Hier geht es um die große Frage von Wahrheit und Irrtum, Recht und Unrecht in jedem Menschenleben, hier um des Menschen Verantwortlichkeit vor Gott. Ihm sind wir, indem wir wandeln, wohin wir wollen, Rechenschaft schuldig. Das Leben von Paul Basilius Barth mit seinem freien Wollen liegt nun abgeschlossen hinter ihm. Wir aber haben noch die Möglichkeit und allen Anlaß, zu bedenken, was wir tun, indem wir noch und noch wandeln, wohin wir wollen.

Aber nun hören wir ja da auch etwas diesem Ersten scheinbar ganz Fremdes: *Wenn du aber älter geworden bist, wirst du deine Hände ausstrecken, und ein Anderer wird dich gürten und dahin führen, wohin du nicht willst.* Bemerken wir wohl: jetzt kommt das Entscheidende. Wieder geht es offenbar um die Zurüstung zu einem Marsch und zur Erreichung eines Zieles. Aber nun offenbar in ganz anderer Richtung: nun darum, daß derselbe Mann, statt sich selbst zu gürten, von einem Anderen gegürtet wird, und statt zu wandeln, wohin er will, von diesem Anderen geführt wird, wohin er nicht will. Erkennen wir unseren Freund nicht auch in diesem Bild, von dieser Seite: deutlicher den älteren, aber im Grunde doch auch schon den jüngeren Paul Basilius? Er wandelte wohl, wohin er wollte, aber indem er das tat, ist ihm – nicht erst zuletzt, sondern, erkannt oder unerkannt, wohl von Anfang an – auch dieser Andere entgegengetreten, hat ihn aufgehalten, hat sein Wollen nicht einfach direkt und ganz zum Vollbringen werden lassen, hat ihn begrenzt. Und nun hat er sein Wollen und sein Vollbringen endgültig – die Sache ist so ernst wie der Tod und die Ewigkeit – zum Stillstand und zum Abschluß gebracht. Paul Basilius Barth war nicht der siegreiche Kämpfer, geschweige denn der Triumphator, als der er Manchem von weitem erscheinen mochte. Die Helligkeit seiner Kunst verbirgt nicht, sondern verrät dem, der sehen kann, daß er Schweres auf sich genommen und daß das Leben ihm auch Schweres zu tragen gegeben hat. Es war da ja auch Irrung und Wirrung. Es ist ja in diesem Leben – wie in unser aller Leben – auch gefehlt und übertreten worden: nicht ohne daß dafür so oder so zu bezahlen war. Da greift dann eben in unserem Leben der Andere ein, um uns zu führen, wohin wir nicht wollen. Und so war gerade das gesunde, starke Selbstbewußtsein unseres Freundes durch eine seltsame, fast erschrockene Schüchternheit in Schach gehalten. Große Ansprüche und andere große Worte konnten von da aus seine Sache nicht sein. Es gehört hieher, daß er bei seiner Arbeit offenbar nie dahin kommen konnte, mit dem Anschauen seiner Gegenstände für einmal fertig zu werden, den Pinsel für einmal hinzulegen, mit sich selbst für einmal zufrieden zu sein, sondern daß er immer noch und noch einmal – an einem seiner Selbstbildnisse soll er ja über sechs Jahre gearbeitet haben – etwas an seinen Werken zu ändern, zu verbessern, zu verfeinern, zu vertiefen fand. Und nun eben der erstaunliche Prozeß, der sich gerade in der immer wieder fortgesetzten Reihe seiner Selbstdarstellungen bis hin zur letzten abzeichnete. Es war nicht das eitle Bedürfnis der Selbstbespiegelung, sondern es war so etwas wie ein unheimlicher Zwang, unter dem er stets aufs neue darauf zurückkommen mußte, zu sagen und zu zeigen, wie er sich selbst verstand. Man halte gleichzeitige Photographieen seines Antlitzes neben diese Bilder und achte darauf, wie er sich in seinem Selbstverständnis offenbar weiter und weiter von den Zügen entfernt hat, in denen wir Anderen ihn zu sehen vermeinten. In welcher Richtung? Ich frage mich, ob man das Richtige trifft, wenn man von Skepsis, Resignation, Schmerz redet, die da mehr und mehr in die Erscheinung getreten seien? Genügt es nicht, etwas allgemeiner und neutraler, aber nicht weniger gewichtig, zu sagen: daß er offenbar, indem er wirkte, solange es für ihn Tag war, die Schatten der Nacht, in der niemand, in der nun auch er nicht mehr wirken kann [vgl. Joh. 9,4], immer länger werden sah, sich mit sich selbst immer schärfer auseinandersetzen mußte? Ich kann nicht beurteilen, ob auch diese und vielleicht gerade diese Seite seiner Kunst zu dem gehört, was man wohl ihre Größe nennen darf. «Du wirst deine Hände ausstrecken», heißt es in dem Wort Jesu. Was bedeutet das? In erschrockener Abwehr? oder nach Hilfe? oder in Bereitschaft, sich binden und führen zu lassen? oder in unbewußter, vielleicht auch bewußter Anbetung? Es kann das alles bedeuten, kann auch in dem bedrängten Leben von Paul Basilius Barth etwas von dem allem bedeutet haben. Forschen wir nicht nach! Gott kannte ihn besser, als wir ihn kannten, und besser, als er sich selber kannte. Das ist sicher, daß er, auch indem er sich nach dieser Seite – nach des Lebens Schattenseite – so gar nicht zu verbergen wußte, ein echter Mensch gewesen ist. Denn auch dieses Zweite gehört zu unserer menschlichen Bestimmung, gehört sogar als Letztes dazu, daß unser freies Wollen, und wäre es das beste und freudigste, gehemmt, durchkreuzt, unterbrochen und schließlich abgebrochen wird, daß wir uns selbst fremd werden müssen: dadurch nämlich, daß wir auf jenen Anderen stoßen, der uns führt und schließlich gänzlich hinwegführt, wohin wir nicht wollen. Daß wir das begreifen und annehmen, daß wir uns das Wachsen des großen Schattens gefallen lassen, das ist die Probe darauf, ob wir vor und unter Gott und in unserer ganzen Geringfügigkeit, in allen unseren Widersprüchen mit ihm im Frieden leben. Vor und unter Gott! Denn nicht die Natur, nicht das sogenannte Schicksal oder eine andere anonyme Macht ist der Andere, der uns führt und schließlich hinwegführt, wohin wir nicht wollen, sondern der eine, strenge, aber auch barmherzige Gott, der es auch nach dieser Seite recht mit uns meint und macht. Nicht von einem Tyrannen, sondern von dem, der sein Vater und durch ihn auch unser Vater ist, hat Jesus geredet, wenn er dem Petrus diesen Anderen, sein hartes Tun und Walten angekündigt hat. Wir, die zunächst Betroffenen und wir Anderen mit ihnen, blicken unserem hinweggeführten Freund jetzt nach und erfahren es damit, daß die Hand, die ihn weggeführt hat, auch uns anrührt: die Hand Gottes. Wollen wir uns gegen diesen Gott auflehnen, weil er den Tod zwischen unseren Freund und uns hat hineintreten lassen, oder wollen wir ihm danken, weil er es gerade in seinem Tod so gnädig mit ihm gemacht hat? Laßt uns über beides hinaus daran denken, daß dieser Gott wohl der Herr auch des Todes, aber eben als sein Herr nicht an ihn gebunden, daß er der Gott der Lebendigen und nicht der Toten ist.

Ihm, vor Ihm, in Seinem Licht leben sie alle [vgl. Lk. 20,38]: auch Paul Basilius Barth, der nun nicht mehr unter uns ist. Laßt uns an das ihm und uns verheißene ewige Leben denken.

«Wahrlich, wahrlich, *ich* sage dir ...». Noch einmal: nicht irgend Einer, sondern Jesus hat gesagt und sagt uns, was wir jetzt von ihm gehört von des Menschen Gehen, wohin er will, und von seinem Geführtwerden, wohin er nicht will. Weil von Jesus, ist es mit höchster Autorität und mit entscheidender Macht gesagt. Von ihm her das Licht, das wir, wenn wir aufmerken, hineinfallen sehen: in das abgeschlossene Leben unseres Paul Basilius Barth und in unser eigenes noch nicht abgeschlossenes Leben. Und so hört jetzt Alles noch einmal in zwei Versen aus einem Lied von Paul Gerhardt – sie kommen mir vor wie eine einfachste Erklärung und Anwendung des uns von Jesus Gesagten:

Wie oft bist du in große Not
durch eignen Willen kommen,
da dein verblendter Sinn den Tod
fürs Leben hat genommen.
Und hätte Gott dein Werk und Tat
ergehen lassen nach dem Rat,
in dem du's angefangen,
du wärst zu Grund gegangen.

Der aber, der uns ewig liebt,
macht gut, was wir verwirren,
erfreut, wo wir uns selbst betrübt,
und führt uns, wo wir irren;
und dazu treibt ihn sein Gemüt
und die so reine Vatergüt,
in der uns arme Sünder
er trägt als seine Kinder.[5]

Amen.

Gebet (nach Calvin)[6]

Mit deinem Urteil, o allmächtiger Gott, stehen und fallen wir. Gib, daß wir unsere Schwachheit und Ohnmacht recht erkennen, und laß

[5] Strophen 4 und 5 des Liedes 276 «Du bist ein Mensch, das weißt du wohl» von P. Gerhardt.

[6] Der Text des Gebets hat auf dem Weg von Calvin zu Barth mehrere Ver-

uns immerdar bedenken, daß du unsere Kraft und Stärke bist. Hilf uns, daß wir alles Vertrauen auf uns selbst und auf die Güter dieser Welt fahren lassen. Lehre uns bei dir die Zuflucht suchen und unser gegenwärtiges Leben und unser ewiges Heil getrost in deine Hände legen, damit wir immerdar dein Eigentum sind und dir die Ehre geben. Hilf, daß wir lernen, in dir allein zu ruhen und von deinem Wohlgefallen zu leben.

änderungen durchgemacht. Barth übernahm ihn mit einigen charakteristischen Abwandlungen aus: *Liturgie für die Evangelisch-reformierte Landeskirche des Kantons Aargau*, Bd. 2, 1950, S. 188. Die aargauische Liturgiekommission hatte ihn ihrerseits mit beträchtlichen redaktionellen Eingriffen übernommen aus: J. Calvin, *Gebete zu den Vorlesungen über Jeremia und Hesekiel*, übersetzt von W. Dahm, München 1934, S. 11. Der lateinische Urtext des Gebets, das die Vorlesungsstunde – Calvin stand in der Auslegung bei Jer. 18,12 – abschließt, fehlt wie die meisten anderen Gebete zu den Stundenabschlüssen an der betreffenden Stelle in der Calvin-Gesamtausgabe des *Corpus Reformatorum:* CR LXVI (= *Ioannis Calvini opera quae supersunt omnia* XXXVIII), col. 301. Er ist zuletzt gedruckt worden in: *Joannis Calvini, magni theologi, Praelectiones in librum prophetiarum Jeremiae, et Lamentationes; nec non in Ezechielis prophetae viginti capita priora*, ed. J. Budaeus et C. Jonuillaeus, Amstelodami 1667, p. 222.

Der Urtext lautet:

«Da omnipotens Deus, quando tuo arbitrio stamus, & cadimus, ut nostrae imbecillitatis & fragilitatis conscii, imo assidue apud nos reputantes non modo vitam nostram instar umbrae esse, sed nos esse prorsus nihil, discamus in te uno quiescere, & a te uno, & a tuo beneplacito pendere: & quoniam tuum est incipere, & perficere quicquid ad salutem nostram spectat, ut cum vero timore & tremore subjiciamus nos tibi, & pergamus in cursu vocationis nostrae, semper te invocantes, & nostras omnes curas conjicientes in sinum tuum, donec tandem erepti ab omnibus periculis colligamur in aeternam illam & beatam quietatem, quae nobis parta est sanguine unigeniti Filii tui, Amen.»

Die Übersetzung von W. Dahm lautet:

«Mit Deinem Urteil, o allmächtiger Gott, stehen und fallen wir. Gib, daß wir uns unserer Schwachheit und Ohmacht bewußt sind. Laß uns immerdar bedenken, daß unser Leben wie ein Schatten ist, ja, daß wir nichts sind ganz und gar. Laß uns lernen, in Dir allein zu ruhen und von Dir allein und Deinem Wohlgefallen abhängig zu sein. In Deiner Hand liegt es, das Werk unseres Heils anzufangen und zu vollführen. Da gib, o Gott, daß wir uns mit Furcht und Zittern Dir unterwerfen und Deiner Berufung auch fernerhin folgen. Verleihe, daß wir Dich stets anrufen und alle unsere Sorge auf Dich werfen, bis wir endlich allen Gefahren entronnen sind und zu jener ewigen seligen Ruhe kommen, die das Blut Deines eingeborenen Sohnes uns erworben hat. Amen.»

Die Textfassung der aargauischen *Liturgie* lautet:

«Mit deinem Urteil, o allmächtiger Gott, stehen und fallen wir. Gib, daß wir unsere Schwachheit und Ohnmacht recht erkennen und laß uns immerdar bedenken, daß du unsere Kraft und Stärke bist. Hilf uns, daß wir alles Vertrauen

Du bist der Anfänger und Vollender unseres Heils; darum gib, o Gott, daß wir uns mit Furcht und Zittern dir unterwerfen und deiner Berufung folgen. Verleihe, daß wir dich stets anrufen und alle unsere Sorge auf dich werfen, bis wir endlich allen Gefahren entronnen sind und zu der ewigen Freude kommen, die uns erworben ist durch das Leben, Sterben und Auferstehen deines eingeborenen Sohnes. Amen.

DURCH GNADE SEID IHR GERETTET

Epheser 2,5

14. August 1955, Strafanstalt Basel

Herr unser Gott! Du hast uns in deinem Sohn, unserem Herrn Jesus Christus, zu deinen Kindern gemacht. Und nun haben wir deinen Ruf gehört und sind hier zusammengekommen, um dich gemeinsam zu loben, dein Wort zu hören, dich anzurufen und, was uns bedrückt und was wir bedürfen, in deine Hände zu legen. Sei du selbst jetzt mitten unter uns und unterweise uns –
damit Alles, was ängstlich und verzagt, auch Alles, was eitel und trotzig ist, auch unser ganzer Unglaube und Aberglaube klein werde, damit du uns zeigen kannst, wie groß und gut du bist,
damit unsere Herzen auch zueinander aufgehen hin und her, so daß wir einander verstehen und uns dann auch ein wenig helfen können,
damit dies eine Stunde des Lichtes werde, in welchem wir den Himmel offen sehen und dann auch ein wenig Helligkeit auf dieser dunklen Erde.

Das Alte ist ja vergangen und Alles ist ja neu geworden. Das ist

auf uns selbst und auf die vergänglichen Güter dieser Welt fahren lassen. Lehre uns bei dir die Zuflucht suchen und unser gegenwärtiges Leben und unser ewiges Heil getrost in deine Hände legen, damit wir immerdar dein Eigentum sind und dir die Ehre geben. Hilf, daß wir lernen, in dir allein zu ruhen und von deinem Wohlgefallen zu leben.

Du bist der Anfänger und Vollender unseres Heils; darum gib, o Gott, daß wir uns mit Furcht und Zittern dir unterwerfen und deiner Berufung auch fernerhin folgen. Verleihe, daß wir dich stets anrufen und alle unsere Sorge auf dich werfen, bis wir endlich allen Gefahren entronnen sind und zu jener ewigen Ruhe kommen, die uns erworben ist durch das Blut deines eingeborenen Sohnes. Amen.»

wahr und auch für uns wahr: so gewiß du in Jesus Christus auch unser aller Heiland bist. Aber das kannst nur du selbst uns recht sagen und zeigen. So sage und zeige es uns denn – uns und Allen, die an diesem Sonntagmorgen mit uns beten. Sie beten auch für uns. Und so tun wir es auch für sie. Erhöre sie und uns! Amen. |29|

Meine lieben Brüder und Schwestern!

Ich lese jetzt ein Wort aus dem Brief des Apostels Paulus an die Epheser (Kap. 2,5): *Durch Gnade seid ihr gerettet*. Ich denke, es ist kurz genug, daß ihr alle es behalten und euch einprägen und, so Gott will, auch verstehen könnt.

Seht, um das zu hören, sind wir an diesem Sonntagmorgen hier beieinander: «Durch Gnade seid ihr gerettet.» Alles Andere, was wir hier miteinander tun, unser Beten und Singen, kann ja nur eine Antwort sein auf dieses Wort, das Gott zu uns redet. Um das der Menschheit zu bezeugen: «Durch Gnade seid ihr gerettet», haben die Propheten und die Apostel das merkwürdige Buch geschrieben, das man die Bibel nennt. Eben das steht nur in diesem Buch, nur in der Bibel: nicht im Kant und nicht im Schopenhauer und in keiner Natur- oder Weltgeschichte und erst recht in keinem Roman, sondern nur in der Bibel. Um das zu vernehmen, dazu braucht es das, was man die Kirche nennt: die Gemeinschaft der Christen, d.h. der Menschen, die miteinander auf die Bibel hören und aus ihr das Wort Gottes vernehmen dürfen und wollen. Und das ist das Wort Gottes: «Durch Gnade seid ihr gerettet.»

Mir hat einmal Einer gesagt: Ich brauche nicht in die Kirche zu gehen, ich brauche auch nicht in der Bibel zu lesen, ich weiß schon, was in der Kirche gesagt wird und was in der Bibel steht: «Tue recht und scheue niemand!» Laßt mich dazu Folgendes sagen: Wenn es darum gehen würde, das zu verkündigen, dann wäre ich ganz gewiß nicht hiehergekommen, denn dafür wäre mir meine Zeit zu schade, und die eure könnte es euch dann auch sein! «Tue recht und scheue niemand!» – um das zu sagen, braucht es keine Propheten und Apostel, keine Bibel, keinen Jesus Christus, auch keinen Gott. Das kann nämlich ein Jeder sich selber sagen. Dafür ist es dann allerdings |30| auch nicht gerade etwas Neues, Besonderes und Interessantes, nichts, was irgend einem Menschen helfen könnte und würde. Ich bin noch keinem begegnet, der dieses Sprüchlein gesagt und dazu gelacht hätte, sondern in der Regel machen die Leute, die das sagen, ein ziemlich mürrisches Gesicht, dem man es nur zu gut anmerkt, daß ihnen dieses Wort wirklich nicht hilft, sie nicht tröstet, ihnen durchaus keine Freude macht.

Hören wir jetzt, was in der Bibel steht und was wir als Christen miteinander vernehmen dürfen: «Durch Gnade seid ihr gerettet.» Seht, das kann man sich nicht selber sagen. Das kann auch kein Mensch dem anderen sagen. Das kann uns allen nur von Gott gesagt werden. Jesus Christus ist nötig dazu, daß das wahr ist, und Propheten und Apostel sind nötig, um das weiterzugeben. Und damit wir es uns nun untereinander mitteilen können, dazu bedarf es dessen, daß wir hier als Christen zusammenkommen. Dafür ist das nun etwas wirklich Neues, und zwar etwas immer wieder ganz Neues und Besonderes: das Interessanteste, was es gibt, das Hilfreichste nicht nur, sondern das Einzige, das dem Menschen überhaupt helfen kann.

«Durch Gnade seid ihr gerettet.» Wie merkwürdig, daß das zu uns gesagt sein soll, daß wir das hören dürfen! Wer sind denn schon «wir»? Laßt es mich einmal offen aussprechen: große Sünder sind wir alle miteinander. Versteht mich recht: ich sage das genau so von mir wie von euch. Ich will mich gerne als den größten Sünder unter euch allen bekennen, aber ihr dürft euch wirklich auch nicht ausschließen! Sünder: das sind Menschen, welche nach dem Urteil Gottes und vielleicht auch ihres eigenen Gewissens ihren Weg gründlich verfehlt und verloren haben, die nicht nur ein bißchen, sondern ganz und gar schuldig, über und über verschuldet und verloren sind – nicht nur in der Zeit, sondern endgültig, ewig verloren. |31| Solche Sünder sind wir. Und Gefangene sind wir. Glaubt es nur: es gibt eine Gefangenschaft, die schlimmer ist als die in diesem Hause, Mauern, die viel dicker, und Türen, die viel fester sind als die, hinter denen ihr hier verschlossen seid. Wir alle – die draußen und ihr hier – sind Gefangene unseres eigenen Trotzes, unserer verschiedenen Begierden, unserer mannigfachen Angst, unseres Mißtrauens und in tiefstem Grunde: Gefangene unseres Unglaubens. Und Leidende sind wir Menschen auch alle. Und am meisten leiden wir alle an uns selber, an unserem Leben, das ein Jeder für sich und dann auch für die Anderen zu einem schweren Leben macht. Wir leiden an seiner Sinnlosigkeit. Wir leiden im Schatten des Todes und des ewigen Gerichtes, dem wir entgegengehen. Und es ist eine ganze Welt von Sünde und Gefangenschaft und Leiden, in deren Mitte wir unser Leben zubringen.

Und nun hört: Mitten in das alles hinein kommt wie von oben das Wort: «Durch Gnade seid ihr gerettet.» Gerettet, das heißt nicht nur: so ein bißchen ermutigt, getröstet und erleichtert, sondern heißt: herausgerissen wie ein Stück Holz aus einem brennenden Feuer [vgl. Am. 4,11]. Ihr seid gerettet! Es heißt also nicht nur: ihr werdet vielleicht einmal, wenigstens teilweise, gerettet werden, nein, ihr *seid* gerettet, ganz und gar und endgültig. Ihr? Ja, wir! Nicht nur irgendwelche anderen Menschen, frömmere und bessere als wir, nein, wir, Jeder, Jede von uns.

Das ist so, weil Jesus Christus unser Bruder und weil er durch sein Leben und Sterben unser Retter geworden ist, unsere Errettung vollzogen hat. Er ist das Wort Gottes an uns. Und dieses Wort lautet: «Durch *Gnade* seid ihr gerettet.»

Ihr kennt wohl alle die Geschichte von dem Reiter, der bei Nacht und Nebel, ohne es zu wissen, über den gefrorenen Bodensee geritten ist und am anderen Ufer, als er hörte, woher er kam, vor Schrecken zusammenbrach.[1] Seht, das ist des Men- |32| schen Situation, wenn der Himmel aufgeht und die Erde hell wird, wenn wir es hören dürfen: «Durch Gnade seid ihr gerettet.» Wir gleichen dann wahrhaftig jenem tief erschrockenen Reiter. Denn, nicht wahr, wenn man das hört, dann blickt man unwillkürlich zurück und fragt sich: Wo war ich eigentlich? Über einem Abgrund, in größter Todesgefahr! Was habe ich getan? Das Unsinnigste, was ich tun konnte! Wie war ich dran? Ja, wie Einer, mit dem es aus ist und der nun eben nur gerettet, unbegreiflich entronnen ist. Ihr fragt: Steht es wirklich so gefährlich mit uns? Ja, genau so: wirklich lebensgefährlich. Wir sind gerettet. Aber nun schaut unseren Retter an und unsere Rettung und also Jesus Christus am Kreuz, an unserer Stelle angeklagt, verurteilt und bestraft. Wißt ihr, um wessen willen er da hängt? Um unseretwillen: wegen unserer Sünde, in unserer Gefangenschaft, beladen mit unserem Leid. So stand es mit uns, wie es da mit ihm steht. So konnte und mußte Gott mit uns umgehen. Aus dieser Finsternis hat er uns gerettet. Wer hier nicht nachträglich zu Tode erschrecken würde, der würde das Wort Gottes: «Durch Gnade seid ihr gerettet» wohl noch nicht gehört haben.

[1] Vgl. die Ballade *Der Reiter und der Bodensee* (1826) von G. Schwab.

Aber nun ist ja das Andere noch viel wichtiger und ist erst das Eigentliche, was wir jetzt hören dürfen: «Durch Gnade seid ihr *gerettet.*» Also: wir sind am Ufer, der Bodensee liegt hinter uns, wir dürfen aufatmen, obwohl und indem uns der Schrecken noch in allen Gliedern liegen mag und auch soll. Er kann aber doch nur noch ein nachträglicher Schrecken sein. In der Kraft der guten Botschaft geht wirklich der *Himmel* auf, wird es wirklich *hell* auf der dunklen Erde. Wie herrlich, dürfen wir uns sagen lassen: dort, in jener Finsternis, über jenem Abgrund, in jener Todesgefahr *war* ich, und eben dort bin ich jetzt *nicht* mehr. Jenes Schreckliche *tat* ich, aber eben das kann und will und werde ich *nicht* mehr, nie mehr tun. So *war* ich dran, aber so muß |33| und werde ich *nie*, nie mehr dran sein. Meine Sünde, meine Gefangenschaft und mein ganzes Leid war gestern, nicht heute, war meine Vergangenheit, ist nicht meine Gegenwart und nicht meine Zukunft. Ich bin gerettet! Ist es wirklich so, ist das wahr? Schau jetzt noch einmal Jesus Christus an in seinem Tod am Kreuz! Und sieh und versteh, was er da getan und gelitten hat, das hat er für dich, für mich, für uns alle getan. Er hat unsere Sünde, unsere Gefangenschaft und unser Leid getragen und nicht umsonst getragen. Er hat das alles von uns hinweggetragen. Er hat dort gehandelt wie unser aller Hauptmann, ist durch die Reihen der Feinde hindurchgestoßen, hat den Sieg, unseren Sieg, schon gewonnen. Wir brauchen ihm bloß nachzugehen, um mit ihm Sieger zu sein. Durch ihn, in ihm sind wir gerettet, so daß uns unsere Sünde nichts mehr anhaben kann, so daß unser Gefängnis offen ist, so daß unsere Leiden vorbei sind. Ja, das ist ein großes Wort. Das Wort Gottes *ist* eben ein großes Wort! Und man müßte ihn, man müßte den Herrn Jesus Christus leugnen, wenn man das leugnen wollte: Er macht uns frei, und wenn er, der Sohn Gottes, uns frei macht, dann sind wir *recht* frei [vgl. Joh. 8,36].

Aber eben weil wir in Jesus Christus und nicht anders gerettet sind, darum *durch Gnade*. Das bedeutet: Wir haben es nicht verdient, gerettet zu sein; was wir verdient hätten, wäre etwas ganz Anderes. Wir können uns das auch nicht verschaffen. Man las in diesen Tagen in der Zeitung, daß man sich nächstens sogar einen künstlichen Mond verschaffen werde. Aber daß wir gerettet sind, das können wir uns nicht verschaffen. Und darauf, daß er gerettet ist, kann Keiner von uns stolz sein, sondern da kann Jeder nur in großer Demut die Hände falten und dankbar sein wie ein Kind. Und es wird auch nie eine Sache sein, die wir haben, daß wir gerettet sind, sondern eine, die wir immer wieder zu empfangen, nach der wir immer wieder |34| leere Hände auszustrecken haben werden. «Durch Gnade seid ihr gerettet», das heißt: da gilt es immer wieder von uns selber wegzuschauen dorthin, wo das wahr ist: auf Gott und auf den Mann am Kreuz. Das will immer wieder geglaubt und im Glauben ergriffen sein. Glauben aber bedeutet das: auf Gott und auf Jesus Christus schauen und uns darauf verlassen, daß da, da, die Wahrheit ist für uns, für unser Leben, für das Leben aller Menschen.

Ist es nicht schade, daß wir gerade dagegen in unserem Herzen irgendeine tiefe Auflehnung haben? Ja, wir haben das nicht gerne, daß es heißt: durch Gnade, ganz allein durch Gnade gerettet sein. Wir haben es nicht gerne, daß der liebe Gott uns wirklich gar nichts schuldig ist, daß wir ganz und gar nur von seiner Güte leben können, daß für uns nur die große Demut übrig bleibt, nur die Dankbarkeit eines beschenkten Kindes. Wir schauen eben nicht gern von uns selber weg, möchten uns viel lieber (wie die Schnecke in ihr eigenes Haus) zurückziehen und bei uns selbst sein. Mit einem Wort: wir glauben eben nicht gerne. Wo doch gerade durch Gnade und also mit dem Glauben, wie ich ihn jetzt kurz beschrieben habe, das Leben, das wirkliche Leben anfangen würde: die Freiheit, die Sorglosigkeit des Herzens, die Freude tief innen, auch die Liebe zu Gott und zum Nächsten und eine große gewisse Hoffnung! Wo doch gerade durch Gnade, gerade mit dem Glauben Alles in unserem Leben so ganz einfach werden dürfte!

Liebe Brüder und Schwestern, wie sind wir jetzt dran? Daran ist nichts zu ändern: der helle Tag *ist* angebrochen. Die Sonne Gottes *scheint* hinein in unser aller dunkles Leben, auch wenn wir uns die Augen zuhalten. Seine Stimme vom Himmel *ertönt*, auch wenn wir uns die Ohren verstopfen. Das Brot des Lebens [vgl. Joh. 6,35] *ist da*, auch wenn wir immer wieder die Hand zur Faust ballen, |35| statt sie zu öffnen, das Brot zu nehmen und zu essen. Die Türe unseres Gefängnisses ist *offen*, auch wenn wir sonderbarerweise nicht hinausgehen. Von Gottes Seite ist Alles *in Ordnung*, auch wenn von unserer Seite immer wieder Unordnung entsteht. «Durch Gnade seid ihr gerettet», das ist wahr, auch wenn wir es nicht glauben, es für uns nicht wahr sein lassen wollen und dann leider nichts davon haben. Aber warum sollen wir nichts davon haben? Warum glauben wir nicht? Warum gehen wir nicht hinaus durch die geöffnete Türe? Warum tun wir die geballten Fäuste nicht auf? Warum verstopfen wir uns die Ohren? Warum halten wir uns die Augen zu? Warum eigentlich?

Ich will jetzt dazu nur noch Eines sagen: das alles vielleicht darum, weil wir noch nie so recht *gebetet* haben, daß es bei uns selbst, auf *unserer* Seite, *anders* werden möchte. Merkt wohl: daß Gott Gott ist, ein nicht nur mächtiger, sondern gnädiger, ein lieber Gott, daß er es gut mit uns meint und macht, daß Jesus Christus für uns gestorben ist, damit wir frei seien, daß wir durch Gnade, daß wir in Ihm gerettet sind – darum brauchen wir *nicht* zu beten, denn das ist so ohne unser Zutun, auch ohne unser Gebet. Aber daß wir das glauben, annehmen, gelten lassen, daß wir anfangen, damit zu leben, daß das wahr ist auch für uns und daß wir das nicht nur in unserem Kopf und mit den Lippen, sondern mit unserem Herzen und mit unserem ganzen Leben glauben, so daß auch die anderen Menschen etwas davon zu merken bekommen, und daß endlich und zuletzt unser ganzes Dasein eingetaucht werde in die große Gotteswahrheit: «Durch Gnade seid ihr gerettet» – ja, darum will *gebetet* sein. Es hat noch nie ein Mensch umsonst darum gebetet. Denn wenn Einer darum betet, dann ist auch schon die Erhörung da, dann fängt ja eben damit schon der Glaube an. Aber eben weil noch Keiner darum umsonst gebetet hat, darum |36| kann und darf es auch Keiner unterlassen, eben darum zu bitten wie ein Kind: daß er glauben dürfe, daß Gottes Wahrheit – ja, diese schreckliche, vielmehr diese herrliche Wahrheit – heute schon als ein kleines, aber dann doch wohl immer größer werdendes Licht scheine: «Durch Gnade seid ihr gerettet.» Bittet darum, daß ihr das glauben dürft, so wird es euch gegeben werden! Suchet das, so werdet ihr es finden, klopfet an an diese Pforte, so wird euch aufgetan [vgl. Mt. 7,7].

So, meine lieben Freunde, das ist es, was ich euch von der guten Botschaft als Gottes Wort heute sagen konnte und durfte. Amen.

Herr unser Gott! Du siehst und hörst uns. Du kennst uns, einen Jeden und eine Jede besser, als wir uns selber kennen. Du liebst uns, die wir das wahrhaftig nicht verdient haben. Du hast uns geholfen und hilfst uns noch und immer wieder, wo wir doch immer wieder im Begriff sind, Alles zu verderben, indem wir uns selber helfen möchten. Du bist der Richter, aber auch der Heiland des ganzen armen, verwirrten Menschenvolkes. Dafür danken wir dir. Dafür preisen wir dich. Und wir freuen uns darauf, an deinem großen Tag schauen zu dürfen, was wir, wenn du uns dazu frei machst, jetzt schon glauben dürfen.

Mach uns frei dazu! Gib du uns den rechten, aufrichtigen, tätigen Glauben an dich, an deine Wahrheit! Gib ihn vielen, gib ihn allen Menschen! Gib ihn den Völkern und den Regierungen, den Reichen und den Armen, den Gesunden und den Kranken, den Gefangenen und denen, die sich für frei halten, den Alten und den Jungen, den Fröhlichen und den Traurigen, den Schwermütigen und den Leichtsinnigen! Da ist Keiner, der |37| es nicht nötig hätte, zu glauben, und Keiner, dem es nicht verheißen wäre, daß auch er glauben dürfe. Sag es den Menschen, sag es auch uns, daß du ihr und unser gnädiger Gott und Vater bist! Das bitten wir dich im Namen unseres Herrn Jesus Christus, nach dessen Weisung wir dich jetzt anrufen: Unser Vater ...!

Lieder:
Nr. 6: «Ich erhebe mein Gemüte» (nach Ps. 25), Strophen 1–4
Nr. 363: «Licht, das in die Welt gekommen» von R. Stier, Strophen 1–4
Nr. 44: «Nun danket alle Gott» von M. Rinckart, Strophe 3

BLICKET AUF ZU IHM!

Psalm 34,6

10. Mai 1956 (Himmelfahrt), Strafanstalt Basel

Herr, unser Gott! Unser Vater durch deinen Sohn, der unser Bruder wurde!

Du rufst uns: Kehret wieder, Menschenkinder! Empor die Herzen! Suchet, was droben ist! So hast du uns auch an diesem Morgen zusammengerufen. Hier sind wir: ein Jeder mit seinem Leben, das nicht ihm, sondern dir gehört und ganz in deiner Hand ist – ein Jeder mit seinen großen und kleinen Sünden, für die nur bei dir Vergebung ist – ein Jeder mit seinem Kummer, den nur du in Freude verwandeln kannst – aber auch ein Jeder mit seiner eigenen stillen Hoffnung: du möchtest dich doch auch als sein allmächtiger, guter und gnädiger Gott erweisen.

Wir wissen wohl, daß nur Eines dich freuen und dir Ehre machen kann: ein ernstliches Bitten um deinen Geist, ein ernstliches Suchen nach deiner Wahrheit, ein ernstliches Begehren nach deinem Beistand und deiner Leitung. Wir wissen aber, daß auch das nur dein Werk in uns sein kann. Herr, wecke du uns auf, so sind wir wach!

So gib denn, daß auch in dieser Stunde Alles recht geschehe: unser Beten und Singen, unser Reden und Hören, unsere Abendmahlsfeier. Gib das Allen, die heute den Tag der Him-|39|melfahrt unseres Herrn Jesus Christus miteinander begehen wollen: auch den kranken Menschen in den Spitälern, auch den verwirrten Menschen in der Friedmatt[1], auch den vielen, vielen Menschen, die es vielleicht nur nicht wissen, daß in Wahrheit auch sie Gefangene, Kranke, Verwirrte sind – die vielleicht noch nie vernehmen durften, daß du ihr Trost, ihre Zuversicht, ihr Erretter bist. Laß ihnen und uns dein Licht aufgehen: durch Jesus Christus, unseren Herrn. Amen.

Blicket auf zu Ihm, so strahlt euer Angesicht, und ihr müßt nicht zu Schanden werden!

Meine lieben Brüder und Schwestern!

Blicket auf zu Ihm! Daran erinnert uns der Tag der Himmelfahrt: daß wir eingeladen und aufgefordert sind, daß es uns erlaubt und geboten ist, daß wir als Christen dazu die Freiheit haben, daß das aber auch der Gehorsam ist, der von uns als Christen erwartet ist: daß wir aufblicken zu Ihm, zu Jesus Christus, der für uns gelebt hat, gestorben und auferstanden ist, der als Heiland für uns alle eintritt wie ein ältester Bruder für seine viel jüngeren Geschwister, der aber eben als solcher auch deren Vorbild und Meister ist.

Er ist droben, im *Himmel*, wir drunten, auf Erden. Wenn wir das Wort «Himmel» hören, dann denken wir wohl alle an das große Blau oder auch Grau über uns mit seinem Sonnenschein, seinen Wolken und seinem Regen, und noch höher: an die unendliche Welt der Gestirne. Wir mögen auch jetzt daran denken. Aber seht, in der Sprache der Bibel

[1] Psychiatrische Universitätsklinik in Basel.

ist dieser «Himmel» eigentlich doch nur das Zeichen eines noch viel Höheren. Es gibt eben einen Weltbereich, der *droben*, über der Erde, über |40| uns Menschen ist, in den wir nicht hineinsehen, den wir nicht begreifen, nicht betreten, geschweige denn beherrschen können, indem er nur eben hoch über uns ist. Der Himmel ist in der Sprache der Bibel der Ort, die Wohnung, der Thron Gottes. Und so ist er das Geheimnis, von dem wir Menschen auf der Erde von allen Seiten umgeben sind. Er, Jesus Christus, ist *dort*. Er ist in der Mitte dieses Geheimnisses über uns. Von allen Menschen er ganz allein ist dahin gegangen, um gerade dort und von dorther – vom Throne Gottes her also – unser und aller Menschen Heiland und Herr zu sein. Darum: *Blicket auf zu Ihm!*

«Aufblicken» allein würde es nicht tun. «Kopf hoch!» pflegt man wohl zu einem betrübten Menschen zu sagen. Ihr mögt wohl dieses «Kopf hoch!» auch schon gehört haben. Aber eben damit ist es so eine Sache. Da droben, über uns, als Himmel, könnte uns ja auch ein großes, hartes Spiegelbild unseres ganzen menschlichen Elends begegnen: Noch einmal das Unrecht, das Menschen uns angetan haben mögen, und das Unrecht, das wir selber Anderen angetan haben, noch einmal – Alles unendlich vergrößert und gewissermaßen verewigt – unsere große Schuld und unsere innere und äußere Lebensnot, was man das «Schicksal» nennt, und schließlich der Tod – das alles könnte das Geheimnis da droben sein, das der Himmel! Er wäre dann so etwas wie eine finstere Wolkenwand, vielleicht auch wie eines jener Kerkergewölbe wie die, in denen man in früheren Jahrhunderten die Gefangenen zu verwahren pflegte, oder gar wie ein Sargdeckel, unter dem wir lebendig begraben dalägen. Nein, lieber nicht da hinaufblicken, nicht wahr? Nein, da denkt man dann besser nicht daran, daß so etwas «über uns» sein könnte! Aber was hülfe es uns, nicht daran zu denken, wenn es nun doch so wäre? Und es könnte Alles noch viel schlimmer sein, wenn etwa Gott selbst so wäre |41| wie dieser Himmel: ein heiliges Wesen, das uns verdientermaßen böse ist – oder ein finsterer Tyrann, der als solcher des Menschen Feind ist – oder vielleicht auch ein gleichgültiger Gott, der uns nun eben, wir wüßten nicht warum, unter diese Wolkenwand, dieses Kerkergewölbe, diesen Sargdeckel versetzt hätte. Viele Menschen – in gewissen dunklen Augenblicken und wohl auch Jahren wir alle – denken so vom Himmel und dann auch von Gott. Nein, «Aufblicken» allein und als solches tut es wirklich nicht.

Aufblicken *zu Jesus Christus* aber – das tut es! *Er* ist da droben. *Er* ist in der Mitte jenes hohen Geheimnisses. *Er* ist im Himmel. Wer ist Jesus Christus? Er ist der Mann, in welchem Gott seine Liebe nicht nur ausgesprochen, nicht nur an die Wand gemalt, sondern ins Werk gesetzt hat. Er ist der Held, der unser Elend, der unser und aller Menschen Unrecht, unsere Schuld und unsere Lebensnot, unser Schicksal und schließlich auch unseren Tod in göttlicher Macht auf sich genommen und überwunden hat, so daß das alles nun nicht mehr über uns, sondern unter uns – in Wahrheit zu unseren Füßen ist. Er ist der Sohn Gottes, der ein Mensch wie wir, der unser Bruder wurde, damit wir als seine Brüder mit ihm Kinder seines Vaters sein dürften, damit wir alle mit Gott verbunden und alles dessen, was Gott gehört, teilhaftig sein dürfen: teilhaftig der strengen Güte und der gütigen Strenge dieses Vaters, teilhaftig des ewigen Lebens schließlich, für das er seine Kinder bestimmt und das er ihnen zugedacht hat. Dieser Jesus Christus, dieser Mann, dieser Held, dieser Sohn Gottes ist im Himmel. Und so wie Er ist Gott. Im Angesicht dieses seines Sohnes begegnet uns das des Vaters im Himmel.

Blicket auf *zu Ihm!* Und das will nun sagen: Laßt ihn sein, der Er – da droben, über uns, im Himmel – ist! Laßt es einfach wahr sein und gelten, daß eben er da droben und von |42| dort oben her für euch da ist und lebt! Haltet euch daran, daß er in seiner ganzen Macht für euch eintritt – aber eben darum auch daran, daß ihr nicht euch selbst, sondern Ihm gehört! Sagt jetzt einfach Ja dazu, daß er recht hat und daß er es auch mit euch recht machen will – ja mit uns allen schon recht gemacht hat. Sollte das zuviel gesagt sein: mit uns allen schon recht gemacht? Auch mit den tief elenden, schwer betrübten, völlig verbitterten Menschen? Ja! Auch mit den ganz argen Sündern? Ja! Auch mit den Gottlosen – oder die wenigstens meinen, sie seien Gottlose, wie vielleicht der Eine oder Andere auch in diesem Haus, der an diesem Morgen nicht hieherkommen wollte? Ja, ja: Jesus Christus hat es auch mit diesen Menschen, mit uns allen schon recht gemacht, will es mit uns allen und so auch mit ihnen wieder und wieder recht machen. Zu Jesus Christus aufblicken heißt: sein Recht gelten und es dabei sein Bewenden haben lassen, daran nun einmal nicht mehr rütteln, daß er recht hat. Daran erinnert uns die Himmelfahrt: daß wir eingeladen sind, in diesem Sinn zu Ihm aufzublicken – ich brauche jetzt ein anderes, bekannteres Wort: an Ihn zu glauben.

Blicket auf zu Ihm, *so strahlt euer Angesicht!* Was für eine Ankündigung! Was für eine Zusage und Verheißung! Menschen, ganz gewöhnliche Menschen mit strahlenden Gesichtern! Nicht Engel im Himmel, sondern Leute auf Erden! Nicht irgendwelche glückliche Einwohner einer fernen schönen Insel, nein, Leute hier in Basel, hier in diesem Hause! Nicht irgendwelche besonderen Leute unter uns, nein, wir, Jeder von uns! Kann es so gemeint sein? Ja, so ist es gemeint. Aber ist es denn auch so? Ja, so und nicht anders ist es: Blicket auf zu Ihm, so strahlt euer Angesicht!

Seht, wenn ein Mensch, wenn Einer von uns tut, wie er jetzt ge- |43|
heißen ist, und also zu Ihm, zu Jesus Christus aufblickt, dann widerfährt ihm eine Veränderung, neben der die größte Revolution eine kleine Sache ist, die darum unmöglich verborgen bleiben kann. Sie besteht ganz schlicht darin, daß, wer zu Ihm aufblickt, an Ihn glaubt, hier auf Erden, hier in Basel, hier in diesem Haus ein Kind Gottes heißen und sein darf [vgl. 1. Joh. 3,1]. Das ist eine innere Veränderung, die nun aber doch unmöglich bloß innerlich sein und bleiben kann, die vielmehr, indem sie geschieht, gewaltig nach außen drängt. Ihm geht ein großes, helles, dauerndes Licht auf. Und eben dieses Licht hat seinen Widerschein in seinem Gesicht, in seinen Augen, in seinem Benehmen, in seinen Worten und Verhaltungsweisen. Einem solchen Menschen ist eben mitten in seinem Kummer und Leid, allem seinem Seufzen und Murren zuwider eine Freude gemacht: keine billige und oberflächliche, sondern eine tiefe, keine vorübergehende, sondern eine bleibende Freude. Und eben sie macht ihn selbst, auch wenn er immer noch traurig sein und dran sein mag, zu einem Menschen, dem man es anmerkt, daß er im Grunde ein fröhlicher Mensch ist. Sagen wir es ruhig: er hat etwas zum Lachen bekommen und kann dieses Lachen auch dann nicht ganz verbeißen, wenn es ihm im übrigen gar nicht zum Lachen ist: kein böses, sondern ein gutes, kein höhnisches, sondern ein liebes und tröstliches Lachen, auch kein diplomatisches Lachen, wie es neuerdings in der Politik üblich geworden ist, sondern ein aufrichtiges, aus seinem tiefsten Herzen kommendes Lachen. Solches Licht, solche Freude, solches Lachen widerfährt den Menschen, die zu Ihm aufblicken. Von dort, von Ihm her strahlt ihr Angesicht. Sie machen es nicht, daß es das tut. Aber sie können es auch nicht verhindern, daß das geschieht. Indem sie zu Ihm aufblicken, strahlt ihr Angesicht.

Liebe Brüder und Schwestern, warum strahlt unser Angesicht nun eigentlich nicht? Nicht wahr, wenn es das täte, würde uns |44| wohl sein, wir würden dann Allem zum Trotz recht, gerne und zufrieden leben. Eben weil es uns wohl wäre, würde ja unser Angesicht strahlen. Aber hier gibt es noch Wichtigeres zu bedenken. Wenn jenes Licht, wenn die Freude, das Lachen der Kinder Gottes nach außen käme und sichtbar würde, dann würden ja vor allem die Anderen um uns her das wahrnehmen. Und denkt ihr nicht auch, daß das eine ganz bestimmte Wirkung auf sie haben müßte und würde? Ein Zeichen davon würde es ihnen doch sein, daß es noch etwas Anderes, Besseres gibt, als was sie für gewöhnlich zu sehen bekommen. Mut würde ihnen das geben, Zuversicht und Hoffnung würde ihnen das einflößen. Es würde ihnen wohltun, wie uns in dieser letzten Woche die Sonne wohlgetan hat nach dem langen Winter. Warum wohltun? Weil ein solch strahlendes Gesicht der auf die Erde fallende Widerschein vom Himmel, von Jesus Christus, ein Abglanz von Gott dem Vater selbst wäre. Der würde auch den anderen Menschen wie uns selbst – wir und sie warten doch darauf, etwas davon zu sehen – wohltun.

Wir müßten uns über das Einfache klar sein, liebe Freunde: Wir sind eigentlich nicht dazu auf der Welt, um uns selbst, sondern um den Anderen wohlzutun. Es ist aber im Grunde das Einzige, womit wir anderen Menschen wohltun können, eben dies, daß wir ihnen einen Widerschein und Abglanz des Himmels, des Herrn Jesus Christus, Gottes selbst und also ein strahlendes Gesicht zu sehen geben. Warum tun wir das nicht? Warum bleiben wir ihnen gerade das schuldig: das Einzige, womit wir einander helfen könnten? Warum sind die Gesichter, die wir einander zeigen, im besten Fall überlegene, ernste, fragende, sorgenvolle, vorwurfsvolle Gesichter – im weniger guten Fall aber Grimassen oder auch tote Masken, so richtige Basler Fasnachtsmasken? Warum strahlt unser Gesicht nicht? |45|

Ich will dazu nur Eines sagen: es könnte sehr wohl anders sein. Wir könnten durchaus solche Leute sein, die sich mit strahlenden Gesichtern begegnen. Wir könnten durchaus solche richtig wohltuenden Leute sein: wir hier heute! Wo der Geist des Herrn ist, da ist Freiheit [2. Kor. 3,17] für Jeden, dem Anderen wohlzutun. «Wer an mich glaubt (heißt es an einer anderen Stelle der Schrift, Jesus Christus selbst sagt es dort), von dessen Leibe werden Ströme lebendigen Wassers ausgehen» [Joh. 7,38]. Im Aufblick zu Ihm geschieht das. Zu Ihm hat noch Keiner aufgeblickt, ohne daß das geschehen wäre[2]. Und es hat sich noch Keiner ein bißchen daran gewöhnt, das zu tun, ohne daß es um ihn herum ein bißchen hell wurde. Die dunkle Erde, auf der wir leben, ist da noch immer hell geworden, wo Einer, Mehrere, Viele, das Einfache taten: wo sie zu Ihm aufblickten, wo sie an Ihn glaubten.

Blicket auf zu Ihm, so strahlt euer Angesicht, *und ihr müßt nicht zu Schanden werden.* Ich habe eben von der «dunklen» Erde gesprochen. Wenn man die Zeitung liest, wenn man um sich blickt, und vor allem wenn man in sein eigenes Herz und Leben hineinschaut, sieht man wohl: sie ist tatsächlich eine dunkle Erde, eine Welt, vor der und in der man Angst haben kann [vgl. Joh. 16,33]. Warum Angst? Weil wir alle unter der Drohung stehen, wir könnten, ja wir müßten eigentlich zu Schanden werden, was dann nicht nur hieße, daß wir dies und jenes verfehlten und verpaßten, sondern daß unser ganzes Leben mit Allem, was wir denken, wollen und ausrichten, in Wahrheit, d.h. in Gottes Gericht und Urteil, ein verfehltes, ein ehrloses, ein verlorenes Leben sein möchte. Das ist die große Drohung. Und eben unter dieser Drohung schwankt der Boden unter unseren Füßen, verfinstert sich die Luft, wird die von Gott so schön geschaffene Erde eine dunkle Erde. Wir müßten eigentlich zu Schanden werden. |46|

Aber jetzt hören wir gerade das Gegenteil: ihr müßt nicht zu Schanden werden! Ich wollte wohl, liebe Brüder und Schwestern, ich könnte euch jetzt auffordern, insgesamt aufzustehen und im Chor mit mir zu sagen: Wir müssen nicht zu Schanden werden! Und ein jeder Einzelne müßte es nachsagen, und dann wollte ich als Letzter es auch von mir selber sagen: ich muß nicht zu Schanden werden! Darum geht es: wir müssen tatsächlich nicht, ich muß tatsächlich nicht zu Schanden werden, im Aufblick zu Ihm ganz bestimmt nicht. Gewiß nicht darum, weil wir es nicht verdient hätten! Und nun auch nicht etwa darum, weil unsere Gesichter, wenn wir zu Ihm aufblicken, strahlende Gesichter werden. Es muß und wird uns aber, wenn uns das widerfährt, eben dies ein Zeichen dafür sein, daß wir nicht zu Schanden werden müssen: dar-

[2] Original: «... ohne daß das nicht geschehen wäre»; «nicht» vom Hrsg. gestrichen.

um, weil es ja daran offenbar werden wird, daß die Verbindung zwischen Gott und uns hergestellt ist. Und das ist die Kraft dieser Verbindung: daß, was bei Ihm im Himmel wahr ist und gilt, was Jesus Christus für uns getan hat, daß, was durch Ihn geschehen ist: eines jeden Menschen Errettung, Rechtfertigung und Bewahrung, auch da drunten und nun gerade für uns, die zu Ihm aufblicken, wahr ist und gilt. Das heißt dann aber: der Vater läßt uns, seine Kinder, nicht zu Schanden werden. Und so kann es uns, seinen Kindern, unmöglich widerfahren, daß wir zu Schanden werden. Das dürfen wir wissen, daran dürfen wir uns halten, damit dürfen wir leben: im Aufblick zu Ihm ohne Angst mit strahlendem Angesicht. Sage es jetzt ein Jeder in seinem Herzen nach: «Lobe den Herrn, meine Seele, und vergiß nicht, was Er dir Gutes getan hat: der dir alle deine Sünde vergibt und heilet alle deine Gebrechen, der dein Leben vor dem Verderben erlöst und dich krönt mit Gnade und Barmherzigkeit» [Ps. 103,2–4]. Indem wir uns das sagen, wollen wir nachher miteinander zum Abendmahl gehen. Amen. |47|

Herr unser Gott! Wir danken dir, daß alles so ist, wie wir es jetzt mit unseren schwachen Worten zu sagen und mit unseren schwachen Ohren zu hören versucht haben. Unser Lob deines Namens kann darum kein Ende nehmen, weil deine Gnade und Wahrheit keine Grenze hat und immer noch größer und herrlicher ist, als wir es je aussprechen und fassen werden. Mache du selbst den Anfang deines Geistes fruchtbar in unseren Herzen und in unserem Leben: in Allem, was wir heute und morgen denken, reden und tun werden! Gib du selbst es uns, daß wir treu umgehen mit dem, was uns von dir zukommt, und so unsere Zeit, solange wir solche haben, nützen zu ihrer Erfüllung, zu deiner Ehre und zu unserem Heil!

Erbarme dich unser auch fernerhin – unser und aller Menschen: unserer Angehörigen, aller Leidenden, Angefochtenen, Geprüften, der Behörden dieser Stadt und unseres Landes und ihrer Beamten, der Lehrer und ihrer Schüler, der Richter, der Angeklagten und der Verurteilten, der Pfarrer und ihrer Gemeinden, der Missionare und derer, denen sie deine Wahrheit verkündigen dürfen, der Evangelischen in Spanien und Südamerika und derer, die sie aus Unverstand bedrücken. Wo du nicht baust durch dein Wort, da wird in Kirche und Welt umsonst gebaut. So gib deinem Wort freien Lauf zu vielen, zu allen Menschen in der Leuchtkraft und Heilskraft und Siegeskraft, die es hat, wo es in der Macht deines Geistes recht ausgerichtet und vernommen wird! Unser Vater ...!

Lieder:
Nr. 336: «Jesus Christus herrscht als König» von Ph. Fr. Hiller, Strophen 1, 3, 6, 11 (= EKG 96, Str. 1, 3, 7, 10)
Nr. 47: «Du meine Seele, singe» von P. Gerhardt, Strophen 1–5 (= EKG 197, Str. 1–4, 8)

ICH HOFFE AUF DICH

Psalm 39,8

5. August 1956, Strafanstalt Basel

Herr unser Gott! Da sind wir beisammen, weil heute der Tag ist, den wir Sonntag nennen: in Erinnerung an die Sonne der Gerechtigkeit, die du in der Auferstehung deines lieben Sohnes Jesus Christus hast aufgehen lassen für alle Menschen – und in Erwartung des letzten Tages, an dem Alle diese Sonne sehen, sich vor dir fürchten und sich deiner freuen werden.

Keiner von uns hat etwas zu melden, was ihn würdig machte, vor dir zu erscheinen: kein Einziger. Wir wissen es, und du weißt es noch viel besser, wie weit wir alle mit dem, was wir bis auf diese gegenwärtige Stunde gewesen sind, gedacht, geredet und getan haben, von dir weggegangen sind.

Wir stehen hier ganz allein darum vor dir, weil du selbst in unsere dunkle Menschenwelt gekommen bist und auch jetzt in unsere Mitte treten willst – ganz allein darum, weil du uns in der freundlichen Macht deines Wortes und Geistes als deine Gemeinde anreden und unser armes Lob entgegennehmen willst.

So gib uns zu dem, was wir hier miteinander tun, die Demut und Freude von Leuten, die nur eben dankbar sein können! Gib sie auch allen Anderen, die sich heute in dieser Stadt und an anderen Orten vor dir versammeln: durch Jesus Christus, unseren Herrn, in dessen Namen wir dich anrufen: Unser Vater ...! Amen. |49|

Herr, wes soll ich mich trösten? Ich hoffe auf dich.

Liebe Brüder und Schwestern!

Das ist eine große Sache: daß wir alle jetzt eingeladen sind, dieses Wort auf unsere Lippen zu nehmen und nachzusagen, in dieses Wort einzustimmen: Ich hoffe auf dich.

Hoffen – das ist ja eine Freudigkeit, eine Zuversicht im Blick auf ein verborgenes Gutes, das schon für uns da ist, nur daß wir es noch nicht sehen, das aber ganz gewiß einmal sichtbar werden wird, um dann unser zu sein. Hoffen heißt: leben in dieser Zuversicht und in dieser Freudigkeit.

Nun heißt es aber: Ich hoffe auf dich, *auf Gott*. Auf Gott hoffen ist das eine, einzige ganz gediegene und ganz zuverlässige Hoffen. Gediegen darum, weil Gott nicht *ein* Gutes ist, sondern *das* Gute, die Quelle und Fülle alles Guten – und zuverlässig, weil Gott treu ist und uns nicht täuschen, uns nicht für immer auf seine Erscheinung warten lassen wird. Es ist etwas Großes, es ist gar nicht selbstverständlich, daß wir das sagen, nachsagen dürfen: Ich hoffe auf dich.

Keiner von euch sollte jetzt etwa denken und sagen: «Ja, das mag so in der Bibel stehen, wahrscheinlich irgendeinmal gesagt von einem guten und frommen und wohl auch glücklichen Menschen. Aber das ist es ja gerade, warum das nicht für mich gelten, warum ich das nicht sagen kann: ein solcher guter und frommer oder gar glücklicher Mensch bin ich nun einmal nicht.» Nicht so denken, nicht so reden, liebe Freunde! Die Menschen, die in der Bibel das Wort führen, und so auch der Mann, der im 39. Psalm das gesagt hat: Ich hoffe auf dich!, waren allerdings Menschen von sehr besonderer Art, aber doch nur darum, weil Gott ihnen in so besonderer Weise begegnet ist und |50| an ihnen gehandelt hat. Also gerade nicht etwa wegen des Besonderen, was sie waren und mitbrachten und so vor den anderen Menschen voraushatten. Sondern gerade indem Gott sich ihrer so besonders annahm, haben sie auch besonders, mehr als Andere, erfahren müssen, wie wir alle dran sind. Ich lese euch aus dem gleichen Psalm, was unmittelbar vorangeht: «Sieh, nur handbreit hast du meine Tage gemacht, und meine Lebenszeit ist wie nichts vor dir. Ja, ein Hauch nur ist Alles, was Mensch heißt. Nur wie ein Schatten geht der Mensch einher, macht Lärm um ein Nichts, häuft zusammen und weiß nicht, wer einsammeln wird» [Ps. 39,6 f.]. Seht, von daher – man könnte auch sagen: da hinein haben die biblischen Menschen rufen dürfen und können: «Ich hoffe auf dich», und von da aus und da hinein rufen sie uns zu, wir möchten das auch sagen, mit ihnen sagen: Ich hoffe auf dich.

Und nun sollte erst recht Keiner von euch im Blick auf mich, der euch da die Sonntagspredigt hält, denken und sagen: «Ja, der hat gut reden, der hat nichts angestellt, was ihn vor den Richter gebracht hätte, hat keine Strafe zu verbüßen, kann frei herumlaufen, ist überdies auch noch Theologieprofessor und also vermutlich ein überzeugter Christ und vielleicht ein halber Heiliger – der hat gut denken und sagen: Ich hoffe auf dich.» Noch einmal: nicht so! Wißt ihr, was ein überzeugter Christ ist? Ein überzeugter Christ ist ein Mensch, der ein bißchen besser weiß als andere, daß wir alle ohne Ausnahme sehr viel angestellt haben: so viel, daß wir nicht nur einmal, sondern unser ganzes Leben hindurch vor den Richter, und zwar vor den höchsten und strengsten Richter, treten müssen und dann so oder so zu büßen haben für das, was wir sind, gedacht, gesagt und getan haben. Ein überzeugter Christ weiß gerade, daß in Wahrheit niemand frei herumläuft! Ich lese dazu noch eine Stelle aus dem 39. Psalm: «Mit Strafen züchtigst du den |51| Menschen um der Schuld willen und lässest seine Anmut vergehen wie die Motte, ein Hauch nur ist Alles, was Mensch heißt» [V.12]. Alles, was Mensch heißt – das weiß ein überzeugter Christ. Und erst dann und von da aus darf und muß er sagen: «Ich hoffe auf dich» – darf und muß er es auch Anderen bezeugen, daß auch sie dazu frei sind, auf Gott zu hoffen.

Wir wollen zunächst über die Frage nachdenken, die diesem Wort vorangeht: *Wes soll ich mit trösten?*

Wenn ein Mensch «sich tröstet», dann heißt das wohl, daß er in der kleinen und großen Unruhe, Sorge und Angst seines Lebens irgendwelche Gründe und Mittel sucht, findet und anwendet, um sich zu beschwichtigen, zu beruhigen, zu erleichtern. So wie man einem Kranken oder wie ein Kranker sich selber eine Spritze gibt, die zwar die Krankheit nicht heilt, wohl aber seine Schmerzen für eine Weile lindert, so daß er seine Krankheit vergessen kann. Es gibt Spritzen, die bewirken, daß der Kranke sich zunächst gesünder fühlt als der gesundeste Mensch. Und so gibt es Trostmittel, bei deren Gebrauch der Mensch den Eindruck haben kann, daß es ihm geradezu großartig gut gehe.

Aber «sich trösten» ist nicht das gleiche wie auf Gott hoffen. Man tröstet sich vielmehr, solange man noch nicht gemerkt hat, daß man auf

Gott hoffen dürfte. Sich trösten ist ein Ersatz, und ein Leben in solchem Sichtrösten ist ein Ersatzleben. Das zeigt sich darin, daß es nur oberflächlich, nur vorläufig, nur vorübergehend hilft, so wie eben die Wirkung einer jener Spritzen die Krankheit gar nicht und auch den Schmerz nur vorübergehend beseitigt. Die Lebensunruhe, die Lebensangst und die Lebenssorge samt ihren Folgen bleiben.

So steht hinter allem Sichtrösten die Frage: Wes soll ich mich trösten? Das bedeutet: Was soll mir Alles, womit ich mich trösten kann? Ich brauche Anderes als Trost. Ich brauche Hilfe, |52| brauche Errettung. Aber solange wir nicht gemerkt haben, daß wir auf Gott hoffen dürfen, werden wir uns immer im Kreis bewegen: immer wieder versuchen, uns zu trösten, um dann immer wieder erfahren zu müssen: Hilfe ist das nicht, und auf die Länge tröstet es auch nicht einmal! – Ein paar Beispiele:

Man kann sich bekanntlich mit einer Zigarette trösten oder mit der «Illustrierten» oder indem man das Radio aufdreht oder mit ein bißchen Alkohol. Warum nicht? «Zerstreuung» nennt man das wohl. Und es gibt gewiß auch edlere Zerstreuungen: Musik, Arbeit, Bücherlesen – vielleicht ein solches Bücherlesen, das auch Arbeit bedeutet. Nun ja, man kann sich zerstreuen, aber ihr wißt, wie es ist: nach einiger Zeit ist man dann doch wieder beieinander, und zwar im alten Elend: Wes soll ich mich trösten?

Man kann sich auch trösten, indem man sich mit Anderen vergleicht: der und der ist auch nicht besser dran und ist wohl auch nicht besser als ich. Aber leben kann schließlich ein Jeder doch nur mit dem, was er selber und für sich ist: mit seinem Herzen und Gefühl, mit seinem Leid und seinem Schicksal, mit seinem Gewissen. Was hilft mir zuletzt alles Vergleichen? Wes soll ich mich trösten? Man kann aber gewiß auch versuchen – und wir alle tun das –, sich mit sich selbst zu trösten: Wenn Alle gegen mich sind, dann will ich für mich sein, auf mich selbst vertrauen und bauen und mich damit zufrieden geben. Kennt ihr die Geschichte von dem Neger, der die Gewohnheit hatte, laut vor sich hin zu reden, und der auf die Frage: warum er das tue? geantwortet haben soll: «Aus zwei Gründen – 1. weil ich gerne zu einem vernünftigen Mann rede und 2. weil ich es gerne habe, wenn ein vernünftiger Mann mit mir redet!» Und kennt ihr die andere Geschichte von dem Mann, der gesagt haben soll, er glaube an die eine alleinseligmachende Kirche, die freilich zur Zeit nur |53|aus einem einzigen Mitglied bestehe, nämlich aus ihm selber? Und kennt ihr das Lied, dessen letzte Strophe lautet:

Und sperrt man mich ein im finsteren Kerker,
Das alles sind ganz vergebliche Werke,
Denn meine Gedanken
Zerreißen die Schranken
Und Mauern entzwei –
Die Gedanken sind frei![1]

Wunderbar, nicht wahr? Aber ist es wirklich so wunderbar, so herrlich, auf sich selbst und seine eigenen freien Gedanken angewiesen zu sein und bauen zu müssen? Die Voraussetzung dabei müßte doch sein, daß man sich selber gefallen und sich selber wirklich genug tun könnte. Ein Stück weit und eine Zeit lang mag man sich das so vorstellen und einbilden. Aber Achtung: irgendwo lauert bestimmt der schlimmste Zweifel, der den Menschen befallen kann: der Zweifel an sich selbst. Und so heißt es wohl auch da wieder und wieder: Wes soll ich mich trösten?

Aber könnte sich Einer nicht auch damit trösten, daß er an einen ihm lieben Menschen denkt, einen Mann oder eine Frau, einen Kameraden oder Freund, eine Vertrauensperson, auf die er sich verlassen zu können glaubt und von der er erwartet: der oder die wird mir helfen, wird als ein barmherziger Samariter an mir handeln? Recht so, das ist ein guter, unter allen vielleicht der beste Trost, einen solchen Mitmenschen zu finden. Wenn man ihn nämlich finden darf! Aber auch wenn man ihn gefunden hat, kann und wird doch auch er nur eben ein Trost sein können. Denn ein Mensch ist auch der liebste und beste Mitmensch, der barmherzigste Samariter. Meine Verantwortlichkeit kann er mir nicht abnehmen. Und dann wird er ja wohl auch seine Grenzen haben. Er kann versagen. Und er kann mir schließlich genommen werden. Es ist nun einmal |54| so: es gibt einen Punkt in jedem Menschenleben, «da tritt kein Anderer für ihn ein, auf sich selber steht er da ganz allein»[2]. Wes soll ich mich trösten?

Wißt ihr, warum es im Grunde und in Wahrheit so ist, daß alle unsere Versuche, uns zu trösten, schließlich zusammenfallen wie Kartenhäu-

[1] Dritte von vier (also nicht letzte) Strophe des zuerst um 1800 in der Schweiz und im Elsaß bekannten Volksliedes «Die Gedanken sind frei».

[2] Fr. Schiller, *Wallensteins Lager*, V. 1055f.

ser, die man wohl bauen, in denen man aber nicht wohnen kann? Obwohl wir doch Mittel haben, uns zu trösten, und obwohl unsere Trostmittel und Trostgründe gewiß nicht einfach nichtig sind! Darf und muß man nicht von ihnen allen sagen, daß etwas dran ist? Warum steht es dennoch so mit ihnen?

Laßt euch sagen, liebe Freunde, daß das nicht etwa einen bösen, sondern einen guten, ja den allerbesten Grund hat. Der Grund ist sehr einfach der, daß Gott *Gott*, und zwar *unser* Gott ist, der uns nicht losläßt, auch wenn wir ihn immer wieder loslassen, der mitten in unserem Leben gegenwärtig und am Werk ist. Der, ob wir es hören oder nicht, zu uns sagt: Ich bin es, mit dem du dich nicht nur trösten, sondern auf den du hoffen darfst. Ich bin dein Helfer, dein Erretter. Er, Gott, verbietet es uns nicht nur, er verwehrt es uns, er hindert uns daran, uns selber zu trösten. Er gibt keine Ruhe, bis wir es merken, wer und was er für uns ist und daß wir auf ihn hoffen dürfen. Darum, aus diesem Grund, rutschen und schwimmen alle unsere Trostgründe so unaufhaltsam davon!

Herr, wes soll ich mich trösten? heißt es ja. Du mußt nicht nur seufzen: Wes soll ich mich trösten? Du mußt das Wörtlein «Herr» davor setzen, dann kommst du auf den rechten Weg. Weil ich es mit Dir zu tun habe, darum genügt kein Trost, darum vergeht er mir unter den Händen, darum muß ich fragen und wieder fragen: Wes soll ich mich trösten?, darum habe ich keine Antwort auf diese Frage. Einfach darum, weil Du, Gott, da bist in deiner ganzen Größe und Güte und mir erlaubst, auf dich zu hoffen. |55|

Und nun wollen wir gerade so weiterdenken und reden: nicht über Gott, sondern zu ihm als zu dem, der uns allen gegenwärtig ist. Also: Ich habe es in meinem Leben mit Dir zu tun – mit Dir, der du als der Herr des Himmels und der Erde und als der Herr aller Menschen auch mein Herr und Gott bist. Ich habe es mit Dir zu tun: nicht weil ich es mit dir zu tun haben wollte und könnte – das wollen und können wir nämlich alle nicht –, aber weil du es von Ewigkeit her mit mir zu tun haben willst und wirklich zu tun hast. Weil mein Leben – ob ich dich kenne oder nicht kenne, ob ich dich ehre oder nicht ehre, ob ich dich liebe oder nicht liebe – nicht in meiner, sondern in deiner Hand ist. Weil du ohne mein Zutun auch mein König und Richter bist, weil du, ohne daß ich es verdient habe und je verdienen könnte, meine Gerechtigkeit, mein Friede, meine Freude, mein Heil bist. Weil nämlich dein Sohn auch mein Bruder geworden ist und weil ich als der Bruder dieses deines Sohnes, unseres Herrn Jesus Christus, dein Kind sein darf! Und nun war und ist das ganze Leben und Sterben dieses deines Sohnes und unseres Bruders ein einziges mächtiges Sehnen und ein einziges freudiges Bekenntnis der Hoffnung auf dich. Nun hat er sich nicht zu trösten versucht, sondern hat in der ganzen Untröstlichkeit des menschlichen Lebens – unseres Lebens! – aus dieser ganzen Untröstlichkeit heraus sich an dich gehalten, auf dich vertraut, dir gehorcht. Darin hat er sich als dein Sohn erwiesen. Aber eben darin hat er auch als unser Bruder gehandelt. Denn eben das hat er nicht etwa für sich, nicht als Privatperson getan, sondern an unserer Stelle für uns alle. Im Namen der ganzen Menschheit und so auch in unserem Namen hat er sich an dich gewendet, hat er mit seinem Dasein eben dieses große Wort ausgesprochen: Ich hoffe auf dich.

Ich denke, wir verstehen jetzt schon, daß es sich für uns nicht |56| darum handeln kann, uns den Kopf darüber zu zerbrechen, wie wir es von uns aus anstellen und unternehmen könnten, auf Gott zu hoffen. Was wir von uns aus anstellen und unternehmen, kommt nie gut heraus. Und auf Gott zu hoffen, das kann man schon gar nicht von sich aus anstellen und unternehmen. Man kann das gerade nur tun! Und man tut das, indem man das große «Ich hoffe auf dich», das unser Herr Jesus Christus für uns gesprochen hat, annimmt und gelten läßt als auch für uns, für dich und für mich gesprochen, daß man sich diesem Wort gewissermaßen anschließt, ganz bescheiden seinen eigenen Namen darunter setzt, ihm, wie kleinlaut das immer geschehen möge, seine Beistimmung gibt.

Glaubt es: in dieser Beistimmung wird unsere schwache Stimme eine gewaltige Stimme, dringt sie in den Himmel, ruft sie Gott an unsere Seite, gibt sie uns Kraft zum Leben. Und glaubt es: bei Gott ist für Jeden von uns die Freiheit zu solcher Beistimmung, zum Unterschreiben des Wortes, das Jesus Christus für uns gesprochen hat und spricht. Und glaubt es: wenn wir von dieser Freiheit Gebrauch machen, dann fängt an Stelle alles jenes Ersatzlebens aus eigenem Trost das eigentliche Leben in uns und für uns an. Wir bekommen dann Augen, mit denen wir mitten in der Finsternis das Licht sehen, Füße, mit denen wir in unserer ganzen Unsicherheit auf festem Grund stehen, rüstige Hände in aller

Müdigkeit und freudige Herzen mitten in der großen Traurigkeit unseres Daseins: freudige Herzen, die hindurchbrechen durch die Verzweiflung. Der verborgene Gott selbst hält und trägt uns dann jetzt schon, auch wenn wir ihn noch nicht sehen: eben er, auf den wir hoffen.

Und nun zum Schluß! Ihr fragt vielleicht: Wie ist es denn mit dem Trost? Haben wir nicht auch Trost nötig, und darf es das nicht geben? Darauf ist zu antworten: Keine Sorge, nur Eines wird dem, der als Bruder Jesu Christi auf Gott hofft, unmöglich: |57| daß er sich selber trösten wollte und könnte. Eben das wird dann aber auch unnötig. Denn wenn wir auf Gott hoffen, *werden* wir getröstet, wird uns – verlaßt euch darauf! – immer wieder etwas von dem Großen und auch von dem Kleinen *geschenkt* werden, von dem wir vorhin sprachen: wir *dürfen* doch arbeiten, *dürfen* doch Musik hören, *dürfen* doch Bücher lesen, *dürfen* vielleicht auch einen solchen lieben Menschen und Samariter finden, der uns hilft, *dürfen* dann wohl auch ein wenig Selbstvertrauen fassen und haben – nicht zu reden von den kleinen Dingen, an denen es uns dann auch nie ganz fehlen wird. Es *darf* dann sehr vieles sein – nur gar nichts, an das wir uns klammern, mit dem wir uns selbst trösten und helfen möchten. Was wir uns nicht verschaffen können, das wird uns dann geschenkt werden: nicht als die Hauptsache, aber als schöne Nebensache, gewissermaßen als Beigabe, als Ermutigung, als Ermunterung zum Hoffen auf Gott, als Zeichen, wie gut er ist, als Gleichnis seines Erbarmens. Ich könnte auch sagen: als Strahlen des einen, einzigen Trostes, der nicht nur ein Trost ist, sondern selber die Sonne der Gerechtigkeit [vgl. Mal. 3,20], der Hilfe, der Errettung, des ewigen Lebens: des Trostes, der darin besteht, daß ich mit Leib und Seele, beides, im Leben und im Sterben, nicht mein, sondern meines getreuen Heilandes Jesu Christi eigen bin.[3] Amen.

Lieber himmlischer Vater! Nun bitten wir dich, daß du uns allen deinen Heiligen Geist gebest und immer wieder gebest, damit er uns erwecke, erleuchte, ermutige und fähig mache, den kleinen und doch so großen Schritt zu wagen: aus dem Trost, mit dem wir uns selbst trösten können, heraus und hinein in die Hoffnung auf |58| dich. Kehre du uns von uns selbst weg zu dir hin! Erlaube es uns nicht, uns

[3] Heidelberger Katechismus (1563), Frage 1.

vor dir zu verstecken! Laß es nicht zu, daß wir es ohne dich machen wollen! Zeige uns, wie herrlich du bist und wie herrlich es ist, dir vertrauen und gehorchen zu dürfen!

Wir bitten dich um dasselbe für alle Menschen: daß die Völker und ihre Regierungen sich deinem Wort beugen und damit für das Recht und den Frieden auf Erden willig werden möchten – daß dein Wort allen Armen, allen Kranken, allen Gefangenen, allen Betrübten, allen Unterdrückten, allen Ungläubigen durch Rat und Tat recht bekanntgemacht und daß es von ihnen als Antwort auf ihr Seufzen und Schreien vernommen, verstanden und beherzigt werde – daß die Christenheit aller Kirchen und Konfessionen es ganz neu erkenne und ihm in neuer Treue dienen lerne – daß seine Wahrheit jetzt und hier schon hell werde und bleibe in all den menschlichen Irrungen und Wirrungen, bis sie endlich und zuletzt Alle und Alles erleuchten wird.

Gelobt seist du, der du uns in Jesus Christus, deinem Sohn, frei machst, dies zu bekennen und dazu zu stehen: Wir hoffen auf dich! Amen.

Lieder:
Nr. 199: «Herr Jesu Christ, dich zu uns wend» (Altenburg 1648 / Gotha 1651), Strophen 1–4
Nr. 279: «In allen meinen Taten» von P. Fleming, Strophen 1–7
Nr. 42: «Nun laßt uns Gott, dem Herren» von L. Helmbold, Strophen 1–3, 5 (= EKG 227, Str. 1, 2, 4, 8)
Nr. 44: «Nun danket alle Gott» von M. Rinckart, Strophe 2

MITTEN UNTER EUCH – EUER GOTT – MEIN VOLK!

3. Mose 26,12

7. Oktober 1956, Bruderholzkapelle Basel[1]

(Abendgottesdienst)

Herr unser Gott! Du weißt, wer wir sind: Menschen mit gutem und Menschen mit schlechtem Gewissen – zufriedene und unzufriedene, sichere und unsichere Leute – Christen aus Überzeugung und Gewohnheitschristen – Gläubige und Halbgläubige und Ungläubige.

[1] Provisorischer Gottesdienstraum auf dem Bruderholz, der Stadtgegend («Quartier») in Basel, wo Barth seit dem 1. 10. 1955 wohnte.

Und du weißt, wo wir herkommen: aus dem Kreis von Verwandten, Bekannten und Freunden oder aus großer Einsamkeit – aus ruhigem Wohlstand oder aus allerhand Verlegenheit und Bedrängnis – aus geordneten oder aus gespannten oder zerstörten Familienverhältnissen – aus dem engeren Kreis oder vom Rande der christlichen Gemeinde.

Nun aber stehen wir alle vor dir: in aller Ungleichheit darin uns gleich: daß wir alle vor dir und auch untereinander im Unrecht sind – daß wir alle einmal sterben müssen – daß wir alle ohne deine Gnade verloren wären – aber auch darin, daß deine Gnade uns allen verheißen und zugewendet ist in deinem lieben Sohn, unserem Herrn Jesus Christus.

Wir sind hier beieinander, um dich damit zu preisen, daß wir dich zu uns reden lassen. Daß dies geschehe in dieser Stunde, in der wir den Sonntag hinter uns und die Arbeit der Woche vor uns haben, darum bitten wir dich, indem wir dich im Namen und mit den Worten deines Sohnes, unseres Herrn, anrufen: Unser Vater ...! |60|

Ich werde mitten unter euch wandeln und will euer Gott sein, und ihr sollt mein Volk sein.

Liebe Gemeinde, liebe Brüder und Schwestern!

Das hat nach dem Zeugnis des Alten Testamentes Gott zu seinem Volk Israel gesagt: «Ich werde mitten unter euch wandeln und will euer Gott sein, und ihr sollt mein Volk sein.» Und da wäre nun viel zu sagen darüber, was das für dieses Volk, aus dem unser Herr Jesus Christus hervorgegangen ist, bedeutet hat und bis auf diesen Tag bedeutet. Das ist sicher, daß die Geschichte Israels eben in Jesus Christus zu ihrem Ziel gekommen ist und daß sich in ihm auch dieses Wort erfüllt hat. Indem es sich aber in ihm erfüllte, ist es zum Posaunenstoß geworden, der in die ganze Welt hinausgegangen ist. So dürfen wir damit rechnen, daß es auch uns, gerade uns, angeht. – Ich will versuchen, es euch kurz zu erklären.

Das Erste: *«Ich werde mitten unter euch wandeln.» Wandeln* heißt: in einer bestimmten Richtung unterwegs sein, von einem Ort zum anderen ab- und zugehen. So etwa wie der Milchmann oder der Briefträger oder der Mann, der die Stromzähler kontrolliert, von einem Haus zum anderen, kreuz und quer durch unsere Straßen geht. Das Wort wird in der Bibel in der Tat in der Regel dann verwendet, wenn es darum geht, das Tun und Lassen von Menschen zu beschreiben, von denen es dann wohl heißen kann, daß ihr «Wandel» ein Gott wohlgefälliger oder auch nicht wohlgefälliger, ein guter oder böser gewesen sei. Das Wort wird aber merkwürdigerweise gelegentlich auch auf Gott angewendet. So lesen wir gleich am Anfang der Bibel, daß Gott in der Kühle des Abends in jenem Garten wandelte [Gen. 3,8]. So heißt |61| es nun hier: «Ich werde mitten unter euch wandeln.» Wir lernen daraus: Gott ist nicht unbeweglich. Er ist kein starres Wesen. Er ist nicht so etwas wie der Gefangene seiner Ewigkeit. Nein, Gott ist auf dem Weg. Gott kommt und geht. Gott ist der Held einer Geschichte. Gott wandelt: er ist der *lebendige* Gott.

«Unter euch», heißt es. Also: die Orte, wo er wandelt, wo er ab- und zugeht, wo er der lebendige Gott ist, sind die Straßen, auf denen auch wir wandeln, unsere Straßen, auf denen die Autos fahren und das Tram, Linie 15 und 16, und auf denen wir selbst unsere Wege gehen. Seine Orte – das sind unsere Häuser mit ihren Eßzimmern und Wohnzimmern, Schlafzimmern und Küchen, unsere Gärten, unsere Arbeitsstätten, unsere Vergnügungsorte und gewiß auch das Zwinglihaus[2] und warum nicht auch diese Kapelle hier auf dem Bruderholz? Gott ist eben nicht abwesend, nicht anderswo als wir. Er lebt wohl im Himmel, aber auch auf der Erde, auch in Basel, auch auf dem Bruderholz, auch unter und mit uns. Er ist der allzeit und überall *nahe* Gott.

«Ich werde *mitten* unter euch wandeln» – auch das will bemerkt sein. Gott wandelt als der Mittelpunkt, als die Quelle und der Ursprung, auch als das Ziel aller unserer Lebensgeschichten. Sie geschehen, indem in ihrer innersten Mitte zuerst und im Grunde seine Geschichte, die Geschichte Gottes, geschieht. Wir leben, indem Er lebt. Seiner Hände Werk sind wir. Das verbindet uns mit ihm, und das verbindet auch unser Leben, das ja ein so vielfach zerstreutes ist, zu einer Einheit, das verbindet uns auch untereinander: daß er mitten unter uns wandelt, daß wir wie Punkte in einem Kreis sind, dessen Mitte er ist. Also: Gott ist nicht am Rande; Gott ist auch nicht nur, wie manche Gelehrte heute zu

[2] Gemeindehaus mit Gottesdienstraum, zugehörig zur St. Elisabethengemeinde, zu deren Parochie das Bruderholz damals gehörte.

sagen pflegen, die Grenze[3]. Ja, daß wir fromm sind und an ihn glauben, das möchte eine Sache sein, die sehr |62| am Rande unseres Lebens stattfindet, während unsere Mitte ganz woanders ist. Daß es in Basel auch eine reformierte Kirche gibt, das mag für die, die im Wirtshaus und anderwärts miteinander reden, das mag für unsere Zeitungen eine Sache sein, die weit draußen am Rande ihres Interesses liegt. Aber wir reden jetzt nicht von unserer Frömmigkeit und diesmal auch nicht von der Kirche, sondern von Gott selber. Er ist nicht am Rand. Er ist uns näher, als wir uns selber sind. Er kennt uns auch besser, als wir uns selber kennen. Er macht es auch besser mit uns, als wir es beim besten Willen und Verstand machen könnten. So geht auch sein Wandeln uns alle an. So ist er bei aller Verschiedenheit der Menschen und der menschlichen Situationen hier und dort, für Diese und Jene, jetzt so und jetzt so der *eine* Gott.

Weil er dieser lebendige, dieser nahe und eben: dieser eine Gott ist, darum wandelt er, ob wir es wissen und merken und ob wir es so haben wollen oder nicht, wirklich mitten unter uns allen: unter den Alten und unter den Jungen, unter den Kranken und unter den Gesunden, unter den Geschäftigen und unter den Besinnlichen, unter den Guten und unter den Bösen. Weil er der *allmächtige* Gott ist, darum wird er nicht müde und matt [vgl. Jes. 40,28], darum läßt er sich aber auch nicht aufhalten und zurückweisen. Daß doch nur ja niemand meine, daß er ihn

[3] Vermutlich eine – zugespitzte – Anspielung auf das damals eben erschienene Werk von Barths Basler Kollegen F. Buri: *Dogmatik als Selbstverständnis des christlichen Glaubens*, Bd. 1, Bern / Tübingen 1956. Vgl. dort etwa S. 134: «Das Innewerden der Grenzen des Wissens ist es, was uns den Zugang zum Wesen des Glaubens eröffnet. Insofern als in der auf diese Grenzen des Wissens stoßenden philosophischen Besinnung bereits ein Transzendenzbezug stattfindet, handelt es sich schon in ihr um Glauben ...» – S. 253 f.: «Diesem Schicksal [sc. zur ‹fabrica idolorum› zu werden] kann die Annahme einer natürlichen oder allgemeinen Offenbarung nur entgehen, wenn streng daran festgehalten wird, daß Offenbarung für Wissen inhaltlich völlig negativ ist und bleiben muß, daß sie nie etwas anderes als ein Nichts darstellen kann. Offenbarung darf für Wissen nur – wie die Gottesidee in Kants transzendentaler Dialektik – einen Grenzbegriff darstellen. Darin wird das visiert, was nicht gegenständlich werden kann, was aber als Grenze der Gegenständlichkeit doch ist – nur so, daß es selber nicht gegenständlich werden kann. Dieses Offenbarwerden seiner Grenze – und nichts anderes – ist für Wissen Offenbarung. Dieses Nichts darf als Grenze nicht selber wieder Gegenstand des Wissens werden – auch nicht eines Wissens angeblich höherer Art.» – Vgl. ferner a. a. O., S. 110, 120, 128.

aufhalten oder zurückweisen könne! Weil er der *heilige* Gott ist, darum läßt er sich nichts vormachen, läßt er sich nicht abfertigen, wie wir einander wohl abzufertigen pflegen, darum wird man nicht fertig mit ihm, wie wir mit gewißen Menschen oder Meinungen oder auch mit unserem Schicksal fertig werden können. Und weil er der *gnädige* Gott ist, darum läßt er sich nicht verärgern, nicht verbittern, in seiner Liebe nicht irre machen. Ich erinnere an eine Strophe aus dem Lied «Sollt ich meinem Gott nicht singen», die man in unserem neuen Gesangbuch – ich weiß wirklich |63| nicht, aus welchem Grunde – weggelassen hat, die lautet:

Wie ein Vater seinem Kinde
niemals ganz sein Herz entzeucht,
ob es gleich bisweilen Sünde
tut und aus den Schranken weicht,
also hält auch mein Verbrechen
mir mein frommer Gott zugut;
will mein Fehlen mit der Rut'
und nicht mit dem Schwerte rächen.[4]

Genau so ist es. Genau so hält es Gott als der gnädig mitten unter uns wandelnde Gott: ob wir arbeiten oder ruhen, ob wir vergnügt oder traurig sind, ob wir wachen oder schlafen, in diesem Jahr 1956 und bestimmt auch im nächsten Jahr, in der Zeit und erst recht in der Ewigkeit, wo wir ihn, den Lebendigen, den Nahen, den Einen sehen werden von Angesicht zu Angesicht.

Ich komme zum Zweiten: *«Und will euer Gott sein»*, heißt es. Das will sagen: Ich will als der lebendige, nahe, eine, als der allmächtige, der heilige, der gnädige Gott, der ich bin, *der* sein, der gerade euch *meint*, gerade euch in seinen ewigen Gedanken trägt, gerade euch liebt, aber auch gerade euch anfordert zum Gehorsam und zu seinem Dienst, der nämlich gerade euch brauchen kann und will – der gerade mit euch, wohlverstanden, gerade heute, jetzt, in diesem Augenblick mit euch *redet*.

Weiter: Ich will der sein, der als der Schöpfer des Himmels und der Erde, als der Herr aller Menschen, als der ewige König und Sieger, als der, der das erste Wort hat und das letzte behält, gerade euch *gehört*, so

[4] Strophe 8 des Liedes «Sollt ich meinem Gott nicht singen» (1653) von P. Gerhardt (EKG 232); Textfassung hier nach dem älteren *Gesangbuch für die Evangelisch-Reformirte Kirche der deutschen Schweiz*, 1891, Nr. 3.

daß ihr zu mir sagen dürft: Unser Vater! Unser Gott! und ein Jeder für sich: Mein Vater! Mein Gott! Gerade für euch habe ich ja mich selbst dahingegeben in meinem eigenen Sohn. Und so will ich *für euch* Gott sein – und also für euer Dasein, für eure Ängste und Sorgen und Peinlichkeiten, für eure Sünden und für euer Sterben, aber auch für eure Auferweckung von den Toten, für euer zeitliches und ewiges Leben. |64|

Noch weiter: Ich will der sein, der es einfach mit euch *hält*, der für euch Partei ergreift, der mit euch solidarisch ist unter allen Umständen und gegen Alles, was euch quält, wenn nötig gegen die ganze Welt, gegen alle Menschen – ja, aber vor allem auch gegen euch selber! Denn ist es nicht so, daß des Menschen schlimmster Feind immer er selber ist? Und daß wir keinen Parteigänger und Helfer nötiger haben als den, der es auch so ist? der gerade, weil er für uns ist, auch gewaltig gegen uns auftritt? Gott ist dieser – dieser allein echte Helfer und Parteigänger. Man kann es ja auch so ausdrücken: Gott will der sein, der mit göttlichem Ernst, in göttlicher Vollkommenheit zu uns *Ja sagt*. Eben Gottes Ja ist aber ein heiliges und heilsames Ja, das auch ein Nein in sich schließt: zu all dem an und in uns nämlich, zu dem er um seinet- und um unserer selbst willen durchaus Nein sagen muß. So geht es uns mit ihm wohl wie mit dem Arzt, der einem bekanntlich auch Arzneien und Pillen zu schlucken geben kann und muß, die man nicht gerne schluckt. Ich werde nie vergessen, wie ich als kleiner Bub jahrelang jeden Morgen ein Gläslein Fischtran trinken mußte. Es war schrecklich – aber es hat mir offenbar gut getan. Der Arzt kann uns wohl auch ins Krankenhaus schicken, wo es auch nicht eben lustig ist. Oder die Sache kann auf eine kleine oder auch große Operation hinauslaufen: sehr unangenehm, aber auch sehr nötig und heilsam! So steht es mit dem Ja Gottes und dem darin enthaltenen Nein, das uns nicht gefallen will. Es bleibt doch dabei: Gott ist der, der auch mit seinem Nein Ja zu uns sagt – ein volles, ein unbeschränktes, ein mit keinem Fragezeichen versehenes Ja – ein Ja voll Wille und Kraft, uns zu erretten, uns zu tragen, uns auf die Füße zu stellen, uns frei und froh zu machen. Das also heißt: Ich will euer Gott sein. Kurz zusammengefaßt ganz schlicht: Ich will *euer Gutes* sein – euer Gutes gegen alles Böse, euer Heil gegen alles Un- |65| heil, euer Friede gegen allen Streit. So will ich, indem ich mitten unter euch wandle, euer Gott sein.

Ich komme zum Dritten und Letzten: *«Und ihr sollt mein Volk sein»* – indem ich nämlich mitten unter euch wandle, indem ich euer Gott sein will, sollt ihr *das*, sollt *ihr mein Volk* sein. Das ist vielleicht von Allem das Unbegreiflichste und Höchste, gerade weil es nun so direkt von *uns* gesagt ist: ihr – mein Volk! Denn, nicht wahr, das können wir uns auf keinen Fall selber anmaßen, das können wir uns auch in keiner Weise verdienen und verschaffen: sein, Gottes Volk zu sein. Eben das wird uns aber da gesagt, eben das sollen und dürfen wir uns da sagen lassen und annehmen: Ihr sollt mein Volk sein! – Wir wollen auch das Wort für Wort wohl überlegen.

«Ihr» – ja wirklich ihr sollt mein Volk sein – nämlich ihr, wie ihr seid, nicht als künftige Heilige oder Engel, sondern: Ihr mit eurem vergänglichen Leben und Wirken, hinter das einmal, früher oder später, auf dem «Hörnli»[5] draußen der Schlußpunkt gesetzt werden wird! Ihr mit euren ach so kurzen Gedanken, die nach allen Seiten davonflattern wie aufgeregte Hühner! Ihr mit euren so unzureichenden Worten, mit denen ihr niemals sagen könnt, was ihr eigentlich meint und was gesagt werden müßte! Ihr mit euren vielen großen und kleinen Lügen, ihr mit euren feinen und groben Härten, ihr mit euren Schlaffheiten und manchmal auch Lumpereien, ihr mit euren Aufregungen und Depressionen! Ihr Sterbenden, ihr ohne mich ganz und gar Verlorenen! *Ihr, ihr* sollt mein Volk sein.

«Mein Volk». Will sagen: Ihr sollt Leute sein, die in mir ihren Herrn und Richter, aber auch ihren Vater und Erbarmer haben – sollt Leute sein, die mich fürchten, die mich lieben, die mich anrufen, die jeden Morgen neu zu mir umkehren und mein Angesicht suchen [vgl. Ps. 27,8] dürfen. Noch mehr: Leute, die meine Zeugen sind, vor den Anderen nämlich, die von mir noch nichts wissen, |66| wissen können, wissen wollen, ihr das Licht der Welt [Mt. 5,14]! Ihr Leute, die mit mir zusammenleben, in meiner Hut und in meinem Dienst stehen dürfen! So und als solche Leute sollt ihr *mein* Volk sein.

«Mein *Volk*»; wir wollen auch das nicht übersehen. Also nicht ein Sandhaufen von lauter Einzelnen: hier Einer in seinem Haus und dort Einer auf seinem Balkon, hier Einer mit seiner Frau und dort ein Anderer mit seinen Kindern, hier Einer mit dem, was ihm nützlich scheint,

[5] Der Friedhof am Hörnli ist der Basler Stadtfriedhof.

und dort Einer mit dem, was ihm Spaß macht. Nicht so, sondern weil und indem ihr durch mich zusammengerufen und zusammengehalten seid, soll es gelten: «Wir als die von einem Stamme stehen auch für einen Mann»[6], sollen ein Volk von Brüdern und Schwestern sein, die sich aneinander halten, die einander vielleicht ein wenig, vielleicht auch kräftig helfen dürfen, die sich eben damit (vielleicht mit Worten, vielleicht auch ohne Worte) auch untereinander Zeugen dafür sein können, daß ich lebe, mitten unter euch wandle, euer aller Gott bin: ihr mein *Volk!*

Ist das nicht wirklich das Unbegreiflichste und Höchste von Allem, was wir gehört haben, daß wir Gottes Volk sein sollen? Ich bin froh, daß ich das nicht erfunden habe und also auch nicht zu verantworten und zu begründen brauche, sondern euch einfach darauf aufmerksam machen darf: Gott selbst hat es so (von uns!) gesagt, und Gott selbst sagt es so (von uns!) bis auf diesen Tag. Daraufhin darf und muß ich es euch auch sagen: Ja, ihr sollt mein Volk sein. Wir wollen das, wir wollen auch alles Vorangehende als Gottes Wort hören und uns gesagt sein lassen und mit nach Hause nehmen und vielleicht vor dem Einschlafen noch ein bißchen darüber nachdenken: Ich werde mitten unter euch wandeln. Ich will euer Gott sein. Ihr sollt mein Volk sein.

Ich komme zum Schluß. Ich habe versucht, euch dieses Wort |67| auszulegen als Gottes in Jesus Christus erfülltes Wort. Im Licht seiner Wahrheit gelesen und gehört, verstanden und beherzigt, hat dieses Wort unendliche Kraft. Es heißt ja dann nicht bloß: Ich werde mitten unter euch wandeln, sondern: Ich *wandle* mitten unter euch. Und nicht nur: Ich will euer Gott sein, sondern: Ich *bin* euer Gott. Und nicht nur: Ihr sollt mein Volk sein, sondern: Ihr *seid* mein Volk. Spürt ihr die Kraft dieses Wortes – die Kraft dessen, in dem es erfüllt, in dem es heutige Gegenwart ist? Wie dem auch sei: weil es das in Jesus Christus erfüllte Wort Gottes ist, darum darf ich, darum dürft aber auch ihr dessen ganz gewiß sein, ohne Sorge und ohne Zweifel, daß sich Alles ganz genau so verhält, wie ich es euch jetzt zu sagen versucht habe. Amen.

Herr, unser Hirte! Wir danken dir für dein ewig neues, wahres und kräftiges Wort. Es tut uns leid, daß wir es so oft nicht hören oder in

[6] Schlußzeilen der 5. Strophe des Liedes 327 «Herz und Herz vereint zusammen» (1735/1753) von N. L. Graf von Zinzendorf (EKG 217, Str. 6).

unserem Stumpfsinn oder Mutwillen verkehrt hören. Wir bitten dich, es uns – und uns in ihm – zu erhalten. Wir leben von deinem Wort. Wir hätten ohne sein Licht keinen Boden unter den Füßen. Wir sind darauf angewiesen, daß du wieder und wieder mit uns redest. Wir vertrauen darauf, daß du das tun willst und wirst, wie du es bisher getan hast.

In der Zuversicht auf dich dürfen wir uns jetzt zur Ruhe begeben und morgen unser Tagewerk neu aufnehmen. In der Zuversicht auf dich denken wir aber auch an alle anderen Menschen in diesem Quartier, in dieser Stadt, in unserem Land und in allen Ländern. Du bist auch ihr Gott. Säume nicht und höre nicht auf, dich auch ihnen als ihr Gott zu erweisen – vor allem |68| den Armen, den Kranken und Geisteskranken, den Gefangenen, den Betrübten und Verirrten, dazu allen, die im Staat, in der Wirtschaft, in der Schule, im Gericht besondere Verantwortungen im Dienst der Gemeinschaft zu tragen haben – dazu den Pfarrern dieser Gemeinde und aller Gemeinden hier und anderwärts.

Herr, erbarme dich unser! Du hast es reichlich getan. Wie sollten wir zweifeln? Du wirst es reichlich wieder tun. Amen.

Lieder:
Nr. 39: «Mein ganzes Herz erhebet dich» (nach Ps. 138), Strophen 1–3
Nr. 208: «Ach bleib mit deiner Gnade» von J. Stegmann, Strophen 1–6
Nr. 214: «Es segne uns der Herr» von H. Annoni

DAS EVANGELIUM GOTTES

Markus 1,14–15

23. Dezember 1956, Strafanstalt Basel

Herr, nun lässest du uns auch dies Jahr dem Licht, der Feier und der Freude des Weihnachtstages entgegengehen, der uns das Größte, was es gibt, vor Augen stellt: deine Liebe, mit der du die Welt so geliebt hast, daß du deinen einzigen Sohn dahingabst, damit wir alle an ihn glauben und also nicht verlorengehen, sondern das ewige Leben haben möchten.

Was werden wir dir schon zu bringen und zu schenken haben? So viel Dunkel in unseren menschlichen Verhältnissen und in unserem eigenen Innern! So viel verwirrte Gedanken, so viel Kälte und Trotz, so viel Leichtsinn und Haß! So viel, an dem du dich nicht freuen kannst, was uns auch voneinander trennt und was uns bestimmt nicht weiterhilft! So viel, was der Botschaft der Weihnacht schnurstracks zuwiderläuft!

Was sollst du mit solchen Geschenken anfangen? Und was mit solchen Leuten, wie wir alle es sind? Aber gerade das alles willst du ja zur Weihnacht von uns haben und uns abnehmen – den ganzen Kram und uns selber, wie wir sind, um uns dafür Jesus, unseren Heiland, zu schenken und in ihm einen neuen Himmel und eine neue Erde, neue Herzen und ein neues Begehren, neue Klarheit und eine neue Hoffnung für uns und alle Menschen. |70|

Sei du selber unter uns, wenn wir uns nun an diesem letzten Sonntag vor dem Fest noch einmal gemeinsam darauf rüsten wollen, ihn als dein Geschenk zu empfangen! Schaffe du es, daß hier recht geredet, gehört und gebetet werde: in der rechten dankbaren Verwunderung über das, was du mit uns allen vorhast, über uns alle schon beschlossen, für uns alle schon getan hast! Unser Vater ... Amen!

Jesus kam nach Galiläa, verkündigte das Evangelium Gottes und sprach: Die Zeit ist erfüllt, und das Reich Gottes ist nahe herbeigekommen. Tut Buße und glaubt an das Evangelium!

Liebe Brüder und Schwestern!

Jesus kam nach Galiläa. Das Galiläa, in das er damals kam, war eine Gegend, in der die Juden vermischt mit Heiden lebten, vieles von ihrer Art angenommen und darum keinen guten Ruf hatten. In dieses Galiläa, zu diesen Leuten, kam Jesus. Es ist dieselbe Gegend, in der die Juden, die sich jetzt «Israeli» nennen, heute in bitterem Streit mit ihren arabischen Nachbarn liegen. Dorthin kam Jesus und kommt er auch heute. So sind wir schon in der Gegenwart: Und Jesus kommt auch nach Suez und Port Said, wo jetzt die große Auseinandersetzung zwischen den alten europäischen Mächten und den erwachenden Völkern Afrikas und Asiens angehoben hat.[1] Er kommt auch nach Ungarn, wo

[1] Militärische Auseinandersetzung um den Suezkanal im Spätjahr 1956: Nachdem der ägyptische Präsident Gamal Abd el Nasser am 26.7. die Allgemeine Suez-

ein ganzes Volk in wilder Entschlossenheit, verzweifelt und doch nicht verzweifelnd um seine Freiheit kämpft.[2] Er |71| kommt aber auch nach Warschau, nach Prag und auch nach Moskau, wo es mit der Einigkeit, Festigkeit und Sicherheit eines Systems, das lange unüberwindlich zu bestehen schien, nicht mehr aufs beste bestellt ist. Ja, und Jesus kommt auch in die Schweiz, nach Basel, wo in den letzten Wochen so viel Geld gesammelt und so anerkennenswert viel Gutes getan wurde für die Ungarn, wo aber die Leute auch so merkwürdig wohl daran gelebt haben, aus sicherer Ferne über die bösen Kommunisten zu schelten, als ob damit irgend jemandem geholfen wäre. Aber Eines ist jetzt noch wichtiger: Jesus kommt auch zu uns, in dieses Haus, zu allen seinen Insassen und Leitern und Aufsehern. Und daß er kommt, auch zu uns allen kommt, das ist das Weihnachtsereignis. Bemerkt wohl: er kommt zu Allen, er kommt auch dahin, wo man von ihm nichts wissen will – als stiller Gast und Zuhörer, aber freilich auch als stiller, aber strenger Richter und vor allem als der verborgene Heiland eines jeden Menschen, für alle menschliche Not. Denn er ist der Herr, dem alle Macht und Gewalt im Himmel und auf Erden gegeben ist [vgl. Mt. 28,18]. Daß er zu uns allen kommt, das ist das Weihnachtsereignis.

Wer war, wer ist dieser Jesus? Wir wollen nicht zu weit suchen. In dem, was ich euch aus der Bibel vorlas, wird es uns ja einfach und klar gesagt: Er war und ist der, der *das Evangelium Gottes verkündigt*. Ein Verkündiger ist einer, der etwas nicht nur sagt, sondern sehr laut sagt, der es ausruft, so wie in manchen Dörfern noch heute der Weibel mit der Glocke gewisse Bekanntmachungen ausruft. Ein solcher Ausrufer war und ist Jesus. Was er aber ausruft, das ist Evangelium, zu deutsch: gute Kunde, frohe Botschaft, erhellende und erquickende Nachricht –

kanalgesellschaft verstaatlicht hatte, marschierten israelische Truppen in die Sinai-Halbinsel und den Gaza-Streifen ein (29.10.). Am 31.10. begann eine englisch-französische Luftoffensive gegen Ägypten, in deren Verlauf am 5.11. englische Fallschirmjäger in Port Said und französische bei Port Fuod landeten. Eine Drohung der Sowjetunion, in den Konflikt einzugreifen, und der Druck der USA und der Vereinten Nationen führten am 6.11. zum Waffenstillstand und zwangen Israel, Großbritannien und Frankreich zur Räumung der besetzten Gebiete. Ägypten erklärte sich mit der Stationierung von UN-Polizeitruppen einverstanden, deren erste Einheiten am 3.12. Port Said besetzten.

[2] Der ungarische Aufstand im Herbst 1956 (23.10. bis 11.11.) war durch das Eingreifen sowjetischer Truppen (seit 26.10.) niedergeschlagen worden.

ein Wort also, das man nicht mit Kopfschütteln anhören und bei dem man, wenn man es hört, nicht traurig bleiben kann. Es ist aber «das Evangelium Gottes», |72| was er ausruft. Das ist ein ganz merkwürdiger und schöner Ausdruck. Jesus bringt, das sagt dieser Ausdruck, eine gute Kunde, die ihm nicht von irgendwelchen Menschen aufgetragen ist, die er aber auch nicht in eigener Willkür ausrichtet. Sie ist die ihm von Gott aufgetragene Botschaft. «Evangelium Gottes» heißt aber auch dies, daß es sich in dieser Kunde nicht um eine Belehrung darüber handelt, wie es in der Welt zugeht oder zugehen sollte. Sie bringt weder ein Weltpanorama noch ein Weltprogramm. Sie ist gute Kunde von dem, was Gott ist, will und tut, und zwar für uns ist, will und tut. Daß Jesus mit dieser guten Kunde Gottes kommt und auch zu uns allen kommt, seine Ankunft als dieser Botschafter, das ist das Weihnachtsereignis. Weil Er gekommen ist und kommt, darum habt ihr schon als Kinder gesungen: «O du fröhliche, o du selige, gnadenbringende Weihnachtszeit!»[3] Darum zündet man in diesen Tagen Lichter an. Darum machen sich die Menschen jetzt große und kleine Geschenke. Darum darf und soll an der Weihnacht ein Jeder, auch der Traurigste, seinen Kopf ein wenig hoch heben.

Aber nicht wahr, nun sollten wir doch ein bißchen mehr erfahren über diese gute Kunde Gottes, und eben das dürfen wir auch. Unendlich viel wäre freilich darüber zu sagen. Aber schön zusammengefaßt steht ja Alles da in dem, was wir gehört haben, und eben daran wollen wir uns für heute halten.

Zuerst: *Die Zeit ist erfüllt, und das Reich Gottes ist nahe herbeigekommen*. Das ist das Eine. Man muß es hören wie eine aus der Zeitung vorgelesene Schlagzeilen-Nachricht. Das ist nämlich eine *Mitteilung:* Es ist etwas geschehen, passiert, Tatsache, was wir noch nicht wußten, nun aber sofort zur Kenntnis nehmen sollen.

Und dann: *Tut Buße und glaubet an das Evangelium!* Das muß man hören wie einen Mobilmachungsbefehl. Das ist nämlich |73| ein *Aufruf:* bei uns darf und soll nun auch etwas – etwas jener Nachricht Entsprechendes – geschehen, sofort getan werden!

Ich will versuchen, beides kurz zu erklären.

[3] Lied 128 von J.D. Falk (1768–1826).

Das Erste: *Die Zeit ist erfüllt, und das Reich Gottes ist nahe herbeigekommen.* Diese beiden Worte gehören zusammen, bilden miteinander die Mitteilung, die wir hören sollen: Die Zeit ist erfüllt, weil das Reich Gottes nahe herbeigekommen ist. Und damit, daß das Reich Gottes nahe herbeigekommen ist, ist die Zeit erfüllt.

Die Zeit ist erfüllt. Das will sagen: die Stunde schlägt – nicht die Viertel-, nicht die halbe, nicht die Dreiviertel-, nein, die volle, ganze Stunde. Ihre vielen Sekunden und Minuten haben alle ihre Zeit gehabt, sind alle diesem Moment entgegengelaufen. Jetzt ist er da, jetzt schlägt die Uhr. Eine alte Stunde ist vergangen, eine neue hat begonnen. Das Reich Gottes ist nämlich nahe herbeigekommen. Es wird und ist Weihnacht. Ja, es hatten Alle ihre Zeit: der Engländer mit seinem Weltreich, der Franzose mit seiner großen Nation, der Hitler mit seinem tausendjährigen Reich, der Amerikaner, der die ganze Welt kaufen wollte, der Russe mit seinem Weltkommunismus, der Ungar mit seinem stolzen Heldenmut und so auch der Schweizer mit seiner großen Selbstzufriedenheit und Selbstgerechtigkeit. Alle hatten ihre Zeit. Die Stunde schlägt, die alte ist vorbei, eine neue hat begonnen. Sie ist vorbei. Das Reich Gottes ist nahe herbeigekommen. Die Weihnacht ist da. Laßt es mich noch anders sagen: Es hatte auch in deinem und meinem Leben Alles seine Zeit. Wir haben gute und böse Tage gehabt, haben schöne und wüste Träume geträumt, haben Hoffnungen gepflegt und Enttäuschungen durchgemacht; es gab da glorreiche und auch sehr, sehr finstere Augenblicke. Es ging Alles seinen Gang bis zu die- |74| sem Moment. Jetzt aber schlägt die Stunde, die alte ist abgelaufen, die neue beginnt. Das Reich Gottes ist nahe herbeigekommen. Es ist Weihnacht geworden.

Wieso? Was ist geschehen? Was heißt das: das Reich Gottes ist nahe herbeigekommen? Ein Reich ist eine Herrschaft, die Jemand nicht nur hat, sondern ausübt. Das Reich Gottes ist also die von Gott ausgeübte Herrschaft. Sie ist nahe herbeigekommen, d. h. sie ist vom Himmel auf die Erde, aus der Ewigkeit in die Zeit gekommen. Jetzt, hier, heute ist Gott dabei, seine Herrschaft auszuüben. Und das bedeutet: Gott der Herr selber ist zu uns gekommen, hat sich unser damit angenommen, daß er uns die Führung unserer Angelegenheiten, in der wir uns nicht bewährt haben, aus der Hand und in seine eigene Hand genommen hat. Er will das nicht nur tun, er wird es nicht nur tun, nein, das *hat* er getan. Das ist sein nahe herbeigekommenes Reich. Er, der uns unendlich viel besser versteht, als wir uns selber verstehen, und der uns unendlich viel mehr liebt, als wir uns selber lieben – er sah den Jammer, den wir anrichten, indem wir meinen, uns selber verstehen und lieben zu können und zu sollen, sah alle die Härte, alle die Greuel, all die Ungerechtigkeit und Unordnung, sah auch unsere falschen Sicherheiten und unsere bösen Zusammenbrüche. Er wollte das nicht länger mit ansehen. Er wollte nicht länger Gott in der Höhe sein, ohne auch auf Erden unser Gott und also unser Helfer, Heiland und Erretter zu sein. Er wollte das nicht nur tun, sondern eben das *hat* er getan. Das ist sein nahe herbeigekommenes Reich. Er hat uns, die wir alle das nicht verdient haben, gerufen, hat uns zu seinem Haus geführt, hat uns dessen Türe aufgetan, hat uns gesagt, daß dies nun auch unser Haus sein soll, hat uns an seinen Tisch gesetzt, hat uns sein Brot und seinen Wein und alle guten Dinge vorgesetzt. Er hat als rechter Vater an uns gehandelt. Er hat uns eine Heimat bei sich selbst gegeben, in der wir als seine Kinder |75| leben und arbeiten und sogar spielen und Freude haben dürfen, aus der uns auch niemand mehr vertreiben kann. So daß wir nie mehr Waisenkinder, Fremdlinge, Flüchtlinge sein müssen. Das ist es, was er getan hat. So ist sein Reich, das Reich Gottes, nahe herbeigekommen.

Das also ist die Wahrheit, daß das geschehen ist. Damit ist die Zeit erfüllt. Die Stunde hat geschlagen, die das anzeigt.

Das ist das Eine, die *Mitteilung*, die Jesus bringt, indem er das Evangelium Gottes verkündigt.

Das Andere ist sein *Aufruf*. Jetzt tönt es anders. Jetzt heißt es: *Tut Buße und glaubt an das Evangelium!* Wieder gehört beides zusammen: Tut Buße – damit nämlich, daß ihr an das Evangelium glaubt! Glaubt an das Evangelium und tut damit – es gibt keine andere – die rechte Buße!

Ihr seht: jetzt kommt es an uns. Jetzt erst! Ohne jene Mitteilung wäre dieser Aufruf ja leer und sinnlos. Wäre es nicht so, daß das Reich Gottes nahe herbeigekommen ist, wie könnte man dann Buße tun und glauben? Nun aber ist diese Mitteilung ergangen, von Jesus uns verkündigt. Nun greift diese Verkündigung des Evangeliums Gottes hinein in unsere Herzen, in unser Gewissen, in unsere Gedanken, in unser Leben. Nun kann es gar nicht anders sein, als daß jetzt, hier, heute, sofort auch bei uns das Entsprechende geschehen darf, kann und muß.

Was darf jetzt geschehen? *Tut Buße!* Ihr denkt wohl bei dem Wort

«Buße» zunächst an so etwas wie Reue, Beschämung und Zerknirschung. Und es ist schon etwas dran. Buße tun heißt ja sicher: Sich umkehren, und zwar Rechtsumkehrtmachen und also Vieles, vielleicht so ziemlich Alles, was uns bis jetzt nötig, wichtig, lustig zu sein schien, hinter sich lassen und in entgegengesetzter Richtung neu anfangen! Weil das Reich Gottes |76| nahe herbeigekommen ist, ist eben Vieles, sehr Vieles höchst unzeitgemäß und also unmöglich geworden. Da wird es ohne Reue und Beschämung sicher nicht abgehen. Aber das ändert nichts daran, daß die Buße, zu der wir durch die Verkündigung des Evangeliums Gottes aufgerufen sind, ein freudiges Tun ist. So daß, wer Buße tut, eigentlich sein schönstes Kleid anziehen müßte. Denn wo kann diese Buße anders anheben als in der Freude über das nahe herbeigekommene Reich Gottes? So ist sie nichts Finsteres, sondern etwas ganz Helles: der fröhliche Übergang aus einer alten Stunde, die nicht schön war, in die neue, die Gott für uns hat anbrechen lassen. Buße tun heißt heimkommen, einkehren in jene Heimat, die Gott uns bereitet hat. Buße tun heißt: hineingehen in das Haus, das Gott uns geöffnet hat, heißt Platz nehmen und zugreifen an jenem Tisch, den der Vater uns gerüstet hat. Buße tun heißt aufatmen, heißt endlich, endlich leben dürfen. Wir haben ja noch gar nicht gelebt, jetzt dürfen wir aber leben. Es ist also auch das gute Kunde, frohe Botschaft: daß wir Buße tun – nicht sollen, nicht müssen, sondern dürfen.

Aber wie soll das zugehen? Jetzt kommt das Andere: *Glaubet an das Evangelium!* An was denkt ihr wohl, wenn ihr das Wort «glauben» hört? Vielleicht an das, was ihr einmal gelernt habt im Konfirmandenunterricht? Oder an das, was ihr von eurem Pfarrer oder jetzt von mir hört? Nun, es wäre schon gut, wenn ihr wieder recht ernstlich glauben würdet, was ihr einst gelernt habt, und so auch das, was euch euer Pfarrer sagt, und wenn ihr jetzt auch mir ein klein bißchen glauben würdet. Es geht aber um etwas viel Größeres: Glaubet an das Evangelium! heißt es ja. Und an das Evangelium glauben heißt: gelten lassen, was uns als gute Kunde nicht von Menschen, sondern von Gott gesagt ist. An das Evangelium glauben heißt: eben das als von ihm gesagt annehmen, in uns hineinnehmen, so |77| daß es in uns Wurzel fassen, wachsen und Frucht bringen kann, so daß es ganz von selbst dazu kommt, daß wir Buße tun. An das Evangelium glauben heißt, noch einfacher gesagt: dankbar sein. Ja, liebe Freunde, ein bißchen richtig dankbar sein dafür, daß wir eine so gute Kunde hören dürfen, und dankbar sein dafür, daß es so ist – und zwar für dich und für mich und auch für alle anderen Menschen so ist –, wie sie es sagt. Denn glauben heißt wirklich auch das, auch dafür dankbar zu sein, daß wir dabei nicht allein sein müssen. Denn wenn wir glauben, so heißt das immer, daß wir in eine Gemeinschaft hineinkommen – ich meine jetzt nicht irgend einen Verein, nicht irgend eine Kirchengemeinschaft –, in die Gemeinde all derer, die auch glauben dürfen, mit denen wir also zusammen glauben dürfen.

Aber nun muß gerade hier noch das Letzte und Wichtigste, eigentlich das Allererste ausdrücklich gesagt sein: An das Evangelium glauben heißt im tiefsten Grund schlicht: sich an den halten, der uns das Evangelium Gottes verkündigt, heißt also: sich an Jesus halten. Die Stunde, die schlägt, ist seine Stunde: die Stunde seines Kommens, seiner Ankunft, seiner Geburt, und also die Weihnachtsstunde. Denn was ist das nahe herbeigekommene Reich Anderes als er selber: der eine Sohn des Vaters, der von ihm her zu uns gekommen ist, damit wir als seine Brüder und Schwestern Gottes Kinder sein dürfen? Er ist die Heimat. Er ist das offene Haus, und er ist das Brot und der Wein auf dem in diesem Haus für uns gedeckten Tisch. Er selber ist das Evangelium Gottes, die gute Kunde von dem, was Gott für uns ist, will und tut. Er selbst ist sein uns jetzt, hier, heute gesagtes Wort, das wir jetzt, hier, heute, sofort zu Herzen zu nehmen aufgerufen sind. Und so heißt «glauben an das Evangelium»: an Ihn glauben, und heißt Buße tun: Vertrauen zu Ihm fassen, umkehren zu Ihm und Ihm nachfolgen. Und das ist dann die |78| rechte Weihnachtsfeier: daß wir das tun – nicht unterlassen und nicht auf später aufheben, sondern eben jetzt tun. Gott schenke uns allen diese rechte Weihnachtsfeier! Gott schenke sie vielen, allen Menschen, der ganzen armen Welt, die nichts so nötig hat wie dies, die große Mitteilung und den großen Aufruf zu vernehmen, an das Evangelium und also an Jesus zu glauben und eben damit Buße zu tun und also zu Ihm umzukehren und eben so rechte Weihnacht zu feiern. Amen.

Ja, Herr unser Gott und Vater, schenke du das Vielen, Allen, und so auch uns, daß wir so Weihnacht feiern dürfen: indem wir ganz dankbar und ganz demütig und dann ganz fröhlich und zuversichtlich zu dem kommen, den du uns gesandt hast und in dem du selber zu uns gekommen bist. Räume du das Viele in uns aus, das, da die

Stunde schlägt, unmöglich geworden ist, nicht mehr unsere Sache sein kann, von uns abfallen darf, muß und wird, indem dein lieber Sohn, unser Herr und Heiland, bei uns Einzug hält und Ordnung schafft.

Erbarme dich auch über alle die, die dich und dein Reich nicht oder noch nicht recht erkennen, die vielleicht auch einmal Alles gewußt und es dann wieder vergessen oder mißverstanden oder gar verleugnet haben! Erbarme du dich über die heute wieder so besonders geplagte und bedrohte, von so viel Unvernunft heimgesuchte Menschheit! Erbarme du dich insbesondere auch der Not in Ungarn! Erhelle du die Gedanken derer, die im Osten und im Westen an der Macht sind und, wie es scheint, heute alle nicht recht aus noch ein wissen! Gib den Regierenden und den Volksvertretern, den Richtern, Lehrern und Beamten, gib den Zeitungsschreibern in unserem Vater- |79| land die Einsicht und die Nüchternheit, die sie für ihr verantwortungsvolles Tun nötig haben! Lege du selbst denen, die in dieser Weihnachtszeit zu predigen haben, die rechten, die nötigen, die hilfreichen Worte auf die Lippen und öffne dann auch die Ohren und Herzen derer, die sie hören! Tröste und ermutige du die an Leib und Seele kranken Menschen in den Spitälern, in der Friedmatt[4] und anderswo, auch die anderen Gefangenen, auch alle Betrübten, Verlassenen und Verzweifelnden! Hilf ihnen mit dem, was ihnen und uns allen allein wirklich helfen kann: mit der Klarheit deines Wortes, mit dem stillen Werk deines Heiligen Geistes!

Wir danken dir, daß wir wissen dürfen: wir beten nicht umsonst und werden nie umsonst zu dir beten. Wir danken dir, daß du dein Licht hast aufgehen lassen, daß es scheint in der Finsternis und daß die Finsternis es nicht überwältigen wird. Wir danken dir, daß du unser Gott bist und daß wir dein Volk sein dürfen. Amen.

Lieder:
Nr. 102: «O Heiland, reiß die Himmel auf» (Köln 1623), Strophen 1–4 (= EKG 5, Str. 1, 4, 5, 6)
Nr. 119: «Fröhlich soll mein Herze springen» von P. Gerhardt, Strophen 1–3, 6–8 (= EKG 27, Str. 1–3, 7–9)

[4] Psychiatrische Universitätsklinik in Basel.

DIE ÜBELTÄTER MIT IHM

Lukas 23,33

Karfreitag, 19. April 1957, Strafanstalt Basel

Herr unser Gott! Wir sind an diesem Tag versammelt, um dessen zu gedenken, wie du deinen guten, starken Willen mit der Welt und mit uns allen ausgeführt hast, indem du unseren Herrn Jesus Christus, deinen lieben Sohn, in Gefangenschaft geraten ließest, damit wir frei würden, schuldig sprechen ließest, damit wir unschuldig würden, leiden ließest, damit wir Freude hätten, in den Tod gabst, damit wir ewig leben dürften.

Wir von uns aus könnten nur verlorengehen. Und wir haben solche Errettung nicht verdient, niemand von uns. Du aber hast dich in der unbegreiflichen Hoheit deines Erbarmens mit unserer Sünde und unserem Elend gemein gemacht, um so Großes an uns zu tun. Wie sollten wir dir anders danken als damit, daß wir dieses Große begreifen, ergreifen und gelten lassen?

Wie soll das aber anders geschehen, als indem derselbe lebendige Heiland, der für uns gelitten hat, gekreuzigt wurde, gestorben und begraben, aber auch auferstanden ist, jetzt selbst in unsere Mitte tritt, zu unseren Herzen und Gewissen redet, uns für deine Liebe aufschließt, uns anleitet, uns ihr ganz zu anvertrauen, von ihr und nur von ihr zu leben?

Daß das in der Macht deines Heiligen Geistes geschehe, darum bitten wir dich: in aller Demut, aber auch in aller Zuversicht. Unser Vater ...! Amen. |81|

Meine lieben Brüder und Schwestern!

Ich möchte euch, bevor ich meine Predigt beginne, ans Herz legen, die Karfreitagsgeschichte, d. h. die Geschichte vom Leiden und Sterben Jesu Christi, wie sie in den vier Evangelien erzählt wird, selbst nachzulesen: am besten heute noch und dann noch mehr als einmal und immer wieder. Unendlich Vieles ist zu bedenken und aufzunehmen in dieser Geschichte: die ganze Weltgeschichte ist darin beschlossen, und mehr als das: die ganze Geschichte Gottes mit uns Menschen und so unsere ganze Geschichte mit Gott – und, wenn man es recht versteht, die Lebensgeschichte jedes Einzelnen von uns. Ich müßte mehr Zeit haben als eine halbe Stunde, um euch da auch nur eine Übersicht, geschweige denn eine Einsicht in das Ganze zu vermitteln. Und darum möchte ich zu unserer gemeinsamen Betrachtung jetzt nur einen Satz aus dieser Geschichte herausgreifen, und zwar die Stelle Lukas 23,33:

Sie kreuzigten ihn und die Übeltäter mit ihm, einen zur Rechten und einen zur Linken.

Die Übeltäter mit ihm. Soll man sich mehr wundern darüber, ihn, Jesus, da in so schlechter Gesellschaft – oder darüber, sie, diese Übeltäter, in so guter Gesellschaft zu finden? Nun, wie man will: Beides ist wahr! Das Eine ist sicher: da hängen sie alle drei, Jesus und die Übeltäter, einer zur Rechten und einer zur Linken – alle in der gleichen öffentlichen Schande, in der gleichen stundenlangen Qual, im gleichen langsamen, unerbittlichen Sterben. Nachdem wohl in denselben Tagen wie er auch diese zwei irgendwo verhaftet, in ein Gefängnis gebracht und von irgend einem Richter verurteilt worden waren. Und nun hingen sie am Kreuz mit ihm und befanden sich so in einer Solidarität, in einer Gemeinschaft, in einem Bund mit ihm, der |82| nicht mehr aufzulösen war, so gewiß die Nägel, mit denen auch sie an ihren Kreuzen befestigt waren, hielten – so gewiß es wie für ihn, so auch für sie kein Zurück gab, sondern nur die schimpfliche, schmerzliche Gegenwart und als Zukunft nur die Nacht ihres nahenden Todes. (Es ist sehr eigentümlich, daß es so viele Bilder von der Kreuzigung Jesu gibt, auf denen diese Übeltäter fehlen. Ich meine, man hätte von dieser Sache besser überhaupt nie Bilder gemacht. Aber wollte man es schon tun, dann durften diese zwei Übeltäter zur Rechten und zur Linken auf keinen Fall fehlen. Auf den Bildern und in den Darstellungen, in denen sie unsichtbar sind, fehlt etwas Wichtiges, ja Entscheidendes!)

Die Übeltäter mit ihm. Wißt ihr, was das heißt? Erstaunt nicht zu sehr, wenn ich euch sage: das war die erste christliche Gemeinde – die erste sichere, unauflösliche, unzerstörbare christliche Gemeinde nämlich. Christliche Gemeinde ist überall da, wo eine Versammlung von Leuten ist, die Jesus nahe, die bei ihm sind – so, daß seine Verheißung, seine Zusage, sein Versprechen sie unmittelbar, direkt angeht – so, daß sie es hören können: daß er Alles, was er ist, für sie ist, und Alles, was er tut, für sie tut, so, daß sie von dieser Verheißung leben dürfen. Das ist die christliche Gemeinde, und die erste sichere christliche Gemeinde waren diese zwei Übeltäter.

Eine unsichere, eine zweifelhafte Gemeinde hat es schon vorher gegeben: die Jünger, die er berufen hat, die mit ihm durch Galiläa gezogen und mit ihm nach Jerusalem gekommen waren, die alle seine Worte gehört und alle seine Taten gesehen hatten. Aber wie war es dann im Garten Gethsemane: «Könnt ihr nicht eine Stunde mit mir wachen?» [Mt. 26,40]. Nein, sie konnten, sie wollten es nicht. Sie haben einfach geschlafen, während er einsam wachte und betete. Und wie war es, als dann die Polizei kam, um ihn zu holen? «Da verließen ihn alle Jünger und |83| flohen» [Mt. 26,56]. Und wie war es bei Petrus, den die katholische Kirche bis auf diesen Tag für ihren ersten Papst hält? Im Hofe des Hohenpriesters, als eine Magd auf ihn zeigte: «Dieser war auch mit ihm», da hat der große Petrus abgeleugnet: «Weib, ich kenne diesen Menschen nicht» [Lk. 22,56f.]. Und dreimal hat er so geredet, bis auch der Hahn zum drittenmal krähte. Um nicht zu reden von Judas, der Jesus verraten hat um dreißig Silberlinge [Mt. 26,15]! Also: es gab da wohl auch schon eine christliche Gemeinde. Aber was ist das für eine unsichere Gesellschaft gewesen!

Die zwei Übeltäter, die jetzt als Gekreuzigte mit ihm waren, hatten wohl zuvor kaum je von ihm gehört, geschweige denn, daß sie gläubige, bekehrte Leute, Heilige waren. Weit entfernt! Ganz im Gegenteil! Dafür aber konnten sie ihn jetzt nicht allein lassen, nicht schlafen, mußten sie jetzt wohl oder übel viele Stunden lang an ihren Kreuzen mit ihm wachen. Entfliehen konnten sie auch nicht aus seiner gefährlichen Gesellschaft. Und so konnten sie ihn auch nicht gut verleugnen, indem sie da ja öffentlich als seine Genossen ausgestellt waren. So waren sie rein tatsächlich eine sichere christliche Gemeinde. Er und sie, sie und er waren verbunden – waren und sind in Ewigkeit nicht mehr voneinander zu trennen. Es brauchte viel, bis Petrus und die anderen Jünger auch zu dieser ersten sicheren Gemeinde stießen. Und als sie es taten, da konnten sie nur hinten anschließen: da, wo diese zwei auf Golgatha mit Jesus Gekreuzigten die Ersten waren.

Aber bevor wir auf diese Zwei zurückkommen, müssen wir von Jesus selbst reden, mit dem zusammen sie der gleichen Schande, den gleichen

Schmerzen, dem gleichen Tod ausgeliefert waren. Er war die Hauptperson, der Held des Karfreitags, er das Haupt dieser ersten Christengemeinde. Und nun hören wir: sie *kreuzigten* ihn, *Jesus*. Wer? Die Henker, die römischen Soldaten, diese |84| auf Befehl des Statthalters Pilatus, dieser auf Drängen der Kirchenführer von Jerusalem, diese gewaltig unterstützt durch das überhandnehmende Geschrei des Volkes: Kreuzige! Kreuzige! [Lk. 23,21].

Was geschah da? Zunächst und sichtbar das Gleiche, was den beiden Anderen auch geschah: ein Mensch, der den anderen wegen dem, was er war, sagte und tat, unleidlich, untragbar geworden, wurde da vom Leben zum Tode gebracht, unschädlich gemacht, ausgelöscht. Er wäre nicht er und sie wären nicht sie gewesen, wenn sie es anders gehalten, wenn sie ihm das nicht angetan hätten. So erlitt Jesus dort dasselbe, was aus besonderen Gründen jene zwei Übeltäter zu erleiden hatten – was übrigens ähnlich oder gleich auch andere Menschen erlitten und erduldet haben: er mit ihnen und sie mit ihm. Man hat schon ganz mit Recht gesagt, daß andere Menschen von ihren Mitmenschen noch schlimmer geplagt wurden, daß sie – vielleicht im Krieg oder in Konzentrationslagern oder auf dem Krankenbett – noch viel Härteres erlitten haben als dort Jesus. Aber darauf kommt es jetzt nicht an, weil das ja nur das Äußere und Sichtbare war, was dort geschah.

In dem sichtbaren Leiden und Sterben dieses Menschen Jesus geschah aber unsichtbar etwas, was im Leiden und Sterben der zwei mit ihm gekreuzigten Übeltäter nicht geschah und auch nicht geschehen konnte – was auch im Leiden und Sterben keines anderen Menschen geschah noch geschehen konnte. Warum nicht? Darum nicht, weil er und nur er dieser Mensch war: ein Mensch wie wir alle, aber, anders als wir alle, der Mensch, in welchem Gott selbst zur Stelle und am Werk war. So wie es der römische Hauptmann nach seinem Tode ausrief: «Wahrlich, dieser Mensch ist Gottes Sohn gewesen!» [Mk. 15,39].

Was aber war und tat Gott in diesem Menschen, in seinem Leiden und Sterben? Der Apostel Paulus hat es in einem ein- |85| zigen Sätzlein ausgesprochen: «Er war in Christus und versöhnte die Welt mit sich selber» [2. Kor. 5,19]. – Ich will versuchen, euch das in kürzesten Worten zu erklären.

Es geschah, daß in diesem Menschen Gott selbst in die von ihm geschaffene und Allem zum Trotz von ihm geliebte Welt hineingetreten, mitten hineingegangen, selber weltlich geworden ist – ein Mensch wie andere, wie wir alle –, um dem Streit der Welt gegen ihn und dem sie selber zerreißenden Streit unter sich ein Ende zu machen, um an die Stelle ihrer großen Unordnung seine Ordnung zu setzen. Es geschah, daß Gott in diesem Menschen, wie wir im Unservater beten: seinen Namen geheiligt hat, sein Reich hat kommen, seinen Willen hat geschehen lassen auf Erden wie im Himmel [Mt. 6,9 f.]. In diesem Menschen hat er seine Ehre groß gemacht und – das ist das Wunderbare – hat er eben das zu unserem Heil getan. Er hat es getan, indem er die tausend Wunden, aus denen die Welt blutet, nicht nur verbunden, sondern geheilt, indem er uns Menschen in der Person dieses Einen, seines lieben Sohnes, nicht nur teilweise und vorläufig, sondern radikal und endgültig geholfen, uns vom Verderben errettet, uns alle als seine Kinder an sein Herz gezogen hat, damit wir alle leben, wirklich und ewig leben dürfen.

Es geschah nämlich dort, in diesem Menschen, daß Gott weggenommen, abgeschafft, weggefegt hat wie mit einem großen Besen: unsere ganze menschliche Verkehrtheit, unseren Übermut, unsere Angst, unsere Gier, unsere Falschheit, dieses Ganze, mit dem wir alle uns dauernd an ihm verfehlen, mit dem wir einander und uns selber das Leben schwer und unmöglich machen. Er hat durchgestrichen das Ganze, das unser Leben – das Leben der Gesunden und der Kranken, der Glücklichen und der Unglücklichen, der Hohen und der Niedrigen, der Reichen und der Armen, der Freien und der Gefangenen – in |86| seiner Wurzel schrecklich, traurig, finster macht. Er hat es in jenem einen Menschen weggetan, so daß es nicht mehr zu uns gehört, so daß es hinter uns liegt, und so hat er in ihm nach langer Nacht für uns alle den Tag, nach langem Winter für uns alle den Frühling anbrechen lassen.

Es geschah das aber in jenem einen Menschen so, daß Gott jenes Ganze des Bösen auf sich selber genommen, unsere Verkehrtheit sich zu eigen gemacht hat, in seinem eigenen lieben Sohn sich als Übeltäter hinstellen, sich verklagen, sich verurteilen und vom Tode zum Leben bringen ließ: als hätte er, der heilige Gott, alles das Üble getan, was wir Menschen getan haben und tun. So, indem er in Jesus Christus sich selbst so dahingab, hat er die Welt versöhnt mit sich selber, so uns errettet und befreit zum Leben in seinem ewigen Reich. Er hat unsere Last von uns genommen und weggetragen, indem er sie in ihrer ganzen Schwere sich selbst aufgeladen hat. Er, der Unschuldige, ist da an unsere, der Schuldigen, Stelle getreten. Er, der Mächtige, ist da eingetreten für uns Schwache. Er, der Lebendige, für uns, die Sterbenden!

Das, meine lieben Freunde, ist das Unsichtbare, das im Leben und Sterben des Mannes am mittleren der drei Kreuze auf Golgatha als Gottes Tat geschah: diese Versöhnung – in der Verdammung dieses Mannes unser Freispruch, in seiner Niederlage unser Sieg, in seiner Qual der Anfang unserer Freude, in seinem Tod die Geburt unseres Lebens. Und – wohlverstanden! – das war es, was die Menschen, die ihn kreuzigten, ausrichteten. Sie wußten in der Tat nicht, was sie taten [vgl. Lk. 23,34]. Sie waren gerade die Rechten, um mit ihrem bösen Wollen und Tun das Gute auszuführen, das in Wahrheit Gott mit der Welt und für die Welt – auch für sie, diese Verblendeten samt und sonders – gewollt und getan hat. |87|

Jetzt aber zurück zu den beiden nach der guten, heilsamen Ordnung desselben göttlichen Wollens und Tuns *mit Jesus gekreuzigten Übeltätern*. Wir kennen ihre Namen nicht. Wir wissen auch nichts von ihrem Vorleben und nichts von dem, was sie angestellt und verbrochen haben; wir wissen nicht, ob es vielleicht für das, was sie getan haben, gewisse Entschuldigungen gab oder ob ihre Schuld noch viel schwerer war, als wir uns denken möchten. Wir wissen nur eben, daß sie (nicht bedingt, sondern unbedingt!) verurteilt waren und nun, wie der Eine von ihnen selbst sagte, «empfingen, was ihre Taten wert waren» [Lk. 23,41]. Wir wissen aber über das alles hinaus: daß sie ohne und gegen ihren Willen tatsächlich mit ihm, mit Jesus, gekreuzigt waren. Niemand vorher und nachher war der in Jesus geschehenen Gottestat der Versöhnung, der Ehre Gottes und dem Heil der Welt so direkt, so unmittelbar nahe wie diese Zwei! Wohl wahr: nur Einer von diesen Zweien erkannte, wer er war, was in seinem Leiden und Sterben geschah, was das für alle Menschen und so auch für ihn bedeutete, während der Andere, wie im Evangelium nachher erzählt wird, bei dem allgemeinen, blinden, dumpfen Spott mittat: Warum er, wenn er doch Christus, der Sohn Gottes sei, sich selber und doch auch ihnen nicht helfen wolle und könne [Lk. 23,39]! Das war gewiß ein gewichtiger und wohl zu bedenkender Unterschied zwischen diesen Beiden. Wir wollen uns aber für diesmal nicht damit beschäftigen. Denn so wichtig war dieser Unterschied nun auch wieder nicht, daß er an die Verheißung rühren, sie wohl gar zunichte machen konnte, die so deutlich, so dringlich – die eben tatsächlich gleichmäßig an diese Beiden ergangen ist.

Man bedenke: gerade für die Übeltäter starb der Mann, mit dem sie, gekreuzigt zu seiner Rechten und Linken, ihrem Sterben entgegengingen. Er starb nicht zugunsten einer guten, sondern zugunsten einer bösen Welt. Nicht für die Frommen, sondern |88| für die Gottlosen, nicht für die Gerechten, sondern für die Ungerechten: für ihren Freispruch, zu ihrem Sieg, zu ihrer Freude, damit sie das Leben haben möchten. Und nun waren diese Beiden offenbar und unleugbar eben Übeltäter: böse Leute, Gottlose, Ungerechte. Und nun war er, selber als ein Übertreter, ein Übeltäter verurteilt, gerade mit ihnen gekreuzigt, waren sie mit ihm unter demselben Gericht.

Man bedenke weiter: Mein Leib dahingegeben für euch! Mein Blut vergossen für euch! So hat es Jesus beim Abendmahl gesagt. Wie sollte das damals verstanden werden, bevor es geschah? Nun aber geschah es. Nun wurde sein Leib dahingegeben, nun wurde sein Blut vergossen, und nun wurden diese zwei Übeltäter Zeugen dieses Dahingebens und Vergießens. Und wie! Nicht bloß als Zuschauern wurde ihnen ja dieses Geschehen dargeboten, sondern so, daß in der Gemeinschaft mit ihm, in jenem unauflöslichen Bund mit ihm auch ihr eigenes böses, trauriges, finsteres Leben dahingegeben, ihr eigenes unreines, von so vielen Leidenschaften verdorbenes Blut vergossen wurde. Was für Zeugen! Wie unmittelbar und direkt ist es diesen Beiden nicht nur vor Augen gestellt, nicht nur erzählt, sondern gewissermaßen in ihr eigenes Dasein hineingepflanzt, ihnen nicht nur ans Herz, sondern in ihr sterbendes Herz hineingelegt worden: Für euch gegeben! Für euch vergossen!

Und man bedenke vor allem: Gottes gewaltige Tat zu seiner Ehre und zu unserem Heil, Gottes Sieg zur Errettung der Welt geschah ja in dem, was da neben ihnen, bei ihnen, ja in ihrem eigenen Dasein geschah. Der Überwinder des Todes, der König im Reich des Lebens war ja der arme, geschlagene Knecht, in dessen Todesseufzer sich die ihrigen mischten. Und auf dem Weg zum Antritt seines Königreiches, zu dessen Proklamation, auf dem Weg zu seiner Auferstehung von den Toten am dritten Tag war ja dieser mit ihnen zugrunde, der Auslöschung ent-|89| gegen gehende dritte Mann! Waren sie also in dieser dunkelsten Stunde ihres Lebens nicht unleugbar auf dem Weg zu demselben Ziel? «Sind wir mit Christus gestorben, so wissen wir, daß wir mit ihm leben werden«

[Röm. 6,8] – so hat wieder der Apostel Paulus ein anderes Mal geschrieben. Nun, diese Beiden starben wortwörtlich mit Christus: so war ihnen zugesagt, so durften sie wissen, daß sie auch wortwörtlich mit ihm leben würden.

Ob sie das alles aufgenommen, verstanden, geglaubt haben? Lassen wir die Frage für diesmal offen! Das ist sicher, daß die Verheißung von dem allem für sie da war, daß sie unter dieser Verheißung standen, daß sie sie damit empfingen und hatten, daß sie mit ihm leiden und sterben durften. Diese Verheißung, die da ist und gilt, wo Menschen als Übeltäter mit Jesus leiden und sterben dürfen – sie ganz allein begründet die christliche Gemeinde und macht diese Menschen zu Christen. Und sie, diese Zwei, waren die Ersten, die, indem sie mit Jesus leiden und sterben durften, durch diese Verheißung zur christlichen Gemeinde versammelt wurden.

Wir kommen zum Schluß. Ich habe gesagt, daß Petrus und die anderen Jünger nachher nur hinten anschließen konnten: dort, wo die zwei Übeltäter die Ersten waren. Das gilt aber für uns Menschen aller Zeiten. Christengemeinde, Christen gibt es gerade nur da, wo diese Verheißung ergeht und gilt. Sie ergeht aber nur an gekreuzigte Übeltäter, an Menschen, die vor Gott und vor dem Mitmenschen ganz und gar im Unrecht sind, mit denen es darum hoffnungslos zu Ende geht und die sich dagegen selber, von sich aus, nicht wehren können. Für sie ist Jesus gestorben. Und bedenkt es wohl: solche und *nur* solche – aber gerade solche sind würdig, zum Abendmahl zu gehen. |90|

Und nun sind wir alle, liebe Freunde, Gott sei Dank gar nicht gefragt, ob wir solche Menschen sein wollen. Wir sind es, wir alle: ihr hier in diesem Haus, das man die Strafanstalt nennt, ihr mit dem, was euch hierher geführt, und mit dem, was ihr hier erfahrt, in eurer besonderen Weise – wir Anderen draußen in unserer anderen, aber – glaubt es nur! – nicht weniger ernsthaften Weise. Solche Menschen, gekreuzigte Übeltäter, sind in Wahrheit wir alle. Und nun kommt es eigentlich nur auf Eines an: ob wir uns sagen lassen, daß wir das sind, um die solchen Menschen gegebene Verheißung zu hören, hinten anzuschließen. «Gott widersteht den Hoffärtigen, aber den Demütigen gibt er Gnade» [1. Petr. 5,5]. Die empfangen, die bekommen sie, die nicht zu hoch, aber doch auch nicht zu gering von sich denken, um tapfer hinten anzuschließen: dort, wo die zwei Übeltäter von Golgatha die Ersten waren. Gott gebe uns allen die Freiheit, das zu tun, und helfe uns, von ihr Gebrauch zu machen! Und so segne er uns alle, wenn wir nun in dieser Freiheit miteinander zum Abendmahl gehen wollen! Amen.

Herr unser Gott, barmherziger und allmächtiger Vater! Wie hast du die arge Welt so lieb, daß du mit deinem eigenen lieben Sohn einen so wunderlichen Weg gehen wolltest zu ihrer, zu unser aller Befreiung! So und nicht anders war es recht vor dir, und so und nicht anders soll es jetzt auch uns recht sein. Und wenn es nun so ist, daß wir nur durch ihn und in der Gemeinschaft mit ihm Freiheit finden und also nur durch die Tiefe in die Höhe, nur durch das Leid zur Freude, nur durch den Tod zum Leben kommen werden, so dürfen und wollen wir auch das annehmen als deine gute und heilsame Ordnung. |91|

Hilf du, daß immer wieder Einige deinen Weg mit Jesus und mit uns erkennen und in deiner Ordnung ihren Frieden finden: in diesem Hause, überall, wo heute des Todes unseres Herrn gedacht, und auch da, wo seiner nicht oder nicht recht gedacht wird: in der ganzen Welt. Du hast Zugänge zu den Menschen, die wir nicht sehen und kennen und die dir doch weit offene Zugänge sind.

In dieser Gewißheit denken wir jetzt auch hier an die Kranken und Geisteskranken, an die Armen und Betrübten, an die Irrenden und Verwirrten jeder Art. In dieser Gewißheit bitten wir dich um den Geist der Weisheit für alle die, die in der Kirche oder im Staat in verantwortlichen Stellungen mitzureden, zu raten, zu beschließen, zu richten, zu befehlen haben: für die Arbeiter und für ihre Herren, für die Lehrer und ihre Schüler, für die Leute, die Bücher und Zeitungen schreiben, und für ihre Leser. Sie alle, wir alle haben es nötig, daß im Angesicht des Kreuzes unseres Herrn für uns gebetet wird und daß wir im Angesicht seines Kreuzes auch füreinander beten. Und wie heilig und freundlich bist du, daß wir uns daran halten dürfen, daß jedes aufrichtige Gebet bei dir Erhörung findet!

Wir danken dir dafür, daß Jesus lebt und daß mit ihm auch wir leben dürfen. Und schließlich danken wir dir dafür, daß wir jetzt, dem zum Zeichen, miteinander das Abendmahl empfangen dürfen. Amen.

Lieder:
Nr. 149: «O Welt, sieh hier dein Leben» von P. Gerhardt, Strophen 1–5 (= EKG 64, Str. 1, 3–5, 7)
Nr. 169: «Jesus lebt, mit ihm auch ich» von Chr. F. Gellert, Strophen 1–3, 6

ALLE!

Römer 11,32

22. September 1957, Strafanstalt Basel

Herr unser Gott, du willst, daß die Menschen, und so heute auch wir in diesem Hause, dein tröstendes und mahnendes Wort hören, dich anrufen, dich loben. Es ist deine unverdiente Freundlichkeit, daß du es so haben willst. Denn was sind wir vor dir und für dich? Aber du hast uns gerufen, und wir haben deinen Ruf gehört. Und da sind wir nun zusammengekommen: deine Geschöpfe in all der Schwachheit, Dunkelheit und Widerspenstigkeit, die in uns ist – deine Kinder, die du liebst, auch wenn wir dich kaum und sicher gar nicht recht lieben – deine Gemeinde, die hier wie überall in der Welt eine wunderliche Schar ist, in der du aber dennoch gegenwärtig sein, mit der du dennoch etwas anfangen willst.

Und nun warten wir, ganz und gar auf dich angewiesen, auf dich: auf deinen guten, heiligen Geist und seine Gaben. Mache du diese Stunde hell, dir wohlgefällig und für uns hilfreich und fruchtbar! Laß es von dir her geschehen, daß, was wir hier menschlich beten, reden, singen, Kraft und Wahrheit habe, aus unseren Herzen komme und uns wieder zu Herzen gehe! Sei du jetzt unser Meister, unser Lehrer, ein starker, gütiger Herr über Alles, was in dieser Stunde in einem Jeden von uns vorgehen mag!

Im Namen deines lieben Sohnes, in welchem du auch uns deine freie Gnade erwiesen hast und immer wieder offenbar machen willst, beten wir zu dir, wie er uns vorgebetet hat: Unser Vater ... Amen! |93|

Gott hat Alle eingeschlossen in den Ungehorsam, um sich Aller zu erbarmen!

Meine lieben Brüder und Schwestern!

Ihr habt sicher sofort gemerkt, daß das ein nicht so ganz leicht zu verstehendes Wort ist. Und ich gestehe euch offen, daß ich selbst, nachdem ich in einem nun schon ziemlich langen Leben immer wieder im Römerbrief des Paulus gelesen habe, mit so Vielem, was darin, was in der Bibel überhaupt steht, und so auch mit diesem Wort noch lange nicht fertig geworden bin. Es gibt mir immer neu zu denken. Eines aber ist sicher, daß gerade in diesem Wort wie in einer ganz harten Schale ein wunderbarer, kostbarer Kern verborgen ist. Und nun gebe Gott, daß ich euch wenigstens etwas davon zeigen darf, was das heißt: daß Gott Alle in den Ungehorsam eingeschlossen hat, um sich Aller zu erbarmen!

Um sich Aller zu erbarmen! Mit diesem Zweiten wollen wir anfangen. Denn das ist so etwas wie ein Berg, den man nicht erklettern kann, auch nicht in Gedanken, auch nicht in einer Predigt, sondern von dem man eigentlich nur herunterkommen kann. Auch der Apostel Paulus hätte das Erste: daß Gott Alle eingeschlossen hat in den Ungehorsam, nicht sagen können, wenn er nicht zuerst und vor allem das Zweite gewußt und bedacht hätte: daß Gott sich Aller erbarmt. Es bleibt uns schon nichts Anderes übrig: auch wir müssen mit diesem Zweiten anfangen.

Wir müßten ja Weihnacht und Karfreitag und Ostern vergessen haben, müßten Jesus Christus beiseite lassen, wenn wir es anders halten wollten. Wer ihn kennt, der weiß, daß man ihn |94| nicht nur nicht beiseite lassen kann, sondern daß wir in unserem ganzen Denken und Leben immer nur bei ihm, mit ihm, d. h. aber damit anfangen können (wie mit dem Buchstaben A als dem Anfang des Alphabets!): daß Gott sich Aller erbarmt hat, erbarmt und erbarmen will und wird, daß Gottes Wollen und Vollbringen bestimmt und regiert ist durch sein Erbarmen. Darüber hat er selbst uns eben in Jesus Christus Bescheid gesagt, und das nicht nur mit Worten, sondern mit seiner größten, gewaltigsten Tat: indem er selbst sich in diesem seinem lieben Sohn für uns dahingegeben hat, ein Mensch, unser Bruder geworden ist. Das ist die Tat und in dieser Tat das Wort von Gottes Erbarmen über Alle. Daran dürfen und sollen wir uns halten, damit immer wieder neu anfangen.

Daß Gott sich unser erbarmt, heißt einfach: daß er trotzdem zu uns Ja sagt, daß er es trotzdem mit uns halten, trotzdem unser Gott sein will. Trotzdem: weil wir das nämlich nicht verdient haben, weil er – so sollte man denken – eigentlich zu uns allen Nein sagen müßte. Er sagt aber nicht Nein, sondern Ja. Er ist nicht gegen uns, sondern für uns. Das ist Gottes Erbarmen.

Es ist aber im Unterschied zum Erbarmen auch der freundlichsten Menschen ein allmächtiges, und zwar ein allmächtig errettendes, hilfreiches, ein Licht, Frieden und Freude bringendes, ein solches Erbarmen, bei dem wir nicht zu befürchten haben, daß es eine Grenze haben, daß es da einen Vorbehalt geben möchte. Es ist ein Ja, in welchem keine Dunkelheit ist, bei dem wir nicht zu besorgen haben, daß es plötzlich doch wieder ein Nein sein möchte.

Und es ist Gottes Erbarmen, eben weil es sein und kein menschliches Erbarmen ist, ein solches, das – in unserem Text liegt darauf der Nachdruck – uns allen zugewendet ist. Im Römerbrief des Paulus bedeutet das: den Juden *und* den Heiden, d. h. |95| denen, die Gott nahe oder wenigstens näher sind, *und* denen, die ihm fern sind, und also den sogenannten Frommen *und* den sogenannten Ungläubigen, den sogenannten Guten *und* den sogenannten Bösen: Allen. Gott erbarmt sich Aller: eines Jeden in seiner Weise, aber eines Jeden. Es ist wirklich so, wie es in einem Volkslied heißt, das ihr vielleicht auch schon gehört habt: «Gott verläßt die Wüsten nicht!»[1] Nein, wirklich auch sie nicht. Wie es in den Gleichnissen vom verlorenen Schaf, vom verlorenen Groschen und vom verlorenen Sohn [Lk. 15] beschrieben ist, so verhält es sich mit Gottes Erbarmen.

Aber laßt uns einen Augenblick innehalten: Weil es laut Gottes heiligem Wort, das er in Jesus Christus gesprochen hat, so ist, daß er sich Aller erbarmt, darum darf und darum soll ein Jeder von euch – nicht mir, aber Ihm das nachsprechen: Ich bin auch Einer von diesen Allen. Und also hat sich Gott auch meiner erbarmt, erbarmt er sich auch meiner und wird er sich auch meiner erbarmen. Das wäre die große Sünde, wenn Einer von euch jetzt denken würde: Das geht mich nicht an. Meiner hat Gott sich nicht erbarmt, will und kann er sich nicht erbarmen.

[1] Dritte Strophe des oberaargauischen Volksliedes «Chumm, mir wei ga Chirseli gwinne!»:

Bi nid rych uff dieser Ärde,
bi nid hübsch von Angesicht,
's mueß mer doch o eini wärde,
Gott verlaht die Wüeschte nid.

Oder gar: Das habe ich nicht nötig! Das begehre ich nicht! Das wäre die große Sünde, die wir jetzt nicht begehen wollen. Gott erbarmt sich Aller, also auch meiner und also auch deiner. Und also darf und soll auch ich, darfst und sollst auch du von seinem Ja, das er zu allen Menschen und auch zu uns gesprochen hat, leben: heute, jetzt und hier leben!

Aber halt, noch einen Augenblick! Weil es laut des Wortes, das Gott in Jesus Christus gesprochen hat, so ist, daß er sich Aller erbarmt, darum dürfen und müssen wir in unseren Herzen auch das nachsprechen: Zu diesen Allen, derer Gott sich erbarmt, gehören auch dieser Mann und jene Frau dort, gehört auch der andere Mensch da neben mir, da vorne oder da hinten, auch der Mensch, an den ich nicht so gern denke wie an mich |96| selber: der Mensch, der mir vielleicht etwas angetan hat oder sonst nicht gefällt, den ich wohl gar für meinen Feind halten muß und dem ich wiederum feind bin. Gott hat sich Aller erbarmt, auch dieses anderen Menschen. Sein Ja gilt auch ihm. Und das wäre noch einmal und in schlimmerer Form die große Sünde, die wir nicht begehen wollen: wenn wir irgend Jemand ausnehmen möchten von diesem Ja Gottes, von seinem Erbarmen. Das geht nicht. Wir dürfen und sollen mit jedem Anderen in Gedanken, Worten und Taten leben als mit Einem, dessen Gott sich auch erbarmt hat. Es heißt ja nicht nur: Herr, erbarme dich meiner! sondern: Herr, erbarme dich unser, unser aller! So hat die christliche Kirche von Anfang an gebetet, und nur so können auch wir wahrhaft beten.

Das ist es, was in Kürze von Gottes Erbarmen zu sagen ist. Das ist die Höhe, von der wir unter allen Umständen herkommen dürfen.

Eben von dieser Höhe gilt es nun aber auch hinunterzusteigen in die Tiefe des Ersten, das wir gehört haben: um sich Aller zu erbarmen, *hat Gott Alle eingeschlossen in den Ungehorsam*.

Eingeschlossen! Über die nächste Bedeutung dieses Wortes will ich in diesem Haus, in welchem es so viele verschlossene Türen gibt, kein einziges Wort verlieren. Der Mensch kann noch ganz anders und viel schlimmer eingeschlossen sein, als ihr es hier seid. Eingeschlossen vielleicht in ein Leid, das ihn betroffen hat und das nun aus seinem Herzen und Leben nicht mehr weichen will! Eingeschlossen in einen Kummer, Zorn und Haß, den er gefaßt und vielleicht mit Recht gefaßt hat, gegen Menschen, die ihm ein Unrecht, etwas Böses oder Ungeschicktes angetan haben! Eingeschlossen in eine fatale Neigung oder Gewohnheit, die ihm vielleicht schon von Jugend an anhaftet! Eingeschlossen in die Not einer körperlichen Krank- |97| heit wie die Menschen da drüben in den Spitälern! Ein großer Teil der heutigen Menschheit ist eingeschlossen in das gegenseitige Mißtrauen, in die bittere Feindschaft zwischen West und Ost, zwischen der sogenannten «freien Welt» und der Welt des sogenannten Sozialismus. Und wir alle mögen uns wohl eingeschlossen vorkommen in die große, wirklich drohende Sorge vor einem kommenden dritten Weltkrieg und vor den Bomben, mit denen die Menschen einander dabei zu bewerfen gedenken. Schließlich noch etwas ganz Einfaches, das ich auch gleich zuerst hätte nennen können: wir alle sind eingeschlossen in die Grenzen unseres einzigen, so kurzen Lebens, in die Grenzen unserer Geburt und unseres Todes, der einmal kommen wird.

Immerhin: Alles, was ich da genannt habe, sind Türen, hinter denen wir eingeschlossen sind, aber solche, die sich auch einmal öffnen könnten und die schon jetzt ihre Spältchen haben, durch die man hinausblikken kann. Sogar über die harte Tatsache, daß wir einmal sterben müssen, kann sich der Mensch bekanntlich wenigstens in Gedanken hinwegsetzen.

Hinter einer Türe aber sind wir alle fest und endgültig und ohne von uns aus hindurchblicken zu können, eingeschlossen: Gott hat uns alle eingeschlossen in den Ungehorsam. Was heißt das? Was ist das für ein Einschließen?

Es besteht darin, daß Gott in seinem unfehlbaren Wissen weiß und in seinem irrtumslosen Wort sagt, wer und was wir alle sind – in Wahrheit und im tiefsten Sinn: Ungehorsame. Nicht nur Ungehorsame gegen Eltern und Lehrer und Vorgesetzte, wie wir es in unserer Jugend oft genug waren, oder Ungehorsame gegen die menschliche Sitte und Gesetzgebung oder auch Ungehorsame gegen unser Gewissen. Das waren und sind wir freilich auch. Aber das sind wir nicht alle gleichmäßig und auch nicht ganz und gar und auch nicht endgültig. Gott weiß |98| und sagt aber, und das ist sein «Einschließen», daß wir vor ihm und gegen ihn Ungehorsame sind. Was heißt das? Es bedeutet nicht notwendig, daß Einer ein Gottesleugner ist, der geradezu denkt und sagt: es gibt keinen Gott. Ich glaube, es gibt nur ganz wenige solche ausgesprochene Gottesleugner, und die das sind, sind vielleicht nicht einmal immer die

Schlimmsten. Gott ungehorsam sein heißt aber: daß wir ihn, ob wir an ihn glauben oder nicht glauben, einen guten Mann sein lassen, dem gegenüber wir uns in unserem Herzen, in unseren Gedanken, in unserem Leben vorbehalten, unseren eigenen Weg zu gehen. Gott ungehorsam sein, heißt in seinem innersten Herzen und dann auch mit seinem Leben sagen: es gibt keinen Gott [vgl. Ps. 14,1]. Und das ist es, was wir beständig tun. Das ist der Ungehorsam, ist der Aufruhr, die Rebellion und Revolution, mit der wir das ganz Unmögliche unternehmen – ungefähr so etwas wie offenbar die Besteigung der Eigernordwand. Wer aber Unmögliches unternimmt, der macht sich unmöglich und kann darum nur zugrunde gehen. Daß wir das tun, daß wir so dran sind, daß wir solche Eigerwandbesteiger sind, das weiß Gott von uns, und das sagt er uns auch, und das ist die Türe, die keinen Spalt hat und an der man vergeblich rüttelt. Dagegen, daß wir solche Ungehorsame sind, gibt es keinen Widerspruch. Das ist so wahr, wie es wahr ist, daß Gott Gott ist und daß wir wir sind.

Und nun liegt wieder aller Nachdruck darauf, daß es Alle sind, die Gott eingeschlossen hat in den Ungehorsam. Alle, auch mich, der euch hier die Sonntagspredigt hält? Ja, auch mich. Auch die Braven oder doch Bräveren unter euch? Ja, auch sie. Auch die Brävsten, die es in der Welt schon gegeben hat und noch geben mag? Ja, sie auch! Gott weiß es, und Gott sagt es: Alle, Jeden in seiner Weise, aber Jeden.

Wir müssen wieder einen Augenblick innehalten. Weil auch |99| das uns alle angeht, darum soll sich jetzt Keiner von uns heimlich davor behüten und Keiner an Andere denken wollen, die das mehr angehen möchte als ihn, Keiner sich selbst für eine Ausnahme oder wenigstens für eine halbe oder Viertels-Ausnahme halten. Meine Brüder und Schwestern, es hängt Alles daran, daß man gerade hier nicht an ein Entschlüpfen denkt. Nicht nur darum, weil man hier nicht entschlüpfen kann, sondern weil es uns nicht gut wäre, wenn wir hier entschlüpfen würden. Unser Friede und unsere Freude, die ganze Aussicht auf unser zeitliches und ewiges Heil steht und fällt damit, daß wir das nicht ableugnen, sondern bekennen, daß wir dagegen nicht aufmucken, sondern gerade das wahr sein lassen: Gott hat auch mich und dich eingeschlossen in den Ungehorsam.

Er tut das nicht, um uns zu erniedrigen, klein zu machen und bloßzustellen. Nochmals: Gott ist nicht gegen, sondern für uns. Der Heiland ist, wie ein großer Gottesmann mit Recht gesagt hat, kein Kaputtmacher.[2] Es sind, wenn ich es so ausdrücken darf, schon die Arme seiner ewigen Liebe, die er gegen uns ausbreitet, indem er uns einschließt in den Ungehorsam. Gerade das tut er ja, um sich Aller zu erbarmen. Denn indem er uns alle einschließt in den Ungehorsam, hält er uns alle beieinander wie ein Hirte seine Herde, hält er uns in Ordnung, am Zügel und bei der Stange, stellt er uns genau an den Ort, wo sein Erbarmen am Werk und offenbar ist, versammelt er uns zu seiner Gemeinde, versetzt er uns in die Gemeinschaft mit unserem Herrn Jesus Christus.

Denn damit hat er ja Jesus Christus zu unserem Heiland gemacht, daß er ihn, seinen eigenen, seinen lieben und gehorsamen Sohn als einen Ungehorsamen an unsere Stelle treten und an unserer Stelle sterben ließ. Er hat ihn, wie wieder Paulus in einem anderen, ebenfalls nicht leicht verständlichen Wort |100| gesagt hat: für uns zur Sünde gemacht [2. Kor. 5,21]. Und darin war ihm Jesus Christus gehorsam, daß er sich gerade dagegen nicht auflehnte, sondern Solches sich gefallen ließ. Daraus folgt aber: Um zu ihm zu gehören, um des ewigen Erbarmens, das Gott uns in ihm erwiesen hat, um unserer Errettung durch ihn teilhaftig zu sein und sich freuen zu dürfen, um in der Kraft dieses Erbarmens, dieser Errettung leben zu dürfen, bleibt uns nichts übrig, als uns das auch widerfahren zu lassen: von Gott eingeschlossen zu sein in den Ungehorsam.

Von daher zum Schluß einige Fragen und gleich auch Antworten:

Du möchtest Mut, neuen Lebensmut fassen? Ja, das darfst du und das sollst du auch. Der reelle Lebensmut ist aber der Mut der Demut solcher Menschen, welche, eingeschlossen in den Ungehorsam, des göttli-

[2] Diesen Ausspruch von J. Chr. Blumhardt (1805–1880) zitiert Fr. Zündel, *Pfarrer Joh. Christoph Blumhardt. Ein Lebensbild*, Zürich/Heilbronn 1880, S. 238, in folgender Form: «Glaubt doch nicht, daß der Heiland als der große Kaputmacher kommen will!» – Vgl. auch J. Chr. Blumhardt, *Blätter aus Bad Boll für seine Freunde*, 1. Jg., Stuttgart 1873, S. 200: «Dazu mag ich die gläubige Welt ansehen, wie ich will, so lassen sie, weil die bösen Menschen doch nicht glauben wollen, den Heiland lieber einen Kaputmacher sein, der eben jetzt Alles mit Gerichten in den Abgrund schmettere, denn einen Seligmacher, den's nach dem Herzen treibe, etwa wieder neue Hebel vermittelst des nun eben doch sonst verheißenen Geistes zur Rettung Vieler anzusetzen. Solche Alle thun freilich nichts für eine Wiederkehr des heiligen Geistes.»

chen Erbarmens teilhaftig und dessen gewahr geworden sind. Solche Menschen werden und sind mutige Menschen.

Du möchtest recht haben? Ja, wir möchten alle recht haben, und du sollst auch recht bekommen: von Gott und vor Gott recht bekommen, auch wenn du vor den Menschen unrecht hast, auch wenn dein eigenes Gewissen dir unrecht gibt. Du wirst aber merken, daß du von Gott recht bekommst und hast – in dem Augenblick, wo du es zugibst (aber ohne Vorbehalt und aufrichtig zugibst!), daß du vor ihm, gerade vor Gott, im Unrecht bist.

Du möchtest in die Höhe, so richtig wieder in die Höhe kommen? Ja, du darfst und du sollst es. Nur muß ich eine Gegenfrage stellen: Bist du schon einmal so recht in der Tiefe gewesen, nicht nur in der Tiefe irgend eines äußeren oder inneren Elends, sondern in der Tiefe, wo der Mensch einsehen muß, daß er sich selbst nicht mehr helfen, daß auch kein anderer |101| Mensch ihm helfen kann – in der Tiefe, wo es außer Gottes Erbarmen keine, gar keine Hilfe gibt? In dieser Tiefe bist du von Gottes Erbarmen schon erreicht, schon gefunden, und daß Gottes Erbarmen dich in die höchste Höhe tragen wird, das wirst du dann auch sehen und erfahren dürfen.

Endlich: Du möchtest Freude haben. Ja, das möchten wir alle, das dürfen und sollen wir auch. Die rechte, die dauerhafte, die wirkliche Freude fängt aber ganz still, unscheinbar und verborgen damit an, daß du nicht mehr, nichts Anderes sein willst als Einer von den Allen, die Gott eingeschlossen hat in den Ungehorsam, um sich ihrer aller zu erbarmen. Sie fängt also damit an, daß wir uns beides, Gottes Erbarmen und Gottes Einschließen, ohne Widerspruch und ohne Widerstand gefallen lassen. Amen.

Gott, Vater, Sohn und Heiliger Geist! Nun laß uns nicht auseinandergehen, ohne daß dein gütiges und strenges Wort uns begleite: einen Jeden an seinen Ort – hinein in seine besonderen Erfahrungen, Anliegen, Sorgen und Erwartungen – hinein in diesen ganzen Sonntag und in die vor uns liegende Woche! Sei und bleibe du gegenwärtig und wirksam in diesem Hause, bei Allen, die hier wohnen! Wehre du allen bösen Geistern, die uns oft zu stark sind! Erhalte du uns das Licht, das uns so oft wieder verlöschen will!

Wir bitten dich um dasselbe für Alle, die sich an diesem Tag hier und anderwärts in deinem Namen versammeln, und für die Welt, die ein mutiges, klares und fröhliches christliches Zeugnis so nötig hat. Deiner Treue befehlen wir besonders auch unsere Angehörigen an. Wir bitten dich um Weisheit für die |102| Mächtigen dieser Erde, die da in deinem Auftrag für Recht und Frieden sorgen sollten – um Nüchternheit für die, die Tag für Tag unsere Zeitungen schreiben – um Liebe und Beständigkeit für alle Eltern und Lehrer – um heitere Verträglichkeit in allen Familien und Häusern – um offene brüderliche Herzen und Hände für die Armen und Verlassenen – um Erleichterung und Geduld für die Kranken – um die Hoffnung des ewigen Lebens für die Sterbenden.

Und wir danken dir, daß wir das alles vor dir ausbreiten dürfen: vor dir, der du ja viel besser weißt als wir, was wir brauchen und was deiner schwachen Kirche und der armen verwirrten Welt zum Besten dient – vor dir, der du helfen kannst und willst, weit hinaus über unser Bitten und Verstehen.

Wir sind in deiner Hand. Wir beugen uns unter dein Gericht, und wir rühmen deine Gnade. Amen.

Lieder:
Nr. 55: «Womit soll ich dich wohl loben» von L. A. Gotter, Strophen 1–4
Nr. 264: «Mir ist Erbarmung widerfahren» von Ph. Fr. Hiller, Strophen 1–4 (= EKG 277, Str. 1, 2, 4, 5)
Nr. 217: «Die Gnade unsres Herrn Jesus Christus» (2. Kor. 13,13)

GOTTES GUTE KREATUR

1. Timotheus 4,4–5

6. Oktober 1957, Bruderholzkapelle Basel[1]

(Abendgottesdienst)

Lieber Vater im Himmel! Wir danken dir, daß du uns erlaubt und geboten hast, uns in dieser Stunde zu versammeln, um dich anzubeten, dein Wort zu verkündigen, zu hören und zu Herzen zu nehmen.

Aber wir sind nicht die Leute, das so zu tun, daß es dir gefallen kann und für uns selbst heilsam ist. So bitten wir dich herzlich und demütig: Sei du unter uns und nimm deine Sache auch hier in deine

[1] Vgl. S. 55 Anm. 1.

eigene Hand! Reinige du unser Reden und Hören. Öffne und erleuchte du unsere Herzen und unseren Verstand! Erwecke und kräftige du unseren Willen, dich zu erkennen, und unsere Bereitschaft, dir recht zu geben! Laß du uns Atem schöpfen in der frischen Luft deines Geistes, damit wir morgen in neuer Bescheidenheit, Liebe und Freude an unsere Arbeit zurückkehren dürfen!

Deiner Gegenwart und Leitung empfehlen wir aber mit uns selbst auch alle die anderen Menschen in unserer Umgebung, in dieser Stadt, in unserem Lande, überall. Du hast Mittel und Wege, mit ihnen allen zu reden, sie alle zu trösten und zu mahnen. Laß sie und uns nicht allein, damit es heiter werde, wo es jetzt dunkel ist – daß Friede werde, wo jetzt gestritten wird – Mut und Zuversicht erwachse, wo jetzt Sorge und Angst herrschen! Erhöre uns – nicht weil wir es verdient hätten, aber um Jesu Christi willen, in welchem du uns in deiner unbegreiflichen Gnade von Ewigkeit her gewürdigt hast, deine Kinder zu sein! Amen. |104|

Alle Kreatur Gottes ist gut, und nichts ist verwerflich, was mit Danksagung empfangen wird; denn es wird durch das Wort Gottes und durch das Gebet geheiligt.

Liebe Gemeinde!

Alle Kreatur Gottes – das will sagen: Alles, was Gott geschaffen hat – ist gut. So steht es da. Es heißt nicht einfach: Alles ist gut. Es ist wirklich gar nicht Alles gut. Was von uns Menschen geschaffen wurde und geschaffen wird, ist immer auch mehr oder weniger verderbt durch unsere Lüge und Faulheit, unseren Hochmut und unsere Bosheit. Was daran gut ist, kommt davon her, daß in ihm etwas mitläuft von der guten Kreatur Gottes: von dem, was Gott gut geschaffen hat – oder eben von daher, daß wir von Gottes Vergebung leben dürfen und daß in dem, was wir tun, immer auch etwas von Gottes erlösender Gnade wirksam sein oder sich doch darin ankündigen mag.

Was aber von Gott geschaffen ist, das ist ganz und vorbehaltlos gut: alle Kreatur Gottes! Wenn ihr vielleicht zu Hause unseren Text noch einmal nachlesen wollt, so werdet ihr finden, daß dort zunächst von der Beziehung von Mann und Frau und vom Essen und Trinken die Rede ist – und also von zwei Bereichen, auf denen menschliche Verderbnis gewiß genug Raum und Wesen zu haben pflegt. Trotzdem gelte es auch von diesen Bereichen, daß, was Gott geschaffen hat, gut ist. Aber nun wird das ja eben von aller Kreatur Gottes gesagt: also auch von der ganzen Natur mit allen ihren Kräften, auch von denen, die uns dunkel und unheimlich sein mögen wie etwa die Atomkraft. Und weiter: vom ganzen Menschen, wie er ist, nicht etwa nur von seiner Seele, sondern auch von seinem Leib und allen seinen Organen, von allen menschlichen Gaben und Möglichkeiten, |105| auch von denen, in denen er sich selber immer wieder ein Geheimnis sein mag. Und weiter: von der ganzen Menschheit aller Zeiten und an allen Orten: auch an denen, die wir für lauter Finsternis halten möchten. Ja: vom ganzen Menschenleben mit Einschluß dessen, daß es so flüchtig ist, so rasch vorübergeht und daß wir alle einmal sterben müssen! Alle Kreatur Gottes ist gut. Da mögen nun gewiß allerhand Fragen und Bedenken sich melden. Aber stellen wir sie fürs erste zurück, um uns das einfach sagen zu lassen, daß Alles, was Gott geschaffen hat, gut ist. So steht es ja schon am Ende der Schöpfungsgeschichte zu lesen: Gott sah an Alles, was er gemacht hatte, und siehe, es war gut – sehr gut sogar [Gen. 1,31]!

Gut: das Wort, das im griechischen Text an dieser Stelle steht, bedeutet eigentlich «schön». Wie merkwürdig, daß das wirklich so in der Bibel steht: Was Gott geschaffen hat, ist «schön»! Gemeint ist nun freilich: es ist gut, recht, in Ordnung und also heilsam. Warum schön? Darauf ist zunächst sicher sehr einfach zu antworten: eben darum, weil Gott es geschaffen – was den Menschen angeht, sogar zu seinem Ebenbild geschaffen [vgl. Gen. 1,27], weil er alle Kreatur dazu bestimmt hat, ihm Ehre zu machen. Aber im Neuen Testament hören wir nun doch noch etwas in dieser Hinsicht Genaueres. Ganz am Anfang des Johannesevangeliums liest man nämlich in Übereinstimmung mit anderen ähnlichen Stellen: daß alle Dinge durch Ihn, d. h. aber durch das Wort Gottes, welches Jesus Christus heißt, geworden und daß ohne Ihn, ohne Jesus Christus, nichts geworden sei von Allem, was geworden ist [Joh. 1,3]. Von da aus werden wir doch wohl sagen müssen: daß Gottes Kreatur darum gut ist, weil Er, weil Jesus Christus der Grund und die Absicht der Schöpfung Gottes und alles von ihm Geschaffenen ist – weil wir es in der ganzen Kreatur Gottes mit Jesus Christus als ihrem innersten Geheimnis zu tun haben. Wie sollte sie da nicht schön und gut zu nennen sein? |106|

Das Wörtlein «gut» bekommt von daher einen ganz besonderen Klang und Sinn. Alle Kreatur Gottes – so werden wir jetzt fortfahren müssen – ist darum gut, weil sie – denn das ist doch Jesus Christus! – Gottes Gnade, seinen freien Willen, seine königliche Macht, uns zu helfen und uns zu erretten, uns zu sich zu ziehen, in sich enthält und anzeigt, weil seine Liebe und so seine Ehre das Geheimnis alles von ihm Geschaffenen ist. Weil Gott Alles, was ist, dazu bestimmt hat, ihm und uns, seiner Liebe und unserem Heil zu dienen! Weil Alles, was durch ihn geworden ist, einem großen Haus zu vergleichen ist, das er dazu gebaut und eingerichtet hat, um uns als seine lieben Kinder darin willkommen zu heißen und uns in ihm Wohnung zu geben!

In dem, was Gott geschaffen hat, ist also nichts Verwerfliches: nichts Wüstes, nichts Böses, nichts Gefährliches, das wir als solches scheuen, fürchten, meiden, fliehen müßten. Wie sollte Gott verwerfen, was er selbst geschaffen hat? Wie sollte er verwerfen, was er in der Absicht auf Jesus Christus gewollt und geschaffen, und wie sollte er uns gebieten, das zu scheuen und zu meiden?

Es gibt wohl Verwerfliches, weil Wüstes, Böses, Gefährliches. Unser Leben und die Welt ist voll davon. Aber was verwerflich ist, das ist bestimmt nicht von Gott geschaffen. Man kann das geradezu das Wesen des Verwerflichen, des Wüsten und Bösen nennen: daß es von Gott nicht gewollt, nicht geschaffen ist. Und als solches ist es daran erkennbar, daß es mit Jesus Christus, mit seiner Gnade nichts zu tun hat, daß es weder Gott noch uns dient, daß es dem Bau und Sinn jenes Vaterhauses fremd ist. Es kann eben nur aus unserem verkehrten Herzen und Verstand hervorgehen, nur vom Teufel stammen, der kein zweiter Schöpfer ist. Und indem es von Gott nur eben verworfen und verneint, nur eben zu seiner Linken gestellt ist, |107| ist es allerdings das, was wir auch unsererseits nur verwerfen, meiden, fürchten, fliehen können und was zu meiden und zu fliehen uns allerdings geboten ist. Aber daß es solch Verwerfliches – viel, viel Verwerfliches! – gibt, das ändert nichts daran, daß alle Kreatur Gottes gut ist. Daran können wir, daran kann auch der Teufel nichts ändern.

Daß wir es in unserem Leben und in der Welt mit Gottes guter Schöpfung zu tun haben, das ist aber daran immer und überall zu erkennen, daß wir, was sich uns darbietet, was wir erfahren, mit Danksagung empfangen können, in Dankbarkeit damit umgehen dürfen und dann sicher auch umgehen müssen.

Was heißt «Danksagung»? Das Wort, das hier in der Bibel steht, lautet im Grundtext: Eucharistie. Und dieses Wort hat einen doppelten Sinn, der gerade für die Frage, vor der wir jetzt stehen, überaus wichtig ist.

Danksagung, Eucharistie bezeichnet einerseits die Haltung und Handlungsweise eines Menschen, dem Gottes Gnade begegnet und der sie als solche erkennt und also empfängt, wie man eben Gnade empfangen darf und muß: nicht als etwas, was man gesucht und dann schließlich gefunden, begehrt und schließlich gewonnen oder gar sich erobert und dann als Eroberung angeeignet, sondern was man einfach unverhofft und unverdient geschenkt, obendrein bekommen hat. Wenn einer Dank sagt, so heißt das, daß sein Denken und Reden, Tun und Lassen durch das von ihm Empfangene als ihm zuteil gewordene Gnade bestimmt ist, ihr entspricht, auf sie antwortet, diese Gnade gewissermaßen[2] abbildet. Für das Verwerfliche kann der Mensch nicht danken, so gewiß es eben mit Gnade nichts zu tun hat. Nach dem Verwerflichen greift er vielmehr wie ein Räuber nach seiner Beute, wie ein Raubtier nach seinem Fraß. Umgekehrt: Was er als Gottes Gnade erken-|108|nen und annehmen und also mit Danksagung empfangen darf, das ist Gottes gute Kreatur und also nicht verwerflich.

Aber nun bedeutet Danksagung, Eucharistie noch etwas Anderes. Mit diesem Wort ist nämlich in den Anfängen der Christenheit sehr schlicht das Abendmahl bezeichnet worden: also die Tischgemeinschaft, in welcher leiblich und natürlich Brot gegessen und Wein getrunken, von der Kreatur Gottes, von Brot und Wein Gebrauch gemacht wird – so aber, daß der gekreuzigte und auferstandene Jesus Christus der Gastgeber, und nicht nur der Gastgeber, sondern auch selber die Gabe ist, seinen Gästen sich selber, sein Leben hingibt als Speise und Trank, zur Nahrung, von der sie leben dürfen. Was gäbe es da zu fürchten und zu meiden? Aber eben so, wie man das Abendmahl empfangen darf, kann man das Verwerfliche, das wir ja nur eben fürchten und meiden können, nicht empfangen. Jesus Christus ist es ja gewiß nicht, der uns dabei Speise und Trank gibt und selber ist. Seine Gäste

[2] Original: «... auf sie antwortet, das diese Gnade gewissermaßen ...»; «das» vom Hrsg. gestrichen.

sind wir dabei[3] nicht. Umgekehrt: was wir empfangen dürfen in der Art und Weise des Abendmahls, als seine Gäste, das ist Gottes gute Kreatur, an dem ist nichts Verwerfliches, an dem ist dann auch nichts zu meiden, weil nichts zu fürchten.

Ich fasse zusammen: Wo wir in unserem Leben und in der Welt, in unseren Gedanken, Wünschen und Hoffnungen, in unserem Verkehr mit den Menschen, in unserer Freude oder auch in unserem Leid mit Danksagung dabei sein dürfen – so wie man eben Gnade, so wie man das Abendmahl empfängt –, da ist Alles in Ordnung, da haben wir es mit Gottes guter Schöpfung zu tun, da haben wir offene Bahn, da brauchen wir uns nicht zu scheuen, da dürfen wir leben in der Freiheit der Kinder Gottes [vgl. Röm. 8,21], die dann bestimmt auch der rechte Gehorsam sein wird. Der Gehorsam der Kinder Gottes geschieht eben in dieser ihrer Freiheit. |109|

Ich komme zum Letzten und doch wohl Wichtigsten. Das ist das Merkwürdige unseres menschlichen Lebens und der Welt, die uns umgibt, daß wir immer wieder in einen seltsamen Widerspruch verwickelt sind. Da ist es ja einerseits so, daß wir es beständig und in Allem eben mit Gottes guter Kreatur, mit seiner schönen Schöpfung zu tun haben, in der es nichts Verwerfliches gibt, in der wir uns einfach freuen dürfen, weil Alles recht ist, in der wir einfach freie und gerade so gehorsame Menschen, Gottes Menschenkinder sein dürfen. Da begegnet und erfüllt uns aber auf der anderen Seite immer auch das Verwerfliche, das Gott nicht gewollt und nicht geschaffen hat, was nur eben Finsternis ist. Eben das ist immer auch da und entfaltet sich gewaltig: immer wieder aufsteigend aus unserem verkehrten Herzen und Verstand, immer wieder als teuflische Bedrohung.

Daß wir Gottes gute Kreatur in diesem Widerspruch mit Danksagung empfangen, daß unser Leben in der Welt recht und in Ordnung ist, das versteht sich also wirklich nicht von selbst. Es möchte uns das vielmehr wie eine wunderbare, fast unmögliche Ausnahme vorkommen, daß wir Gottes gute Kreatur als solche erkennen und mit Danksagung (als Gnade und eben: wie beim Abendmahl) empfangen und also im Umgang mit ihr freie, gehorsame Menschen werden und sein dürfen. Nein, das versteht sich gar nicht von selbst!

[3] Original, wohl irrtümlich: «daher». Änderung vom Hrsg.

Eben zu diesem Wunderbaren kommt es aber, indem unser menschliches Sein, indem wir selbst «geheiligt werden durch das Wort Gottes und durch das Gebet». Was heißt das? Das heißt: daß wir teilnehmen an der großen Geschichte, in der das ganz Einfache, aber auch ganz Unermeßliche geschieht, daß Gott mit dem Menschen redet und der Mensch seinerseits mit Gott reden darf und will. Indem diese Geschichte – das Wort Gottes und das Gebet – geschieht, und zwar in unser |110| Leben hinein geschieht, indem diese Geschichte zwischen Gott und Mensch der rote Faden unserer eigenen Lebensgeschichte wird, vollzieht sich unsere Heiligung, geschieht es, daß jener Widerspruch in unserem Leben sich aufzulösen beginnt, daß wir allmählich, aber sicher frei werden von dem Übergewicht des Verwerflichen und geöffnet für die Güte der uns umgebenden Kreatur Gottes, um eben damit zu erwachen zur Danksagung, freie und gehorsame Empfänger der Gnade und des Abendmahls zu werden.

Diese große Geschichte zwischen Gott und Mensch, in der wir, indem sie in unser Leben hinein geschieht, geheiligt werden durch Gottes Wort und durch das Gebet, ist aber keine andere als die Geschichte unseres Herrn und Heilandes Jesus Christus. Er war und ist ja der wahre, mit dem Menschen redende Gott und der wahre, mit Gott redende Mensch. In ihm redet Gott auch mit uns, mit dir und mit mir, und wieder in ihm dürfen auch wir, darfst du und darf ich mit Gott reden. Wenn das, was dort, in Jesus Christus, geschieht – dieses Reden Gottes mit dem Menschen und dieses Reden des Menschen mit Gott –, auch hier, unter uns, bei und in uns sich ereignet, dann ist das unsere Heiligung. Und alles Andere, was man hier noch nennen könnte: der Glaube, die Liebe, die Hoffnung, das ganze Leben in der Macht und unter der Führung des Heiligen Geistes, sind nur andere Worte für das Geschehen der großen Christusgeschichte hinein in unser Leben und seine Geschichte. Daß wir durch sie geheiligt werden und so «durch das Wort Gottes und durch das Gebet», das ist dann unbedingt und gewiß die nicht versiegende Quelle unserer Freiheit und unseres Gehorsams, der Danksagung, in und mit der wir es bestimmt mit Gottes guter Kreatur zu tun bekommen und haben.

Gott gebe uns allen, einem Jeden in seiner Weise – wir alle haben es immer wieder nötig – ein neues Aufbrechen dieser |111| Quelle der Danksagung in unserem Leben und eine neue Bereitschaft und Freudigkeit, in echtem Durst aus dieser Quelle zu trinken! Er gebe uns, daß wir es hören – jeden Tag, jeden Morgen und Abend immer wieder neu hören dürfen: Ihr seid Christen! Um dann auch das Andere hören zu dürfen: weil ihr Christen seid, weil ihr ihm gehört, darum ist Alles euer [vgl. 1. Kor. 3,21–23], die ganze gute Kreatur Gottes – Alles, was Gott recht und schön geschaffen hat! Amen.

Herr, du hast uns unser Leben und Alles, was wir sind, haben und vermögen, in deiner großen Barmherzigkeit gegeben und bis auf diesen Tag erhalten. Vergib uns alle Willkür, alle Nachlässigkeit, allen Mißbrauch, dessen wir uns von jeher, auch in der vergangenen Woche und wohl auch an diesem Sonntag, schuldig gemacht haben! Laß uns auch heute und morgen nicht fallen! Befreie uns von allem Krampf und Schlendrian und von der Tyrannei der Gewohnheit, der Mode und der öffentlichen Meinung! Laß uns dein Wort fernerhin hören und gib uns fernerhin den Mut und die Freiheit, zu dir zu beten. Und so bekehre uns immer wieder zur Danksagung des Herzens und der Tat, damit wir nicht verloren gehen, sondern das ewige Leben haben!

Tu aber dieses Werk deines guten, heiligen Geistes auch in den nahen und fernen Bezirken der ganzen Menschenwelt: unter Kleinen und Großen – an denen mit den weiteren und an denen mit engeren Verantwortlichkeiten und Aufgaben – an Arbeitgebern und Arbeitnehmern – an Gesunden und Kranken – an den Vermöglichen und an den Bedürftigen – an denen, die zu beschließen und zu befehlen, und an denen, die zu gehorchen haben – an unseren Behörden und Richtern |112| und an den Übertretern und Verurteilten – an den Pfarrern und Missionaren und an den Christen und Nicht-Christen, denen wir dienen dürfen und möchten!

Herr, erbarme dich unser, deines Volkes, deiner Schöpfung! Wir preisen und rühmen dich, da wir wissen dürfen, daß dein Erbarmen kein Ende und deine Macht keine Grenzen hat. Und so rufen wir dich jetzt noch einmal an, wie dein Sohn es uns geheißen hat: Unser Vater ... Amen.

Lieder:
Nr. 27: «Nun jauchzt dem Herren, alle Welt» (nach Ps. 100) von D. Denicke, Strophen 1–6

Nr. 47: «Du meine Seele, singe» von P. Gerhardt, Strophen 1–5 (= EKG 197, Str. 1–4, 8)
Nr. 44: «Nun danket alle Gott» von M. Rinckart, Strophe 3

DER GROSSE DISPENS

Philipper 4,5–6

20. Dezember 1957, Peterskirche Basel

Akademischer Weihnachtsgottesdienst

Herr unser Gott! Du hast dich erniedrigt, um uns zu erhöhen. Du wurdest arm, damit wir reich würden. Du kamst zu uns, damit wir zu dir kämen. Du wurdest ein Mensch wie wir, um uns aufzunehmen in die Teilnahme an deinem ewigen Leben. Das alles aus deiner freien, unverdienten Gnade. Das alles in deinem lieben Sohn, unserem Herrn und Heiland Jesus Christus.

Wir sind hier versammelt, um angesichts dieses Geheimnisses und Wunders dich anzubeten, dich zu loben, dein Wort zu verkündigen und zu vernehmen. Wir wissen aber, daß wir zu solchem Tun keine Macht haben, es sei denn, daß du selbst uns frei machst, unsere Herzen und Gedanken zu dir zu erheben. So bitten wir dich: Tritt du jetzt in unsere Mitte! Zeige und öffne uns durch deinen Heiligen Geist den Weg zu dir, damit wir dein Licht, das in die Welt gekommen ist, mit eigenen Augen sehen, um dann auch in der Tat unseres Lebens deine Zeugen zu werden!

Unser Vater ... |114|

Der Herr ist nahe. Sorget euch um nichts, sondern in allen Dingen lasset eure Bitten in Gebet und Flehen mit Danksagung vor Gott kund werden.

Liebe Kommilitonen, liebe Kollegen, liebe Gemeinde!

Mir hat ein guter Freund in Holland[1] vor einer Woche geschrieben, er wünsche mir in der Weihnachtszeit möglichst viel Feier und möglichst wenig Feierlichkeit. Das hat mir gut gefallen – ich möchte aber jetzt keine Minute verlieren, irgend ein böses oder auch nur kritisches

[1] Prof. Dr. K. H. Miskotte, Leiden.

Wort zu sagen zu all den kirchlichen und weltlichen, öffentlichen und familiären Weihnachtsfeierlichkeiten, an die wir denken könnten. Was an ihnen fragwürdig ist, das ist uns allen gut genug bekannt. Eines aber ist sicher: Weihnacht ist eine Sache des Feierns und nicht der Feierlichkeit.

Feiern! Wenn wir das Wort in seiner ursprünglichen Bedeutung nehmen, wie sie noch in dem schönen Wort «Feierabend» anklingt, meint es: Urlaub, Ferien, aufhören dürfen mit allem Betrieb und allem Getriebe, mit allem Geläufe, Getue und Krampf, zur Ruhe kommen dürfen. In diesem Sinn sollen, dürfen, wollen wir Weihnacht feiern. Wobei wir uns gleich merken wollen: Feiern der *Weihnacht* kann kein bloß vorübergehendes Geschehen sein, sondern nur ein solches, das hineingeht in unsere Herzen, in uns selbst, in unser Leben, um von uns Besitz zu ergreifen, um zu bleiben, das kein Aufhören kennt, das ein Aufatmen bedeutet, das nicht abgelöst wird von einem Keuchen, eine Befreiung vom Getriebe, die durchhält.

Dieses «Feiern» meint dasselbe, was wir vorhin von Paulus hörten: daß wir uns *um nichts sorgen* sollen! Liebe Freunde, das ist die Ankündigung des großen Weihnachtsurlaubs, der dauernden und gänzlichen Weihnachtsferien. Wir *sollen* uns um |115| nichts sorgen? Ach, das Wort «sollen» ist nicht gut: nein, wir *dürfen* es uns leisten, uns nicht zu sorgen, um nichts zu sorgen. Wir dürfen diesen Dispens annehmen und von diesem Dispens Gebrauch machen. Das heißt: *Weihnacht* feiern: Sorget euch um nichts!

Sorgen: das heißt sich selber so ernst nehmen, daß man meint, die großen, ernsten Fragen des Lebens *selber* beantworten und lösen zu können – die große Schwere des Lebens und alle die kleinen Lasten wie Atlas auf uns nehmen und *selber* manipulieren, meistern, wegschaffen zu müssen und zu sollen. Wir merken schon: Sorgen hat viel mit Feierlichkeit zu tun. Wenn man sich sorgt, dann wird man feierlich, und wo es feierlich zugeht, da ist gewöhnlich ein Sorgen im Hintergrund.

Lasten und Fragen unseres Lebens, ja, die gibt es. Wir würden alle so gern *glücklich sein*, wahrscheinlich darum, weil wir alle irgendwie unglücklich sind. Das *ist* eine Frage unseres Lebens! Eine andere ist die: Was ist meine und was ist deine *Lebensaufgabe*? Werden wir ihr gerecht? Oder: Was mache ich für eine Figur in meiner Umgebung, komme ich auch zur *Geltung*, empfange ich von meinen Mitmenschen, was mir gebührt? Oder: Wie mache ich es nur mit dem oder jenem *Mitmenschen*, wie kann ich ihn aushalten, und wie kann ich ihm etwa auch helfen? Oder: Was ist es überhaupt mit dem *Menschsein?* Kann man es ertragen, hat es einen Sinn, ein Mensch zu sein? Eine sehr ernste Frage, und wem sie noch nie zur Frage wurde, der gehe zu Sartre oder Camus und lerne dort diese Frage ernst zu nehmen! Und endlich: Wie steht es mit des Menschen ewigem *Heil* oder auch *Unheil?*

Und nun hören wir zu allen diesen Fragen, bis und mit der letzten: Sorget euch um nichts! Das ist der *große Dispens*. Das besagt *nicht*, daß diese Fragen nicht schwere und echte Fragen wären. Es besagt aber: Du bist *entlassen* aus dem Zwang, |116| in allen diesen Fragen von dir aus antworten und disponieren zu wollen. Es ist *gar nicht deine Sache*, dir selber das Glück zu verschaffen, und es ist gar nicht deine Sache, dir selber eine Lebensaufgabe zu stellen, und noch weniger, zu entscheiden, ob du ihr gerecht werdest oder nicht! Laß das! Und höre auch auf, dir Gedanken zu machen über die Grenzen deiner Arbeit und über ihre Güte! Weiter: mit deinem Mitmenschen sollst du gar nicht «fertig» werden, weder mit dem, was an ihm auszusetzen, noch mit dem, was für ihn zu sagen ist! Und endlich: ob das Menschsein einen Sinn hat, das auszumachen ist nicht *deine* Sache, und dein ewiges Heil und Unheil zu erlangen, steht erst recht nicht in deinen Händen!

Sorget euch um nichts! Das heißt: Feierabend haben, aufhören und aufatmen dürfen, endlich zur Ruhe kommen, endlich und endgültig Ferien haben!

Du fragst vielleicht: Was hat das alles mit der *Weihnacht* zu tun? Mit der *Feier der Weihnacht?* Liebe Freunde, sehr viel, geradezu Alles! Denn wenn dieses Feiern wirklich dieses «um nichts Sorgen» ist, wenn es also echtes, wirkliches Feiern ist, dann ist es genau *das* Feiern, das uns durch die Botschaft des Wortes *erlaubt und geboten* ist. Wäre es nicht das Feiern der *Weihnacht*, dann könnte es eine ganz üble Sache sein: Sache einer törichten und böswilligen Blindheit für den Ernst und für die Schwere des Lebens, Sache eines willkürlichen und sträflichen Leichtsinns, existentialistischer Schabernack oder auch Sache einer müden, unverantwortlichen Skepsis. Gott behüte uns vor solchem «Feiern», das nur eine andere Form eigenmächtigen Sorgens ist! Wir sind auch davon dispensiert!

Die Einladung zum *rechten Feiern*, das mit Sorgen nichts zu tun hat, kommt damit und davon, daß der *Herr nahe ist*. Der Herr, dessen Geburt die Engel den Hirten von Bethlehem an- |117| zeigten: «welcher ist Christus der Herr, in der Stadt Davids» [Lk. 2,11]! Der Herr, dessen Stern nicht nur tausendmal, sondern unendlich wichtiger ist als der geglückte russische und als der verunglückte amerikanische Sputnik[2] – der Herr des Himmels und der Erde, der ewige Gott, dem es nicht zu viel und nicht zu gering war, der Unsrige zu werden, damit wir die Seinigen würden. Der Herr, der in seinem Leben und Sterben als Mensch wie wir die Welt geliebt und mit sich selbst versöhnt hat [vgl. Joh. 3,16; 2. Kor. 5,19]. Der Herr, der alle unsere Fragen und alle unsere Lasten auf sich genommen, weggetragen hat, damit wir durch und mit und in ihm leben dürfen. Ehre sei Gott in der Höhe und Friede auf Erden unter den Menschen, denen Gott sein unendliches freies Wohlgefallen zugewendet hat [vgl. Lk. 2,14]!

Dieser Herr ist nahe. Nicht irgend eine der Tröstungen der Religionen ist uns nahe, sie sind wahrlich noch einmal ein Zeichen davon, daß der Mensch sich nicht selber trösten kann. Und auch nicht die Kirche mit ihrer alten oder neuen Lehre und Theologie oder auch mit ihren Ordnungen und Einrichtungen, mit ihren Traditionen ist uns als solche nahe. Sie hat nicht als Zeuge von sich selber, sondern nur als Zeuge von dem *Herrn* Wert: von dem Herrn, der nicht tot, sondern lebendig ist, der nicht gegangen oder vergangen ist, sondern der *kommt*, und zwar *jetzt* kommt, und nicht nur zu Anderen, sondern zu *dir* und *mir*: «Siehe, Ich stehe vor der Tür und klopfe an!» [Apk. 3,20].

Daß *dieser Herr* nahe ist, das ist das Geheimnis des großen Dispenses. Wie der Frühlingssturm Eis und Schnee auftaut oder wie das Feuer den Holzstoß in Flammen setzt, so macht das allen unseren Sorgen ein Ende, so fegt es sie alle fort. Wir brauchen nicht zu sorgen, weil für uns gesorgt ist, weil wir rechtmäßig davon befreit sind, weil es Unrecht wäre, wenn wir dennoch sorgen wollten. |118|

Ihr fragt mich: Aber *was bleibt uns*, wenn wir uns nicht sorgen? Da regt sich eine andersartige Sorge, nämlich ein stolzer, trotziger *Wider-*

[2] Erster erfolgreicher Abschuß eines sowjetischen Erdsatelliten («Sputnik») am 4. 10. 1957. Ihm folgte am 3. 11. ein zweiter («Sputnik II»). Am 6. 12. 1957 scheiterte der erste amerikanische Versuch, einen Erdsatelliten abzuschießen, weil die Trägerrakete beim Start explodierte.

stand, still und doch sehr heftig, als wäre das Beste und Heiligste im Menschen verletzt. Wir sind merkwürdige Gesellen. Wir reden von unseren Sorgen, wir leiden an ihnen, aber wenn der Dispens laut wird, wenn das Wort ertönt: Sorget nicht!, dann wird es offenbar, daß wir unsere Sorgen (und in ihnen uns selber) hochhalten und schätzen, ja lieben und pflegen. Ich werde nie vergessen, wie ich einmal von einer alten Freundin angerufen wurde und sie mir ihr Leid klagte – sie hat viel gelitten an Asthma und an Schwermut – und ich sie damit zu trösten versuchte, daß ich ihr ein altes Kinderverslein aufsagte: «Der lieb Gott het recht an mi denkt / Und het mer hit vyl Fraide gschenkt / Er b'hietet und segnet mi: / s'isch hitte luschtig gsi»[3], da fuhr sie heftig auf: «Nai, der lieb Gott hett *nit* an mi denkt, nai, s'isch hitte *nit* luschtig gsi!» – Ihre Sorge war ihr zu lieb, als daß sie sie hätte hergeben können (es kann freilich auch sein, daß ich nicht das rechte Wort des Trostes für sie gefunden habe).

Aber könnte nicht auch etwas Richtiges und Wichtiges in diesem Widerstand gegen das Nicht-Sorgen sein? Nehmen wir einmal an, wir würden uns den großen Dispens gefallen lassen. Was dann? Wo doch die Schatten der Fragen und Lasten, die unser Herr auf sich genommen hat, auch wenn die Sorge um sie geschmolzen und verbrannt sein sollte wie jener Holzstoß, noch da sind? Sind wir verurteilt, die Hände in den Schoß zu legen und nichts zu tun? Könnten wir so unser Leben aushalten, wäre das ein ehrliches, ein menschenwürdiges Leben? Müßte es nicht neue Sorge bedeuten, in dieser Haltung zu verharren?

Nein, darum kann es freilich nicht gehen. Durch die *Nähe des Herrn*, durch die die Türe zum Sorgen verschlossen wird, wird |119| unerwartet eine andere Türe aufgetan, wird uns ein neuer Boden unter die Füße gelegt, auf dem wir Besseres tun dürfen und tun sollen als sorgen. Paulus beschreibt dieses «Bessere» mit den Worten: ... *sondern in allen Dingen*

[3] A. Burckhardt, Abendlied, 3. Strophe:

Jetz schlof i frehlig y;
's isch hitte luschtig gsi,
Der lieb Gott het recht an mi denkt
Und het mer hit vyl Fraide gschenkt,
Er bhietet und segnet mi:
's isch hitte luschtig gsi.

In: A. Burckhardt, *Kinder-Lieder. Eine Weihnachtsgabe für die Kinder und Mütter der Heimat* (1859). Neue Ausgabe, Basel 1923, S. 36.

lasset eure Bitten ... vor Gott kund werden. Das ist das Weihnachtliche, was wir als die durch den Herrn schon Erretteten und Befreiten, als die aus der Sorge Entlassenen tun können, dürfen und sollen. Das ist die aufgeschlossene Türe zum schönen Paradeis, von der wir vorhin gesungen haben.[4] Nicht, daß Gott es nötig hätte, sich von uns erzählen zu lassen, was uns als Schatten quält – wohl aber, daß wir es wie Kinder vor ihn bringen dürfen, um mit ihm über Alles zu reden, was uns betrifft, das Große und das Kleine, die wichtigen und die unwichtigen, die klugen und die dummen Dinge: *in allen Dingen* lasset eure Bitten vor Gott kund werden. Wir dürfen ihm sagen, wie schwer uns Alles fällt, wie rätselhaft uns die Dinge und Menschen immer wieder vorkommen, was wir vor allem uns selbst vorzuwerfen haben und wie wenig wir mit den Anderen zu Rande kommen. Wir dürfen es kundtun: *im Gebet*, und das heißt in großer und aufrichtiger Demut, im *Flehen*, und das heißt in großer kindlicher Dringlichkeit und Zutraulichkeit, und mit *Danksagung*, das heißt dankbar dafür, daß es so *ist* und daß wir das *wissen* dürfen: daß durch unseren Herrn im Grunde Alles schon in Ordnung gebracht ist, und dankbar dafür, daß wir so vor ihn treten dürfen. Und das alles miteinander als unser *Bitten*, daß sein Angesicht auch inmitten der uns noch umgebenden Schatten nicht aufhöre uns zu leuchten und wir nicht müde werden in der Hoffnung auf deren Zerreißen, auf die Beseitigung der Nebel und Schleier, die uns jetzt noch plagen. – Das ist das *bessere Tun*, zu dem wir an Stelle des Sorgens, von dem wir dispensiert sind, uns aufmachen dürfen. |120|

Also doch *nur beten?* Ja, nur beten! Hast du es etwa schon versucht, nicht aus Gewohnheit, sondern weil der Herr nahe ist und weil du es als sein Bruder, als seine Schwester, als Gottes Kind wagen darfst und wagen sollst, bittend und flehend im Gebet Alles vor Gott zu bringen? Wer das versucht und getan hat, der weiß, daß solches Beten, nur Beten, auch stille, rüstige, stetige *Arbeit* einschließt. Der hat keine Sorge, daß Beten zu wenig sein könnte, der tut vielmehr, gerade indem er betet, auch in seinem Leben, Denken, Reden und Tun die seinem Beten *entsprechenden Schritte:* kleine, anspruchslose, unscheinbare, aber bestimmte Schritte, und zwar in aller Bedrängnis muntere, ja lustige

[4] Schlußstrophe des eingangs gesungenen Liedes 113:
Heut schleußt er wieder auf die Tür
zum schönen Paradeis ...

Schritte, mit denen er wohl auch, ganz ohne es zu wollen, ohne es vorauszusehen und zu wollen, ein wenig *Licht* für Andere in dieser dunklen Welt sein und verbreiten darf.

Laßt uns in diesem Sinn fröhliche Weihnacht feiern! Wir sollen und dürfen, wir können es aber auch, wir haben alle Anlaß dazu: Der Herr ist nahe! Warum also sollten wir *nicht* fröhlich feiern?

Lieber Vater durch Jesus Christus, unseren Herrn! Mach du gut, was wir Menschen nicht gut machen – auch diesen Gottesdienst in seiner ganzen Unvollkommenheit – auch die vielen weiteren Weihnachtsfeiern, denen wir nun mit Verstand und Unverstand entgegen gehen! Du kannst ja Wasser aus dem Felsen fließen lassen, Wasser in Wein verwandeln und dem Abraham aus diesen Steinen Kinder erwecken – Alles in der großen, unbegreiflichen Treue, die du deinem Volk geschworen und wieder und wieder gehalten hast. Wir danken dir, daß sie uns im Evangelium leuchtet und daß wir uns unter allen Umständen |121| an sie halten dürfen. Erlaube es uns nicht, uns ihr gegenüber zu verhärten! Erwecke uns immer wieder aus dem Schlaf der Gleichgültigkeit und aus den bösen Träumen unserer frommen und unfrommen Leidenschaften und Begierden! Werde es nicht müde, uns immer wieder auf deine Wege zurückzuführen!

Wehre du dem Narrenwerk des kalten Krieges und der gegenseitigen Bedrohung, mit dem die Völkerwelt sich heute in so furchtbare Gefahr begibt! Gib du den Regierungen und denen, die für die öffentliche Meinung verantwortlich sind, die neue Weisheit, Geduld und Entschlossenheit, deren es heute bedürfte, um auf deiner guten Erde Allen ihr Recht zu verschaffen und zu erhalten! Wir bitten dich, daß, was in unserer Stadt, in unserer Kirche, in unserer Universität, in unseren Schulen gearbeitet wird, nicht ohne dein Licht und dann auch nicht ohne deinen Segen zum wahren Wohl der Menschen und zu deiner Ehre geschehen möge. Wir bitten dich vor allem für die Vielen, denen es schwer fallen muß, sich jetzt der Weihnacht zu freuen: für die bekannten und unbekannten Armen, für die in Einsamkeit Alternden, für die Kranken und die Geisteskranken, für die Gefangenen: daß es trotz Allem auch für sie ein wenig hell werde! Dir anbefehlen wir schließlich unsere Angehörigen in der Nähe und in der

Ferne und dann uns alle: daß du deine Hand gnädig über unserem Lebenslauf und einst über unserem Ende halten mögest.

Herr, erbarme dich unser! Dein Name sei gelobt: jetzt und in Ewigkeit! Amen.

Lieder:
Nr. 113: «Lobt Gott, ihr Christen, allzugleich» von N. Herman, Strophen 1–4 (= EKG 21, Str. 1–3, 6)
Nr. 118: «Freut euch, freut euch all insgemein» von A. Lobwasser, Strophen 1–4
Nr. 115: «Vom Himmel hoch, da komm ich her» von M. Luther, Strophe 12 (= EKG 16, Str. 15)

ER IST'S

5. Mose 8,18

29. Dezember 1957, Strafanstalt Basel

Herr unser Gott! Unsere Jahre kommen und gehen. Und wir selbst leben und sterben. Du aber bist und bleibst. Deine Herrschaft und deine Treue, deine Gerechtigkeit und deine Barmherzigkeit haben keinen Anfang und kein Ende. Und so bist du der Ursprung und das Ziel auch unseres Lebens. So bist du der Richter unserer Gedanken, Worte und Taten.

Uns tut leid, daß wir auch heute nur bekennen können, dich bis auf diese Stunde so oft, immer aufs neue, vergessen, verleugnet, beleidigt zu haben. Uns erleuchtet und tröstet aber auch heute das Wort, durch das du uns zu erkennen gibst, daß du unser Vater bist, wir deine Kinder sind, weil dein lieber Sohn, Jesus Christus, für uns ein Mensch geworden, gestorben und auferstanden, unser Bruder ist.

Wir danken dir, daß wir diese frohe Botschaft jetzt, am letzten Sonntag des Jahres, noch einmal verkündigen und hören dürfen. Mach du selbst uns frei dazu, das Richtige zu sagen und es auch richtig zu vernehmen, damit diese Stunde dir zur Ehre und uns allen zum Frieden und zum Heil diene!

Unser Vater ...! |123|

Gedenke des Herrn, deines Gottes, denn er ist's, der dir Kräfte gibt.

Meine lieben Brüder und Schwestern!

Wollte Gott, ich könnte dieses *«Er ist's!»* jetzt so aussprechen und ihr könntet es jetzt so hören, daß das «heller als tausend Sonnen»[1] vor uns stehen und unsere Augen blenden würde, daß wir zunächst gar nichts Anderes mehr wahrnehmen könnten, – um sie uns dann ganz neu zu öffnen und sehend zu machen, so daß wir wahrnehmen könnten, dürften, müßten: die Ewigkeit Gottes und uns selbst von ihr umfangen und erfüllt – Gottes Wege und, mit ihnen vereint, unsere Menschenwege – Gottes Wahrheit und, in sie aufgenommen, das, was wir für Wahrheit halten – Gottes Leben und, von ihm getragen, unser Menschenleben!

Aber ob ich es nun in dieser Stunde gut oder schlecht sage und ob ihr es jetzt besser oder weniger gut versteht: davon ist die Rede, das ist für uns alle bereit, das wartet auf uns alle, das dürften und könnten wir jetzt alle ergreifen: «Er ist's, der dir Kräfte gibt». Nicht du selbst gibst sie dir. Kein Mensch kann sie dir geben. Auch die besten Verhältnisse, auch die Erfüllung deiner höchsten Wünsche könnten sie dir nicht verschaffen. Er ist's, der dir Kräfte gibt.

Das Wort steht in einem der schönsten und bewegendsten Kapitel des Alten Testamentes. Ich möchte euch herzlich einladen, wenn ihr wieder allein seid, eure Bibel aufzuschlagen und es (es ist das 8. Kapitel im 5. Buch Mose) für euch nachzulesen. Das Volk Israel wird da angeredet, das seine langen, mühsamen Wege durch die Wüste hinter sich und das verheißene Land seiner Väter vor sich hat. Und da wird nun diesem Volk gesagt: es solle doch ja nicht meinen, es selbst habe es geschafft, dort hin- |124| durch zu kommen und hier herein zu kommen. Nein, es ist der Herr, dein Gott, der dich in der Wüste geprüft, aber auch erhalten hat. Und es ist der Herr, dein Gott, der dir dieses schöne Land gegeben hat. Und darum sollst du seiner gedenken: Er ist's, der dir Kräfte gibt!

Aber lassen wir dieses Wort nun einfach ganz unmittelbar zu uns gesagt sein. Denn nicht wahr, in irgend einem Sinn gilt es ja sicher für uns alle, daß der Weg, von dem wir in dem nun zu Ende gehenden Jahr und in all den Jahren, die ihm vorangingen, herkommen, auch so ein Weg war, wie er in jenem Kapitel beschrieben ist: ein Weg «durch eine große

[1] Anspielung auf einen Buchtitel: R. Jungk, *Heller als tausend Sonnen. Das Schicksal der Atomforscher*, Bern 1956.

furchtbare Wüste, wo es Feuerschlangen gibt und Skorpione und dürres Land, in welchem kein Wasser ist» [Dtn. 8,15]! Und noch viel sicherer gilt das Andere auch von uns, daß wir im Übergang stehen in eine Zukunft, in der es auch mit uns noch gut, und zwar ganz gut werden soll: in eine Zukunft, in der wir werden aufatmen dürfen, in der wir alle getröstet und erquickt werden sollen. Und eben darum geht nun auch das uns alle an, daß wir in diesem Rückblick in unsere Vergangenheit und in diesem Ausblick in die uns allen verheißene Zukunft nicht vergessen, sondern dessen gedenken sollen: Er ist's, der dir Kräfte gibt. Aller Kummer, den wir schon ertragen haben mögen, wäre ja umsonst erlitten, und alle Hoffnung, in der wir vorwärts blicken, wäre ja Illusion, Einbildung, wenn wir das vergessen, wenn wir das nicht bedenken würden: Er ist's, der dir Kräfte gibt. Aber warum sollten wir das eigentlich vergessen? Es gibt keinen Grund dafür. Warum sollten wir nicht daran denken, uns nicht daran halten wollen? Wir haben allen Grund, das zu tun.

«Gedenke des *Herrn, deines* Gottes!» Also nicht so im allgemeinen: an Gott! Es geht uns ja immer wieder so, daß wir, wenn wir das Wort «Gott» aussprechen oder hören, an irgend ein ge- |125| waltiges Allgemeines denken: an ein Höchstes oder Tiefstes, ein Letztes, ein Jenseitiges. Aber seht, dieses Höchste und vielleicht Jenseitige könnte auch bloß ein uns gewaltig zwingendes und beherrschendes Schicksal sein. Vielleicht auch irgend ein majestätisches Geheimnis hoch über den Sternen oder ein solches, das in unseren Herzen leben mag. Es könnte aber ebensogut auch eine menschliche Erfindung sein. Daß dieser «Gott», dieser Gott im Allgemeinen, uns Kräfte gebe, das dürfte eine ganz und gar unsichere Sache sein. Woher nähme er sie? Wie käme er dazu, der Herr – und wie dazu, dein Gott zu sein? Ja, und wenn er dein Gott wäre, so könnte das etwas ganz Furchtbares sein; denn dieser «Gott» könnte auch ein böser Herr, könnte auch dein, könnte auch unser aller schlimmster Feind sein.

Der *Herr, dein* Gott – das ist der Gott, der einen Namen, der auch ein Gesicht, der auch einen Charakter hat. Und seinem Namen, seinem Gesicht und seinem Charakter ist mit aller Bestimmtheit zu entnehmen, daß er zwar ein strenger, aber auch ein guter, ein hilfreicher, ein treuer – wie wir ihn als Kinder genannt haben und noch nennen dürfen: ein «lieber» Gott ist. Er ist ein Gott, der es nicht nötig hat, der es auch für uns nicht nötig macht, daß wir uns zuerst eine Meinung, eine Ansicht von ihm machen, eine Theorie über ihn bilden. Er ist nämlich der Gott, der uns längst gesagt hat und immer wieder sagt und sagen läßt, wie und was *wir von ihm* zu denken haben. Und eben das hat er uns merkwürdigerweise damit gesagt, daß er uns eröffnet hat, was und wie *er von uns* denkt. Er könnte wohl gering, verächtlich, ablehnend von uns denken. Er tut das nicht: er denkt hoch von uns! Etwa weil wir so feine Leute sind? Nein, obwohl wir Menschen gar keine feinen Leute sind! Vielleicht weil er uns braucht? Nein, er braucht uns nicht; er könnte es wohl ohne uns machen. Aber weil es ihm zu Herzen geht, |126| daß *wir ihn* brauchen, bitter, unvermeidlich nötig haben. Vielleicht nur so beiläufig und von oben herab, wie ein großer Herr sich einmal mit einem kleinen Mann abgeben mag? Keine Rede, er tut es so, daß er sich selber ganz und gar für uns eingesetzt und dahingegeben, sich ein für allemal mit uns verbündet und kompromittiert hat. Er ist der Gott der Weihnacht: der Gott, von dem wir nun wieder haben singen dürfen: «Er ist ein Kindlein worden arm, daß er unser sich erbarm»[2]. Das ist sein Höchstes und Tiefstes, sein Letztes und Jenseitiges, darin ist er ewig und allmächtig und herrlich, darin ist er der *Herr:* daß er sich unser erbarmt. Und indem er sich deiner und meiner erbarmt, ist er *dein* Gott und *mein* Gott. Indem er das tut, ist es gar kein besonderes Kunststück, sondern das Natürlichste von der Welt, an ihn zu glauben, auf ihn zu hoffen und ihn (und darum auch unseren Nächsten!) zu lieben. Er, *dieser* Gott, ist's, der dir Kräfte gibt.

Er gibt dir Kräfte! Eine Kraft ist eine Ausrüstung, eine Fähigkeit, eine Freiheit, etwas zu können. Und nun ist es unser menschliches Elend, daß wir so Vieles können sollten, was wir nicht können, daß wir so viele Kräfte brauchten, die wir nicht haben. Es braucht Kraft zum Leben – und es braucht wohl noch mehr Kraft zum Sterben, wobei ich jetzt

[2] Vgl. Lied 114 (EKG 15) «Gelobet seist du, Jesu Christ» (1524) von M. Luther, Strophe 3:

> … Er ist ein Kindlein worden klein,
> der alle Ding erhält allein.

Strophe 6:

> Er ist auf Erden kommen arm,
> daß er unser sich erbarm …

nicht nur an das denke, was zuletzt mit uns geschehen wird, sondern an das Schwachwerden und Vergehen, das schon durch unser ganzes Leben hindurchgeht, das schon mit unserer Geburt begonnen hat. Es braucht Kraft, jung zu sein, und dann erst recht zum Älter- und Altwerden. Es braucht Kraft, um in den Enttäuschungen des Lebens und im Unglück nicht bitter zu werden, nicht zu verzweifeln, und es braucht erst recht Kraft dazu, wenn es uns gut geht, im Glück, nicht übermütig, eitel und dumm zu werden. Es braucht Kraft dazu, den Versuchungen, die wir |127| alle kennen, zu widerstehen, und es braucht vielleicht noch mehr Kraft dazu, indem man ihnen widersteht, kein selbstgerechter, liebloser Pharisäer zu werden. Es braucht sicher Kraft dazu, gefangen zu sein, wie ihr hier in diesem Hause. Aber glaubt es mir, es braucht auch Kraft, und vielleicht noch größere, dazu, frei zu sein und von seiner Freiheit den rechten Gebrauch zu machen. Es braucht Kraft dazu, mit dem Mitmenschen, der einem vielleicht auf die Nerven geht und zuwider lebt, auszukommen, und vielleicht noch mehr Kraft dazu, mit sich selber auszukommen, sich selber von Tag zu Tag und von Jahr zu Jahr auszuhalten. Es braucht Kraft zu dem, was ich vorhin das Natürlichste von der Welt genannt habe: zum Glauben, der eine fröhliche Hoffnung und der in der Liebe kräftig ist [vgl. Röm. 12,12; Gal. 5,6]. Ja, es braucht viel und vielerlei und lauter wirksame, beständige Kräfte, die wir alle nicht haben, die wir uns nicht nehmen, die wir uns auch von keinem Menschen geben lassen können, so daß alles Zureden und Aufmuntern: Du mußt, Du solltest jetzt ...! ganz umsonst ist. Was wir brauchen, sind die Kräfte, die nur der uns geben kann, der der Ursprung aller Kräfte ist, der sie aber nicht für sich behalten, der sie uns geben will und auch wirklich gibt.

Ja, das kann ich nun freilich nicht beschreiben, wie er das tut! Wie sollte man das beschreiben können, wenn es geschieht, daß Gott uns schenkt, was sein ist, was ihm gehört? Das ist sicher: er gibt uns die Kräfte, die wir brauchen, hinein in unsere, in deine und meine menschliche Schwachheit: gerade da und dort, wo wir mit unserem Latein am Ende sind. Es wird darum immer etwas Unerwartetes sein, wenn das geschieht. Er gibt sie uns dann immer für die nächste, vor uns liegende Wegstrecke. Er gibt sie uns dann aber jedesmal mit der Verheißung, daß er sie uns wieder geben, daß er uns weitere, größere, jedenfalls immer wieder die nötigen Kräfte auch für die nächste Zu- |128| kunft geben wird. Und er gibt sie uns immer mit der Folge, daß wir irgendwo gerade das können, was wir zuvor nicht konnten. Er gibt uns gewiß nicht Alles auf einmal, aber immer wieder dies und das für dieses Mal bis zum nächsten. Nicht so, daß du jetzt ein Kraftmeier würdest, aber auch nicht so, daß du ein Schwächling bleibst, der nur eben zappeln, die Hände verwerfen, nur eben (es wird uns noch oft genug passieren!) auf die Nase fallen kann. Er gibt sie dir so, daß du in aller Bescheidenheit, aber auch in aller Bestimmtheit ein Mensch werden darfst, der in Demut mutig seinen Weg geht, der in Dankbarkeit stark sein darf: darum stark, weil es Gottes allmächtige Gnade ist, für die er danken darf.

Der Herr, dein Gott, tut das, er gibt dir die Kräfte, die du brauchst und nicht hast: so gewiß er der Erbarmer ist, so gewiß er sich unser aller in der Krippe von Bethlehem und am Kreuz von Golgatha schon angenommen hat, so gewiß wir in Jesus Christus alle seine Kinder sind, derer zu gedenken er nicht vergißt und nicht müde wird.

So *gedenke* nun auch du des Herrn, deines Gottes! Meine lieben Freunde, wir sind alle miteinander – ich auch, und ich will gerne sagen: ich vor allem – wunderliche Kunden des lieben Gottes. Will sagen: Leute, die es immer wieder nicht merken, daß er es ist, der uns Kräfte gibt – Leute, die immer wieder so gar nicht aufmerksam darauf sind, so gar nicht dankbar und so gar nicht willig, mit leeren Händen zu empfangen, was er uns gibt, was er allein hat, allein geben kann und geben will: die Kräfte, die wir brauchen und die wir so gar nicht haben. Ja, wir sind alle solche wunderliche Kunden des lieben Gottes. Aber bei diesem Geständnis dürfen wir es nun nicht bewenden lassen.

Gedenke des Herrn, deines Gottes! Das heißt: Wache auf aus |129| dem Schlaf deiner großen Gedankenlosigkeit! Wache auf aus den schönen und weniger schönen Träumen der vielen anderen Gedanken, die dir durch den Kopf gehen! Wache auf zu der Einsicht und Erkenntnis: Er, er ist es, der dir Kräfte gibt. Wenn du dazu aufwachst, dann muß und wird dich ja die Frage überfallen: Wie konnte ich ihn vergessen? Wie konnte ich nur alles Andere wichtiger nehmen wollen als ihn? Wie konnte ich mich selbst so in die Mitte aller Dinge rücken? Wie konnte ich nur Alle und Alles an meinen Wünschen und Urteilen messen? Wie wenn ich die Sternwarte von Greenwich wäre, wo der Grad Null hindurchgeht und also Ost und West sich scheiden! Wie konnte ich? Aber dann keine Zeit verlieren, sondern diesen Nagel einmal ganz fest in die Wand schlagen: Er ist's! Und dann alles Andere flugs an diesen Nagel aufgehängt: Er ist die Eins vor all den Nullen und hinter der sie allein etwas bedeuten können. Er mißt mit seinem unfehlbaren Maßstab. Er urteilt mit gerechtem Gericht. Und vor allem: Er, er allein gibt, was wir brauchen. Er hat es. In ihm ist es in seinem Ursprung. Er will und wird es uns nicht vorenthalten! Das heißt: des Herrn, deines Gottes, *gedenken*.

Was gilt's: Wenn du das tust – jedes Mal, wenn du des Herrn, deines Gottes, gedenkst, beginnen die Kräfte, die er gibt – wie das Wasser aus dem Felsen unter dem Stab des Mose [vgl. Ex. 17,6] – schon zu rieseln, zu fließen, zu strömen – hinein auch in dein Herz und in dein Leben, Trost, Freude und Frieden auch für das kommende und für jedes noch kommende neue Jahr – Kräfte für dich, gerade für dich!

Ihr möchtet mich fragen, ob man das kann und wie man das kann: des Herrn gedenken. Zwei Antworten auf diese Frage zum Schluß:

Die eine ist die: des Herrn gedenken ist gewiß eine Sache, |130| die man wie alles Gute einmal anfangen und nicht nur anfangen, sondern auch wiederholen, die man üben muß. Und wenn ihr mich fragt: wie fängt man das an, wie wiederholt und wie übt man das?, so kann ich euch wohl daran erinnern: eben dazu hält man sich zur christlichen Gemeinde, die es ja auch hier, auch in diesem Hause gibt. Ich bin hier einmal bei einer Diskussion gefragt worden: was eigentlich «die Kirche» sei? Ich könnte jetzt die allereinfachste Antwort geben: Die Kirche ist unser gemeinsamer Versuch, des Herrn, unseres Gottes zu gedenken. Zur Übung darin hält und hört man die Predigt. Um das zu tun, feiern wir, wie es ja an der Weihnacht auch hier wieder geschehen ist, das Abendmahl, in welchem es gewissermaßen leibhaftig wird, daß er es ist, der uns speist und tränkt und also Kräfte gibt. Um dessen zu gedenken, singen wir (mit Sinn und Verstand!) die Lieder unseres Gesangbuches. Und eben dazu dürfen, können, sollen wir in der Bibel lesen. Etwa den 90. Psalm, der anfängt mit den Worten: «Herr Gott, du bist unsere Zuflucht für und für». Oder den 103.: «Lobe den Herrn, meine Seele und was in mir ist seinen heiligen Namen! Lobe den Herrn, meine Seele, und vergiß nicht, was er dir Gutes getan!» Oder den wunderbaren 23. Psalm: «Der Herr ist mein Hirte, mir wird nichts mangeln». Aber ich müßte ja die ganze Bibel anführen, denn sie sagt auf jeder Seite: «Er ist's, der dir Kräfte gibt». Hast du es schon einmal ernstlich versucht mit all dem, was ich da nur eben andeute – und kannst und willst du dann noch ernstlich sagen: ich kann das nicht?

Aber eben – und damit komme ich zu meiner zweiten Antwort: auch im Gottesdienst, auch bei der Predigt, auch wenn man das Gesangbuch, auch wenn man die Bibel in der Hand hat und liest, auch dann ist es gewiß nicht so, daß man nun einfach von sich aus im Stande wäre, des Herrn zu gedenken. Es wird nichts daraus, es wäre denn, er selber gebe uns die |131| Kraft gerade dazu! Daß er uns gerade diese Kraft gebe, darum werden wir ihn über Alles hinaus, was wir selbst dazu tun können, bitten müssen. Wir dürfen ihn aber gerade um diese Kraft bitten. Und als Letztes sage ich euch jetzt ganz zuversichtlich – ihr braucht es nicht nur zu glauben, ihr dürft es wissen, daß es so ist: der Herr, unser Gott, hat noch Keinen unerhört gelassen, der ihn um die Kraft gebeten hat, seiner zu gedenken. Amen.

Lieber Vater in Jesus Christus, deinem Sohn, unserem Bruder und Herrn! Du hast uns hier zusammengeführt. Bleibe bei uns, geh mit einem Jeden von uns an seinen Ort, wenn wir nun wieder auseinandergehen! Laß Keinen von uns los! Laß Keinen von uns ganz versinken, sich ganz verlieren! Und vor allem: Laß es Keinem von uns durch, daß er dich vergesse, deiner nicht gedenke! Und so erleuchte, tröste, stärke du auch unsere Angehörigen in der Nähe und in der Ferne – unsere Freunde und so erst recht auch unsere Feinde!

Vor dich möchten wir aber auch die uns bekannten und unbekannten Sorgen, Bedürfnisse und Nöte aller Menschen bringen: die der christlichen Gemeinde hier und in allen Ländern – die der verantwortlich Mitredenden, Beratenden, Regierenden und Entscheidenden im Osten und im Westen – die der hier und dort Erniedrigten und Unterdrückten – die aller Armen, Kranken und Alten, aller Bekümmerten, aller Verzagten und Verwirrten – die der ganzen Welt, die sich nach Recht, Freiheit und Frieden sehnt. Laß Viele, Alle und so auch uns erfahren, daß wir in der Hand deiner allmächtigen Gnade sind, die endlich und zuletzt allem Unrecht und Elend |132| ein Ende setzen wird, um einen neuen Himmel und eine neue Erde zu schaffen, in der Gerechtigkeit wohnen wird!

Ehre sei dir, dem Vater und dem Sohn und dem Heiligen Geist: wie du warst im Anfang und bist und sein wirst, jetzt und in Ewigkeit! Amen.

Lieder:
Nr. 27: «Nun jauchzt dem Herren, alle Welt» (nach Ps. 100) von D. Denicke, Strophen 1–6
Nr. 48: «Sollt ich meinem Gott nicht singen» von P. Gerhardt, Strophen 1, 2, 10 (= EKG 232, Str. 1, 2, 11)
Nr. 44: «Nun danket alle Gott» von M. Rinckart, Strophe 3

LEHRE UNS BEDENKEN ...!

Psalm 90,12

16. März 1958, Strafanstalt Basel

Herr, Gott, unser Vater! Wir danken dir, daß wir dich hier miteinander anrufen und anhören dürfen. Vor dir sind wir alle gleich. Du kennst das Leben, die Gedanken, den Weg und das Herz eines Jeden von uns bis ins Kleinste und Verborgenste, und vor deinen Augen gibt es keinen Gerechten, keinen einzigen. Du hast aber auch keinen Einzigen von uns vergessen oder verworfen und verdammt. Du liebst vielmehr einen Jeden von uns, weißt, was er nötig hat, willst und wirst es ihm geben, siehst auf gar nichts als auf die leeren Hände, die wir dir entgegenstrecken, um sie zu füllen, nicht spärlich, sondern reichlich. Im Leiden und Sterben Jesu, deines lieben Sohnes, bist du ja, gnädig und hilfreich über alles Maß, an unser aller Stelle getreten, hast unsere Finsternis und unseren Jammer auf dich genommen und uns frei gemacht, als deine Kinder ans Licht zu kommen und fröhlich zu werden.

In seinem Namen bitten wir dich jetzt, einem Jeden von uns etwas von deinem guten, heiligen Geist zu geben, damit wir in dieser Stunde dich und uns selbst und auch uns untereinander ein wenig besser verstehen und dadurch erquickt und ermutigt einen Schritt vorwärts kommen auf dem Weg, auf den du uns alle, ob wir es merken oder nicht, damals, als Jesus am Kreuze sein Haupt neigte und verschied, und so von Ewigkeit her, gestellt hast. Amen. |134|

Liebe Brüder und Schwestern, wir wollen in dieser Stunde ein Wort zu uns sprechen lassen, das Manchen von euch bekannt sein mag, weil man es bei Anlaß von Beerdigungen nicht selten zu hören bekommt. Es steht im 90. Psalm Vers 12:

Lehre uns bedenken, daß wir sterben müssen, auf daß wir klug werden!

In der Zürcher Bibel lautet der Satz so: *Lehre uns unsere Tage zählen, damit wir ein weises Herz gewinnen!*

Ihr wißt ja, daß das Alte Testament ursprünglich in hebräischer Sprache geschrieben ist. Und da kann man sich beim Übersetzen oft genug fragen, welches wohl die richtigste Wiedergabe sein möchte. Ihr habt gemerkt daß die Worte in den beiden Übersetzungen etwas verschieden sind. In der Sache meinen und sagen sie aber dasselbe: Wenn einer seine Tage zählt, dann bedenkt er, daß sie gezählt sind, mit anderen Worten: er bedenkt, daß er sterben muß. Und richtig klug werden, heißt: ein weises Herz gewinnen. Das Herz ist in der Sprache der Bibel sozusagen die Zentralstation des menschlichen Lebens, von der aus es sich entscheidet, ob der ganze Mensch töricht oder eben weise ist. Aber was hat uns dieses Wort zu sagen?

Daß wir *sterben müssen* – nun ja, das ist wohl wahr: früher der Eine und ein bißchen später der Andere, der Eine vielleicht nach längerer Krankheit, der Andere ganz plötzlich, der eine unmerklich, der Andere unter großen Schmerzen. Niemand kann dem entrinnen, daß er sterben muß – so wie es einst dargestellt war auf der Mauer eines Platzes da drüben – ihr kennt ihn alle –, der früher ein Friedhof war und von dessen Bildern her noch jetzt den Namen «Totentanz» trägt.[1] Aber nicht wahr, das braucht uns eigentlich niemand zu sagen, das |135| wissen wir: daß wir sterben müssen. Um das zu hören, brauchten wir nicht hier zusammen zu kommen, haben wir die Bibel nicht nötig. Daß der Mensch sterben muß, das gehört sozusagen zu seiner Naturgeschichte.

Nun ist aber von dem *Bedenken* dieser bekannten Tatsache die Rede. Sind wir also aufgefordert, darüber nachzudenken? Das kann und mag

[1] Basler Totentanz: Wandbild auf der Innenseite der Kirchhofsmauer der Basler Dominikanerkirche, um 1440 entstanden, 1805 abgebrochen. Die Basler Strafanstalt liegt nicht weit von diesem Platz entfernt.

man wohl tun. Ich kenne das Bild eines großen katholischen Heiligen, der einen Totenkopf in der Hand hält und betrachtet.[2] Er bedenkt offenbar, daß er sterben muß. Und es möchte sicher auch für uns, die wir keine Heiligen sind, immer wieder eine nachdenkliche Sache sein, etwa über einen Friedhof zu gehen, alle die Steine und Kreuze mit den Namen der vielen, vielen Menschen zu sehen, die einmal wie wir gelebt haben und dann gestorben sind, und uns klar zu machen, daß das einmal auch unser Fall sein wird. Aber ganz ehrlich gefragt: Kommt dabei so viel heraus, wenn *wir* es versuchen, zu bedenken, daß wir sterben müssen? Was wissen wir denn im Grunde davon, was das ist: sterben? Daß da einmal Alles für uns aus sein wird, das mögen wir wissen, aber was kann es uns helfen, *das* zu bedenken? Ich habe einen lieben Freund, der sich oft ein Vergnügen daraus macht, sich mir gegenüber so recht als Ungläubigen darzustellen.[3] Er pflegt dann wohl zu erwähnen, daß er auch bedenkt, daß wir sterben müssen, aber das Resultat seines Bedenkens sei doch nur, daß es sich da um des Menschen Übergang oder Rückkehr in die allgemeine Natur handle, daß er da wie ein Blatt vom Baum zur Erde fallen werde, um selber wieder Erde zu werden. Etwas besonders Ernstes gebe es dabei für ihn nicht zu bedenken. Dabei ist er ein Mann, der – sonst würde er ja wohl nicht mein Freund sein – kein ganz unweises Herz hat. Aber durch ein besonders gründliches Nachdenken über das Sterben hat er es jedenfalls nicht gewonnen. |136|

Also: Die ganz überflüssige Mitteilung, daß wir wie alle Menschen sterben müssen, ist das Wort, das wir gehört, sicher nicht und die zweifelhafte Aufforderung, daß wir (wir!) diese bekannte Tatsache bedenken sollten, auch nicht. Es lautet ja auch ganz anders. *Lehre* uns bedenken, daß wir sterben müssen!, heißt es ja. Es ist also eine *Anrede*, und zwar eine Anrede an *Gott*, es ist eine *Bitte*, ein Gebet. Und nun pflegt

[2] An welches Bild Barth bei seiner – unten S. 116 fortgesetzten – Beschreibung gedacht hat, ist nicht mit Sicherheit festzustellen. Die Attribute des Totenkopfes und des Kruzifixes vereint finden sich öfters in Darstellungen des Hieronymus und des Franziskus von Assisi. Ein Bild, auf das Barths Beschreibung genau zutrifft, für das aber keine Anhaltspunkte vorliegen, daß er es gekannt habe, ist die Hieronymus-Darstellung eines niederländischen (?) Anonymus aus dem 15.(?)Jahrhundert in der Dresdener Gemäldegalerie, reproduziert in der Dissertation von A. Strümpell, ‹*Hieronymus im Gehäuse*›, Marburg 1927, Tafel LI, Abb. A. (Ich danke Herrn Direktor Dr. P. Boerlin in Basel für die freundliche Auskunft.)

[3] Dr. Hans Huber (vgl. S. 5 Anm. 5).

man nicht zu bitten um etwas, was man selber und von sich aus tun kann. Es gibt aber Dinge, die man nicht von sich aus tun kann, und dazu gehört das, wovon in diesem Wort die Rede ist. Und so lautet es denn: *Lehre* uns, will sagen: gib es uns, schenk es uns, bring du es uns bei und aus uns hervor, daß wir das können und tun: bedenken, daß wir sterben müssen. Du, Herr unser Gott, mußt es uns lehren, wie ein Lehrer ein kleines Kind das ABC und das Einmaleins lehrt, da es das von sich aus nun einmal nicht kann. Daß du das tuest, darum bitten wir dich!

So setzt dieses Wort doch wohl voraus, daß es bei jenem Stück Naturgeschichte des menschlichen Lebens nun doch etwas Wichtiges zu bedenken gibt. Und weiter: daß wir die richtigen Gedanken darüber nicht selbst aus unserem Kopf und Herzen hervorbringen können. Aber weiter: daß wir doch nicht darauf verzichten können, diese Sache zu bedenken, daß wir das dringend nötig haben, weil wir sonst nicht klug werden, kein weises Herz bekommen würden. Und endlich und zuletzt: daß uns gar nichts Anderes übrig bleibt, als uns an Gott zu wenden, damit er uns dieses Nötige gebe, schenke, beibringe, daß wir bedenken, daß wir sterben müssen. Das Wort, das wir gehört, ist ein Gebetswort, und indem es laut wird, ruft es uns auf, das mitzusagen, mitzubitten[4], mitzubeten: Lehre uns bedenken, daß wir sterben müssen!

Und nun gibt es eine *Erhörung* und *Erfüllung* dieser Bitte. Nun |137| können und dürfen wir nämlich in der Tat bedenken, und zwar recht und sinnvoll bedenken, daß wir sterben müssen. Nun lehrt uns Gott das, nun gibt und schenkt er es uns, daß wir dazu frei werden.

Wir wissen nicht, wie der Mann des Alten Testamentes, der den 90. Psalm geschrieben, sich das vorgestellt hat, daß Gott den Menschen dazu frei und also tüchtig macht und wie das rechte, dem Menschen von Gott beigebrachte Bedenken, daß wir sterben müssen, aussieht. Wir hören diesen Mann in seinem Psalm ja nur eben *bitten*. Solches Bitten ist freilich schon etwas ganz *Großes*, und erst recht: sich dazu aufrufen zu lassen, darum zu bitten. Man kann wohl sagen: das ganze Alte Testament ist eigentlich – nicht nur in dieser Sache, aber auch in ihr – eine

[4] Original: «mitzubringen»; korrigiert nach Barths Stichwortkonzept, wo es an der entsprechenden Stelle heißt: «*Das* sagt uns Wort, indem *Gebets*wort: Aufruf, *mit*zubeten, *mit*zubitten: Lehre *du* uns bed ...!»

einzige große Bitte. Und ohne sie mitzubeten, könnte man auch das Neue Testament nicht verstehen. Es gibt aber etwas *Größeres* als diese Bitte: ihre Erhörung und Erfüllung nämlich, die sich uns im Neuen Testament auftut, und zwar gerade auch in der Frage, von der wir hier reden, hell auftut. Es gibt ein rechtes Bedenken, daß wir sterben müssen, und es gibt einen offenen Weg, auf dem Gott uns dazu anweist. Ohne dieses Größere des Neuen Testamentes müßte und würde uns wohl auch das Große des Alten Testamentes verborgen bleiben. Nun, wie dem auch sei: indem uns im Neuen Testament dieses Größere aufgetan, gezeigt und vor Augen gestellt ist, sind wir ganz sicher erst recht aufgerufen zu der dringlichen, flehenden Bitte: «Lehre uns bedenken, daß wir sterben müssen!»

Aber nun laßt uns eben zu der *Erhörung* und *Erfüllung* dieser Bitte kommen. Ich möchte es zunächst ganz kurz und kühn so sagen: bedenken, recht bedenken, *daß wir sterben müssen,* das heißt: bedenken, *daß Jesus für uns gestorben ist.* Wir dürfen und |138| wir müssen *ihn* erkennen, und zwar – wie es uns ja durch die Passionszeit, in die wir jetzt hineingehen, wieder besonders nahegelegt ist – in seinem *Leiden* und *Sterben* erkennen; *dann* erfahren und wissen wir, was es mit unserem Sterben auf sich hat, daß es da wahrhaftig um ein bißchen mehr geht als um ein Stücklein Naturgeschichte. Ich muß jetzt etwas nachtragen zu dem, was ich vorhin von dem Bild jenes alten Heiligen sagte: es zeigt ihn nämlich doch nicht nur mit dem Totenkopf in der Hand, sondern vor sich hat er ein Kreuz mit dem Bild des Gekreuzigten, und über den Totenkopf hinweg sieht er auf ihn: eben auf den sterbenden Jesus.

Der Maler, der dieses Bild entworfen hat, hat offenbar etwas davon gewußt, daß das rechte Bedenken, daß wir sterben müssen, darin besteht, daß wir bedenken, daß Jesus für uns gestorben ist. Wie sich das verhält, das will ich euch nun in doppelter Weise kurz zu erklären versuchen.

Wißt ihr, was das ist, das Sterben Jesu? Was geschah, was erfüllte sich da? Eine bloße Naturnotwendigkeit? ein Unfall? ein Zufall? Nein, das Sterben Jesu war – das ist das Eine, was hier zunächst zu sagen und zu hören ist – ein *Gericht:* die Vollstreckung eines Todesurteils, das an unserer Stelle an ihm, an diesem Jesus vollzogen wurde. *Wir* sind die in seiner Person Gerichteten. *Wir* sind die in seinem Tod Verurteilten und Getöteten. *Wir:* nicht wir selbst freilich, aber Jemand, der mit uns selbst sehr viel zu tun hat, uns ganz intim nahesteht: der alte Mensch nämlich, der in uns allen lebt und rumort! Gerichtet, verurteilt, getötet ist im Tode Jesu dieser unser alter Mensch – und das von Kopf bis zu Fuß, sein Herz, sein Verstand, sein Wille, seine Gefühle, sein Niedriges, aber auch sein Hohes, sein Oberflächliches, aber auch seine tiefste Tiefe, sein Tierisches, aber auch sein Geistiges, seine bösen, aber auch seine guten Werke, sein Elend, aber auch seine Herrlichkeit. |139| Zu diesem ganzen Bestand des alten Menschen in uns hat Gott Nein gesagt: an ihm findet er nichts Brauchbares, mit ihm müsse es also vorbei sein, er könne nur noch sterben. Und nun war es das von Gott zu diesem unserem alten Menschen gesprochene harte, unerbittliche Nein, das Jesus an aller Menschen Stelle zu ertragen hatte. Den Tod dieses alten Menschen zu sterben hat er auf sich genommen. Seinen Tod hat er tatsächlich erlitten.

Und nun geschieht *unser* Sterben in der *Kraft* dieses Sterbens Jesu an unserer Stelle. Gewiß nur in seiner Kraft. Denn seinen Tod als diesen Tod des Gerichtes an aller anderen Menschen Stelle kann und wird kein Mensch ein zweites Mal sterben. Es geschieht aber in der Kraft, will sagen: in der Auswirkung, als Abbildung und Gleichnis jenes göttlichen Nein, des Gerichtes, des an Jesus vollzogenen Todesurteils.

So steht es eben mit uns, nämlich mit dem in uns lebenden und rumorenden alten Menschen. So gar nichts taugt der, so ist der abgeschrieben, verworfen, ans Kreuz geschlagen, getötet: genau so, wie es dort an seinem Kreuz Jesus widerfahren und der ganzen Welt sichtbar ist.

Und nun heißt: *bedenken*, daß wir sterben müssen, daß wir uns eben das Werk dieser Kraft seines Sterbens gefallen lassen, daß wir eben das anerkennen und aushalten: daß es so mit uns steht. So gewiß Jesus damals an unserer Stelle stand, litt und gekreuzigt wurde, starb und begraben wurde – so gewiß steht es so mit uns. So ist das kluge, das weise Herz, das es da zu gewinnen gibt, das durch die Kraft des Sterbens Jesu nur eben *gedemütigte* Herz eines Menschen, dem es immer schärfer und unvergeßlicher eingeprägt wird, daß er vor Gott gar nichts zu melden hat, gar nichts zu beanspruchen und geltend zu machen und – auch wenn er der Beste und Frömmste wäre! – gar nichts zu rühmen hat. Das weise, das kluge Herz |140| ist das Herz eines Menschen, der weiß, daß er, wenn er einmal zu sterben hat, nur eben auf Gottes Gnade angewiesen sein wird, daß er also, wenn überhaupt, dann schon jetzt nur von Gottes Gnade leben kann. Wer das weiß, der ist klug, der ist weise. – Das ist das *Eine*.

Jetzt aber noch das *Andere*, das wirklich *ganz* Andere: Es geschah ja, was im Sterben Jesu geschah, nicht gegen uns, sondern *für uns*. Was da geschah, war nicht ein Akt von Gottes Feindschaft gegen den Menschen. Nein, im Gegenteil: weil Gott uns selber – wirklich uns alle – in diesem einen Jesus von Ewigkeit her geliebt hat – weil Gott sich selber dazu erwählt hat, unser lieber Vater zu sein, und uns alle dazu erwählt hat, seine lieben Kinder zu werden – um uns alle als solche zu erretten und zu sich zu ziehen: *dazu* hat er in dem einen Jesus unseren alten Menschen, der ja, wie gewaltig er in uns leben und rumoren mag, nicht wir selbst sind, abgeschrieben, verworfen, ans Kreuz geschlagen, getötet. Gerade um unserer selbst willen: damit wir selbst als freie Menschen leben dürfen, hat er den alten Menschen in uns im Sterben Jesu aus dem Weg geräumt, weggeschwemmt, in Feuer, Rauch und Asche aufgehen lassen. Um zu uns selbst sein ein für allemal und unbedingt gültiges Ja zu sagen, hat er zu dem Gesellen, der eben gar nicht zu uns selbst gehört, hat er zu unserem ganzen alten Wesen und Unwesen ein für allemal und unbedingt Nein sagen wollen und so gewaltig, wie es im Sterben Jesu geschehen ist, Nein gesagt. Dazu hat er das getan!

Und nun geschieht *unser* Sterben in der Kraft des für uns geschehenen, des gnadenvollen und heilvollen Sterbens Jesu. Nur in seiner Kraft, nur in seiner Auswirkung, nur als sein Bild und Gleichnis. Denn so gnadenvoll und heilvoll für die ganze Welt starb und stirbt kein Anderer. Es wirkt aber in |141| unserem Leben und in dem Sterben, dem wir entgegengehen, unaufhaltsam die Kraft seines gnadenvoll und heilvoll für uns geschehenen Sterbens.

Es darf also unser Leben und einst auch unser Sterben geschehen in der Kraft des großen Ja, welches Gott in Jesus, in seinem Tod über uns ausgesprochen hat. Weißt du, wer du eigentlich bist? Wer also der sein wird, als der du einmal zu sterben haben wirst? Weil dein alter Mensch – du kennst ihn nur zu gut – im Sterben Jesu schon vertilgt und abgetan ist, weil du also dieser Mensch nicht mehr sein kannst, weil es in der Kraft des Sterbens Jesu auch über dich so entschieden ist, bist du selbst der neue, der von Gott geliebte, erwählte, gerettete, angenommene

Mensch, zu dem Gott Ja gesagt hat, Ja sagt und Ja sagen wird. Halte dich daran: dieser Mensch bist du selbst – vorläufig in dem Stücklein Leben, groß oder klein, das du noch vor dir haben magst – endgültig in deinem Sterben: weil es in der Kraft des Sterbens Jesu geschehen wird.

Und nun heißt: *bedenken*, daß wir sterben müssen, daß wir uns eben des Wirkens dieser Kraft, wie es sich gehört, *freuen*, dankbar uns davon nähren, daß es mit unserem Leben und Sterben so bestellt ist: so unfaßbar schön, siegreich und herrlich! So gewiß Jesus damals als der Hervorbringer unseres neuen, ewigen Lebens für uns selbst gelitten hat und gekreuzigt wurde, gestorben und begraben ist – so gewiß dürfen wir unserem Sterben in dieser Zuversicht entgegensehen und entgegengehen. Das haben wir zu bedenken! Bedenken, daß wir sterben müssen, heißt, gerade dem Sterben, weil es in der Kraft des Sterbens Jesu geschehen wird, entgegengehen als unserem Leben, unserem ewigen Leben. Und so ist das kluge, das weise Herz, das hier zu gewinnen ist, das *fröhliche* Herz eines Menschen, der im Leben und Sterben Alles nur von *Gott*, aber eben von |142| Gott *Alles* erwarten darf, der sich wirklich nur an seine Gnade halten kann, eben von ihr aber auch gänzlich und endgültig gehalten ist: in den Stunden, Tagen und Jahren, die vielleicht noch vor uns liegen mögen, aber auch und erst recht in unserem Sterben, weil es in der Kraft des Sterbens Jesu geschehen wird.

Ich bin am Ende. Muß ich euch noch besonders sagen, wie Gott das anstellt, daß er uns lehrt: bedenken, daß wir sterben müssen? Ich will die einfachste Antwort geben: Gott lehrt uns das, indem er uns *sagt* und *hören* läßt, was wir jetzt versucht haben zu sagen und zu hören von der doppelten, der tötenden und lebendig machenden Kraft des Sterbens Jesu in unserem Sterben.

Kein Zweifel: Gott *sagt* es uns. Gott *läßt* es uns hören. An ihm fehlt es nicht. Er lehrt uns in dem ganzen Feuer seines Heiligen Geistes bedenken, daß wir sterben müssen: daß Jesus für uns gestorben ist.

Meine lieben Brüder und Schwestern, wenn auch nur ein Funke von diesem Feuer ins Herz eines Menschen fällt, dann ist für diesen Menschen, wer er auch sei und wie er auch dran sei, nichts verloren, Alles gewonnen. Amen.

Herr unser Gott! Wir treten noch einmal vor dich mit der herzlichen Bitte, dich unser anzunehmen, uns also keine Ruhe zu gönnen, bis wir es annehmen, in dir zur Ruhe zu kommen – gegen uns und für uns zu streiten, bis dein Friede in unserem Herzen, in unseren Gedanken und Worten, in unserem Sein und Verkehr untereinander zur Geltung und zu seinem Rechte kommt. Ohne dich können wir gar nichts, mit dir und in deinem Dienst werden wir Alles können. |143|

Sei du in allen Räumen dieses Hauses gegenwärtig und tätig – so auch in dieser ganzen Stadt, unter allen ihren Bewohnern und heute besonders überall da, wo deine Gemeinde sich versammelt. Steh du allen Kranken und Sterbenden bei, allen Armen, Unterdrückten und in die Irre Gehenden – so auch denen, die uns und die anderen, die großen Völker regieren, ihre öffentliche Meinung machen und ihre Machtmittel in den Händen haben! Ach, daß doch von dir her viel Liebe dem vielen Haß, viel Vernunft der vielen Unvernunft, daß nicht nur ein paar Tropfen, sondern ein Strom von Recht dem vielen Unrecht entgegenträte und entgegenwirkte! Aber du weißt besser als wir, was mit uns und was in der Welt, letztlich bestimmt zu deiner Ehre, werden und geschehen soll. So befehlen wir Alles in deine Hände. So wollen wir, jeder an seinem Ort und in seiner Art, zuversichtlich, still und klar auf dich hoffen.

Wir rufen dich an, wie dein lieber Sohn, unser Herr Jesus Christus, es uns geheißen hat: Unser Vater ...

Lieder: unbekannt.

DIE FURCHT DES HERRN IST DER ANFANG DER WEISHEIT

Psalm 111,10

20. Juli 1958, Strafanstalt Basel

Heiliger und barmherziger Gott! Wie groß ist deine Güte, daß du uns auch diesen Tag erleben lässest und uns hier zusammenbringst, um dich anzurufen und dein tröstliches und mahnendes Wort zu hören.

Was sind wir Menschen vor dir? Wieviel Einbildung, Härte und Lüge ist in unseren Gedanken, Worten und Taten! Und darum hier und auf der ganzen Erde wieviel Verirrung und Verwirrung, wieviel Leid und Not!

Aber über dem allem ist dein väterliches Herz offen für uns und bleibt deine Hand stark, uns zu halten, zu führen, zu befreien. Du vergissest und verstößest keinen von uns. Du bist uns allen nahe. Du rufst nach uns allen.

Laß uns das auch an diesem Sonntag-Morgen merken! Sieh du selbst zum Rechten, daß, was wir hier tun mit Beten und Singen, Predigen und Hören, nicht umsonst geschehe, sondern dir zur Ehre und zu unser aller Erweckung, Erleuchtung und Erhebung – um Jesu Christi willen, in dessen Namen wir dich anreden: Unser Vater ...! Amen. |145|

Die Furcht des Herrn ist der Anfang der Weisheit

Meine lieben Brüder und Schwestern!

Von der Weisheit hören wir da. Das ist offenbar eine große Sache. Beginnen wir mit einigen Klärungen! Weisheit ist mehr, ist etwas Anderes und Besseres als Gescheitheit. Es ist Mancher gescheit und ist doch gar nicht weise. Weisheit ist aber auch mehr und etwas Besseres als Wissenschaft, wie man sie aus Büchern, in der Schule oder in Vorträgen sich aneignen kann. Ihr könnt es mir glauben: ich komme ja von der Universität und weiß ein wenig davon, daß es Gelehrte, Menschen voll Wissenschaft gibt, die doch gar keine Weisen sind. Weisheit ist aber auch mehr und Besseres als Schlauheit. Es war schon Mancher in gewisser Situation sehr schlau, um dann doch gerade in seiner ganzen Schlauheit gar nicht weise, sondern sehr dumm zu sein.

Was ist Weisheit? Weisheit ist Lebenskunde, man könnte auch sagen: Lebenskunst. Kunde und Kunst kommt von Können. Und das ist wohl die größte Kunde und die schwerste Kunst: leben zu können! Aus seinem Leben nicht ein Durcheinander zu machen, das ins Unheil führt, sondern etwas Rechtes! Wer richtig leben kann, der ist ein Weiser. Aber wie kommt man dazu: zu dieser Weisheit und also dazu, leben zu können?

Man hört wohl sagen, dazu müsse man nur alt werden. Glaubt es nicht! Ich bin ein ziemlich alter Mann, aber eben darum weiß ich: damit wird man nicht weise, daß man alt wird. Alter schützt vor Torheit nicht. Man hört auch, es seien die Erfahrungen, die den Menschen weise machten. Aber du liebe Zeit, was haben wir alle schon für Erfahrungen gemacht, und sind wir etwa dadurch weise geworden? Was haben die Völ- |146| ker Europas und der Welt in den letzten fünfzig Jahren erfahren! Sind sie dadurch weiser geworden? Noch etwas: Einige von euch haben vielleicht schon einmal das Wort «Psychologie» gehört. So nennt man eine Wissenschaft vom menchlichen Seelenleben, von der Manche sehr fest glauben, daß man, wenn man sie verstehe und anzuwenden wisse, weise, lebenskundig werde. Ich will nichts gegen diese schöne Wissenschaft sagen, aber gerade daß man durch sie weise und also lebenskundig werde, kann ich nach dem, was ich bei sehr eingehend mit dieser Sache beschäftigten Menschen wahrgenommen habe, unmöglich zugeben. Nein: «Die Furcht des Herrn ist der Anfang der Weisheit», haben wir gehört. Aber eben: was ist das eigentlich, die Weisheit, die Lebenskunde? Wie hängt sie zusammen mit der Furcht des Herrn? Darüber wollen wir nun ein wenig nachdenken.

Laßt mich einsetzen mit der Erinnerung an eine Geschichte aus dem Alten Testament. Ihr habt gewiß alle schon den Namen des Königs Salomo gehört und von der Weisheit, die diesen Mann auszeichnete. Nun, eben von ihm wird im dritten Kapitel des ersten Königsbuches erzählt, er habe, als er noch ganz jung war, in der Stadt Gibeon einen Traum gehabt. Kein Geringerer als Gott selbst sei ihm erschienen und habe zu ihm gesagt: «Tue eine Bitte! Was soll ich dir geben?» Nicht wahr, das klingt wie in einem Märchen und war doch eine ganz ernsthafte Sache! Daraufhin habe nämlich der junge Salomo nicht etwa gesagt: Gib mir Reichtum, Ehre, Sieg über meine Feinde, ein langes Leben!, sondern so habe er Gott geantwortet: Ich soll nun dieses großen Volkes Israel König sein und bin doch noch ein Kind und weiß weder aus noch ein! Also gib mir ein verständiges Herz zu dem, was ich zu tun habe! Gib mir, daß ich unterscheiden kann, was gut und was böse ist! |147| Gib mir die Einsicht, das Recht zu verstehen! Und das habe Gott gefallen, daß Salomo um solches bat, und er habe ihm versprochen: «Siehe, Ich gebe dir ein weises und verständiges Herz, daß deinesgleichen vor dir nicht gewesen ist und deinesgleichen nach dir nicht erstehen wird.» Darüber hinaus wolle er ihm auch geben, was er nicht erbeten hatte: Reichtum und Ehre: «daß deinesgleichen keiner sein soll unter den Königen, dein ganzes Leben lang». Da sei Salomo erwacht aus seinem Traum, sei nach Jerusalem gezogen, habe Gott ein Opfer dargebracht und für seine Diener ein großes Fest veranstaltet [1. Kön. 3,5–15]. – Das ist die Geschichte von Salomo: wie er der weise, der lebenskundige Salomo wurde! Was lernen wir aus dieser Geschichte?

Einmal dies, daß Salomo darin weise wurde und schon weise war, daß er nicht wie so viele junge (aber auch genug ältere und alte) Männer meinte, schon weise zu sein, sondern sich nicht genierte, zu bekennen: «Ich bin noch ein Kind und weiß weder aus noch ein», und also Gott bat: Gib mir Weisheit! Wer nicht weiß und zugibt, daß er ein solches Kind, ja ein rechter Kindskopf ist – wer meint, er habe schon begriffen, verstanden, eingesehen, der ist ganz bestimmt nicht weise. «Da sie sich für weise hielten, sind sie zu Narren geworden» [Röm. 1,22]. Der ist weise, der weiß, daß er, ob jung oder alt, ein Kind ist, das nicht aus noch ein weiß. Der ist weise, der dazu steht: «Ich kann allein nicht gehen, nicht einen Schritt.»[1] So steht es eben mit der Weisheit: keiner hat sie. Keiner ist schon weise: in seinem Kopf nicht und in seinem Herzen erst recht nicht. Alle können es nur werden. Alle können und sollen Weisheit bekommen, aber Alle können und sollen sie wirklich nur bekommen als solche, die leere Hände nach ihr ausstrecken, damit sie ihnen gegeben werde. Es braucht die Furcht des Herrn zu diesem Anfang aller Lebenskunde. Wer den Herrn nicht |148| fürchtet, der verrät sich sicher schon damit, daß er meint, ihm brauche keiner etwas zu sagen, weil er selbst Bescheid wisse, sich selbst zu raten wisse. Man solle ihn nur machen und seinen Weg gehen lassen! So denkt und redet, wer den Herrn nicht fürchtet. Wer ihn fürchtet, der streckt seine Hände aus, um Einsicht und Verstand, um Weisheit und also Lebenskunde, weil er sie noch gar nicht hat, zu empfangen, sich schenken zu lassen.

Salomo wurde und war weiter darin weise, daß er sich etwas wünschte, was er nicht für sich, sondern für Andere brauchte. König sollte er ja sein, regieren sollte er ja, und eben darauf waren seine ganzen Gedanken ausgerichtet. Er verstand sein Leben als einen Dienst, den er nicht sich selbst, sondern seinem Volk, dem Volke Gottes, zu leisten hatte. Und so war seine einzige Frage die, wie er diesen Dienst recht tun, wie er ein richtiger König werden möchte: kein fünftes Rad am Wagen, kein

[1] Aus Strophe 1 des Liedes «So nimm denn meine Hände» von J. von Hausmann (1826–1901).

Schmarotzer, keine von jenen vornehmen Zierpuppen, wie man sie in den Schaufenstern unserer Kleidergeschäfte sieht, sondern ein Mensch im vollen Sinn des Wortes, d.h. aber Einer, der verantwortlich unter, mit und an seinen Mitmenschen und für sie zu handeln willig und bereit ist. Salomo war ein Mensch, der begriff, daß er selber gerade nur als Mitmensch ein richtiger, wahrer Mensch sein könne. Er begriff aber auch, daß er gerade dazu, seinen Mitmenschen ein Mitmensch zu sein, ein weises und verständiges Herz nötig habe. Er begriff weiter, daß er ein solches Herz nicht habe, sondern es gerade nur empfangen, geschenkt bekommen könne. Darum also hat er gebeten. Und gerade darin wurde er weise und war es schon. So also steht es mit der Weisheit! Es braucht aber die Furcht des Herrn zu diesem Anfang. Wer den Herrn nicht fürchtet, der wird ganz anders denken und reden. Etwa so: Was brauche ich für mich? Wie komme ich durch? |149| Was ist mir angenehm? Was dünkt mich fein und lustig? So fragt, wer den Herrn nicht fürchtet, der Unweise. Umgekehrt: Wer den Herrn fürchtet, der hat das Gebot in den Ohren: «Du sollst den Herrn, deinen Gott, lieben von ganzem Herzen und deinen Nächsten wie dich selbst!» [Lk. 10,27], der findet sich ganz von selbst in den Dienst dieses Nächsten gestellt und vor die Frage: Wie kann ich ihm wirklich und am besten dienen?

Salomo wurde und war weiter auch darin weise, daß er wünschte, ihm möchte gegeben werden, zwischen Gut und Böse unterscheiden zu können: zwischen dem, was oben, und dem, was unten ist, zwischen dem, was zuerst, und dem, was nachher kommt, zwischen dem, was unter allen Umständen geschehen darf und muß, und dem, was unter keinen Umständen geschehen kann und darf. Es versteht sich nicht von selbst, daß der Mensch so zu unterscheiden weiß. Aus sich selber weiß er es bestimmt nicht. Um sein Leben im Dienst der Anderen zu leben, um dazu tauglich zu sein, müßte er das aber wissen. Wie sollte er ihnen sonst dienen können? Wüßte er es nicht, dann könnte und würde er auch in seiner Umgebung nur Schaden und Verbrechen anrichten. Gerade darum wird der Mensch immer wieder leere Hände ausstrecken müssen. Gerade darum wird er eben nur bitten können. Salomo war darin weise, daß er Gott eben darum bat: um das rechte Unterscheidenkönnen. Aber dazu, schon zu diesem Anfang der Weisheit, schon zu der Einsicht: darauf kommt es an, das habe ich nötig! braucht es die Furcht des Herrn. Wer den Herrn nicht fürchtet, der wird auch in dieser Hinsicht ganz anders dran sein. Entweder er wird nach jener Unterscheidung gar nicht fragen und «rechter Hand, linker Hand, Alles vertauscht»[2], Gut und Böse beständig verwechselnd, wie ein Berauschter seines Weges dahintaumeln. Oder er wird seiner Sache, seiner Meinungen über Gut und Böse nur zu sicher, steif wie |150| ein Lineal, ein richtiger Pharisäer, links und rechts urteilend und verurteilend nach seinem eigenen Kopf, seine Straße ziehen. Eines so schlimm wie das Andere! Wer den Herrn fürchtet, der möchte es wohl allen Ernstes wissen – er möchte es aber von Gott wissen, wie er recht zu unterscheiden habe. Der wendet sich also an Gott, daß er ihm das beibringe!

Und nun noch ein Letztes von Salomo. Er wurde und war auch darin weise, daß er sich so ausschließlich gerade nur dieses Eine wünschte: ein verständiges Herz für seinen Dienst. So steht es mit der Weisheit, daß der Mensch in ihr gesammelt wird, konzentriert und einfältig, ganz und gar ausgerichtet auf das Eine, was not tut [vgl. Lk. 10,42]. Alles Andere, was ihm gut, heilsam, lustig erscheinen und auch sein mag, wird für ihn eingeschlossen, gewissermaßen verborgen sein in dieses Eine. Wir hörten, wie Salomo auf diesem Weg in keiner Weise zu kurz kam, wie er dazu erhielt, was er doch nicht erbeten hatte. Er erhielt es in Fülle, gerade weil er nicht darum gebeten hatte! Er hat sorglos nur um das Eine gebeten: um ein verständiges Herz, um das rechte Unterscheidenkönnen, das er zu seinem Dienst als König brauchte. Und das eben war seine Weisheit. Aber es braucht die Furcht des Herrn zu solchem Anfang der Weisheit und also der Lebenskunde. Wie sollte, wer den Herrn nicht fürchtet, wissen, daß Eines und nur Eines not tut? Wie sollte er nicht der Meinung sein, unruhig nach Diesem und Jenem, möglichst Allem greifen zu müssen, um nur ja nicht zu kurz zu kommen? Wer den Herrn fürchtet, der sucht und wünscht nicht Vieles, sondern einfältig das Eine: ganz getrost, daß er in und mit diesem Einen ganz bestimmt Alles bekommen und haben werde.

[2] Aus dem Studentenlied «Auf dem Heimwege» von Heinrich von Mühler (1813–1874), Strophe 1:

Grad aus dem Wirtshaus nun komm ich heraus!
Straße, wie wunderlich siehst du mir aus!
Rechter Hand, linker Hand, beides vertauscht!
Straße, ich merk es wohl, du bist berauscht.

In: *Zofinger-Liederbuch. Ein schweizerisches Studenten-Liederbuch*, herausgegeben von der Zofingia (Deutsche Sektionen), Bern 1926[6], S. 630.

Aber was ist das eigentlich: die Furcht des Herrn, die der Weisheit Anfang ist? |151|

Es gibt viel falsche Furcht, mit der man die Furcht des Herrn ja nicht verwechseln soll, die man denn auch besser einfach Angst nennen würde: Angst vor bösen, gefährlichen Leuten – Angst vor Gespenstern – Angst vor dem Tod – Angst vor der Atombombe – Angst vor den Russen – und schließlich Angst vor sich selbst, weil man nicht aus noch ein weiß und gerade das nicht zugeben will! Merkt wohl: alle solche Furcht ist nicht der Anfang, sondern vielmehr das Ende aller Weisheit. Mit der Furcht des Herrn hat sie nichts, gar nichts zu tun, so gewiß wir es in allen jenen Ängsten ja gar nicht mit Gott, dem wirklichen Herrn, sondern nur mit allerlei kleinen, scheinbaren Herren zu tun haben. Allen diesen Ängsten gegenüber dürfen und sollen wir uns an das Wort des Evangeliums halten, daß wir uns nicht fürchten sollen [Mt. 10,26.28 u. ö.]. Die Weisheit, die aus der Furcht Gottes kommt, ist das Ende aller dieser Ängste.

Es gibt aber auch eine falsche, bloß scheinbare Furcht vor Gott, mit der die Furcht des Herrn erst recht nicht zu verwechseln ist, eine Furcht, die man auch wieder besser nur eine Angst nennen würde: Die Angst vor Gott, weil er so groß und stark ist und wir so klein und schwach sind. Oder die Angst vor Gott, weil er uns verklagen möchte wie ein überlebensgroßer Staatsanwalt und verurteilen wie ein überlebensgroßer, himmelhoher Strafgerichtspräsident. Oder Angst vor Gott, weil er uns zum Schluß für immer in die Hölle stecken könnte! Das alles hat mit der Furcht des Herrn nichts, gar nichts zu tun. Als ich ein kleiner Bub war, hatte ich eine gutmeinende, aber etwas törichte Sonntagsschullehrerin, die es für richtig hielt, uns Kindern eine genaue Beschreibung der Hölle und der dort auf die Bösen wartenden ewigen Strafen zu geben. Natürlich hat uns das interessiert und wohl auch ziemlich aufgeregt. Aber die Furcht des Herrn und damit den |152| Anfang der Weisheit hat auf diese Weise bestimmt keines von uns damaligen Kindern gelernt. Wenn man so über Gott denkt, wird man ja auch sicher durch das Hintertürlein entrinnen und sich damit trösten können, es möchte wohl Alles nicht ganz so schlimm sein. Auch gegen solche falsche Gottesfurcht heißt es im Evangelium: Fürchtet euch nicht! Und die Weisheit ist bestimmt das Ende auch aller solcher falscher Gottesfurcht.

Was ist die rechte Furcht des Herrn?

Laßt mich zurückkommen auf den 111. Psalm, den ich euch am Anfang vorgelesen habe. Es ist merkwürdig und überaus wichtig: dieser Psalm, der zuletzt von der Furcht des Herrn redet, fängt an mit den Worten: «Hallelujah! Ich will dem Hern danken von ganzem Herzen!» [V. 1], und er fährt fort: «Er hat ein Gedächtnis seiner Wunder gestiftet; gnädig und barmherzig ist der Herr. Er gab Speise denen, die ihn fürchten; er gedenkt auf ewig seines Bundes» [V. 4 f.]. Und dann heißt es da weiter: «Die Werke seiner Hände sind Treue und Recht; verläßlich sind alle seine Gebote!» [V. 7] und weiter, unmittelbar vor unserem Textwort: «Er hat seinem Volk Erlösung gesandt: hat seinen Bund auf ewig bestellt!» [V. 9]. Eben darauf folgt dann das Wort von der Furcht des Herrn. So also steht es mit dieser: sie kommt, sie entsteht, wenn ein Mensch entdeckt, daß Gott *Dieser* ist und *das* tut, was wir in diesem Psalm hören.

Es geht schon um eine richtige Entdeckung, wenn ein Mensch plötzlich vor all dem stehen darf als vor einer Tatsache wie Columbus, der, als er nach Indien gelangen wollte, auf einmal auf den Kontinent Amerika stieß. *Das* habe ich nicht erwartet, *das* habe ich nicht gewußt, *das* hat mir noch niemand gesagt, *darauf* wäre ich von mir aus nie gekommen: daß Gott *Dieser* ist und *das* tut. Salomo stand vor dieser Tatsache, vor |153| dem Guten, dem Herrlichen, das Gott an seinem Volk, an seinem Vater David und zuletzt an ihm selber getan hatte. Angesichts dieser wunderbaren Tatsache fürchtete er den Herrn. Und in dieser Furcht des Herrn wurde er der weise Salomo.

Die rechte Furcht des Herrn ist das Staunen, die Verwunderung, aber auch das Erschrecken, das Entsetzen, das über die Menschen kommt, die die Entdeckung machen, daß Gott sie, mich und dich, von Ewigkeit her nicht gehaßt und bedroht, sondern geliebt und erwählt, daß er sich ihnen, mir und dir, verbündet hat, daß er ihr, dein und mein Helfer war, lange ehe wir es wußten, und daß er das sein und bleiben will. Die Furcht des Herrn kommt aus der Entdeckung, daß der hohe, der ewige Gott seinen lieben Sohn für uns, für dich und mich, dahingegeben, unsere ganze Schuld, unser ganzes Elend auf sich und so von uns weggenommen, daß er uns diesen seinen Sohn, unseren Herrn Jesus Christus, zum Bruder gemacht hat, um deswillen wir ihn unseren Vater und uns seine Kinder nennen dürfen. Die Furcht des Herrn kommt aus der Entdeckung: das habe ich nicht verdient, das ist mir durch die lautere, freie

Güte Gottes widerfahren ohne und gegen Alles, was ich verdient hätte. Die Furcht des Herrn kommt aus der Entdeckung, daß es zwischen Gott und mir so steht, daß ich das wirklich nicht gewußt, daß ich es vielleicht einmal von weitem so läuten gehört, aber dann wieder vergessen und dahingelebt habe, als ob es nicht so wäre und mich nichts anginge. Und dann kommt die Furcht des Herrn aus der Entdeckung, daß es höchste Zeit sein möchte, vom Schlaf zu erwachen, aufzustehen und als die Menschen weiter zu leben, die wir in Wirklichkeit sind: die von Gott Geliebten und Erwählten, die Brüder und Schwestern Jesu Christi, die durch Ihn von unserer Sünde und aus unserem Elend Befreiten. Die Furcht |154| des Herrn kommt aus der Entdeckung: Gott ruft uns zu sich, und sein Ruf ist stark genug, daß wir aufwachen und aufstehen müssen und als seine Kinder zu leben beginnen dürfen und können. Sie ist schon eine richtige Furcht, ein richtiges Erschrecken und Entsetzen, aber ein solches, das mit der blöden Angst, von der wir vorhin redeten, nichts zu tun hat, die vielmehr schon voll stillen, heimlichen Jubels ist. Sie ist die Furcht, die aus der Dankbarkeit kommt. Diese Furcht des Herrn ist der Anfang der Weisheit: der Anfang, mit dem wir alle anfangen dürfen. Jeder, auch der schlechteste, auch der törichteste Mensch darf da einfach anfangen: heute, morgen, alle Tage, darf ein Lebenskundiger, ich hätte beinahe gesagt: ein Lebenskünstler, ein ganz kleiner Salomo werden. «Einsichtig handelt, wer danach (nach dieser Furcht des Herrn) tut», lautet die Fortsetzung unseres Textwortes. Und mehr noch: «Sein Ruhm bleibt ewig bestehen!» [V. 10]. Er lebt schon in diesem Leben über seinen Tod hinaus. Er darf jetzt und hier schon anfangen, ewig zu leben.

Und nun bleibt mir, liebe Brüder und Schwestern, nur noch eines übrig: euch alle zu fragen, ob ihr die Entdeckung auch schon gemacht, aus der ganz selbstverständlich die Furcht des Herrn folgt als der Anfang der Weisheit? Was würdet ihr mir antworten? Eines aber ist sicher: es ist niemand unter uns, der diese Entdeckung nicht machen, und also niemand, der die Furcht des Herrn nicht kennenlernen, niemand, dem sie nicht zum Anfang der Weisheit werden könnte und dürfte, und also niemand, dem es versagt sein müßte, leben zu können in dieser Zeit für die Ewigkeit. Verlaßt euch darauf: niemand! So gewiß Jesus Christus für uns alle gestorben und auferstanden ist! Amen. |155|

Herr unser Gott, unser lieber Vater in Jesus Christus! Ja, das, wovon wir jetzt geredet und gehört haben, kann und mag jetzt und sofort uns allen einleuchten und eingehen. Aber daß das wirklich geschieht, das kannst nur du schaffen. Und daß du das tuest, darum bitten wir dich: daß du uns entdecken lassest, wer du bist und was du tust – daß du die Furcht vor dir in uns erweckest, die aus der Dankbarkeit kommt – daß diese rechte Furcht vor dir uns zum Anfang der Weisheit werde – daß wir also unsere Köpfe erheben und richtig leben dürfen und können. Nur du kannst uns das geben. So gib es uns, du unser treuer Gott!

Und nun bitten wir dich weiter, daß du dich in deiner großen und mächtigen Gnade all der Menschen annehmest, die in diesem Hause leben – und so ihrer Angehörigen – und so aller Anderen, die betrübt, angefochten und versucht sind – und so aller Armen, Kranken und Geisteskranken, aller Einsamen und Verlassenen – so derer, die in dieser Stadt und in unserem Land zu regieren, zu verwalten, zu urteilen, zu unterrichten, die Zeitungen zu schreiben haben – so der Mächtigen und der Völker im Osten und im Westen: daß sie sich nicht zum Krieg reizen, sondern auf den Frieden bedacht sein möchten – so endlich der christlichen Kirchen hier und in der ganzen Welt, unserer evangelischen, aber auch der katholischen Kirche und aller anderen Gemeinschaften: daß sie alle ordentlich, unverdrossen und fröhlich dir, deinem Wort und so den Menschen dienen möchten.

Herr, was würde aus uns ohne dich – und was aus all dem, was wir Menschen hier und überall in so viel Schwachheit und Verkehrtheit versuchen und tun? Auf dich allein hoffen wir. Herr, erbarme dich unser! Amen.

Lieder:
Nr. 47: «Du meine Seele, singe» von P. Gerhardt, Strophen 1–5 (= EKG 197, Str. 1–4, 8)
Nr. 18: «Steh auf in deiner Macht, o Gott» (nach Ps. 68), Strophen 3 und 4
Nr. 59: «Großer Gott, wir loben dich» von I. Franz, Strophen 6 und 7

DER ES MIT UNS HÄLT

Lukas 2,7

Weihnacht 1958, Strafanstalt Basel

Herr unser Gott! Du wolltest nicht nur im Himmel, sondern auch bei uns auf Erden wohnen – nicht nur hoch und groß, sondern wie wir niedrig und klein sein – nicht nur herrschen, sondern uns dienen – nicht nur Gott sein in Ewigkeit, sondern für uns als Mensch geboren werden, leben und sterben.

In deinem lieben Sohn, unserem Heiland Jesus Christus, hast du uns nicht weniger als dich selber geschenkt, damit wir ganz und gar dir gehören sollten. Uns alle geht das an, wo doch niemand von uns das verdient hat. Was bleibt uns übrig, als uns zu verwundern, uns zu freuen, dankbar zu sein, uns fest an das zu halten, was du an uns getan hast?

Wir bitten dich: Laß das in dieser Stunde wahr werden unter uns und in uns allen! Laß uns in ehrlichem, offenem, willigem Beten und Singen, Reden und Hören eine rechte Weihnachtsgemeinde und in großem Hunger eine rechte Abendmahlsgemeinde werden! Unser Vater ...! |157|

Und sie gebar ihren ersten Sohn und wickelte ihn in Windeln und legte ihn in eine Krippe, weil sie in der Herberge keinen Platz fanden.

Meine lieben Brüder und Schwestern!

Laßt mich sofort mit der Hauptsache beginnen: Wer ist der, der da als der erste Sohn der Maria geboren, in Windeln gewickelt und in eine Krippe gelegt wurde? Wer *ist* der? Ich sage nicht: Wer *war* der? Die Weihnacht ist ja nicht der Geburtstag eines Menschen, der vor langer Zeit gelebt hätte, dann gestorben und dahingegangen wäre und dem man dann wohl alle hundert Jahre ein Jubiläum bereiten würde. Ja, der hat freilich einmal gelebt und ist gestorben – und wie! –, aber der ist auch auferstanden von den Toten, der lebt und regiert und redet und ist in dieser Stunde hier in unserer Mitte, einem Jeden von uns viel näher, als er sich selber ist. Also: Wer ist der? Die Antwort auf diese Frage ist die *Weihnachtsbotschaft*.

Und nun will ich die Antwort für diesmal ganz einfach so geben: Der da geboren wurde, ist der, der es mit dir hält – und mit mir auch – und mit uns allen. Ich sage *nicht: Einer*, der das tut, sondern ich sage: *der*, der es mit uns hält. Denn so, wie er das tut: ganz ohne an sich selbst zu denken und in höchster Macht, tut es nur Einer, nur Dieser, eben Er, der damals geboren wurde.

Laßt es mich jetzt ganz persönlich sagen: Er hält es mit dir – und mit dir – und mit dir! Wenn ich es jetzt so sage, so soll also ein Jeder von euch denken: es geht gerade mich an. Also: Er hält es mit dir. Nicht wahr, das möchtest du doch gerne haben: daß es Jemand so richtig mit dir hielte? Danach sehnst du dich im Grunde, das wünschest du dir. Du kannst nicht sein ohne einen Mitmenschen. Und nun fragst du dich: |158| Wer kann und will der sein, der es so richtig mit mir hält? Und dann ist dir sicher schon die weitere Frage aufgestiegen: Gibt es überhaupt so einen, oder ist da vielleicht Keiner, der mir das sein und tun will? Bin ich vielleicht Allen gleichgültig? Gehen sie alle an mir vorüber wie der Priester und der Levit im Gleichnis [Lk. 10,31 f.]? Sind sie vielleicht gar alle gegen mich? Und wenn du dich das gefragt hast, dann kam wohl auch schon eine ganz große Einsamkeit über dich und hast du dich wohl ganz verlassen gefühlt. Und dann nahte dir der große Irrtum: Will denn Keiner mir das sein und tun, dann will ich es eben selber mit mir halten! Aber eben, das ist ein großer, der größte Irrtum. Ein Ertrinkender kann sich nicht selbst beim Schopf nehmen und aus dem Wasser ziehen. Du kannst das auch nicht. Ein Anderer muß dir helfen.

Und nun die *Weihnachtsbotschaft:* Dieser Andere, der es mit dir hält und dir hilft, lebt und ist da. Er ist der, der damals geboren wurde. Tu die Augen, die Ohren, das Herz auf: du darfst es sehen, hören, erfahren, daß er da ist und daß er es wirklich mit dir hält, wie sonst Keiner das tun kann: ganz und für immer gerade mit dir!

Und er hält es mit dir ohne Hintergedanken: ohne an sich selber zu denken. Du hast dich vielleicht vorhin gefragt: Ist es so schlimm? Dieser oder jener Mensch möchte ja doch da sein, der es mit mir hält. Ja, das mag wohl sein. Aber ist da nicht ein Schatten zwischen dir und ihm, und wenn er der liebste Mensch wäre? Er hält es vielleicht mit dir, solange es ihn selbst freuen kann – vielleicht daraufhin, daß du es auch mit ihm halten solltest – vielleicht weil es ihm selbst wohltut. Du spürst aber: im Grunde, eigentlich, denkt er doch zuerst an sich selber, hält er es nicht mit mir, ist er sich selbst der Nächste. Und wenn du das gemerkt hast, dann war deine Einsamkeit auch wieder und erst recht da. |159|

Aber nun die *Weihnachtsbotschaft:* Der damals geboren wurde, der hält es mit dir, ohne an sich selber zu denken. Ganz und gar ohne das. Er will wirklich nichts von dir. Er will nur dich selber.

Nichts, nichts hat dich getrieben
zu mir vom Himmelszelt,
als dein getreues Lieben,
womit du alle Welt
in ihren tausend Plagen
und großen Jammerlast,
die kein Mensch aus kann sagen,
so fest umfangen hast.[1]

Eben der ist es, der da geboren wurde und dein Mitmensch sondergleichen wurde: dein Nächster, dein Freund, dein Bruder. Er hat gar nichts davon. Er meint nicht sich selber. Er meint gerade dich und nur dich.

Und mit größter Macht hält er es mit dir. Es könnte ja sein: es wäre da schließlich doch Jemand, der es aufrichtig mit dir hielte. Aber das wird auch im besten Fall doch nur ein Mensch sein, der nicht größere Macht hat, als ein Mensch sie eben haben kann. Er möchte dir wohl helfen, und ein Stück weit tut er es wohl auch. Aber, nicht wahr, im tiefsten Grunde kann dir doch jeder andere Mensch nur ganz wenig und zuletzt gar nicht helfen. Ein naheliegendes Beispiel: da sitzest du, und da stehe ich vor dir. Und von Herzen gern möchte ich es mit dir halten, und das magst du auch wohl spüren, magst es mir wohl auch glauben, und es könnte ja sein, daß ich dich jetzt ein ganz klein bißchen trösten, dir damit ein klein wenig Freude machen könnte, daß ich dir von der Weihnacht erzähle. Aber gesteh dir's nur ganz offen: richtig und wirklich helfen kann ich dir nicht. Dein Leben zurecht bringen kann ich nicht. Dich retten kann ich nicht. Das kann kein Mensch für den anderen tun. In diesem kräftigen Sinn kann Keiner es mit dem Anderen halten.

[1] Strophe 5 des Liedes 104 (EKG 10) «Wie soll ich dich empfangen» (1635) von P. Gerhardt (7. Zeile: «die kein Mund kann aussagen»; im nicht mehr im Gebrauch befindlichen *Gesangbuch für die Evangelisch-Reformirte Kirche der deutschen Schweiz*, 1891, Nr. 90: «die kein Mund aus kann sagen»).

Aber jetzt die *Weihnachtsbotschaft:* Der damals geboren wurde, der ist ja nicht nur der Sohn der Maria, der ist ja Gottes Sohn. Und wenn der es mit dir hält, dann tut er das in höchster Macht: in der Macht, dir unter allen und jeden Umständen zu helfen: |160| in der Macht, dich ganz hell zu machen, dich zu verteidigen gegen Jedermann und vor allem gegen deinen schlimmsten Feind, gegen dich selber! Er hält es mit dir in der Macht, dir richtig und wirklich zu helfen, dich zu tragen, dich zu erretten, dir also nicht nur eine kleine, sondern die große, die unveränderliche Freude zu machen. Die kann nur er dir geben, aber die kann er dir tatsächlich geben. Er hält es mit dir in der Macht, dich durch dieses Leben hindurchzuführen und danach auch durch den Tod hindurchzutragen ins ewige Leben.

Das also ist der, der damals geboren wurde: dein und mein und unser aller Heiland: der erste Sohn der Maria, von dem es doch in einem anderen Wort der Bibel heißt: Er ist der Erstgeborene der ganzen Schöpfung [Kol. 1,15]. Er, «Christ der Retter ist da»[2].

Wir hören nun freilich noch etwas Anderes, auf das wir auch achten müssen. Es heißt nämlich, daß Joseph und Maria in der Herberge keinen Platz fanden: keinen Platz für den, der da geboren werden sollte und tatsächlich geboren wurde – keinen Platz für den, der es, ohne an sich selbst zu denken, in höchster Macht mit uns Menschen hält. Für ihn fanden sie keinen Platz in der Herberge.

Die Herberge damals war wohl so etwas wie das, was wir heute ein bescheidenes oder auch besseres Hotel nennen würden, ein schönes, vielleicht auch nicht allzu schönes Haus mit Fremdenzimmern, Eßsaal und Aufenthaltsräumen, wozu wohl heute auch eine große Garage gehören würde. Jedenfalls ein wohnlicher Ort, wo man sich aufhalten und ausruhen und bequem verpflegen konnte. Eben an diesem guten, wohnlichen Ort war leider kein Platz für das Kind, das damals geboren werden sollte – kein Platz für diesen Gast. Es waren wohl zu viele andere, bessere Leute da. Schade! Schade für diese Herberge |161| nämlich! Nun konnte eben Jesus Christus nicht dort, sondern nur ganz anderswo geboren werden.

[2] Aus Strophe 2 des Liedes «Stille Nacht, heilige Nacht» von J. Mohr (1792–1848).

Aber wie ist das heute, hier, jetzt, bei uns? Geboren zu werden braucht der Heiland nicht mehr. Er ist ein für allemal geboren. Aber *einkehren* möchte er bei uns Menschen, mit denen er es so treulich und mächtig hält, deren Heiland er doch ist. Wie steht es aber mit unseren verschiedenen Herbergen? Das Rathaus oder das Casino[3] oder die Universität oder das Münster könnten doch wohl solche Herbergen sein. So auch die vielen Privathäuser und Wohnungen, Wirtshäuser und Geschäfte im großen und im kleinen Basel[4]. So auch das Bundeshaus in Bern[5] oder der Kreml in Moskau oder der Vatikan in Rom oder das Weiße Haus in Washington. Lauter Herbergen, in denen er wohl einkehren möchte. Warum nicht? In allen diesen Häusern – übrigens doch vor allem auch in diesem Haus, in seinen Arbeitsräumen und Zellen – wohnen ja Menschen. Und auf die Menschen, auf alle diese Menschen hat er es ja zweifellos abgesehen. Eben mit ihnen, eben mit uns allen hält er es ja mit großer Treue und Macht.

Wie aber, wenn auch in diesen Herbergen kein Platz für ihn wäre? Weil da lauter besser situierte, besser beschäftigte, besser wissende Leute sein möchten, die für ihn keinen Platz haben – Leute, die gar nicht merken, wer da einkehren will, daß er gerade der ist, der es mit ihnen hält und den sie samt und sonders bitter nötig haben? Wie ist es, wenn ihm dann die Türen aller dieser unserer Herbergen verschlossen bleiben und wenn dann da drinnen, weil er bei uns nicht einkehren kann, Alles, Alles beim Alten bleibt? Vielleicht auch in diesem Haus, auch in der Zelle, in der gerade du wohnst? Wie, wenn er dann weitergehen sollte an ganz andere Orte, zu ganz anderen Leuten – weit weg, vielleicht nach Afrika oder nach Asien? Ich denke in diesem Augenblick an einen lieben Freund in Japan, |162| der eben in diesen Tagen getauft wurde, nachdem er sich 25 Jahre lang besonnen hat, ob er das tun solle.[6] Jetzt hat er es getan, und Andere, weit, weit weg von hier, tun dasselbe. Wie, wenn er an unseren verschlossenen Herbergen schon vorübergegangen wäre? Was soll man dazu sagen?

Es gibt gewiß auch eine *Weihnachtsbotschaft* an die Herbergen und für die Menschen, die da wohnen: «Siehe, Ich stehe vor der Tür und

[3] Gebäude in Basel mit drei Konzertsälen und Restaurant.
[4] Groß- und Kleinbasel: der links- bzw. rechtsrheinische Teil von Basel.
[5] Sitz der schweizerischen Bundesregierung.
[6] Prof. Dr. Katsumi Takizawa, Fukuoka.

klopfe an. Wenn Jemand meine Stimme hören wird und mir auftun, zu dem werde ich eingehen und Abendmahl mit ihm halten und er mit mir» [Apk. 3,20]. Ja, wenn ...! Die Weihnachtsbotschaft wird offenbar eine große Frage, wenn man an unsere verschiedenen Herbergen denkt.

Aber mit dieser Frage möchte ich jetzt nicht schließen. Denn zum Glück ist da noch ein Drittes zu bedenken. Daß der Heiland keinen Platz fand in der Herberge, das hat ihn ja nun doch nicht gehindert, anderswo – ganz anderswo! – geboren zu werden. Von einer Krippe hören wir da. Wir befinden uns offenbar in einem Stall oder an einem Futterplatz im Freien, jedenfalls gerade nicht an einem schönen wohnlichen Ort, wo man als Mensch gern sein mochte, weil es da behaglich, gemütlich und bequem oder doch menschenwürdig aussah. Nein, das war ein Ort, verglichen mit dem die Zellen in diesem Hause wahrscheinlich noch luxuriös zu nennen wären, in der Nachbarschaft der Tiere, wie so viele Maler es dargestellt haben: Ochse und Esel in der nächsten Nähe! An diesem dunklen Ort ist Jesus Christus geboren worden, wie er denn auch an einem ganz ähnlichen, noch viel dunkleren Ort gestorben ist. Da, in der Krippe, im Stall, beim Vieh geschah es, daß der Himmel sich öffnete über der finsteren Erde, daß Gott Mensch wurde, um ganz und gar mit uns und für uns zu sein. Da geschah es, daß wir diesen Mitmenschen, diesen Nächsten, diesen Freund, |163| diesen Bruder bekamen. Da geschah es. Und Gott sei Dank, daß die Eltern und das Kind, die in der Herberge keinen Platz fanden, nun gerade diesen anderen Ort bekamen und hatten, wo das geschehen konnte und geschehen ist.

Und Gott sei Dank, daß es, wenn es jetzt um das Einkehren des Heilandes geht bei uns, auch in unserem Leben noch einen solchen ganz anderen Ort gibt, wo der Heiland nicht erst fragt, nicht nur draußen steht und anklopft, sondern einfach einkehrt, wo er heimlich schon eingekehrt ist und nur darauf wartet, daß wir ihn erkennen und uns seiner Gegenwart freuen. Was ist das für ein Ort in unserem Leben? Denk jetzt nicht an irgend etwas, wie du meinst, Nobles, Schönes oder doch Rechtes in deinem Leben und Tun, in welchem du dich dem Heiland allenfalls empfehlenswert und empfangsbereit darstellen könntest! Nicht so: der Ort, wo der Heiland bei uns einkehrt, hat mit dem Stall von Bethlehem das gemein, daß es da auch gar nicht schön, sondern ziemlich wüst aussieht: gar nicht heimelig, sondern recht unheimlich, gar nicht menschenwürdig, sondern auch ganz in der Nähe der Tiere. Seht, unsere stolzen oder bescheidenen Herbergen und wir als ihre Bewohner – das ist doch nur die Oberfläche unseres Lebens. Es gibt darunter verborgen eine Tiefe, einen Grund, ja einen Abgrund. Und da drunten sind wir Menschen, wir alle ohne Ausnahme, jeder in seiner Weise, nur eben bettelarm d'ran, nur eben verlorene Sünder, nur eben seufzende Kreaturen, nur eben Sterbende, nur eben Leute, die nicht mehr aus noch ein wissen.

Und eben da kehrt Jesus Christus bei uns ein, mehr noch: da ist er bei uns allen schon eingekehrt. Ja, Gott sei Dank für diesen dunklen Ort, für diese Krippe, für diesen Stall auch in unserem Leben! Da drunten brauchen wir ihn, und eben da kann er auch uns brauchen, Jeden von uns. Da sind wir ihm gerade die Rechten. Da wartet er nur darauf, daß wir ihn sehen, |164| ihn erkennen, an ihn glauben, ihn lieb haben. Da begrüßt er uns. Da bleibt uns schon gar nichts Anderes übrig, als ihn wieder zu begrüßen und willkommen zu heißen. Schämen wir uns nicht, da drunten dem Ochsen und Esel ganz nahe zu sein! Gerade da hält er es ganz fest mit uns allen. An diesem dunklen Ort will und wird er mit uns und dürfen wir mit ihm Abendmahl feiern. Und das ist es ja, was wir nachher mit ihm und miteinander tun dürfen. Amen.

Herr unser Gott! Wenn wir Angst haben, dann laß uns nicht verzweifeln! Wenn wir enttäuscht sind, dann laß uns nicht bitter werden! Wenn wir gefallen sind, dann laß uns nicht liegen bleiben! Wenn es mit unserem Verstehen und mit unseren Kräften zu Ende ist, dann laß uns nicht umkommen! Nein, dann laß uns deine Nähe und deine Liebe spüren, die du ja gerade denen verheißen hast, deren Herz demütig und zerschlagen ist und die sich fürchten vor deinem Wort. Zu allen Menschen ist ja dein lieber Sohn gekommen als zu solchen, die so dran sind. Eben weil wir alle so dran sind, ist er im Stall geboren und am Kreuz gestorben. Herr, erwecke uns alle und halte uns alle wach zu dieser Erkenntnis und zu diesem Bekenntnis!

Und nun denken wir an alle Finsternisse und Leiden dieser unserer Zeit – an die vielen Irrtümer und Mißverständnisse, mit denen wir Menschen uns plagen – an all das Harte, das so Viele trostlos tragen müssen – an all die großen Gefahren, von denen die Welt bedroht ist, ohne Rat zu wissen, wie sie ihnen begegnen soll. Wir denken an die

Kranken und Geisteskranken, an die Armen, die Vertriebenen, Unterdrückten und |165| Unrecht Leidenden, an die Kinder, die keine oder keine rechten Eltern haben. Und wir denken an Alle, die berufen sind, so weit zu helfen, als Menschen helfen können: an die Regierungsmänner unseres Landes und aller anderen Länder, an die Richter und Beamten, an die Lehrer und Erzieher, an die Menschen, die Bücher und Zeitungen zu schreiben haben, an die Ärzte und Schwestern in den Spitälern, an die Verkündiger deines Wortes in den verschiedenen Kirchen und Gemeinschaften in der Nähe und in der Ferne. Wir denken an sie alle mit der Bitte, daß das Licht der Weihnacht ihnen und uns hell, viel heller als bisher leuchten möge, damit ihnen und uns geholfen werde. Das alles im Namen des Heilandes, in welchem du uns schon erhört hast und wieder und wieder erhören willst. Amen.

Lieder:
Nr. 118: «Freut euch, freut euch all insgemein» von A. Lobwasser, Strophen 1 und 2
Nr. 118, Strophen 3 und 4
Nr. 125: «Jauchzet, ihr Himmel» von G. Tersteegen (Strophenauswahl nicht angegeben)

TOD – ABER LEBEN!

Römer 6,23

Ostersonntag, 29. März 1959, Strafanstalt Basel

Herr unser Gott! Wir danken dir, daß auch wir jetzt miteinander Ostern feiern dürfen. Wir danken dir, daß du uns ein so unbegreiflich großer, heiliger und barmherziger Gott bist. Als wir Menschen deinen lieben Sohn verwarfen, verurteilten, töteten, da warst ja in Wahrheit du am Werk, um der Welt, uns allen in ihm Frieden zu schaffen. Und dann hast du ihn aus Tod und Grab auferweckt zum ewigen Zeugnis, daß du, der Schöpfer und Herr aller Dinge, nicht gegen, sondern für uns törichte, böse, betrübte Menschen bist. Wir danken dir für dieses Wort deiner Macht und dafür, daß wir, die wir das alle nicht verdient haben, es heute verkündigen und vernehmen dürfen.

Und nun sei du selbst in unserer Mitte und gib, daß hier recht geredet und gehört werde! Führe du selbst uns zusammen mit dir und auch untereinander, damit wir jetzt wie aus einem Herzen frei und offen werden, dich zu lieben, wie du uns geliebt hast, liebst und lieben wirst – und also wach zu werden und zu bleiben in demütigem Gehorsam und mit freudiger Zuversicht.

Das bitten wir dich im Namen Jesu Christi, nach dessen Weisung wir dich jetzt anrufen: Unser Vater ...! |167|

Der Sünde Sold ist Tod – aber die Gnadengabe Gottes ist ewiges Leben in Christus Jesus, unserem Herrn!

Meine lieben Brüder und Schwestern!

Habt ihr es recht gehört? *Tod – aber Leben!* Wenn wir in diesen Tagen uns gegenseitig «gute Ostern» oder «frohe Ostern» wünschen, dann wollen wir bedenken: es geht um diese große Sache: Tod – aber Leben. Das sind zwei Worte, die in der Bibel auch an anderen Stellen gewaltig nebeneinander stehen. Etwa im zweiten Timotheusbrief (1,10), wo es heißt: «Jesus Christus hat dem Tode die Macht genommen und das Leben und ein unvergängliches Wesen ans Licht gebracht.» Oder im Johannesevangelium (5,24), ein Wort Jesu selbst: «Wer mein Wort hört und dem glaubt, der mich gesandt hat, der ... ist aus dem Tode ins Leben hinübergegangen.» Oder im 1. Johannesbrief (3,14), ein Bekenntnis der Gemeinde: «Wir wissen, daß wir aus dem Tode ins Leben hinübergegangen sind.» Und nun also in unserem Text, einem Wort des Apostels Paulus: «Der Sünde Sold ist Tod – aber die Gnadengabe Gottes ist ewiges Leben in Christus Jesus, unserem Herrn.»

Beachten wir das Wort *«aber»!* Tod und Leben sind nicht einfach zwei Worte, Begriffe, Ideen, sondern was damit beschrieben wird, ist ein Weg, eine Geschichte, geschehen in unserem Herrn Jesus Christus, am Ostermorgen, in seiner Auferstehung von den Toten. Damals ein für allemal, damals in ihm geschehen, aber schon damals für uns, so daß, was dort in ihm geschah, auch unsere Geschichte ist: Tod – aber Leben, ewiges Leben! Und darum: «Wir wissen, daß wir aus dem Tode ins Leben hinübergegangen sind.»

Beachten wir auch die *Reihenfolge!* Es heißt nicht: Leben, aber dann Tod! Es heißt nicht: aus dem Leben hinüber in den Tod! |168| Ja, das wäre freilich unser Fahrplan. Zuerst jung sein, dann älter und alt werden, ein wenig glücklich sein und so oft auch unglücklich, ein bißchen

Gutes tun und noch viel mehr Böses, endlich und zuletzt aber sterben und dann verwesen auf irgend einem Friedhof oder in alle Lüfte zerstreut werden im Krematorium. Das ist unser Fahrplan – der Fahrplan Gottes aber sieht anders aus. Mit Tod und Grab fing die Ostergeschichte an, dann aber kam das Aber!, dann hieß es: Vorwärts!, und das auf einer Einbahnstraße, auf der es keine Umkehr gab, hinein ins Leben, ins ewige Leben. Wie es in einem unserer Osterlieder heißt:

Es war ein wunderlicher Krieg,
da Tod und Leben rungen;
das Leben, das behielt den Sieg,
es hat den Tod verschlungen.
Die Schrift hat verkündet das,
wie ein Tod den andern fraß! Hallelujah![1]

Das ist es, was in der Ostergeschichte, in Jesus Christus geschehen ist. – Aber wir wollen nun im Einzelnen und Besonderen über diese Sache nachdenken!

Der Sünde Sold ist Tod. Mit diesem Anfang der Ostergeschichte werden wohl auch wir jetzt anfangen müssen.

«Der Sünde *Sold*» heißt da der Tod. Es könnte auch heißen: der Lohn, das Entgelt, das Gehalt, das die Sünde denen ausbezahlt, die in ihrem Dienst stehen, die für sie arbeiten. Merkwürdig, wie beim Militär der Fourier erscheint da die Sünde – oder wie in einem Geschäft der Arbeitgeber oder sein Kassier, der seine Arbeiter und Angestellten auszahlt: Da hast du, was dir nach Fug und Recht gehört, was du mit deiner Leistung verdient hast. Stimmt die Rechnung? Schau sie dir genau an! Nicht wahr, sie stimmt ganz genau: das ist es, was du verdient hast, da hast du es: den Tod, nicht mehr, nicht weniger, nichts Anderes.

Aber was ist das für ein Fourier oder Arbeitgeber: die *Sünde*, |169| die da so gewaltig auszahlt? Wir mögen jetzt wohl an alles das denken, was der Mensch verkehrt, verdreht, dumm, selbstsüchtig, ungütig, bösartig anstellt, denkt, redet und tut. In dem allem wird die Sünde in der Tat sichtbar wie in seinen Früchten ein Baum. Aber das alles ist noch nicht die Sünde selbst, deren Sold der Tod ist. Sie ist nicht nur das Bösartige,

[1] Strophe 4 des Liedes 159 (EKG 76) «Christ lag in Todesbanden» (1524) von M. Luther – mit kleinen Textabweichungen und mit Auslassung der letzten Zeile: «ein Spott der Tod (EKG: aus dem Tod) ist worden. Halleluja.»).

das wir tun. Sie ist das Böse in uns: das Böse, das wir *sind*. Wollen wir es unseren Hochmut oder unsere Faulheit, oder wollen wir es die Lüge nennen, in der wir leben? Nennen wir es diesmal ganz einfach den großen Trotz, in welchem wir alle Gottes und unserer Mitmenschen, aber auch unsere eigenen Feinde sind und immer wieder werden müssen. Dieser Trotz in uns allen ist die Sünde und ist der Herr und Meister, dem wir dienen, für den wir arbeiten und der uns dafür mit dem Tode bezahlt. Einen anderen Lohn als diesen hat dieser Herr und Meister uns nicht zu bieten, einen anderen haben wir auch nicht verdient. Diesen Lohn aber bleibt er uns – und da gibt es keinen Widerspruch – nicht schuldig.

Und was ist der *Tod* als der Lohn, mit dem die Sünde uns bezahlt? Wir müssen auch hier ein wenig über das hinausdenken, was uns zunächst einfallen mag, wenn wir das Wort «Tod» hören. Es geht nicht nur darum, daß wir einmal sterben müssen. Der Tod ist etwas viel Größeres und Gefährlicheres. Er ist das große Nein, das wie ein schwerer, dunkler Schatten über unserem Menschenleben steht, ihm in allen seinen Bewegungen folgt, das Urteil nämlich, welches lautet: Du Mensch, dein Leben, oder was du für dein Leben hältst, hat keinen Sinn, weil es kein Recht hat und darum auch keinen Bestand haben kann. Dein Leben ist ein abgelehntes, ein verworfenes Leben: ein solches, das für Gott, für deinen Mitmenschen und auch für dich selbst keinen Wert hat. «Tod» heißt: daß dieses Nein über uns gesprochen ist. «Tod» heißt: daß wir nur |170| vergehen und verderben, zu Staub und Asche werden können. Das ist der Tod, den uns die Sünde bezahlt. Dieses Nein, dieses Urteil steht auf unserem Lohnzettel. Und wenn wir einmal werden sterben müssen, dann wird das auskommen und sichtbar werden: der Sünde Sold ist Tod.

Nun, eben das ist *unsere* Geschichte. Man kann wohl auch sagen: die ganze Weltgeschichte ist eine einzige Darstellung dessen, daß der Sünde Sold Tod ist. Aber lassen wir jetzt die Weltgeschichte beiseite. Man versteht sie ja ohnehin am besten, wenn man an seine eigene Lebensgeschichte denkt. Und da gilt es bei uns allen ganz klar: der Sünde Sold ist Tod.

Nun paßt aber gut auf: Seht, darum lag Jesus Christus am Anfang der Ostergeschichte als ein Toter im Grab – darum hat er gelitten, darum ist er gekreuzigt worden, darum gestorben und darum begraben worden, weil er diese *unsere* Geschichte *seine* Geschichte sein lassen wollte, weil er unsere Sünde auf sich nahm, als hätte er sie begangen, und sich dazu stellte und hergab, um von der Sünde den Lohn, den sie bezahlt, an unserer Stelle in Empfang zu nehmen. Das ist es, was er gewollt und was er getan hat. Darum fing die Ostergeschichte damit an, daß Jesus Christus als ein Toter im Grabe lag. Wir alle lagen dort. Der Lohn *unserer* Sünde ist dort ausbezahlt worden. *Unser* Tod hat sich dort an unserer Stelle ereignet. Das Nein, das *uns* gilt und trifft, ist da gewaltig über Ihn, über diesen Einen, der kein Sünder war, den Tod nicht verdient hatte, hereingebrochen und an Ihm bis zum bitteren Ende vollzogen worden.

Aber die Gnadengabe Gottes ist ewiges Leben. Wir sprachen vom schlimmen Anfang der Ostergeschichte. Das ist ihr herrliches Ziel, ihr wunderbares Vorwärts!, das die Einbahnstraße, auf der diese Geschichte verlief und auf die in dieser Geschichte |171| auch wir versetzt sind: der Weg, auf dem wir mit der Sünde auch den Tod, der der Sünde Sold ist, nicht mehr vor uns, sondern nur noch hinter uns haben können.

Ewiges Leben: dahin ging dort die Reise, und dahin geht, weil die Ostergeschichte auch für uns geschah, auch unsere Reise. Nicht zurück, liebe Brüder und Schwestern, nicht wieder hinein in ein Leben, in dem doch wieder im Dienst der Sünde, unseres bösen Trotzes gearbeitet würde und doch wieder der Tod als Lohn der Sünde in Empfang zu nehmen wäre. Nein, hinein, hinüber ins ewige Leben! Ewiges Leben ist das Menschenleben, zu dem Gott Ja gesagt hat, und zwar ein für allemal, unbedingt und vorbehaltlos ein Ja gesagt hat, an dem nichts mehr zu ändern ist. Ewiges Leben ist das mit Gott, in seinem hellen Licht gelebte, durch sein eigenes Leben genährte und gespeiste Menschenleben. Ewiges Leben ist das in den Dienst Gottes und darum sofort auch in den Dienst der Anderen, der Mitmenschen versetzte Menschenleben, mit dem dann gewiß auch dem, der es leben darf, aufs beste gedient ist. Ewiges Leben ist starkes und nicht mehr schwaches, freudiges und nicht mehr trauriges, wahres und nicht mehr verlogenes Leben. Ewiges Leben ist, weil es von Gott kommt und von ihm erhalten wird, unzerstörbares Menschenleben: ein Leben, das über sein natürliches Ende im Sterben hinaus, das nun eben nicht mehr Tod sein kann und wird, dauernd Bestand hat.

Ewiges Leben ist aber Gottes *Gnadengabe*. Es ist also nicht auch wieder ein Sold, ein Lohn, ein Entgelt, ein Gehalt, wie der Tod der Sold der Sünde ist. Ewiges Leben ist nichts, was Gott uns schuldig wäre – ist nichts, was wir verdient hätten – ist keine Auszahlung für gut geleistete Dienste. Ewiges Leben steht auf keinem Lohnzettel, wie der Tod auf dem Lohnzettel der Sünde steht. Gott ist eben nicht wie die Sünde ein großer |172| Fourier oder Arbeitgeber oder Kassier mit einer Abrechnung in der Hand. Gott rechnet nicht ab. Ein ganz großer und vornehmer Herr ist Gott, der es sich vorbehalten hat, der daran seine Freude hat, die er sich nicht nehmen läßt, einfach zu schenken, einfach Gnade zu üben nach seinem Wohlgefallen. So schenkt er ewiges Leben. So ist Menschenleben als ewiges Leben seine ganz freie, seine Gnadengabe.

Wohlverstanden, das war das Ziel der Ostergeschichte, der Geschichte Jesu Christi, wie der Tod als der Sünde Sold ihr Anfang war. In der Auferstehung Jesu Christi von den Toten geschah, kam Gottes Gnadengabe, das ewige Leben in die Welt. Ihn, seinen lieben Sohn, ihn, seinen getreuen und gehorsamen Knecht, ihn, der sich dazu hergab, unsere Sünde zu der seinigen zu machen und unseren Tod an unserer Stelle zu sterben – ihn hat Gott aus dem Tode erweckt und aus dem Grab herausgerufen. Er war es, den Gott dort überkleidete mit ewigem Leben. Aber nun merkt wohl, meine lieben Brüder und Schwestern: ihn dazu, damit in ihm wir – ja wahrlich wir alle samt und sonders – der Gnadengabe des ewigen Lebens teilhaftig würden. Damit also in wunderbarer Umkehrung *seine* Geschichte die *unsrige* werde wie vorher *unsere* die *seine*. Das ist es, was in der Ostergeschichte, indem sie zu ihrem Ziel kam, geschehen ist. Das war das große Aber und Vorwärts!, in dessen Kraft unsere Sünde und damit auch unser Tod zur Vergangenheit gemacht wurde. Das war und ist das helle Licht, von dem schon die Schöpfungsgeschichte redet. «Gott sprach: Es werde Licht! Und es ward Licht» [Gen. 1,3]. Es wurde Licht für uns alle in dem, was dort, was in Jesus Christus für uns geschehen ist. Es geschah, daß in ihm wir alle, alle Menschen, befreit wurden zum ewigen Leben. Der Herr ist auferstanden, wahrhaftig auferstanden, aber in und mit ihm wahrhaftig auch wir. Ich sage das nicht von mir aus. Ich sage |173| es dem Apostel Paulus nach, der es immer wieder so gesagt hat. Und eben dem 1. Johannesbrief: «Wir wissen, daß wir aus dem Tode ins Leben hinübergegangen sind.»

Was bleibt uns, da dem so ist? Uns bleibt wirklich nur übrig: wahrzunehmen, anzunehmen, es zu Herzen zu nehmen, es gelten zu lassen, daß dem wirklich so ist: Gottes Gnadengabe, das ewige Leben in Jesus Christus, unserem Herrn. Wißt ihr, wem wir gleichen würden, wenn wir das nicht wahrnehmen, nicht annehmen und gelten lassen wollten? Wir würden dann einem dummen Manne gleichen, der etwa in diesen Tagen sagen würde: Der Frühling ist noch nicht da, die Kirschbäume blühen ja noch nicht, es regnet ja auch noch, es wird auch immer wieder ein wenig kalt, und wer weiß, ob es nicht noch einmal schneien wird? Wäre das nicht wirklich ein dummer Mann? Oder ich könnte auch ein noch schlimmeres Bild brauchen: Habt ihr neulich in der Zeitung gelesen, daß man auf den Philippinen zwei japanische Soldaten gefunden hat, die noch nicht gehört haben oder glauben wollten, daß der Krieg vor vierzehn Jahren zu Ende ging, die darum noch immer in irgend einem Urwald sitzen und auf Jeden schießen, der ihnen zu nahe kommt? Merkwürdige Leute, nicht wahr? Nun, genau solche Leute sind wir, wenn wir nicht wahrnehmen und annehmen und gelten lassen wollen, was uns in der Osterbotschaft als der Sinn der Ostergeschichte gesagt wird: daß es mit Sünde und Tod aus – daß, was jetzt gilt, Gottes Gnadengabe ist: ewiges Leben für uns alle. Wollen wir uns das nicht schlicht gesagt sein lassen: Tod – aber Leben!? Also: «Wache auf, der du schläfst, und stehe auf von den Toten, daß Christus dir leuchte!» [Eph. 5,14]. Er, Jesus Christus, der unsere schlimme Geschichte zu der seinigen und in wunderbarer Umkehrung seine herrliche Geschichte zu der unsrigen gemacht hat! Er, in dem das Reich des Teufels schon zerstört, das Reich Gottes und |174| seines Friedens schon zu uns, zu dir und zu mir, zu uns allen, auf die Erde, in die Welt gekommen ist! Amen.

Herr, Gott, unser Vater durch Jesus Christus, deinen Sohn, in der Macht deines Heiligen Geistes!

Ach gib doch unseren Augen Licht, damit wir dein Licht, das hell leuchtende Licht der Versöhnung, sehen mögen! Denn das ist die größte Plage, wenn bei Tage man das Licht nicht sehen kann.[2] Befreie uns doch von dieser Plage: uns und alle die Christen, die heute recht

[2] Aus Strophe 8 des Liedes 308: «Hüter, wird die Nacht der Sünden nicht verschwinden?» (1698) von Chr. Fr. Richter (EKG 266, Str. 7).

oder auch schlecht Ostern feiern – das ganze noch immer und immer wieder neu so verwirrte und gefährdete Menschenvolk in der Nähe und in der Ferne!

Segne, was in unserer Kirche, aber auch in den anderen, jetzt noch von uns getrennten Kirchen und Gemeinschaften geschieht zur Bezeugung deines Namens, deines Reiches, deines Willens! Erleuchte auch den neuen Mann, der jetzt an der Spitze der katholischen Kirche steht![3] Regiere aber auch alle redlichen Bemühungen der staatlichen Obrigkeiten, Verwaltungen und Gerichte hier und in aller Welt! Stärke die Lehrer im Gedenken ihrer hohen Aufgabe gegenüber der heranwachsenden Generation – die Leute, die die Zeitungen schreiben, im Bewußtsein ihrer schweren Verantwortlichkeit für die von ihnen beeinflußte öffentliche Meinung – die Ärzte und Krankenschwestern in der treuen Aufmerksamkeit angesichts der Nöte der ihnen Anbefohlenen! Ersetze du mit deinem Trost, deinem Rat, deiner Hilfe, was wir alle so vielen Einsamen, Armen, Kranken, Verirrten schuldig bleiben! Und so laß dein Erbarmen auch an Allen, die in diesem Hause sind, und an ihren Angehörigen offenbar und mächtig werden! |175|

Wir legen uns und Alles, was uns fehlt und was die Welt nötig hat, in deine Hand. Wir hoffen auf dich. Wir vertrauen dir. Du hast dein Volk noch nie zuschanden werden lassen, wenn es dich ernstlich anrief. Was du angefangen hast, das wirst du auch vollenden. Amen.

Lieder:
Nr. 157: «Christ ist erstanden» (12. Jahrhundert)
Nr. 158: «Erschienen ist der herrlich Tag» von N. Herman, Strophen 1–5
Nr. 387: «Wir stehn im letzten Kampf und Strauß» von Chr. Blumhardt, Strophen 1 und 2

[3] Johannes XXIII. war am 28. 10. 1958 zum Papst gewählt worden.

GELOBT SEI DER HERR!

Psalm 68,20

14. Juni 1959, Strafanstalt Basel

Herr unser Gott! Hier findest du uns versammelt, um dein Wort zu reden und zu hören, dich anzurufen, dich zu preisen, dich zu bitten um das, was uns und der ganzen Welt allein gut und heilsam ist.

Aber wie soll das recht geschehen? Du weißt ja, was für Leute wir alle sind, und wir wissen es auch, können es jedenfalls vor dir nicht verleugnen: unsere harten Herzen, unsere unreinen Gedanken, unser ungeordnetes Begehren und Alles, was daraus gekommen ist und noch kommt – unsere Irrtümer und Übertretungen – soviel Worte und Taten, die dir nicht gefallen und mit denen wir auch den Frieden auf Erden nur stören und zerstören können. Wer sind wir, daß wir in dieser Stunde dir zu dienen und uns untereinander wirklich zu helfen vermöchten?

Es geht nicht ohne dein eigenes Reden und Wirken in unserer Mitte. Wir halten uns ganz allein an die Verheißung deiner Gnade und Barmherzigkeit: daß Jesus Christus, dein lieber Sohn, gekommen ist, uns Armen frohe Botschaft zu bringen, uns Gefangenen Befreiung zu verkündigen und uns Blinden das Augenlicht – uns Sünder zu erretten. Aber an diese Verheißung halten wir uns auch in dieser Stunde. Du kannst, was wir nicht können. Du willst es auch. Wir glauben und vertrauen: Du wirst es auch tun – nicht weil wir gut und stark wären, aber weil du es bist. Unser Vater ...! |177|

Gelobt sei der Herr Tag für Tag! Uns trägt der Gott, der unsere Hilfe ist.

Meine lieben Brüder und Schwestern!

Kann und darf ich euch dazu einladen und auffordern, euch darum bitten, mit mir – nein, nicht mit mir, sondern mit dem, der in der heiligen Schrift redet – einzustimmen in dieses: *«Gelobt sei der Herr Tag für Tag!»?* Unsere Gedanken und Gefühle laufen doch in der Regel in ganz anderer Richtung. Wir loben nicht den Herrn, sondern wir alle – ich schließe mich ein – wir *murren*.

Etwa so: Bedauert und beklagt sei mein Schicksal, das es nicht gut mit mir gemeint hat, das mich so hereinfallen ließ, das nichts Besseres mit mir anzufangen wußte, als mich dahin zu bringen, wo ich jetzt bin! Oder etwas anders: Gescholten und angeklagt seien die Menschen, unter denen ich gelebt habe, die mir durch ihr Tun und Lassen so mitgespielt haben, wie sie es taten – die Umgebung, in der ich zu meinem Schaden aufgewachsen bin – vielleicht sogar meine Eltern, die sich so wenig um mich bekümmerten, die mich so gar nicht gut erzogen, die mir so wenig Liebe entgegengebracht haben! Oder noch anders: Wie anstößig, verdrießlich und verächtlich ist mir doch der und der Mensch, mit dem ich da täglich zu tun habe: dieser Mensch mit seiner Art oder vielmehr Unart, mit seinem Wesen oder vielmehr Unwesen! Oder noch ein bißchen anders: Mich selbst könnte ich wohl an den Haaren nehmen, mir selber möchte ich wohl eine Ohrfeige versetzen, wenn ich an eine gewisse dunkle Zeit, an eine gewisse finstere Stunde in meinem Leben denke, von der ab es schief und bachab mit mir gegangen ist, an deren Folgen ich bis heute zu tragen |178| habe. Oder das Murren könnte auch weitergreifen: Aufbegehren und protestieren müßte und möchte man gegen die Leute, die in dieser unserer Zeit unsere schöne freie Luft mit ihren blöden Experimenten radioaktiv vergiften und verpesten und damit vielleicht ganzen kommenden Generationen Unheil bereiten, ein Unheil, das wahrscheinlich schon jetzt auf uns lastet, auch wenn wir dessen noch nicht gewahr sind.

Ja, und in Grund und Boden hinein möchte man heute die vier Männer in Genf kritisieren, die nun schon seit fünf Wochen um einen runden Tisch sitzen, um ein Wort für den Frieden zu finden und damit eine Entscheidung über die Zukunft von uns allen zu vollziehen, und haben bis zur Stunde nichts fertig gebracht als unaufhörlich die gleichen unnützen Sprüche.[1] Und dann wohl gleich auch noch – und sogar noch mehr – ihre Hintermänner in Moskau, Washington und in Bonn und unsere Zeitungen (nicht zuletzt die schweizerischen!), die Tag für Tag zum kalten Krieg hetzen, und endlich die ganze Menschheit im Osten

[1] Konferenz der Außenminister der USA, der Sowjetunion, Großbritanniens und Frankreichs mit beratender Teilnahme von Delegationen der beiden deutschen Staaten, 11.5.–5.8.1959. Verhandlungsgegenstand waren die Deutschland- und Berlinfrage und die europäische Sicherheit. Die Konferenz erbrachte keine Einigung.

und im Westen, die wie eine große Schafherde in den Abgrund zu rennen und uns alle mitreißen zu wollen scheint. Und könnte es nicht sein, daß der Eine oder Andere Lust hätte, auch gegen das Christentum zu protestieren, auch gegen die Kirche, die evangelische und die katholische und ihre Vertreter, die so oft mit den Wölfen geheult haben und noch heulen, die jedenfalls so schwach zu sein scheinen, daß sie nichts Besseres als immer wieder Steine statt Brot zu bieten haben?

Soll ich noch mehr in dieser Richtung sagen? Da wäre sicher noch viel mehr und von jedem sein Besonderes zu sagen, zu beklagen und anzuklagen. Und sei es denn, daß es uns als eine wunderbare Befriedigung und Erleichterung vorkommen könnte, in dieser Art nach dieser oder jener Seite oder nach allen zugleich so recht zu murren! Und sei es denn – warum sollte es |179| nicht so sein? –, daß wir dabei teilweise und vielleicht Punkt für Punkt mehr oder weniger recht haben könnten!

Aber was nun? Also tapfer weiter gemurrt? Sollte ich hier etwa Amen sagen? Könnte wohl sein, daß der Eine oder Andere von euch zufrieden wäre, wenn ich jetzt tatsächlich Amen sagen würde! Könnte wohl sein, daß er nachher rühmen würde: heute habe er sich einmal gut verstanden gefühlt, genau so meine er es auch!

Aber *halt* einmal: So geht es wohl nicht! Darum handelt es sich ja jetzt nicht, daß wir uns selbst verstehen und auch gegenseitig voneinander verstanden fühlen. Sondern darum geht es jetzt, daß wir alle etwas ganz *Anderes* verstehen lernen. Eben wegen dieses Anderen kann ich jetzt noch nicht Amen sagen.

Das ist das Andere: *Gelobt sei der Herr Tag für Tag!* Ihr merkt schon, das *tönt* schon ganz anders! Ja, und das *ist* auch ganz etwas Anderes als unser ganzes leises oder lautes, berechtigtes oder unberechtigtes Murren. Wie ein Berg von 4000 Metern steht das unseren Gedanken und Gefühlen gegenüber. Wie ein Erdbeben erschüttert das die ganze Landschaft unseres Murrens. Wie ein reißender Fluß durchbricht das die Dämme unseres Klagens, Anklagens, Kritisierens und Protestierens. «Gelobt sei der Herr Tag für Tag!» Ach, meint doch ja nicht, das sei nun eben meine Ansicht. Ginge es jetzt um meine Ansicht, dann könnte ich euch offen gestehen: ich murre auch manchmal, und das ganz gerne, und ich meine dann auch jedesmal guten Grund dafür zu haben. Wir reden aber von einem unendlich viel Höheren, Besseren als alle meine und eure Ansichten. «Gelobt sei der Herr Tag für Tag!» Das ist schlicht die *Wahrheit*, die *über* uns allen, die *gegen* uns alle, die aber vor allen Dingen *für* uns alle ist. Die Wahrheit, die in unseren Herzen aufgehen will, wie die Sonne es jetzt so früh |180| tut, und wenn sie kommt, dann beginnen alle Vögel zu zwitschern, und alle Blumen neigen sich ihr entgegen! Kein Mensch lebt von seinen Ansichten, und wenn sie noch so gut und begründet wären. Der Mensch lebt von der Wahrheit. Hier ist sie: «Gelobt sei der Herr Tag für Tag!» Wenn wir hier einstimmen, dann treten wir hinein in die Wahrheit, dann sind wir eigentlich schon in der Wahrheit. Es wird dann Tag. Es beginnt dann – dann erst – das wirkliche Leben. Weil dem so ist, darum konnte ich vorhin nicht Amen sagen. Weil dem so ist, darum wage ich es jetzt trotz Allem, lade ich euch ein, fordere ich euch auf, bitte ich euch, einzustimmen: Ja, «gelobt sei der Herr Tag für Tag!» – Laßt mich euch das kurz erklären.

Gelobt sei der *Herr!* Der Herr macht die Wahrheit zur Wahrheit, zum Boden, auf dem wir stehen und gehen können, zur Luft, in der wir atmen dürfen. Der Herr ist der Ursprung und Anfang, von dem wir alle herkommen. Der Herr ist auch das Ziel und Ende, dem wir alle entgegengehen. Der Herr ist der, der nicht nur groß, sondern der allein Große – nicht nur gut, sondern der allein Gute ist, von dem alles Gute kommt. Er ist der freie Herr, der Quell aller Freiheit. Er ist der einzige Herr, weil er der Schöpfer aller Dinge ist, weil Alles ihm gehört, weil wir alle die Seinigen sind.

Gelobt sei der Herr! «Loben» heißt schlicht: recht geben, gutheißen – was, wenn es um das Lob des Herrn geht, nicht möglich ist, ohne daß wir uns selbst unrecht geben, uns selbst nicht gutheißen können. Nebenbei gesagt: Habt ihr schon bemerkt, was in den Liedern unseres Kirchengesangbuchs passiert: daß in ihnen allen irgendwie der Herr gelobt, ihm recht und damit uns Menschen unrecht gegeben wird? Wir haben vorhin gesungen aus diesem Buch und werden es nachher wieder tun. Seht, da stimmen wir eigentlich schon ein: |181| *Gelobt* sei der Herr! Und nun kommt es nur darauf an, daß wir dieses unser Einstimmen ganz ernst nehmen – nur darauf: das Entsprechende ernstlich zu denken, zu wollen und dann auch zu tun. Wie dem auch sei: Es handelt sich nicht darum, unser Schicksal, auch nicht darum, den Menschen, und erst recht nicht darum, den Zeitungen oder irgend einer Partei recht zu geben. Damit mögen wir es halten, wie wir müssen und wollen. Es handelt sich also nicht darum, irgend eine Kreatur, das Leben, die Welt, sondern den Herrn zu loben. Ihn darum, weil er es verdient, gelobt zu werden – weil ihn zu loben kein künstliches und kein frommes Unternehmen, sondern das Allernatürlichste, das Notwendige, das Selbstverständliche ist – weil er recht *hat* als der Einzige über allem unserem vermeintlichen Recht und gegen alles unser Unrecht. Und ihn zu loben ist darum gut, weil wir damit, daß wir das tun, gut fahren, weil wir damit, wie der Engländer sagt, «auf die sichere Seite» (on the safe side) kommen: aus der Welt der Lüge heraus hinein in das Land der Wahrheit, in welchem man leben kann.

Von einem dem Herrn *Tag für Tag*, also jeden Tag darzubringenden Lob ist aber die Rede. Nicht wahr, sehr Vieles kann nicht alle Tage sein. Man kann nicht jeden Tag gleich gut arbeiten, kann auch nicht jeden Tag lustig und guter Laune sein. Und zum Glück kann man das Leben auch nicht jeden Tag gleich schwer nehmen, nicht jeden Tag das gleiche böse Gesicht machen. Eines aber kann und darf jeden Tag geschehen: unter allen Umständen, ob die Sonne scheint oder ob es regnet, ob wir gerade froh und vergnügt oder etwas betrübt oder richtig traurig sind, ob es uns gut oder schlecht geht. Den Herrn loben, ihm recht geben, das ist eine Sache, *die* große Sache für *jeden* Tag. Warum? Darum, weil Er Tag für Tag der Ursprung ist, von dem wir herkommen, und Tag für Tag das Ziel, dem wir entgegengehen. Weil er Tag für Tag der eine |182| Große, der eine Gute, der eine Freie ist, der auch uns Freiheit gibt. Kurz, weil Er Tag für Tag der Herr ist. Er, der Hüter Israels, schläft noch schlummert nicht, wie es in einem anderen Psalm [121,4] heißt. Er wacht, er wirkt alle Tage, bis ans Ende aller Tage und über dieses Ende hinaus in alle Ewigkeit. Eben davon haben wir darin, daß wir den Herrn Tag für Tag zu loben haben, ein kleines Abbild, bis auch wir über das Ende hinaus sein werden: «bis ich dich nach dieser Zeit lob und lieb in Ewigkeit»[2].

Aber nun soll doch nachher Keiner von euch sagen: er hat heute gepredigt, daß man nicht murren, daß man vielmehr den Herrn loben *solle!* Solle? Das habe ich nicht gepredigt. Was ich gepredigt habe, das ist

[2] Schlußzeilen der letzten Strophe des Liedes 48 (EKG 232) «Sollt ich meinem Gott nicht singen» (1653) von P. Gerhardt.

nicht ein Gesetz, eine Mühsal, ein Zwang, den ihr nun auf euch nehmen, ein Krampf, den ihr nun machen müßtet. Wenn Jemand da mit einstimmt und also den Herrn lobt Tag für Tag, dann heißt das nicht, daß er irgend etwas soll oder muß und also keuchend bergauf zu steigen hätte irgend einem Ideal entgegen. Der wird dabei vielmehr fröhlich und beschwingten Schrittes bergab gehen. Denn wenn Einer das tut, dann *darf* er das tun: nicht in irgend einer Freiheit, die er sich dazu genommen hätte oder nehmen könnte, sondern in der Freiheit, die ihm dazu gegeben wird aus dem Quell aller Freiheit: von dem, der der eine, große Freie ist.

Uns trägt nämlich *der Gott, der unsere Hilfe ist.* In Luthers Bibelübersetzung lautet dieses Wort ein wenig anders. «Gott legt uns eine Last auf, aber er hilft uns auch», heißt es dort. Das ist auch schön und wahr, und es hat gewiß schon Tausende und Tausende von Menschen gegeben, die sich gerade mit diesem Wortlaut getröstet haben. Ich habe das Wort hier wiedergegeben, wie es in der Zürcher Bibel übersetzt ist, weil ich denke, daß es so noch genauer wiedergibt, was gemeint ist, und vielleicht doch noch schöner und wahrer ist, als Luther |183| es verstanden hat. Denn eigentlich ist es ja nicht so, daß Gott eine Last auf *uns* legt, sondern wir sind die Last, die *Er* auf *sich* genommen hat und selber trägt.

Daß er uns trägt, das heißt bestimmt auch: er *erträgt* uns. Gott könnte uns sehr wohl unerträglich finden, vielleicht gar nicht zuletzt wegen unseres Murrens, bei dem wir ja wirklich keine gute Figur machen. Er könnte uns dementsprechend behandeln und also fallen lassen. Aber eben das tut er nicht. Er ist ein großer Herr, der sogar uns, sogar mich und dich ertragen kann und ertragen will und auch wirklich erträgt.

«Uns trägt der Gott, der unsere Hilfe ist.» Das heißt aber, daß er uns nicht bloß erträgt: er trägt uns *heraus* aus dem Schlamm unserer Torheiten und Bosheiten und unserer verschiedenen großen und kleinen Traurigkeiten. Er trägt uns *hindurch* durch das von uns selbst gepflanzte Gestrüpp unserer Einbildungen und Verkehrtheiten. Er trägt uns *hinweg* aus dem Reich des Todes und trägt uns *hinüber* in das ewige Leben: so wie ich es euch hier am Ostersonntag zu sagen versucht habe. In dem allem könnten wir uns nicht selbst tragen. Wie sollten wir auch? Er aber tut es: «der wie auf Adlers Flügeln dich sicher geführet»[3]. Habe noch nichts davon gemerkt!, meinst du jetzt? Ja, es gibt noch Vieles, was wir noch nicht gemerkt haben, darum falsch meinen, und was doch wahr ist. Und dazu gehört auch und vor allem dies: «Uns trägt der Gott, der unsere Hilfe ist.»

Ist! Also nicht nur: der uns ein bißchen hilft. Und nicht nur: der irgendeinmal später, vielleicht erst im Himmel, unsere Hilfe sein wird. Nein, Er *ist* unsere Hilfe. Er ist nun einmal nicht nur für sich selber Gott in irgendwelcher Höhe und Ferne, in irgend einem göttlichen Geheimnis. Er ist der Gott, der gerade als solcher, als Gott, unsere Hilfe ist. Wir reden – das sei jetzt nur kurz angedeutet – von dem Gott, dessen Sohn |184| Jesus Christus heißt und ist: von dem Gott, der sich uns in diesem Einen gleich gemacht, an die Seite gestellt, sich für uns eingesetzt und hingegeben hat. Wir reden von dem Gott, der uns in diesem Einen als dessen Brüder und Schwestern zu seinen eigenen Kindern gemacht hat. Wir reden von dem Gott, der, indem er uns zu Jesus Christus ruft und in seine Gemeinschaft stellt, unser Vater ist. In Ihm ist und bleibt er unsere Hilfe. Denkt an Weihnacht, denkt an Karfreitag, denkt an Ostern, denkt an die Himmelfahrt, dann wißt ihr, was gemeint ist: Uns trägt der Gott, der unsere Hilfe ist. Und denkt dann gleich auch an das große Geheimnis des Pfingsttages. Denn das ist der Heilige Geist, wenn das über uns kommt und uns nicht mehr losläßt, sondern uns recht frei macht, den Herrn zu loben: Uns trägt der Gott, der unsere Hilfe ist.

Ganz zum Schluß möchte ich nun aber doch noch einmal auf das *Murren* zurückkommen, mit dem wir es am Anfang zu tun hatten. Wie steht es jetzt damit?

Nun, zunächst gewiß so, daß Gott der Herr uns bestimmt auch in und gegenüber all dem Großen und dem Kleinen trägt, wogegen wir mit Recht oder Unrecht zu murren haben. Und weiter auch so, daß er uns bestimmt auch in und mit unserem Murren selbst trägt, das nun ein-

[3] Vgl. Strophe 2 des Liedes 52 (EKG 234) «Lobe den Herren, den mächtigen König» (1680) von J. Neander:

Lobe den Herren, der alles so herrlich regieret,
der wie auf Flügeln des Adlers dich sicher geführet ...

(EKG: «... der dich auf Adelers Fittichen sicher geführet ...»)

mal, sogar wenn es berechtigt ist, niemals eine schöne Sache ist. Dürfen wir im Glaubensbekenntnis sagen: ich glaube an eine Vergebung der Sünden, dann mag darunter gewiß auch verstanden sein: Ich glaube an eine Vergebung auch meines täglichen Murrens, Scheltens und Protestierens.

Aber nehmen wir jetzt an, wir hörten, wir verstünden das, wir nähmen diese Vergebung an. Setzen wir voraus, wir machten Gebrauch von der Freiheit, die uns geschenkt ist, den Herrn zu loben, ihm recht und uns unrecht zu geben. Wie |185| wären wir dann eigentlich dran? Könnten und dürften wir dann eigentlich so weiter murren wie bisher? Ich las dieser Tage in der Zeitung die kuriose Nachricht von einem Prinzen, dem Bruder des belgischen Königs. Ihm wurde von einer dortigen Stadt als Geschenk ein schönes neues Gewehr angeboten. Er habe aber dieses Geschenk nicht angenommen – mit der Begründung: «Es tut mir leid, ich kann nicht schießen.» Wie wäre es eigentlich, wenn ich, wenn das Murren wieder einmal so richtig in mir aufsteigen will, statt loszumurren, ganz freundlich sagen würde: «Es tut mir leid, ich kann nicht mehr murren»? Oder sagen wir vorsichtig: Ich kann nur noch so ein bißchen murren. Eigentlich ist mir nicht wohl, eigentlich schäme ich mich dabei. Es geht im Grunde nicht mehr. Danke für das Gewehr! Warum geht es im Grunde nicht mehr? Es geht darum nicht mehr, weil ich – ich kann mir nicht helfen – anders beschäftigt bin: weil jenes Andere, weil gegenüber meinem ganzen Murren die Wahrheit für mich in den Vordergrund getreten ist, die große freie und befreiende Wahrheit: Gelobt sei der Herr Tag für Tag! Uns trägt der Gott, der unsere Hilfe ist. Amen.

Lieber himmlischer Vater! Wir danken dir. Und nun laß es geschehen und gelten in unseren Herzen und in unserem Reden und Tun, daß wir dich loben, dir recht geben Tag für Tag: so auch an diesem Tag und in der Macht deines Heiligen Geistes auch morgen und übermorgen! Ertrage und trage uns fernerhin: einen Jeden, eine Jede von uns. Wir alle haben es nötig, Jeder und Jede auf besondere Weise. Sei und bleibe du |186| für uns, für Alle, die in diesem Hause sind, und auch für unsere Angehörigen in der Nähe und in der Ferne der Gott, der unsere Hilfe ist!

Sei und bleibe du aber auch Derselbe über und in dem so verwirrenden und verwirrten, bedrückenden und bedrückten menschlichen

Tun und Geschehen unserer Tage! Sage und zeige Allen, daß sie dir nicht verloren sind, daß sie dir aber auch nicht davonlaufen können! Erweise dich überall als der Herr der Frommen und der Gottlosen, der Klugen und der Törichten, der Gesunden und der Kranken – als der Herr auch unserer armen Kirche, der evangelischen und der katholischen und aller anderen – als der Herr der guten und der schlechten Regierungen, der ernährten und der unterernährten Völker – als der Herr besonders auch der Leute, die heute so viel Gutes und weniger Gutes meinen reden und schreiben zu müssen – als unser aller Schutzherr, dem wir uns anbefehlen dürfen, aber auch als unser aller Gerichtsherr, dem wir am Jüngsten Tage und heute schon verantwortlich sind.

Großer, heiliger und barmherziger Gott, wir sehnen uns nach deiner letzten Offenbarung, in der es vor Aller Augen klar werden wird, daß die ganze geschaffene Welt und ihre Geschichte, daß alle Menschen und ihre Lebensgeschichten in deiner gütigen und strengen Hand waren, sind und sein werden. Wir danken dir auch dafür, daß wir uns auf diese Offenbarung freuen dürfen. Das alles im Namen Jesu Christi, in welchem du uns Menschen von Ewigkeit her geliebt, erwählt und berufen hast. Amen.

Lieder:
Nr. 27: «Nun jauchzt dem Herren, alle Welt» (nach Ps. 100) von D. Denicke, Strophen 1–5
Nr. 272: «Von Gott will ich nicht lassen» von L. Helmbold, Strophen 1–4
Nr. 208: «Ach bleib mit deiner Gnade» von J. Stegmann, Strophen 1–3

DER HERR, DEIN ERBARMER

Jesaja 54,10

27. Dezember 1959, Strafanstalt Basel

Herr, unser großer und gütiger Gott! Weil du in deinem lieben Sohn zu uns gekommen bist, darum dürfen und wollen wir auch zu dir kommen, dein Wort hören, unsere Sinne und Gedanken zu dir erheben und dir mit dem, was wir hier miteinander tun, Antwort zu geben versuchen.

Wir wissen wohl, wieviel uns von dir trennt und wie wenig wir es verdienen, so in deine heilige Nähe zu kommen. Wir wagen es, weil du uns als deine Kinder dazu einladest und aufrufst. Es ist aber schon nötig, daß du selbst uns hilfst, recht von dir zu reden und recht auf dich zu hören. Erlaube uns nicht, zerstreut und gleichgültig dabei zu sein! Erlaube uns aber auch nicht, selber gescheit sein und Alles besser wissen zu wollen! Bewege uns stattdessen durch den starken, freudigen Ton deiner Wahrheit, damit sie uns sammle, zu dir hinführe und uns anleite, in diesen Tagen mit allen anderen Menschen demütig und getrost vom alten ins neue Jahr hinüberzugehen!

Unser Vater ...! Amen. |6|

Es sollen wohl Berge weichen und Hügel hinfallen. Aber meine Gnade soll nicht vor dir weichen, und der Bund meines Friedens soll nicht hinfallen, spricht der Herr, dein Erbarmer.

Meine lieben Brüder und Schwestern!

Wie gerne würde ich euch jetzt ein gutes Wort sagen, das ein Jeder und eine Jede von euch verstehen und begreifen könnte und das euch nachher in eure Zellen und tröstlich und ermutigend ins neue Jahr begleiten würde. Aber mit den guten Worten, die von einem Menschen zu anderen Menschen gehen sollten und möchten, ist es so eine Sache. Sie haben es alle an sich, daß sie, wie es in dem Text, den wir eben gehört haben, von den Bergen und Hügeln heißt: weichen und fallen, aus dem Munde des einen Menschen wie Rauch und Schall hinüber zu den anderen und dort zum einen Ohr hinein, zum anderen wieder hinausgehen. Was sind sie dann gewesen? Was ist dann mit ihnen ausgerichtet? Und das ist so, weil wir Menschen selbst, indem wir reden und hören, weichende und fallende, vergängliche Wesen sind. Nun, ich will versuchen, euch ein wenig zu erklären, was uns da von dem alten Propheten als Gottes Wort bezeugt wird, wobei ich aber wahrhaftig darum bitten muß – und ihr müßt auch darum bitten! –, daß Gott selber das, was da gesagt ist, aufs neue auch zu uns sage, und so sage, daß wir es hören und begreifen dürfen und müssen.

«Gott» – habe ich eben gesagt. Ja, nicht wahr, wenn man in die Kirche kommt – ob es nun das Münster oder diese unsere Kapelle sei –, immer wieder dieses Wort «Gott»! Wer, wie, |7| wo, was «Gott»?, denkt jetzt vielleicht der Eine oder Andere von euch. Was ist damit gemeint, was sagt mir das, was soll ich damit anfangen: «Gott»? Hat nicht ein großer Philosoph, der hier in Basel gelebt hat, gesagt, daß Gott tot sei?[1] Nun, so schlimm wird es wohl nicht sein. Sollte Gott wirklich für viele Menschen und manchmal auch für uns alle ein toter Gott sein, so heißt das noch lange nicht, daß er tot ist! Aber etwas ist schon daran: das Wort «Gott» ist zwar auch nicht einfach tot, wohl aber krank, schwerkrank, weil es so oft falsch benützt und mißbraucht worden, weil es so etwas wie eine abgeschliffene Münze geworden ist. Nun kommt aber gerade das Wort «Gott» in unserem Text gar nicht vor. Dafür bekommen wir hier deutlichen Bescheid darüber, wer und was Gott ist: er ist *der Herr, dein Erbarmer*.

«Der Herr, dein Erbarmer» heißt im Munde des Propheten: der, der groß und majestätisch, der eben der *Herr* – der aber darin groß, majestätisch, der Herr ist, daß er sich des Volkes Israel *erbarmt*, dieses Volk aus Ägypten befreit, durch die Wüste hindurchgeführt und ihm ein schönes Land gegeben hat, daß er es immer wieder erhalten, führen und beschützen wollte. Das Volk Israel war ein kleines und dazu ein ungutes und damals sehr elendes Volk. Ihm war ja damals Alles verloren gegangen: zuerst und vor allem gerade sein Glaube an seinen Gott, an den Herrn, der doch sein Erbarmer war, der Gehorsam diesem Herrn gegenüber. Ja, solche Zeiten gibt es, wo den Menschen der Glaube an Gott und der Gehorsam gegen ihn abhanden kommt. Und dann ist alles Andere auch verloren. Verloren gegangen war Israel mit dem rechten Glauben und Gehorsam: die Macht und der Glanz des Königtums Davids, verloren die Stadt Jerusalem samt dem von Salomo erbauten Gotteshaus, verloren die Heimat, das Land seiner Väter, verloren seine Freiheit. Geblieben war ihm gerade nur |8| noch Eines: der Herr, sein Erbarmer. Dieser aber blieb ihm, hörte seinem Unglauben und Ungehorsam zum Trotz nicht auf, sein Erbarmer zu sein – als solcher in seiner Mitte zu leben, zu handeln, zu sprechen, so wie er es nun eben auch durch diesen Propheten getan hat.

[1] Fr. Nietzsche, *Die fröhliche Wissenschaft* (1881/82, 1886), Drittes Buch, Abschnitt 125: «Der tolle Mensch», in: *Nietzsches Werke*, Bd. 5, Leipzig o. J., S. 163f.

«Der Herr, dein Erbarmer» – das darf und muß nun aber für uns noch mehr heißen: Er hieß eben nicht umsonst der Erbarmer, er hat doch sein Erbarmen mit diesem Volk Israel wahr gemacht. Er hat das damit getan, daß er selbst in der Mitte dieses Volkes und so in der Mitte aller Menschen selber ein Mensch wurde: der Bruder aller Menschen inmitten ihres unguten Wesens und ihres großen Elends und der Erretter aller Menschen aus ihrem unguten Wesen, aus ihrem großen Elend.

Ich bin einmal gefragt worden, wie das eigentlich komme, daß in der in den Evangelien erzählten Geschichte Jesu – denn er war doch jener Menschenbruder! – zwar von Kranken und Armen, von Sündern und Zöllnern viel die Rede sei, kaum aber ausdrücklich von Gefangenen: nämlich von Gefangenen in dem wörtlichen Sinn, wie ihr es hier seid. Nun, es ist wahr: man meint da zunächst wenig zu finden. Aber sollten wir nicht vielleicht vor lauter Bäumen den Wald nicht sehen? Ist in Wahrheit nicht die ganze Geschichte Jesu eine einzige Geschichte von dem Unerhörten, daß der ewige große Gott sich selber in die Gefangenschaft des menschlichen Wesens und Daseins mit Allem, was dazu gehört, begeben hat? Und ist er da nicht von den Menschen zuletzt auch ganz wörtlich gefangen genommen, verhaftet, abgeführt, verhört, verurteilt und als Verbrecher hingerichtet worden? Wenn es Einen gegeben hat, der solidarisch gerade mit den Gefangenen war, so war er es. Und in dieser Solidarität mit ihnen, als dieser große Verhaftete, Verurteilte und Hingerichtete hat er allen |9| Gefangenen Freiheit gebracht, Errettung, Erlösung. Das ist der Herr, dein Erbarmer: dieser Gefangene, der dein, der unser aller Befreier ist.

Wie wäre es, liebe Freunde, wenn wir uns im Stillen angewöhnen würden, jedesmal wenn wir dieses merkwürdige Wort «Gott» hören oder lesen, sofort zu denken: der Herr, dein Erbarmer, das heißt also: derjenige, der in der Geschichte Israels und dann in der Geschichte des Menschen Jesus gehandelt und gesprochen hat und bis auf diesen Tag lebendig auch an uns handelt, auch zu uns spricht? Eben dieser ist Gott! Wir würden dabei immer noch genug Grund haben, uns zu wundern. Wir wären dann aber, was dieses Wort «Gott» betrifft, wenigstens auf der rechten Spur. Und wer weiß, es könnte uns dann geschehen, daß dieses kranke Wort «Gott» in unserem Mund und in unseren Ohren wieder gesund zu werden beginnen möchte!

Was aber spricht der Herr, dein Erbarmer? Das wollen wir jetzt hören!

Das spricht er: *Meine Gnade soll nicht von dir weichen*. Meine Gnade! Ich, der Herr, bin dir gut, heißt das. Aber nicht nur so von weitem gut, sondern ich, der Herr, wende mich dir zu und tue das nicht als bloße Gebärde und mit leeren Händen. Ich, der Herr, nehme mich deiner an, noch mehr: ich, der Herr, will jetzt deine Sache, die Sache deines Lebens, in meine Hand nehmen, zu meiner eigenen und so zu einer guten Sache machen. Weil du so ein feiner Mensch bist, weil du das verdient hast? Nein, nein, nicht darum! Aber weil ich es so wähle und will, dir und mir gnädig zu sein. «Meine Gnade» heißt: Du bist ein recht unnützer Knecht, aber als solchen will ich gerade dich in meinen Dienst nehmen. Du bist mir ein höchst zweifelhafter Freund – mein Feind oft eher als mein Freund! |10| –, ich aber will dir ein guter, dein bester Freund sein. Du bist ein ungehorsames Kind – ach ja, wir alle sind nur eben seine ungehorsamen Kinder –, ich aber will dir ein treuer Vater sein. Das ist die Gnade, die nicht von dir weichen soll. Wieso nicht? Einfach darum nicht, weil sie Gnade ist und also ganz und gar nicht von dir abhängt – weil sie meine Gnade, nicht menschliche, sondern Gottesgnade ist! Darum kann und wird sie nicht von dir weichen. Sie mag dir eine verborgene Gnade sein, aber sie soll nicht von dir weichen. Sie mag und muß dir weithin eine harte, eine strenge Gnade sein, die dir auch manchmal weh tut, aber sie soll nicht von dir weichen. Wir sind allesamt undankbare Stümper ihr gegenüber, aber sie soll nicht von dir und nicht von mir und nicht von uns allen weichen!

Das Andere, was der Herr, dein Erbarmer, spricht, ist: *Der Bund meines Friedens soll nicht hinfallen*. Das hängt mit dem Ersten zusammen. Es ist eben nicht Laune oder Zufall, Gott ist nicht ungerecht und nicht unheilig, wenn er uns, die wir es so gar nicht verdient haben, gnädig ist. Nein, er ist uns darum gnädig, weil es da einen Bund gibt, den er geschaffen – einen Vertrag, den er geschlossen hat, weil eben darin sein ewiger Wille am Werk ist. Dieser Bund kann nicht gebrochen werden, sondern steht fest, dieser Vertrag wird gehalten, dieser ewige Wille wird ausgeführt. Und das war und ist sein ein für allemal beschlossener und ausgeführter, sein ewiger Wille: Er «war in Christus und versöhnte die Welt mit sich selber» [2. Kor. 5,19]. Versöhnte sie mit sich selber! Darum heißt er «der Bund meines Friedens», will sagen: des von mir geschaffenen Friedens. Darum kann er nicht hinfallen, darum ist er unwiderruflich. Es stand in der vorigen Woche in der National-Zeitung eine Weihnachtsbetrachtung[2] – vielleicht hat der Eine oder Andere von euch sie auch gelesen –, in der daran erinnert |11| wurde, daß es dem Menschen im vergangenen Jahr gelungen ist, nach dem Mond zu greifen. Daran sei nun nichts mehr rückgängig zu machen und zu ändern, daß die Russen eine desinfizierte Kapsel dort hinauf gesendet haben und daß die nun eben dort ist! Dann fuhr der Verfasser aber fort: Es gebe etwas, was nun doch noch erstaunlicher und sicherer sei – daß nämlich Gott (der noch etwas weiter oben als der Mond und die Sonne, die Milchstraße und alle Welten jenseits der Milchstraße zu Hause ist) einen gewaltigen Griff nach der Erde getan, und daß er da etwas ganz Anderes und Besseres zurückgelassen habe als jene blöde Kapsel: eben den Bund seines Friedens, eben unsere Versöhnung mit ihm, eben den einen Jesus Christus, in welchem diese geschehen ist. Seht, darum, weil dieser Friede geschlossen ist, kann und wird Gottes Gnade nicht von uns weichen. Weil sie auf diesen Bund, auf dieses ein für allemal Geschehene und nicht mehr zu Widerrufende zwischen Gott und uns begründet ist und weil dieser Bund nicht hinfallen kann, darum soll seine Gnade nicht von uns weichen.

Aber nun wird es nicht anders gehen, als daß wir auch das Andere hören: *Es sollen wohl Berge weichen und Hügel hinfallen.* Nicht wahr, das tönt entschieden weniger gut. Es muß eine schauerliche Sache gewesen sein, als im Anfang des 19. Jahrhunderts das Gebirge oberhalb von Goldau im Schwyzerland in Bewegung kam und das ganze Dorf verschüttete.[3] Ja, da wich der Berg, da fielen die Hügel. Aber wir wollen ja nicht überhören: auch da, auch wenn von den weichenden Bergen und fallenden Hügeln die Rede ist, spricht der Herr, dein Erbarmer. Auch das wird nicht einfach eine böse, sondern, auch wenn wir davor erschrecken, im Grunde eine gute Sache sein. Würden die Berge nicht weichen und die Hügel nicht fallen, dann |12| würde die Wahrheit, daß

[2] R[olf] E[berhard], *Umkehr*, in: National-Zeitung (Basel), Jg. 117 Nr. 597, 24. 12. 1959, Weihnachtsausgabe, S. 1.

[3] Bei der Verschüttung von Goldau und drei weiteren Dörfern durch den größten Bergsturz der Schweiz in historischer Zeit am 2. 9. 1806 kamen 457 Menschen ums Leben.

der Bund nicht hinfällt und die Gnade nicht weicht, wohl keinen Raum in unseren Herzen gewinnen.

Nun also noch ein paar Worte von den Bergen, die weichen, und von den Hügeln, die hinfallen:

Ein solcher Berg ist wohl vor allem die uns Menschen gegebene *Zeit*. Wir werden in einigen Tagen Sylvester haben, und das wird bedeuten: Lebewohl 1959! Du warst und kehrst nicht wieder. Und wenn etwas ganz sicher ist hinsichtlich des kommenden Jahres 1960, dann dies, daß auch es einen Sylvester haben und also hinfallen, weichen und vorbei sein wird. Ja, und irgendeinmal, wenn es nämlich zum Sterben geht, wird es für uns alle Sylvester werden. Und irgendeinmal wird auch der große Sylvester anbrechen, wird es für die ganze Welt gar keine Zeit mehr geben. Aber meine Gnade soll nicht von dir weichen! Läßt man sich das sagen, dann wird man stark, in der weichenden, der fallenden, der vergehenden Zeit zu leben, sie zu haben, solange sie uns noch gegeben wird, sie zu nützen, sie aber auch ohne Betrübnis herzugeben, wenn sie, wie es nicht anders sein kann, vorübergeht, uns wieder genommen wird.

Weichende Berge und fallende Hügel sind sicher auch die menschlichen *Lebensverhältnisse* und *Weltordnungen*, wie sie in der Geschichte von jeher gekommen und wieder gegangen sind. Eben: gekommen und eines Tages wieder gegangen mit all dem Guten und weniger Guten, das sie den Menschen gebracht haben. Es gibt in der Weltgeschichte keine Ewigkeiten: kein ewiges Deutschland, aber auch keine ewige Schweiz, wie man in der Kriegszeit, um sich ein bißchen Mut zu machen, gelegentlich gesagt hat. Es gibt keinen ewigen Kapitalismus, und es wird auch keinen ewigen Kommunismus geben. Aber meine Gnade soll nicht von dir weichen! Das ist es, was wir |13| im Wechsel und Vorübergehen der menschlichen Verhältnisse und Weltordnungen vernehmen dürfen. Vernehmen wir es, dann können wir es auch in dieser unserer Zeit, was sie uns auch noch bringen mag, aushalten – und nicht nur so aushalten, daß wir es hinnehmen, wie es kommt, sondern so, daß wir an unserem großen oder kleinen Ort mittragen und ein Jeder, so gut er es vermag, seinen Beitrag leistet: wenn nicht zum Besten, so doch zum Besseren. Wer das Wort von der Gnade, die nicht weicht, vernimmt, der kann und darf das tun, Schritt für Schritt, ohne Wut, aber auch ohne Angst, unter allen Umständen und in allen Verhältnissen als ein geborgener Mensch.

Bei den Bergen, die weichen, und den Hügeln, die hinfallen, mögen und müssen wir wohl auch an die *Menschen*, und zwar gerade an die besten, nächsten und liebsten Menschen denken, die um uns sind. Ist es nicht so: auch die besten Menschen haben eben ihre Grenzen, enttäuschen uns irgendwo, so daß wir, ob wir wollen oder nicht, auch über sie den Kopf schütteln müssen? Auch die einst nächsten Menschen können uns fern und fremd werden. Und auch die liebsten Menschen können uns eines Tages genommen werden. «Verlasset euch nicht auf Menschen» [vgl. Ps. 146,3]: sie weichen, sie fallen. Aber meine Gnade soll nicht von dir weichen! Nehmen wir das zu Herzen, dann wird das zur Folge haben, daß wir es lernen dürfen, dankbar zu sein für die Menschen, die wir haben, und Geduld mit ihnen zu haben, so wie sie nun eben sind, wobei wir gewiß auch daran danken mögen, wieviel Geduld wir selber nötig haben und auch erfahren dürfen.

Laßt mich noch etwas Anderes nennen, was auch weicht und fällt: ich meine das, was man eines Menschen *Lebensleistung* nennt. Sicher, das ist eine schöne Sache, wenn Einer etwas Kleines oder Großes treulich ausgerichtet hat in seinem Le- |14| ben. Warum sollte er sich dessen nicht freuen dürfen? Ich kenne auch so Einen, der ist ziemlich fleißig gewesen, hat Bücher geschrieben, dicke Bücher darunter, hat viele Studenten unterrichtet, kam öfters in die Zeitung und zuletzt sogar in den «Spiegel»[4]. Oh jeh! Aber schließlich, warum nicht? Nur Eines ist ganz sicher: auch der hat seine Zeit und nicht mehr als seine Zeit. Einmal werden Andere kommen, die dasselbe besser machen werden. Und irgendeinmal wird er gänzlich verschollen sein – auch wenn er die Pyramiden oder den Gotthard-Tunnel gebaut oder die Atomspaltung erfunden hätte. Und Eines ist noch sicherer: ob die Lebensleistung eines Menschen groß oder klein, bedeutend oder unbedeutend war – wird er einmal vor seinem ewigen Richter stehen, so wird Alles, was er getan und vollbracht hat, nicht mehr sein als ein Maulwurfshügel, und etwas Besseres wird ihm dann nicht übrig bleiben, als auf das Unverdiente zu hoffen: nicht auf eine Krone, sondern ganz schlicht auf ein unverdient gnädiges Urteil. Das allein wird dann zählen, Lebensleistung hin und

[4] Das deutsche Nachrichtenmagazin «Der Spiegel» brachte in Jg. 13 Nr. 52 vom 23. 12. 1959, S. 69–81, eine Titelgeschichte über Karl Barth.

her. Meine Gnade aber soll nicht von dir weichen! Davon lebt der Mensch. Davon allein kann er leben.

Und noch ein Letztes: Haben wir nicht auch schon gedacht: das Sicherste, was man haben könne, sei dies, einen festen inneren Halt, Charakter und auch wohl einen gewissen Glauben zu haben? Sicher ist das eine gute Sache. Aber: «Wer da steht, der sehe zu, daß er nicht falle!» [vgl. 1. Kor. 10,12]. Liebe Freunde, es kann gar keine Frage sein, wir alle leben im Grunde am Rand eines Abgrunds, an welchem uns der Fall ins Böse, in die Torheit und Bosheit in Gedanken, Worten und Taten immer wieder schrecklich naheliegt. Da gilt, auch wenn wir Christen sein möchten und auch wirklich sein sollten: «Unverhofft ist schon oft über manchen Frommen die Versuchung kommen.»[5] Nein, man kann tatsächlich nicht an seinen Charakter, nicht an das Gute |15| in sich selbst glauben. Nein, man kann auch nicht an seinen eigenen Glauben glauben. Das könnte nur böse herauskommen. Glauben kann und darf man nur daran, daß Gott für uns ist. Glauben kannst und darfst du nur daran, daß Jesus Christus für dich gestorben und auferstanden ist. «Christi Blut und Gerechtigkeit, das – nur das! – ist mein Schmuck und Ehrenkleid.»[6] Ob ich stark oder schwach bin, stehe oder falle, zweifle oder ruhigen Herzens bin, im Dunkeln oder im Hellen meines Weges gehe: Meine Gnade soll nicht von dir weichen – daran halte dich, daran wollen wir alle uns halten.

Ich bin am Ende. Man pflegt sich zum Neuen Jahr Gutes zu wünschen: Glück und Segen und Gesundheit und frohe Tage. Das ist schön und recht so, und das wollen wir uns auch gegenseitig wünschen: ich euch und ihr mir auch. Aber im Grunde gibt es ja nur ein ganz Gutes, das wir einander wünschen können: daß, was wir eben gehört haben, uns wirklich aufrichte, halte, tröste und erfreue: «Meine Gnade soll nicht von dir weichen, und der Bund meines Friedens soll nicht hinfallen.» Das gilt, denn das sagt nicht irgend ein Mensch, das spricht der Herr: dein, mein, unser aller Erbarmer. Amen.

[5] Schluß der 1. Strophe des Liedes 302 «Mache dich, mein Geist, bereit» (1695) von J. B. Freystein (1671–1718); dort: «... über *viele* Frommen ...» (Andere Textversion EKG 261.)

[6] Anfang des Liedes 265 (EKG 273), Leipzig 1638 (die folgenden Strophen 2–8 im Schweizer Gesangbuch von N. L. Graf von Zinzendorf).

Lieber Vater im Himmel! Wir danken dir, daß wir dich erkennen dürfen, indem du selbst uns sagst, wer du bist und was du willst. Wir danken dir, daß du uns nachgehst über alle Höhen und in alle Tiefen unseres Lebens. Wir danken dir, daß du uns allen erlaubst, dich beim Wort zu nehmen, in dir den festen Grund und die ewige Quelle alles Guten zu haben und lieb zu haben. |16|

Bewahre uns vor allem Stumpfsinn und Trübsinn und Leichtsinn, die uns im neuen wie im alten Jahr zur Versuchung werden möchten! Hilf uns warten, wo es nun einmal kein Eilen gibt – tragen, was uns nun eben auferlegt ist – das Gute nicht verachten, weil wir uns Besseres wünschen! Erfreue uns mit der Freiheit, die kein Mensch dem anderen geben, die ihm aber auch kein anderer nehmen kann!

Und nun rufen wir dich an und beten miteinander: für Alle, die in diesem Hause sind – für alle Gefangenen in der ganzen Welt – für unsere Angehörigen in der Nähe und in der Ferne – für die Kranken und für die Ärzte und Schwestern, die sie pflegen – für Alle, die in Trauer sind – für die Lehrer und ihre Schüler und für die Jugend in den Jahren des Übergangs – für die, die in den Zeitungen das Wort führen – für die Behörden unserer Stadt und unseres Landes – für die westlichen und für die östlichen Staatsmänner – für die christlichen Kirchen in ihren verschiedenen Gestalten – für das Volk Israel – für die Verkündiger des Evangeliums unter den ungetauften wie unter den getauften Heiden in der ganzen Welt. Du weißt, was überall nötig ist. Und wir wissen, daß bei dir die Fülle der Hilfe ist. Öffne du unsere Herzen, dann werden unsere Hände nicht leer bleiben!

So danken und so bitten wir im Namen unseres Herrn Jesus Christus, durch den du uns es möglich gemacht hast, auf der Erde zu stehen, den Himmel offen zu sehen und uns darauf zu freuen, daß er einst kommen wird in großer Herrlichkeit, um Alles neu zu machen. Amen.

Lieder:
Nr. 132: «Nun laßt uns gehn und treten» von P. Gerhardt, Strophen 1–7
Nr. 48: «Sollt ich meinem Gott nicht singen» von P. Gerhardt, Strophen 1–3, 10 (= EKG 232, Str. 1–3, 11)
Drittes Lied unbekannt

DU DARFST!

Jeremia 31,33

3. April 1960, Strafanstalt Basel

Herr, unser Vater! Du ladest uns ein, du erlaubst uns, und so rufst und gebietest du uns, zu dir zu kommen, damit du zu uns reden kannst, damit wir auch mit dir reden können.

Du weißt, wie nötig uns das ist. Du weißt, woher wir alle kommen: aus wieviel Irrtum und Verwirrung, aus wieviel Unglauben und Aberglauben, aus wieviel Sorge und Betrübnis. Du kennst unsere Übertretungen und Verkehrtheiten. Du kennst auch das Maß der Schuld eines Jeden von uns.

So wollen wir uns jetzt nur an das Eine halten: daß du Keinen von uns fallen lässest – daß du uns bis hierher geführt und getragen hast und noch führst und trägst, um uns Zeit zu geben, dich zu suchen und uns von dir finden zu lassen.

Das ist es, was wir auch in dieser Stunde miteinander tun möchten. Dazu bitten wir dich um deine Gegenwart, um dein Wort, um deinen guten Geist. Alles, was wir hier denken, sagen und tun, wäre falsch und unnütz ohne das, was nur du in unserer Mitte wirken kannst. Um deinen Segen bitten wir aber, indem wir uns im Geiste vereinigen mit allen Versamm- |18| lungen deines Volkes in dieser Stadt und auf der ganzen Erde, auch für sie. Gib ihrem und unserem Zeugnis Licht, Freiheit, Freudigkeit und dann auch Fruchtbarkeit!

Unser Vater ...! Amen.

So spricht der Herr: Ich will mein Gesetz in ihr Inneres legen und in ihr Herz schreiben.

Meine lieben Brüder und Schwestern!

Ich glaube nicht zu irren, wenn ich annehme, daß das Wort «Gesetz» für die Meisten, ja wahrscheinlich für Alle von euch etwas Bedrückendes und Unangenehmes hat. Mich jedenfalls beunruhigt es jedesmal, wenn ich es höre oder lese. Und das hat seine guten Gründe.

Es gibt nur *ein* Gesetz, bei dem das anders ist: das nicht peinlich ist, sondern Freude bereitet, das uns nicht in ein fremdes, unheimliches

Land, sondern in die Heimat führt – nur *ein* Gesetz, das uns nicht einschränkt und so zu nahe tritt, uns lästig wird und ärgert, sondern vielmehr frei macht. Es gibt nur *ein* Gesetz, das wir Menschen nicht brechen und auch nicht umgehen, sondern das wir nur eben halten und erfüllen können – nur *ein* Gesetz, vor dessen Macht und Geltung, vor dessen Auge – ihr wißt ja: es gibt auch ein Auge des Gesetzes! – wir uns nicht drücken und verstecken, vor dem wir nicht fliehen wollen können: darum nicht, weil wir von uns aus nur Ja zu ihm sagen können.

Ihr seht schon: das ist ein ganz anderes Gesetz als alle sonstigen Gesetze – anders als das Zivilgesetz oder das Strafgesetz, mit dem man bekanntlich so leicht und so folgenschwer in |19| Konflikt kommen kann – anders als alle Gesetze des Staates mit ihren von Menschen ausgedachten und formulierten Anordnungen und Vorschriften, ihren Geboten und Verboten – anders auch als das Gesetz der guten Gesellschaft mit seinen Unterscheidungen zwischen dem, was anständig und unanständig ist – anders auch als das, was man als das Gesetz in des Menschen Brust zu bezeichnen pflegt, im Blick auf das wir auseinanderhalten, was wir für Recht und Unrecht halten – aber anders auch als das Naturgesetz, das angeblich letztinstanzlich bestimmt und unterscheidet, was notwendig und was unmöglich ist. – Das alles sind gute, nötige und vor allem mächtige Gesetze, die wir wohl oder übel zu beachten und zu respektieren haben. Nur daß sie uns alle miteinander im letzten Grund darum bedrängen, weil sie von außen, aus irgend einer Höhe und Fremde über uns kommen und so irgendwie in uns allen eben die Lust erwecken, ihnen zu entkommen, sie zu umgehen, zu biegen oder gar zu brechen, ihnen zu entwischen wie durch die Maschen eines Netzes – oder uns doch die Augen vor ihnen zu verschließen und uns damit zu trösten, daß das wirkliche Leben dort anfängt, wo sie, diese Gesetze, aufhören.

Das eine ganz andere Gesetz ist das Gesetz *Gottes*, wenn er es nämlich in unser Inneres legt, es in unser *Herz* schreibt.

Ja, *wenn!* Es versteht sich nämlich nicht von selbst, daß Gott das tut. Tut er es, dann ist das seine freie Gnade, die niemand sich verdienen, verschaffen und nehmen kann. Sie ist uns verheißen. Sie steht uns auch an einem ganz bestimmten Ort deutlich genug, zum Greifen deutlich sogar, vor Augen. Wir werden aber, um sie zu empfangen, um aus ihr zu leben, immer wieder um sie bitten müssen.

Wenn Gott uns diese seine freie Gnade *nicht* zuwendet, sein Gesetz *nicht* in unser Inneres legt, *nicht* in unser Herz schreibt |20| – vielmehr: wenn wir es nicht gewahr werden und sind, daß er schon im Begriff ist, das zu tun – ja, dann steht sein Gesetz, sein gutes und heiliges Gesetz vor uns, über uns, uns gegenüber wie die Spitze eines hohen Berges, welcher in eine dunkle Wolke gehüllt ist. Und da sieht dann Gottes Gesetz jenen anderen Gesetzen in Vielem nur zu ähnlich, nur daß es, weil es *Gottes* Gesetz ist, auch in dieser Verhüllung viel mächtiger, viel dringlicher, viel drohender ist und wirkt als jene – nur daß es vor ihm kein Entweichen gibt.

Was sagt uns gerade Gottes Gesetz, wenn er es *nicht* in unser Inneres legt, *nicht* in unser Herz schreibt? Es sagt uns dann scharf und gewaltig und erschreckend: *Du sollst!* Ja, du *sollst* – so hören wir dann – einsehen, was du verkehrt getan hast, *sollst* es bereuen, soweit du kannst wieder gut machen und dann dein Leben in eine andere, bessere Ordnung bringen – *sollst* das Gute wählen und das Böse verwerfen – *sollst* rein, aufrichtig und selbstlos sein (und das alles womöglich «absolut», wie es die Leute von der «Moralischen Aufrüstung» verkündigen![1]). Und weiter: du *sollst* auch Anderen helfen, *sollst* ihnen sogar ein gutes Vorbild sein! Und weiter: Du *sollst* glauben, *sollst* beten, *sollst* in der Bibel lesen, *sollst* in die Kirche gehen! Du sollst, du sollst, du sollst!, so tönt das Gesetz Gottes, so hören wir es, wenn Gott es nicht in unser Inneres legt, nicht in unser Herz schreibt. So redet seine Stimme aus jener Wolke heraus.

Und wie sind wir dann dran? Dann geben wir der Stimme Gottes etwa die klägliche Antwort: Ich wollte schon, aber ich kann nicht, ich bin zu schwach dazu. Oder die leichtsinnige Antwort: Ich höre wohl, was ich soll, ich könnte es wohl auch tun, aber ich habe keine Lust dazu; es gibt Anderes, was mich mehr freut. Oder die trotzige Antwort: Auch ich könnte wohl, aber ich will nicht – darum nicht, weil ich mir gerade dieses |21| «Du sollst» nicht gefallen lassen mag. Und die schlimmste Antwort wird lauten: O, es ist alles nicht so gefährlich. Ich höre schon: Du sollst!, und ich werde es wohl tun können, werde dem, was von mir verlangt ist, sicher gerecht werden, werde Gott, der es von mir verlangt,

[1] Die vier «Absoluta» der Moralischen Aufrüstung: absolute Ehrlichkeit, Reinheit, Selbstlosigkeit, Liebe. Vgl. z. B. Fr. N. D. Buchman, *Für eine neue Welt*, München 1949, S. 14. 57.

sicher zufriedenzustellen vermögen. Ich baue jetzt seinem Berg gegenüber ganz einfach künstlich den meinen auf: den Berg meiner Bravheit, meiner Tugend, meiner Gerechtigkeit, vielleicht auch meiner Frömmigkeit. Und hoch auf diesen meinen Berg will ich mich setzen, um dort gleich zu gleich auf derselben Höhe mit ihm zu sein. Und wie sollte er es mir dann nicht schuldig sein, mich zu anerkennen, mich zu loben, mich, wie ich es offenbar verdiene, zu belohnen?

Aber halt: so kommen wir nicht durch. Denn durch alle diese unsere Kläglichkeit, durch unseren Leichtsinn und unseren Trotz und erst recht durch unsere ganze Selbstgerechtigkeit hindurch tönt die Stimme des Gesetzes Gottes weiter: das alles zählt nicht, das alles ist Ausrede und Ausflucht. Du entrinnst mir aber nicht. Du hörst und weißt es wohl, was du sollst, was ich von dir will. Und eben das tust du nicht, und dann am wenigsten, wenn du dir einbildest, daß du es tust. Tust du es aber nicht, so bist du ein elender, ein verdammter, ein verlorener Mensch! Ja, da stehen wir oder hocken wir oder liegen wir auf dem Rücken: unter dieser Anklage, dieser Drohung, in der ganzen Not, in die das Gesetz Gottes, legt er es nicht in unser Inneres, schreibt er es nicht in unser Herz, uns notwendig versetzen muß und die umso größer ist, je weniger wir es vielleicht bemerken, daß wir in dieser Not sind und daß sie unsere große und schreckliche Not ist.

So sind wir dran ohne Gottes freie Gnade: wenn das Gesetz Gottes aus der Wolke spricht, wenn er sein Gesetz nicht in unser Inneres legt, nicht in unser Herz schreibt. |22|

Aber eben das ist seine Verheißung: daß er das tun will und wird. Wenn Gott so redet, so ist das etwas ganz Anderes, als wenn unsereiner sich vornimmt und sagt, er werde heute nachmittag dies und das tun, wo wir doch nicht wissen, was dazwischen kommen mag, und nicht einmal das, ob wir heute nachmittag überhaupt noch am Leben sein werden. Wenn Gott seine Verheißung gibt und also sagt: Ich will, ich werde, dann tut er, was er sagt, daß er tun werde. Mehr noch: es beginnt dann schon zu geschehen, was er sagt.

Laßt uns etwas davon hören, wie wir dran sind, wenn das geschieht. Es zerreißt dann die Wolke, die uns den Berg seines Gesetzes verhüllt. Wir sehen ihn dann im hellen Sonnenlicht so, wie er ist. Dasselbe Gesetz Gottes sagt uns dann etwas ganz Anderes, als es uns zuvor zu sagen schien, als wir zuvor zu hören gemeint haben. Nicht mehr: Du sollst! heißt es jetzt, sondern: *Du darfst!* Was hast du da eben gesagt: Ich kann nicht? ich mag nicht? ich will nicht? Was hast du da versucht auf dem von dir selbst erbauten und erkletterten Berg deiner eigenen Gerechtigkeit? Warum hast du Angst vor mir? Und warum begegnest du mir gleichzeitig so hochmütig? Warum willst du mich so oder so betrügen? Was soll das ganze Spiel, das du da vor mir aufführst? So kannst du doch mit mir und meinem Gebot nur umgehen, solange du noch meinst, du *müssest* mir gehorchen! Alles grundfalsch! Kein Mensch muß müssen[2], und gerade Gott gegenüber ganz bestimmt nicht. «Erfüllung eines Soll», wie man in den Ost-Staaten sagt, ist gerade nicht der Gehorsam, den Gott fordert. Gehorchen heißt: gehorchen *dürfen*, in *Freiheit*, von sich aus gehorchen, von sich aus das Gute wählen und das Böse meiden. So steht es mit dem Berg des Gesetzes Gottes, wenn die Wolke weicht, wenn wir ihn im Licht der Sonne sehen dürfen, wie er wirklich ist und aussieht. |23|

Was will denn Gott von uns? Was fordert sein Gesetz? Wohlverstanden: Es ist schon ein richtiges Gesetz; es fordert etwas von uns, und es gebietet und verbietet uns etwas, und es will gehalten und von uns erfüllt sein. Aber was fordert es?

So lautet sein *Gebot*, wenn wir es recht hören und verstehen: Laß du dich jetzt ganz einfach von mir lieb haben und habe mich wieder lieb! Sehr schlicht das ist «das Gute», wenn du das tust. Sehr schlicht das ist die Wurzel, das ist der Sinn, das ist die Kraft aller Zehn Gebote. «Liebe und tue, was du willst!»[3], hat ein großer Kirchenvater gesagt. Ein kühnes Wort, aber ein wahres Wort. Denn so ist es: Wer sich von Gott lieb haben läßt und ihn daraufhin wieder lieben darf und aus dieser Liebe heraus tut, was er will, der tut ganz sicher das Rechte. So steht es.

[2] G.E. Lessing, *Nathan der Weise* (1779), Erster Aufzug, Dritter Auftritt: «Kein Mensch muß müssen, und ein Derwisch müßte?»

[3] Augustinus, *In Epistolam Ioannis ad Parthos*, tract. VII n. 8 (MPL 35, col. 2033): «Nam multa fieri possunt quae speciem habent bonam, et non procedunt de radice charitatis. Habent enim et spinae flores: quaedam vero videntur aspera, videntur truculenta; sed fiunt ad disciplinam dictante charitate. Semel ergo breve praeceptum tibi praecipitur, Dilige, et quod vis fac: sive taceas, dilectione taceas; sive clames, dilectione clames; sive emendes, dilectione emendes; sive parcas, dilectione parcas: radix sit intus dilectionis, non potest de ista radice nisi bonum existere.»

Und so lautet Gottes *Verbot:* Wehr dich jetzt einmal nicht mehr gegen die Liebe, in der ich dich liebe und du mich lieb haben darfst! Denn sich dagegen wehren – das ist das Böse, das ist die Sünde, das ist die Übertretung aller Zehn Gebote, aus der alles Wüste und Schlechte hervorgeht. Wenn du dich dagegen wehrst, dich nicht lieb haben lässest und von der Freiheit, wieder lieben zu dürfen, keinen Gebrauch machst, dann magst du der brävste, tüchtigste, ernsthafteste Mensch sein: es wird dann auch das Beste, was du willst und tust, falsch und verkehrt sein. So steht es.

Also: Wenn Gott sein Gesetz, dieses sein Gebot und Verbot in dein Inneres legt, in dein Herz schreibt, dann darfst du es halten. Du *darfst* dich ja dann lieb haben lassen und *darfst* ja dann wieder lieben: ihn, Gott, und darum auch deinen Nächsten. Du darfst dann wohl auch in aller Unvollkommenheit und Unsicherheit und in aller Bescheidenheit zur Umkehr von deinem bisherigen Weg antreten, darfst dann – nicht gleich «absolut», aber doch ein bißchen reiner, aufrichtiger, selbst- |24| loser werden, da und dort wenigstens ein bißchen helfen und vielleicht sogar Anderen ein bißchen vorbildlich sein. Ja, und weiter: dann darfst du auch glauben, darfst du auch beten, darfst du auch in der Bibel lesen, darfst du sogar in die Kirche kommen. Ach ja, ich hoffe so sehr, ihr alle seid nicht weil ihr müßt, sondern weil ihr dürft, hierher gekommen! Du darfst: das ist das neue, das wahre Gebot, das in unser Inneres gelegte, in unser Herz geschriebene Gesetz Gottes. Es ist einfach und schlicht unsere eigene Freiheit für ihn, für das gehorsame Tun seines Willens.

Aber gibt es denn das?, fragt ihr mich wohl. Wie sollen wir uns das denken: ein Gesetz, das im Unterschied zu allen sonstigen Gesetzen keinen Druck, keine Plage bedeutet, nichts uns Fremdes, sondern das Gesetz ist, das uns selbst frei macht zu der Freiheit, gerade von uns aus willig und bereit zu sein, Gott Gehorsam zu leisten: den Gehorsam, der ihm dann ohne weiteres wohlgefällig ist? Wie schafft und gibt Gott diese Freiheit? Wie geschieht das, daß er sein heiliges, hohes Gesetz in unser Inneres legt, es so in unser Herz schreibt, daß wir es von uns aus halten und erfüllen dürften? Ja, nur Gott kann das schaffen und geben. Du kannst es nicht, ich kann es auch nicht, wir alle können es nicht. Wie ich am Anfang sagte: das ist Gottes Werk und Gabe an uns, seine freie Gnade. Aber eben: das *ist* seine freie Gnade, das *schafft* er, das *gibt* er.

Ich möchte dazu zum Schluß nur noch das Wichtigste und Entscheidende sagen. Es gibt tatsächlich einen Ort, wo wir es sehen, mit Augen sehen und mit Händen greifen können, wie Gott das schafft und gibt, wie das Werk seiner freien Gnade geschieht. Wir treten ja jetzt wieder ein in die Zeit des Gedenkens an die *Leidensgeschichte*, in welcher Gott in der Person seines lieben Sohnes bis aufs Letzte, bis in den verdienten Tod |25| des größten Sünders unser Nächster, unser Bruder, ganz und gar unseresgleichen geworden ist: ganz der Unsrige, damit wir, alle Menschen, die Seinigen, schon Gottes Kinder sein dürften. In dieser Geschichte geschah es, daß die Wolke, die den Berg des Gesetzes Gottes verhüllte, zerriß. In ihr wurde es wahr: «Ich werde ihr Gott und sie werden mein Volk sein» [vgl. Jer. 31,33 c]. In ihr wurde der neue, der wahre Bund offenbar: der Bund zwischen Gott und uns, wie Gott ihn meint, will und aufrichtet, in welchem es nicht mehr heißt: Du sollst!, sondern so, wie in dem Lied, das wir nachher miteinander singen wollen, «lieblich, freundlich, schön und prächtig, groß und mächtig, reich an Gaben, hoch und wunderbar erhaben»[4]: *Du darfst,* du bist frei, indem ich dich frei mache. Denn in dieser Geschichte hat Gott in der Person des Einen, der für uns alle gut steht, sein Gesetz in unser Inneres gelegt, in unser Herz geschrieben, hat er uns zu der Freiheit befreit, von der wir jetzt gehört haben: zu der Freiheit, uns lieb haben zu lassen, sich selbst lieb zu haben: Sie, die Leidensgeschichte und Siegesgeschichte jenes Einen, unseres Heilandes Jesus Christus, ist ja nicht irgend eine Geschichte, die einmal geschehen ist, uns als vergangene Geschichte nichts angehen kann – sie ist ein für allemal für uns alle geschehen. In ihr ist, wenn ihr es recht verstehen wollt, unser aller Geschichte längst geschehen, die Geschichte unseres Heils, unseres Friedens mit Gott und untereinander: die Geschichte unserer Befreiung. Amen.

Heiliger und barmherziger Gott! Was sind schon alle unsere Worte, und was könnte unser ernstlichstes Danken und Loben |26| sein angesichts dessen, was du für uns und mit uns getan, tust und noch tun willst? – angesichts des neuen Bundes, in dem wir alle schon stehen dürfen? – angesichts der Gnade, in der du dein Gesetz jetzt eben in unseren Sinn legen, in unsere Herzen schreiben willst? Zieh ein bei

[4] Schluß der 1. Strophe des Liedes 255 (mit Textdifferenzen: EKG 48) «Wie schön leuchtet der Morgenstern» (1599) von Ph. Nicolai (1556–1608).

uns! Räume aus dem Wege, was dich daran hindern möchte! Und dann rede weiter mit uns – führe uns weiter auf deinem, dem allein guten Weg: auch wenn wir nachher wieder auseinandergehen, zurückkehren in unsere Einsamkeiten und morgen an unsere Arbeit!

Und so treibe dein Werk vorwärts auch außerhalb dieses Hauses, auch in der ganzen Welt! Erbarme dich all der Kranken, Hungernden, Vertriebenen, Unterdrückten! Erbarme dich des Unvermögens, in welchem die Völker, die Regierungen, die Zeitungen und leider auch die christlichen Kirchen, in welchem wir alle dem Meer von Schuld und Not des heutigen Menschheitslebens gegenüberstehen! Erbarme dich des Unverstandes, in welchem sich heute gerade manche der Verantwortlichsten und Mächtigsten getrieben sehen, mit dem Feuer zu spielen, neue, größere Gefahren heraufzubeschwören!

Wenn dein Wort nicht auf dem Plan wäre, was bliebe uns übrig, als zu verzagen? Dein Wort ist aber in seiner ganzen Wahrheit auf dem Plan, und darum können wir nicht verzagen, dürfen und wollen wir, auch wenn die Erde unter unseren Füßen bebt, darauf vertrauen, daß alle Dinge in ihrem ganzen Lauf in deiner starken und gütigen Hand sind und daß wir es endlich und zuletzt zu sehen bekommen werden, daß du uns und unsere dunkle Welt schon mit dir versöhnt, ihr Heil und ihren Frieden allem Übermut und aller Verzweiflung der Menschen zum Trotz schon herbeigeführt hast: in Jesus Christus, deinem Sohn, unserem für uns und für Alle gestorbenen und auferstandenen Herrn und Heiland! Amen.

Lieder:
Nr. 39: «Mein ganzes Herz erhebet dich» (Nach Ps. 138), Strophen 1–3
Nr. 255: «Wie schön leuchtet der Morgenstern» nach Ph. Nicolai, Strophen 1–4
Nr. 25: «Singt, singt dem Herren neue Lieder» (nach Ps. 98) von M. Jorissen, Strophe 2

RUFE MICH AN!

Psalm 50,15

11. September 1960, Strafanstalt Basel

Herr, wir sind hier versammelt, um dir zu dienen, so wie du es willst und befiehlst, daß wir dir dienen sollen: indem wir unsere Ohren, aber auch unsere Herzen auftun für das, was du uns zu sagen hast von deiner Liebe und von dem, was du von uns erwartest. Aber dieses große Werk des Gehorsams kann und wird Keiner von uns aus eigener Erkenntnis und Kraft tun. Zu ihm kannst nur du selbst uns frei und fröhlich, willig und fähig machen. Denn unsere Gedanken gehen von Natur ganz andere Wege, und unser Begehren treibt uns, wie wir aufrichtig bekennen müssen, in ganz andere Richtung. So können wir dich jetzt nur bitten und anflehen, daß du selbst in dieser Stunde unter uns sein und in einem Jeden von uns das Wort führen wollest. Und dann auch darum, daß du uns auch nachher, wenn wir wieder auseinander gehen, und in der ganzen neuen Woche, die wir heute antreten, begleiten und leiten wollest, damit das Leben eines Jeden von uns auch in diesem Hause seinen guten Sinn bekomme und damit wir auch mit einander in Güte und Verträglichkeit auskommen, uns gegenseitig achten und schonen |28| und, soweit es in unserer Kraft steht, uns gegenseitig helfen mögen. Das alles durch deine freie Gnade, die du auch uns in Jesus Christus zugewendet hast. Wir beten in den Worten, die er uns vorgesprochen hat: Unser Vater ...! Amen.

Rufe mich an in der Not, so will ich dich erretten, und du sollst mich preisen!

Liebe Brüder und Schwestern!

«Rufe mich an!» heißt es da. Das könnte mich wohl daran erinnern, wie es ist, wenn Einer mich «anruft», am Telephon nämlich, unterbricht und stört mich bei meiner Arbeit oder mitten in einem Gespräch, oder vielleicht wenn ich gerade Musik hören will, und fängt an, mich zu fragen: wie es mir gehe, trägt mir irgend ein Anliegen vor, erzählt mir eine lange oder kurze Geschichte und sagt wohl zum Schluß: Ruf du mich einmal an! Hier in unserem Text ist alles ganz anders. Da ruft mich freilich auch Einer an und unterbricht mich bei meiner Beschäftigung.

Aber der fragt nicht lange, wie es mir geht, denn er weiß das besser, als ich selber es weiß. Und er hat mir auch kein Anliegen vorzutragen – was könnte ich schon für ihn tun? Und eine wichtige Geschichte hat er mir auch nicht zu erzählen, denn die einzige wirklich wichtige Geschichte fängt eben damit an, daß er mich anruft. Und was am Telephon das Letzte ist, das ist hier das Erste, was dort Nebensache ist, ist hier die Hauptsache, das Eine und Einzige sogar: Rufe du mich an!

Wer sagt das? Gott? Ja, *Gott!* Aber das Wort «Gott» wird so viel gebraucht, ist so abgegriffen wie eine alte Münze, und Jeder |29| versteht etwas Anderes dabei. Und es gibt ja auch so viele Götter! Sagen wir es einmal so: Der mich da anruft und mir sagt, daß ich ihn wieder anrufen soll, das ist der Andere: der eben ganz anders ist als du und ich, als wir alle, die ganze Welt. Er ist der, dem du gehörst. Denn du gehörst nicht dir selber, sondern ihm, der dich und die ganze Welt von der kleinsten Mücke bis zum Planeten und Fixstern geschaffen hat, ohne den Alles nicht wäre, und auch du wärest ohne ihn gar nichts. Er, der Herr aller Dinge, ist aber auch der, der es gut meint und gut macht in Allem und so auch mit uns, mit dir und mir: gut, auch wenn wir nicht immer verstehen, daß es gut ist, wie er es meint und macht mit uns. Er ist unser Vater. Er ist auch unser Bruder. Er ist freilich auch unser Richter, vor dem wir alle nicht bestehen können, vor dem wir alle ohne Ausnahme schuldig sind und schuldig bleiben, weil wir es nicht gut meinen und machen: mit ihm und mit unserem Nächsten nicht und mit uns selbst auch nicht! Er ist aber der, der uns – o Wunder aller Wunder! – dennoch lieb hat und behält, der uns also nicht fallen läßt, wie wir es wohl verdienen würden – der uns aber auch nicht entrinnen läßt, der in großer Geduld, aber auch in großer Strenge da ist und auf dich und mich wartet, den wir nicht loswerden können mit heimlichem oder offenem Trotz oder mit unserer Gleichgültigkeit, den wir nicht abspeisen können mit Schimpfen und Fluchen und mit frommen Worten auch nicht!, den wir nicht meistern können, weil er immer zuerst da ist als unser Meister. Er ist der Andere, der uns anruft.

Und nun ruft eben er dich an und mich auch: Adam, wo bist du? [Gen. 3,9]. Hörst du mich? Ja, du hörst mich wohl! Viele Andere und viel Anderes kannst du nicht hören und brauchst du auch nicht zu hören. Mich aber mußt du hören. Mich hörst du |30| auch tatsächlich. Du wärest ja kein Mensch, und ich wäre nicht Gott, wenn du mich nicht hörtest.

Was aber sagt er uns, ruft er uns zu? Alles in Allem tatsächlich nur dieses Eine: Rufe du mich an! Das ist die gnädige Erlaubnis, die ich dir gebe. Das ist aber auch der strenge Befehl, der von mir an dich ergeht: dazu mache ich dich, und dazu bist du frei, das darfst du und das sollst du tun, aber recht tun: Rufe mich an in der Not!

In der Not: «Not» ist ein Wort, das wir alle verstehen. Not heißt Bedrängnis, Druck, Pein, die wir loswerden möchten und nicht können. Es ist überall viel Not: in den Mauern dieses Hauses und außerhalb, da draußen in der Stadt Basel und in der ganzen Welt.

Aber nicht wahr, du denkst jetzt zuerst an *deine* Not, deine eigene, deine persönliche Not, die vielleicht klein ist, vielleicht aber auch sehr groß, vielleicht leicht, vielleicht ganz schwer. Und es sind manchmal die kleinen Nöte, die die größten und schwersten sein können. Deine Not ist vielleicht eine vorübergehende, vielleicht auch eine lange dauernde, vielleicht einfach in der Gestalt, daß du nun eben so lange in diesem Hause sein mußt. Sie mag deine selbstverschuldete, sie mag auch eine von den Umständen oder von den Mitmenschen verursachte Not sein – deine äußere oder deine innere Not, und es gibt keine innere Not, die nicht auch eine äußere, und keine äußere, die nicht auch eine innere ist. Gott kennt und sieht auch diese deine persönliche Not und sagt zu dir, daß du ihn gerade in dieser deiner besonderen Not anrufen sollst.

Aber vergiß nicht, daß du nicht allein bist, sondern nur Einer von Vielen, die in Not sind! Wenn man es recht bedenkt, so ist eigentlich die ganze Menschheit eine einzige große Notgemeinschaft. Und das ist ihre *gemeinsame* und *allgemeine* Not, |31| daß wir – wie es heute immer deutlicher wird – zwar die Technik des Lebens immer besser zu beherrschen, unser Leben und Zusammenleben selbst aber immer schlechter zu gestalten wissen. Das ist eine Not, die nicht zuzudecken, geschweige denn zu heilen ist: weder durch die Fasnacht, noch durch die Mustermesse[1], noch durch ein Jubiläum[2], wenn wieder einmal eines fällig ist –

[1] Höhepunkt des Basler Jahres: Fasnacht (sic) am Montag bis Mittwoch nach (!) Invocavit, Mustermesse im Frühjahr.

[2] Ende Juni bis Anfang Juli 1960 feierte die Universität Basel ihr fünfhundertjähriges Bestehen.

und auch nicht durch die schönste Olympiade[3], auch nicht durch Kommunismus oder Antikommunismus, auch nicht durch moralische Aufrüstung, wie man sie in Caux am Genfersee betreibt, und auch nicht mit noch so eindrucksvollen Evangelisationen, wie wir kürzlich in Basel eine erlebt haben[4]. Sie ist eine Not, die einfach da ist und die immer wieder wie in großen Geschwüren aufbricht: jetzt in Algerien, jetzt im Kongo, jetzt in Kuba, jetzt in Berlin.[5] Sie ist eine Not, die da vielleicht am schlimmsten ist, wo man sie nicht empfindet, wo man meint, ein bißchen den Regenschirm aufspannen und das Unwetter kommen und vorübergehen lassen zu können – wie wir es in der lieben Schweiz tun und die draußen in der deutschen Bundesrepublik mit ihrem Wirtschaftswunder. Und nun mußt du nicht sagen: diese Menschheitsnot gehe dich nichts an. Sie geht dich sehr wohl an: du bist auch in dieser gemeinsamen und allgemeinen Not. Du gehörst auch dazu. Und darum: Rufe mich an – nicht nur in deiner persönlichen, sondern wirklich auch in dieser Menschheitsnot!

Aber die Not, in der wir sind, sitzt noch tiefer und greift noch weiter. Die *eigentliche,* die *wahre* Not, in der wir sind, meine lieben Freunde, besteht ganz einfach darin, daß der Mensch ist, wie er ist, und sich selbst nicht anders machen kann. Er ist seine eigene Not. Er leidet an sich selber. «O Mensch, bewein dein Sünde groß!»[6], wie es in einem al-

[3] Die Olympischen Sommerspiele des Jahres 1960 fanden vom 25.8. bis zum 11.9. in Rom statt.

[4] Evangelisation von Billy Graham im Basler Fußballstadion St. Jakob am 30. und 31.8.1960 mit ca. 12000 bzw. ca. 18000 Teilnehmern.

[5] Die Unruhen in Algerien – Widerstand der weißen Siedler gegen die Algerienpolitik des französischen Präsidenten Charles de Gaulle – hatten mit einem Barrikadenaufstand (18.1.–1.2.1960) einen Höhepunkt erreicht. – Nachdem die belgische Kolonie Kongo am 30.6.1960 die Unabhängigkeit erlangt hatte, brachen Stammesfehden und Meutereien sowie Ausschreitungen gegen die im Lande verbliebenen Weißen aus. Nach der Unabhängigkeitserklärung der Provinz Katanga von der kongolesischen Zentralregierung (11.7.1960) kam es zum Bürgerkrieg. – Am 2.7.1960 schränkten die USA ihre Zuckerimporte aus Kuba um 95% ein. Der «Zuckerkrieg», der sich zu einer Auseinandersetzung zwischen Washington und Moskau auswuchs, führte 1961 zum Abbruch der diplomatischen Beziehungen zwischen den USA und Kuba. – Die Behörden der Deutschen Demokratischen Republik sperrten am 29.8.1960 den Zugang nach Ost-Berlin für Bewohner der Bundesrepublik. Wenige Tage später wurde eine Genehmigungspflicht für den Übergang zum Ostsektor eingeführt.

[6] Anfang des Liedes 140 (EKG 54) (1525) von S. Heyden (1494–1561).

ten Lied heißt. Der Mensch ist gefallen, ein verkehrtes Wesen. Da geht es nicht um die Sünden, die wir begangen haben und begehen, |32| sondern um die Sünde, aus der alle Sünden hervorgehen, und so um die Not, in der alle unsere Nöte, die persönlichen und die allgemeinen, ihren Grund haben, wie das Unkraut immer wieder wachsen muß aus einer Unkrautwurzel. Der Mensch selbst ist die eigentliche, die wahre Not. Wer darum nicht weiß, der weiß eigentlich nicht, was Not ist: auch wenn er noch so laut und beweglich seufzt und klagt über das, was ihm persönlich Not bereitet, auch wenn er noch so zornig und verzweifelt wäre über das, was er in der Zeitung liest. Rufe mich an in dieser tiefen, wahren und eigentlichen Not!

Rufe *mich* an! Appelliere an *mich* – in deiner eigenen und in der allgemeinen und dann auch in der eigentlichen und wahren Not, in der auch du bist! Beim Telephonieren kommt ja Alles darauf an, daß man die richtige Nummer wählt! Appelliere also nicht an das sogenannte Schicksal: das Schicksal ist ein blinder, tauber und stummer Götze, von dem du gar nichts zu erhoffen hast. Appelliere auch nicht an diesen oder jenen Menschen, und wenn er der mächtigste und beste wäre! Er leidet ja auch an seiner eigenen und an der allgemeinen Not und an der tiefen Not des Menschseins überhaupt; er leidet wie du selbst an sich selber. Rufe auch nicht die Heiligen an, auch nicht die heilige Jungfrau: sie alle waren auch nur Menschen und nur darin «heilig», daß sie mich anriefen! Und die falscheste aller Nummern würdest du wählen, wenn du dich selbst anrufen, dich auf deinen guten Verstand und Willen, dein gutes Gewissen und Recht berufen wolltest. Das ist ja gerade die Unkrautwurzel! Du würdest ja doch nur den anrufen, der gerade deine tiefste Not ist! Rufe *mich* an: den einen einzigen Gott, den einen, einzigen Helfer! Rufe *mich* an! Meine lieben Freunde, wenn wir dieses *«mich»* hören würden, wäre schon Alles gewonnen. |33|

Aber was heißt das wohl: Gott *anrufen?* Du denkst vielleicht: das möchte heißen: beten, schön beten, fromm beten, ordentlich beten? Ja, sicher, das darfst und sollst du auch lernen. Aber was hülfe dir das schönste, das frömmste, das ordentlichste Beten, wenn es nicht getragen und beherrscht wäre von der Anrufung Gottes, die weder etwas besonders Schönes noch etwas besonders Frommes und Ordentliches, die nur eben das Aufrichtigste und Echteste ist, was wir tun können? «Aus tiefer Not *schrei* ich zu dir», haben wir vorhin gesungen. Die Anrufung Gottes ist tatsächlich ein Schreien! Sie ist der Aufschrei: Ich danke dir, daß du – der du über, aber auch in aller Not Gott bist – mein und aller Menschen, der ganzen Welt Gott sein willst und wirst. Sie ist der Aufschrei: Ich habe das – wir alle haben das nicht verdient, daß du unser Gott bist und bleiben willst; wir alle können uns ja nur schämen vor dir. Und weiter der Aufschrei: Aber ich vertraue dir; ich vertraue der Verheißung, die mir damit gegeben ist, daß du mit mir reden, daß du es offenbar mit mir halten willst und daß ich es offenbar auch mit dir halten darf. Und endlich der Aufschrei: Ich bitte dich – «mach End, o Herr, mach Ende mit aller unsrer Not!»[7] – wende unser aller, wende auch meine Bedrängnis! Tu es damit, daß du uns, daß du vor allem mich wendest, umkehrst, bekehrst, neu machst! Mach mit unserer Not damit ein Ende, daß du mit uns selbst einen neuen Anfang machst! Alles zusammengefaßt, wie es der Apostel Paulus einmal getan hat, der Aufschrei: Vater! Mein Vater! [Röm. 8,15; Gal. 4,6]. Unser Vater in Jesus Christus, deinem Sohn, unserem Bruder! Dieses Schreien ist das, was Gott uns erlaubt und gebietet. Ihr kennt alle das Wort: «Not lehrt beten». Ich glaube, man muß rücksichtslos sagen: dieses Wort ist eine Lüge. Die Not hat noch niemanden beten gelehrt. Aber Gott selber lehrt es uns, und er tut es, indem er uns erlaubt |34| und gebietet, ihn anzurufen: Vater! Du mußt dich nur nicht genieren und zieren, du mußt nur nicht zu bescheiden, aber natürlich auch nicht zu hochmütig sein, und nur nicht zu fromm oder zu gottlos [vgl. Pred. 7,16f.], um von dieser Erlaubnis Gebrauch zu machen – dankbar, demütig, vertrauend bittend «Vater!» zu schreien.

Und nun kommt es: *So will ich dich erretten*. Wenn in der Bibel dieses Wort «erretten» vorkommt, ist immer gemeint, daß Gott schon dabei ist, zu erretten, ja dann hat er schon errettet. Wenn Gott etwas will, dann tut er es schon! «Erretten» – das heißt wohl auch: trösten, ermuntern, Mut machen, helfen. Aber Erretten ist noch mehr. Erretten heißt: herausreißen, befreien, erlösen, anders- und neumachen. Rufe mich an in der Not, so will ich dich erretten! Wen? Die Frommen? Die Braven? Die Lebenstüchtigen? Die Gerechten? Die großen und starken Helden?

[7] Anfang der 12. Strophe des Liedes 275 (EKG 294) «Befiehl du deine Wege» (1653) von P. Gerhardt.

Ach, wer ist denn fromm und brav, lebenstüchtig und gerecht und gar noch ein Held? Die solches zu sein meinen, pflegen nicht nach Gott zu schreien. Und Gott errettet gerade nur die, die zu ihm schreien. Wie es in einem anderen Psalm heißt: «Der Herr ist nahe Allen, die ihn anrufen – Allen, die ihn mit Ernst anrufen» [Ps. 145,18]. Ihnen ist er als Erretter nahe und ist ihr Erretter eben damit, daß er ihnen nahe ist: ihnen, die sich als ganz Arme, ganz Kranke, ganz Bedürftige nur noch an ihn halten können und halten wollen und keine andere Möglichkeit als eben die haben: nach ihm zu schreien. Ja, die rettet er, die hat er schon gerettet. Die sind in der Not schon von ihm gehalten und werden von ihm aus ihrer Not schon herausgehoben. Noch Sünder sind sie schon Gerechte – noch traurig schon fröhlich – noch im Tode schon im Leben – noch auf Erden schon im Himmel. Denn denen, die so dran sind, so zu Gott rufen, denen hat sich ja Gott, der Erretter, selbst beigesellt in Jesus Christus, seinem |35| lieben Sohn, der als der Herr der Herrlichkeit am Kreuz schließlich nur eben geschrieen hat: Mein Gott, mein Gott, warum hast du mich verlassen? [Mk. 15,34]. Die so wie er, so mit ihm schreien, die hat Gott eben in ihm, diesem Einen, schon zu anderen, neuen Menschen gemacht: zu Bürgern einer neuen Welt, in der er alle Tränen abwischt von ihren Augen, und Leid, Tränen und Geschrei werden nicht mehr sein [vgl. Apk. 21,4]. «Der seines eigenen Sohnes nicht verschonte, wie sollte er uns in ihm nicht Alles schenken?» [Röm. 8,32].

Und nun noch das Letzte und Beste: *Und du sollst mich preisen.* Die Meinung ist nicht: du solltest, du müßtest, sondern: du *wirst* mich preisen! Du – mich? *Du* kleiner, böser, betrübter, sündiger Mensch in deiner großen Not – *mich*, den großen, heiligen, herrlichen und gerechten Gott? Ja: du sollst, du wirst mich preisen, rühmen, loben. Wie? Nur eben damit, daß du mich anrufst, und nur eben damit, daß ich dir, der du mich anrufst, zum Erretter werde. Wo das geschieht, da werde ich gepriesen, gelobt, gerühmt. Da ist eben meine ganze Herrlichkeit. Die wird da sein in deinem Leben. Es wird geschehen in deinem Leben, daß du mein Zeuge wirst, ein ganz kleiner Widerschein meines großen Lichtes in dieser dunklen Welt, in diesem dunklen Jahrhundert. Es kann gar nicht anders sein: indem du mich anrufst und indem ich dich errette, wirst du dieser Zeuge, wirst du dieser Widerschein. Du? Ja, gerade du! Wir hier? Ja, gerade wir hier, die Gemeinde in der Strafanstalt!

Und mit dieser Verheißung dürfen und wollen wir nun zum Abendmahl gehen. Auch was wir damit tun, kann ja nichts Anderes sein als ein einziger gemeinsamer hoffnungsvoller Anruf und Aufschrei des Dankes, der Demut, der Zuversicht und der Bitte. Nehmen wir so das Abendmahl, dann wird |36| jetzt und hier der Name Gottes geheiligt. Es kommt dann zu dieser Stunde in diesem Raum Gottes Reich. Und es geschieht dann unter uns und durch uns Gottes Wille: auf Erden wie im Himmel [vgl. Mt. 6,9 f.]. Amen.

Herr unser Gott, unser Vater in Jesus Christus! Wir wenden uns noch einmal zu dir, wie du es uns erlaubt und geboten hast. Sei und bleibe uns fernerhin der, der du uns in deiner großen Macht und Barmherzigkeit bisher warst und heute bist! Erleuchte du uns, so werden wir hell! Erwecke du uns, dann werden wir wach! Bekehre du uns, dann sind wir bekehrt!

Und nun bitten wir dich herzlich darum, daß du in deiner Güte wie in deiner Strenge auch unter allen anderen Menschen offenbar und wirksam sein mögest: unter den Jungen und Alten, den Kranken und den Gesunden, den Mächtigen und den Schwachen, den Christen und den Nichtchristen, den verantwortlichen Sprechern und Führern des Menschenvolkes im Osten und im Westen, aber auch unter den Unzähligen, die auf sie hören und ihnen folgen und damit mitverantwortlich sind für das, was geschieht und was noch kommen mag. Sie alle, wir alle sind in der Not, aus der du allein erretten kannst, aber auch erretten willst. Und sie, wir alle sind dazu bestimmt, dich zu preisen, dir die Ehre zu geben. Laß sie, laß uns alle bedenken und erfahren, daß du sie und uns und diese unsere ganze arme Welt in dem am Kreuz vergossenen Blut deines lieben Sohnes mit dir und untereinander versöhnt und verbunden hast: daß unser Heil uns in ihm nahe ist und daß du deinen Heiligen Geist dazu über alles Fleisch ausgegossen hast, damit er auch uns lebendig mache. Amen.

Lieder:
Nr. 37: «Aus tiefer Not schrei ich zu dir» von M. Luther, Strophen 1–5

Nr. 47: «Du meine Seele, singe» von P. Gerhardt, Strophen 1–5 (= EKG 197, Str. 1–4, 8)
Nr. 56: «Dir, dir, Jehova, will ich singen» von B. Crasselius, Strophen 5 und 6 (= EKG 237, Str. 6 und 7)

MEINE ZEIT STEHT IN DEINEN HÄNDEN

Psalm 31,16

31. Dezember 1960, Strafanstalt Basel

Herr, unser Vater! Wir sind an diesem letzten Abend des Jahres hier zusammengekommen, weil wir nicht so für uns allein, sondern beieinander und alle miteinander mit dir zusammen sein möchten. Und nun begehren wir etwas Besseres zu hören als das, was wir in unseren Herzen zu uns selbst sagen, oder was uns da und dort jemand ins Ohr flüstert oder zuruft, oder als das, was wir im Radio hören oder in Büchern und Zeitungen lesen können. Von dem allem können wir ja nicht leben. Wir möchten dein Wort hören, dich selbst, deinen Trost, deine Mahnung. Wir glauben, daß du lebendig mitten unter uns bist und uns geben willst, was wir brauchen, was wir aber nicht haben und uns auch nicht nehmen können. Dafür danken wir dir und bitten dich nun nur um das Eine, daß du unsere zerstreuten Gedanken sammelst, alles Trotzige, Wüste und Dumme, was uns stören könnte, fürs erste wegwischest, damit wir jetzt für dich noch einmal so offen seien, wie du in deiner unerschöpflichen Güte jahraus jahrein für uns alle offen bist. Unser Vater ... Amen. |38|

Meine Zeit steht in deinen Händen.

Liebe Brüder und Schwestern!

Ich hatte einst einen guten, unvergeßlichen Freund. Er war ein französischer Pfarrer und Professor. In der Neujahrszeit 1956, also jetzt gerade vor fünf Jahren, hat er in einer reformierten Kirche in Nordafrika über dieses Wort gepredigt: «Meine Zeit steht in deinen Händen.»[1] Es war eine sehr warme, reiche, bewegte und bewegende Predigt. Als ich

[1] P. Maury, *Mes temps sont dans Ta main*, in: *Antwort. Karl Barth zum siebzigsten Geburtstag am 10. Mai 1956*, Zollikon-Zürich 1956, S. 938–942.

sie in diesen Tagen noch einmal las, fand ich sie so gut, daß ich einen Augenblick überlegt habe, ob ich sie nicht einfach mitbringen und euch vorlesen solle. Sie war aber auch die letzte Predigt dieses Mannes: fünf Tage nachher, als er nach Paris zurückgekehrt war, ist er ganz unerwartet gestorben. Was weiß ich, ob das nicht heute auch meine letzte Predigt ist? Und wer weiß, ob es nicht die letzte ist, die er zu hören bekommt? Was wissen wir alle, ob wir übers Jahr oder schon in fünf Tagen noch da sein werden? «Mitten wir im Leben sind von dem Tod umfangen.»[2]

«Meine Zeit steht in deinen Händen» – das heißt sicher auch: Meine Zeit gehört nicht mir, sie ist mir nur geliehen und kann mir jederzeit gekündigt und genommen werden. Und dann werde ich gefragt sein: Wer bist du nun in deiner Zeit eigentlich gewesen? Was hast du nun mit der dir gegebenen Zeit gemacht? Was werden wir da antworten? Mit Ausreden, Beschönigungen und Entschuldigungen wird dann für uns alle gar nichts zu machen sein. Denn Er – der, in dessen Händen unsere Zeit steht – Er wird dann antworten. Und für uns wird dann Alles davon abhängen, was Er antworten wird. Und sollten wir dann noch irgend etwas zu melden haben, so wird es nur das Eine sein können:

Christi Blut und Gerechtigkeit, |39|
das ist mein Schmuck und Ehrenkleid,
damit ich will vor Gott bestehn,
wenn ich zum Himmel werd eingehn [3]

– das ganz allein! Es dürfte sich wohl lohnen, auch darüber nachzudenken. Und wenn wir jetzt hier beisammen sind, so soll uns das gewiß auch dazu dienen, uns auf diese Wahrheit zu besinnen und uns – wie wir alle es nötig haben – diese Wahrheit sagen zu lassen.

Aber nun möchte ich zunächst doch etwas ganz Anderes klarstellen: Es heißt *nicht:* Unsere menschliche Zeit – das, was wir so die Zeit nennen – steht in den Händen Gottes. Gott ist ihr Herr, sie fängt mit ihm an und hört mit ihm auf. Das wäre auch wahr und schön. Das wäre eine wichtige Aussage in einem guten religiösen Vortrag und würde uns

[2] Anfang des Liedes 295 (EKG 309), vorreformatorisch nach der Antiphon «Media vita in morte»: «Mitten wir im Leben sind *mit* dem Tod umfangen …»

[3] Strophe 1 des Liedes 265 (EKG 273), Leipzig 1638 (die folgenden Strophen 2–8 im Schweizer Gesangbuch von N. L. Graf von Zinzendorf).

über uns selbst und unsere Zeit und über Gott eine heilsame Nachricht geben. Warum sollten wir sie uns nicht geben lassen?

Das Wort des Psalms lautet aber anders: «*Meine* Zeit steht in *deinen* Händen.» Merkt ihr den Unterschied? So wie er dasteht, ist dieser Satz eine Anrede, ein Stück aus einer Geschichte: nicht aus einer Geschichte, die wir anhören oder lesen oder im Kino oder im Fernsehen oder im Theater betrachten können, sondern ein Stück einer Geschichte, in der wir selber dabeisein und mittun dürfen und sollen. Da bin ich mit meiner Zeit, und da ist Gott, und offenbar hat er irgend etwas zu mir gesagt, und jetzt habe ich das Wort, jetzt darf und jetzt soll auch ich sagen, was ich weiß. Nicht irgend etwas von der Zeit im allgemeinen, sondern von *meiner* Zeit, und nicht etwas über einen großen Unbekannten, der nun einmal herkömmlicherweise den Namen «Gott» trägt! Überhaupt nicht etwas *über* Gott (es ist immer gefährlich, wenn wir Menschen *über* Gott reden!), sondern etwas *zu Gott*, der mir leibhaftig gegenübersteht: zu Gott, |40| den ich kenne und der vor allem auch mich kennt und zu dem ich «Du» sagen darf, wie er zu mir «Du» sagt – der jetzt eben darauf wartet, daß ich mit ihm, zu ihm rede.

So sind wir dran an diesem Sylvesterabend, wenn wir uns unter dieses Wort stellen. Wir befinden uns mitten in dieser Geschichte, in diesem Gespräch. Nochmals: Da sind wir in unserer Zeit, und da ist leibhaftig Gott, der (z. B. an der Weihnacht!) allerhand zu uns gesagt hat, dem wir nun antworten dürfen und sollen, dem gegenüber wir es nun aussprechen und bekennen dürfen, wie es sich mit uns verhält: daß *meine* Zeit in *deinen* Händen steht.

«Meine Zeit» – was ist das? Nun, meine Zeit ist wohl einfach meine Lebenszeit, also meine Vergangenheit von meiner Geburt her und meine Zukunft hin zu meinem Tode und dazu das Merkwürdigste: meine Gegenwart, der ständige Übergang von der Vergangenheit in die Zukunft, der Augenblick jetzt, der immer wieder kommt und immer wieder geht – dieser Augenblick heute abend am Ende des Jahres 1960 und ganz nahe dem Kommen des Jahres 1961. Unsere Lebenszeit ist der Raum, der uns allen gegeben ist, die Gelegenheit, die uns allen geboten wird zum Leben. Ein beschränkter Raum, eine einmalige und vorübergehende Gelegenheit zum Leben! Denn wenn der Tod kommt, haben

wir diesen Raum nicht mehr, ist es vorbei mit dieser Gelegenheit. Diese meine kurze oder lange Lebenszeit steht in deinen Händen!

«Meine Zeit» heißt aber noch mehr als das. Das Wort, das Luther mit «meine Zeit» übersetzt hat, heißt eigentlich: mein Geschick. Meine Zeit ist also meine Lebensgeschichte: das, was in meiner Lebenszeit passiert – alles das, was ich da getan und unterlassen habe und noch tun und unterlassen werde, vielleicht gerade auch in dieser Stunde wieder tue oder |41| unterlasse. Meine Zeit, das ist meine ganze Lebensgeschichte mit Allem, was ich gelitten und angerichtet habe und vielleicht noch leiden und anrichten werde – meine Lebensgeschichte mit Allem und Jedem, was ich war und bin und sein werde. Sie, diese meine Lebensgeschichte, steht in deinen Händen!

Schließlich kann man das alles auch zusammenfassen und einfach sagen: «Meine Zeit» – das bin ich: ich, der da gelebt hat und lebt und noch ein bißchen leben möchte – ich selbst mit all dem, was ich verstehe und nicht verstehe, was ich kann und nicht kann, mit meinen starken und mit meinen schwachen Seiten, mit meinen guten und weniger guten Eigenschaften. Meine Zeit, das bin ich selbst mit meiner hohen Bestimmung, Gott, meinen Herrn, zu lieben von ganzem Herzen, von ganzem Gemüt und aus allen meinen Kräften und meinen Nächsten wie mich selbst [vgl. Lk. 10,27]. Meine Zeit, das bin aber auch ich selbst mit dem Abgrund von Verlogenheit und Verkehrtheit, der in mir ist. Und nun also: ich, so wie ich war, bin und sein werde und wie du mich wohl kennst – ich selbst stehe in deinen Händen.

Es lohnt sich, hier auch das Wörtlein *«steht»* etwas genauer anzusehen. Meine Zeit liegt also nicht irgendwo herum wie eine Handtasche, die Jemand im Tram oder sonstwo vergessen oder verloren hat. Sie rollt auch nicht dahin wie eine von unsichtbarer Hand geschmissene Kegelkugel. Sie zittert auch nicht wie Espenlaub im Wind. Sie schwankt und wackelt auch nicht daher wie ein Betrunkener. Sie steht. Sie ist gehalten. Sie ist getragen. Sie ist gesichert. Sie steht nicht darum, weil ich so ein standfester Bursche wäre: das ist nämlich keiner von uns. Sie steht aber darum, weil sie in deinen Händen steht. Was in deinen Händen ist, das steht. Da steht es also: mein Gestern, mein Heute und mein Morgen mit allem Verborge-|42|nen und Offenkundigen, was dazu gehört. Da stand meine Zeit, meine Lebensgeschichte, ich selbst schon lange, lange bevor ich geboren war, in deinem Ratschluß und so von Ewigkeit her. Und da wird es stehen: nicht nur bis zu meinem Tode, sondern über ihn hinaus, für immer. Nichts, gar nichts von dem, was da kam und noch kommt und jetzt ist, wird je verloren, vergessen und ausgelöscht sein. Ich bin, ich werde leben, ob ich gleich stürbe [vgl. Joh. 11,25], weil mein Leben in deinen Händen steht.

Aber nun kommt erst die Hauptsache: «Meine Zeit steht *in deinen Händen.*» Wenn Etwas in der Hand von Jemandem ist, dann ist anzunehmen, daß ihm das für den Augenblick gehört, daß er es bis auf weiteres braucht und gebraucht und darum zunächst Sorge dazu trägt. Aber wir reden nicht von den Händen von irgend Jemandem, sondern von deinen, von den Händen Gottes. Steht meine Zeit in deinen Händen, dann gehört sie dir von Anfang an und endgültig, dann willst du sie auch immer wieder brauchen und neu gebrauchen. Und dann ist es so, daß du ohne Grenzen und Aufhören zu ihr und also zu mir Sorge trägst.

Meine Zeit steht in *deinen* Händen. Nicht in den Händen eines dunklen, dumpfen Schicksals, vor dem man sich grauen und fürchten müßte, mit dem man hadern und kämpfen dürfte, mit dem man sich innerlich und äußerlich herumzuschlagen hätte. Mit dem Schicksal könnte ich mich auseinandersetzen. Mit dir, Gott, kann ich mich nicht auseinander-, sondern nur zusammensetzen.

Meine Zeit steht auch nicht in den Händen irgendwelcher großer oder kleiner Menschen, gegen die ich mich dann wohl früher oder später auflehnen, von denen ich mich langsam oder nach und nach befreien möchte. |43|

Und das Wichtigste: Meine Zeit steht nicht in meinen eigenen Händen. Es ist ein wahres Glück, daß ich nicht auf mich selbst als Respektsperson angewiesen bin, deren Weisheit ich zu bewundern und zu verehren, aber zuletzt doch auch zu bezweifeln hätte, vor deren Torheiten ich eigentlich alle Augenblicke erschrecken müßte. Es ist gut, daß ich nicht mein eigener Herr bin, daß meine Zeit nicht in meinen Händen steht. Sondern meine Zeit, meine Lebensgeschichte, ich selber, steht in deinen Händen.

Ja, fragt ihr mich, hat Gott denn Hände? Jawohl, Gott hat Hände, und zwar ganz andere, viel bessere, viel geschicktere, viel stärkere Hände als diese unsere Klauen. Was heißt das: Gottes Hände? Laßt es mich zuerst so sagen: Gottes Hände sind seine Taten, seine Werke, seine Worte, die uns alle, ob wir es wissen und wollen oder nicht, von allen Seiten umgeben und umfassen, tragen und erhalten. Aber das könnte immer noch bloß bildhaft, symbolisch gesagt und verstanden sein. Es gibt einen Punkt, da hört das Bildhafte und Symbolische auf, da wird die Sache mit den Händen Gottes ganz wörtlich ernst – dort, wo alle Taten, Werke und Worte Gottes ihren Anfang, ihre Mitte und ihr Ziel haben: «Deine Hände» – das sind die Hände unseres Heilandes Jesus Christus. Sie sind die Hände, die er weit ausgebreitet hat, als er rief: «Kommet her zu mir alle, die ihr mühselig und beladen seid, ich will euch erquicken» [Mt. 11,28]. Sie sind seine Hände, mit denen er die Kinder gesegnet hat. Sie sind seine Hände, mit denen er die Kranken angerührt und geheilt hat. Sie sind die Hände, mit denen er das Brot brach und austeilte an die Fünftausend in der Wüste und dann noch einmal an seine Jünger vor seinem Sterben. Sie sind endlich und vor allem seine für unsere Versöhnung mit Gott ans Kreuz genagelten Hände. Meine Brüder und Schwestern, das, das sind die Hände Gottes: die starken |44| Vaterhände, die guten, weichen, zarten Mutterhände, die treuen, helfenden Freundeshände, die gnädigen Gotteshände, in denen unsere Zeit steht, in denen wir selbst stehen. Von ihm, von diesem unserem Heiland ist es ja gesagt, daß, indem er kam, die Zeit erfüllt wurde [Gal. 4,4], will sagen: daß in ihm die Zeit – alle Zeit und so auch die Zeit eines Jeden von uns – ihren Sinn und ihre Richtung und ihr Ziel bekommen hat. Lassen wir es dabei: in deinen Händen – in den Händen deines lieben Sohnes – da steht meine Zeit, da steht mein Leben, da darf ich stehen. Er, dein lieber Sohn, hat es ja gesagt: «Niemand wird sie aus meiner Hand reißen» [Joh. 10,28]. Hört ihr's: Niemand, kein Mensch und kein Engel und kein Teufel, meine Sünde nicht und mein Tod auch nicht! Niemand kann und wird sie aus meiner Hand reißen.

In diesen deinen Gotteshänden bin ich geborgen, bin ich aufgehoben, bin ich bewahrt, bin ich gerettet. In diesen deinen Händen stand mein Jahr 1960 mit Allem, was es mir brachte und nahm, mit all dem, was ich da recht und schlecht war und getan habe. Weil es so mit diesem nun vergehenden Jahr steht, darum war es unter allen Umständen ein Jahr des Heils, ein Jahr der Gnade. Sollte ich es nicht gefühlt, nicht gemerkt haben, so wollen wir es uns nun in dieser seiner letzten Stunde sagen lassen: es war ein Jahr des Heils und der Gnade, weil es in deinen Händen stand. In diesen deinen Händen wird aber auch mein Jahr 1961 stehen mit Allem, was da kommen und nicht kommen mag und was ich da wieder recht oder schlecht sein und machen werde, was mir da leicht und was mir da schwer, vielleicht sehr schwer fallen wird. Es wird nicht irgend ein Jahr, sondern auch es wird dein Jahr, ein «Jahr des Herrn» sein. Und in dieser deiner Gnade und Herrschaft steht auch diese Stunde, in der wir jetzt beieinander sind, unsere geheimnisvolle Gegenwart zwischen Vergangenheit und Zu- |45| kunft also: das Geheimnis dieses Augenblicks. Wißt ihr, was sein Geheimnis ist? Der leise, vielleicht auch laute Ruf, der eben jetzt an uns alle ergeht: «Heute, heute, da ihr seine Stimme hört, so verstocket eure Herzen nicht!» [Hebr. 4,7]. Weil meine Zeit, weil eben diese Stunde in deinen Händen steht, darum ist sie für mich, für dich, für uns alle Entscheidungsstunde.

Ich komme zum Schluß mit einem Rat oder einer Bitte:

Wie wäre es, wenn wir – ein Jeder und eine Jede von uns – heute nacht, bevor wir einschlafen, laut oder leise das, was wir jetzt gehört haben, noch einmal zu Gott sagen würden: «Meine Zeit steht in deinen Händen»? Wenn das dann das Letzte wäre im alten Jahr, so würde dessen Abschluß darin bestehen, daß wir die Wahrheit sagten. Denn das ist die Wahrheit: «Meine Zeit steht in deinen Händen!», und Gott wartet darauf, daß wir endlich – und wäre es in der letzten Stunde – die Wahrheit sagen. Was für ein Jahresende!

Und wie wäre es, wenn wir morgen früh, wenn wir erwachen, wieder laut oder leise, ganz dasselbe sagen würden: «Meine Zeit steht in deinen Händen»? Wenn also das das Erste wäre im neuen Jahr, daß wir noch einmal die Wahrheit redeten, jetzt im Blick auf die Zukunft. Gott wartet ja darauf, daß wir einmal anfangen, die Wahrheit zu reden, und das ist die Wahrheit: «Meine Zeit steht in deinen Händen.» Was für ein Jahresanfang! Ja, wie wäre es? Was wäre das für ein Ende, was wäre das für ein Anfang! Amen.

Herr, unser Vater! Du sagst uns heute wie gestern und wirst es uns morgen wie heute sagen: daß du uns je und je geliebt und darum zu dir gezogen hast aus lauter Güte. Wir hören |46| dich, aber laß es doch geschehen, daß wir dich recht hören! Wir glauben dir, aber hilf doch unserem Unglauben! Wir möchten dir gehorchen, aber mach doch Schluß mit all dem viel zu Weichen und viel zu Harten in uns, damit wir dir wirklich und recht gehorchen! Wir vertrauen dir, aber verjage doch alle Gespenster aus unseren Herzen und Köpfen, damit wir dir ganz und fröhlich vertrauen! Wir fliehen zu dir, aber laß uns doch ernstlich zurücklassen, was dahinten bleiben muß, und laß uns in heiterer Zuversicht vòrwärts schauen und gehen!

Hilf dazu Allen, die in diesem Hause sind – auch allen Verirrten, Betrübten, Verbitterten, Verzweifelten in dieser Stadt und in der ganzen weiten Welt – auch allen anderen Gefangenen – auch den Kranken in den Spitälern und Irrenhäusern – auch denen, die in der Politik das Wort führen und die Macht haben – auch den nach Brot und Recht und Freiheit rufenden und mit Vernunft oder Unvernunft dafür kämpfenden Völkern – auch den Lehrern und Erziehern und der ihnen anvertrauten Jugend – auch den Kirchen aller Art und Richtung: daß sie das reine Licht deines Wortes hüten und verbreiten möchten.

Wir sehen in der Nähe und in der Ferne so viel, was uns traurig und verzagt, wohl auch zornig oder gleichgültig machen möchte. Aber bei dir ist die Ordnung, der Friede, die Freiheit, die Freude in Vollkommenheit. Du warst unsere und der ganzen Welt Hoffnung im alten Jahr, du wirst es auch im neuen sein. Wir erheben unsere Herzen – nein, erhebe du unsere Herzen zu dir! Dir, der du der Vater, der Sohn und der Heilige Geist bist, sei die Ehre: wie gestern, so heute, wie heute, so morgen und so in Ewigkeit. Amen.

Lieder:
Nr. 132: «Nun laßt uns gehn und treten» von P. Gerhardt, Strophen 1, 2, 6, 7, 11–15
Nr. 47: «Du meine Seele, singe» von P. Gerhardt, Strophen 1–5 (= EKG 197, Str. 1–4, 8)
Nr. 44: «Nun danket alle Gott» von M. Rinckart, Strophen 2 und 3

DER KLEINE AUGENBLICK

Jesaja 54,7–8

Ostersonntag, 2. April 1961, Strafanstalt Basel

Herr Gott, unser Vater! Du bist das Licht, in dem keine Finsternis ist – und nun hast du auch uns ein Licht angezündet, das nicht mehr erlöschen kann und das endlich und zuletzt alle Finsternis vertreiben wird. Du bist die Liebe ohne Kälte – und nun hast du auch uns geliebt und uns frei gemacht, dich und auch uns untereinander zu lieben. Du bist das Leben, das des Todes spottet – und den Zugang zu solch ewigem Leben hast du auch uns eröffnet. In Jesus Christus, deinem Sohn, unserem Bruder, hast du das alles getan.

Erlaube es uns nicht – erlaube es Keinem von uns, dieser deiner Gabe und Offenbarung gegenüber stumpf und gleichgültig zu bleiben! Laß uns an diesem Ostermorgen wenigstens etwas von dem Reichtum deiner Güte wahrnehmen, [laß etwas von ihm] hineingehen in unsere Herzen und Gewissen, uns erleuchten, aufrichten, trösten, mahnen!

Wir alle sind keine großen, sondern nur ganz kleine Christen. Aber deine Gnade genügt uns. Erwecke uns also zu der kleinen Freude und Dankbarkeit, deren wir fähig sind – zu dem zaghaften Glauben, den wir aufbringen mögen – zu dem un- |48| vollkommenen Gehorsam, den wir dir nicht verweigern können – und damit zu der Hoffnung auf das Große und Ganze und Vollkommene, das du uns allen im Sterben unseres Herrn Jesus Christus zubereitet und in seiner Auferweckung von den Toten verheißen hast. Daß uns diese Stunde dazu diene, darum bitten wir dich.

Unser Vater ...! Amen.

Ich habe dich einen kleinen Augenblick verlassen, aber mit großem Erbarmen will ich dich sammeln. Ich habe mein Angesicht im Augenblick des Zorns vor dir verborgen, aber mit ewiger Gnade habe ich mich deiner erbarmt, spricht der Herr, dein Erlöser.

Meine lieben Brüder und Schwestern!

«Mit großem Erbarmen will ich dich sammeln» – du armes, zerstreutes Volk, du armer, zerstreuter Mensch: sammeln, dorthin versammeln, wohin du gehörst! Das ist die Osterbotschaft, ihre Verheißung, ihr Versprechen. Und: «Mit ewiger Gnade habe ich mich deiner erbarmt.» Das ist die Geschichte, das ist das Ereignis des Ostertages. Nicht in einer zufälligen Laune und Fügung, sondern in ewiger Gnade, in unveränderlicher Zuwendung hat Gott sich am Ostertag seines lieben Sohnes damit erbarmt, hat er ihn damit zu Ehren gebracht, hat er sich damit zu ihm bekannt, hat er ihn damit als seinen Sohn, unseren Herrn, ans Licht gebracht, daß er ihn dem über alle Menschen herrschenden Tod, dem uns alle erwartenden Grab entrissen und so unmißverständlich als den Heiland aller Menschen proklamiert hat. |49|

Er hat sich seiner erbarmt – und in seiner Person des ungetreuen, des widerspenstigen, des unglücklichen Volkes Israel – und wieder in seiner Person, in der Person seines Sohnes, unseres Herrn Jesus Christus, des ganzen verirrten und verwirrten Menschenvolkes – und wiederum in seiner Person auch deiner und meiner, eines Jeden von uns in seiner besonderen Verkehrtheit und Verlorenheit. Das ist es, was Gott am Ostertag *getan* hat: daß er sich unser in Jesus Christus erbarmt hat. Und das ist es, was er uns am Ostertag *gesagt* hat – das Osterwort, das wir jetzt hören dürfen: daß er uns sammeln, in die Gnade, die er Jesus Christus erwiesen hat, hinein versammeln will und wird.

Wir würden aber die Herrlichkeit, die Freude und die Hoffnung des Ostertages nicht verstehen, wenn wir jetzt nicht zurückdenken wollten an den Karfreitag, der jenem Tag vorangegangen ist. Was am Ostertag geschah, war die Erklärung, war die Offenbarung des Geheimnisses dessen, was zuvor am Karfreitag geschah. «Karfreitag» heißt: Tag der Wehklage. Weil der helle Glanz des Ostertages die Erklärung und die Offenbarung dessen war, was am Karfreitag geschah, ist doch wohl «Tag der Wehklage» kein guter Name schon für diesen Tag. Immerhin: die ewige Gnade, in der Gott sich in der Erweckung Jesu Christi von den Toten seiner erbarmt hat, galt in der Tat ihm, dem auf Golgatha gekreuzigten und am Kreuz elend verendeten Menschensohn – galt in seiner Person dem aus der höchsten Höhe in die tiefste Tiefe gestürzten Volk Israel – galt und gilt wieder in seiner Person dem Menschenvolk, dessen Geschichte von Anfang an bis auf diesen Tag eine mit so viel Blut und so viel Tränen geschriebene Geschichte war und ist. Und so galt und gilt Gottes ewige Gnade auch einem Jeden von uns nicht in seiner

Klugheit, Güte und Geschicklichkeit, sondern |50| in der letzten, tiefsten Trostlosigkeit und Sinnlosigkeit seines Daseins, die auch seinen Lebenstag wohl zu einem Tag der Wehklage machen könnte. Könnte ein Karfreitag ohne Ostertag in der Tat nur ein Tag der Wehklage heißen, so könnte ein Ostertag ohne den Karfreitag doch nur ein Tag leerer Festlichkeit sein, wie er das ja leider für so viele Menschen geworden ist. Wir wollen ihn recht feiern und darum im Gedenken an den Tod dessen, der an diesem Tag von den Toten auferstanden ist.

Also, wie war das am Karfreitag? Wie war das mit dem Augenblick, welchen Gott nach dem Wort des Propheten einen kleinen, überaus schrecklichen, aber doch rasch vorübergehenden, weil durch seine ewige Gnade überholten und überwundenen Augenblick nennt? So beschreibt ihn der Evangelist in der Leidensgeschichte an der entscheidenden Stelle: «Aber von der sechsten Stunde an kam eine Finsternis über die ganze Erde bis an die neunte Stunde. Um die neunte Stunde aber schrie Jesus laut auf: Mein Gott, mein Gott, warum hast du mich verlassen?» [Mt. 27,45 f.]. Und weiter: «Da schrie Jesus abermals mit lauter Stimme und gab seinen Geist auf» [Mt. 27,50]. Man hat sich oft gewundert darüber und gestoßen daran, daß Jesus in seinem Sterben gerade so, gerade das geschrieen und gefragt hat, nachdem er doch den Weg dahin angetreten hatte mit dem Gebet und in der Bereitschaft: «Nicht mein, sondern dein Wille geschehe!» [Lk. 22,42] Und nun: «Mein Gott, mein Gott, warum hast du mich verlassen?» Aber daran ist nichts zu ändern; eben daran müssen wir uns halten, eben das müssen wir vollkommen ernst nehmen: so und gerade das hat Jesus dort wirklich geschrieen und gefragt. Wortwörtlich geschah es ihm da, daß er sich sagen lassen und hören mußte: Ich, Gott, habe dich, Jesus, einen kleinen Augenblick verlassen. Ich, Gott, habe |51| mein Angesicht vor dir, meinem lieben Kinde, in diesem Augenblick des Zornes verborgen. Es war schon schrecklich, was Gott da tat: dieses Verlassen, dieses Verbergen seines Angesichtes im Augenblick des Zornes – nicht irgend einem Bösewicht gegenüber, sondern gegenüber dem einen wahrhaft reinen, heiligen, treuen Menschen – seinem eigenen lieben Sohne gegenüber. Seine Antwort darauf, daß Jesus ihn etwa verlassen hätte, konnte das nicht sein, war das auch nicht. Es war aber so, daß Jesus, gerade indem er Gott nicht verließ, gerade indem er ihm nur gehorsam war, nur seinen Willen geschehen lassen wollte, den Weg antrat und ging, der ihn genau dahin, genau zu dem bitteren Ende führen mußte und tatsächlich geführt hat, wo sein Gott ihn verlassen mußte und wollte und wirklich verließ. Das war der kleine Augenblick, das war es, was am Karfreitag geschehen ist.

Was war das für ein Weg, der ihn dahin führte: hinein in das Schreckliche dieses kleinen Augenblicks? Meine Brüder und Schwestern, das war Jesu, das war Gottes Weg hin zu *uns:* hinein in den dunklen Ort, an den Israel gehörte wegen seiner großen üblen Untreue – an den das ganze Menschenvolk gehört wegen seiner ständigen Kälte und Rebellion seinem Schöpfer und Herrn gegenüber – an den wir alle gehören, weil wir und indem wir Gott verlassen haben und immer wieder verlassen. Von seinem Vater gesendet, ging und kam Jesus zu uns und also an diesen Ort des Zornes und der Verborgenheit Gottes. Und eben damit geschah der Wille seines Vaters, daß er diesen Weg ging und also hineinging in unsere Gottverlassenheit. Wozu das? Einfach und klar: um für sein Volk Israel, um für das ganze Menschenvolk, um an der Stelle eines Jeden von uns der von Gottes Zorn Getroffene und von Gott Verlassene zu sein – damit außer ihm Keiner ein solcher sein |52| müsse! Er ging hinein in die Gottverlassenheit, die uns zukäme, um sie auf sich zu nehmen, zu tragen, sie in der ihm gegebenen göttlichen Macht wegzutragen, damit sie unsere Sache nicht mehr sein müsse noch dürfe noch könne. Er schrie und fragte: «Mein Gott, mein Gott, warum hast du mich verlassen?», damit wir nicht mehr so fragen müßten, damit es aufhöre, recht und unvermeidlich und nötig zu sein, daß irgend ein Mensch so schreie und frage, wie er dort geschrieen und gefragt hat. Warum überflüssig und verboten für uns alle? Weil er es an unserer Stelle ein für allemal getan hat! Es war schon so: da war er nun an unserer Stelle. Da war er nun an unserem dunklen Ort, da mußte er nun so und das schreien und fragen, wie er es dort getan hat. Das war also der Karfreitag, das war der kleine, aber schreckliche – aber sagen wir viel besser: der große, der ewige, für die Welt und für uns alle ewig heilsame Augenblick. Das war das Licht schon des Karfreitags, das dann am Ostertag aufgedeckt, sichtbar, offenbar wurde. Das war das Ja, das Gott in seiner Auferwekkung von den Toten zu ihm, zu seinem Gehorsam, zu seiner Treue – in seiner Person aber zu seinem Volk Israel, zu allen Menschen sprach und so zu Jedem von uns gesprochen – in jenem kleinen Augenblick gesprochen hat. Wirklich schon am Karfreitag, schon in jenem kleinen Augenblick! Oder war es nicht schon das Ja Gottes zur ganzen Welt und so auch zu uns, das damit gesprochen wurde, daß Gott diesem einen Menschen, seinem lieben Sohn, geboten hat, diesen dunklen Weg für uns anzutreten? Und hat er nicht schon damit, schon am dunkelsten Ziel gerade dieses Weges Nein gesagt zu unserer Gottverlassenheit? Was am Ostertag geschah, war nichts Neues, war einfach das Aufleuchten des eben in jener Dunkelheit angezündeten, in ihr zunächst verhüllten Lichtes: die Aussprache des großen Ja, das Gott dort zu uns, und des großen |53| Nein, das er dort zu unserer Gottverlassenheit gesagt hat, das dort Tat und Ereignis wurde.

Und nun dürfen wir Ostern feiern. Was heißt Ostern feiern? Es heißt: dieses Licht des Karfreitags sehen. Es ist da, es leuchtet, es wartet nur auf unsere sehenden Augen. Wir dürfen, wir sollen, wir wollen unsere Augen auftun, es zu sehen. Ostern feiern heißt: das Ja und das Nein hören, das Gott in dem, was er am Karfreitag tat, gesprochen hat: das Ja zu uns allen und das Nein zu unserer Entfremdung von ihm, die unser Elend ist.

Sicher war es in der ganzen Geschichte Israels so, daß der große Schatten der Gottverlassenheit über diesem Volk lag. Und sicher ist es so, daß wir die Geschichte der Welt bis auf diesen Tag nicht zur Kenntnis nehmen, daß wir keine Zeitung lesen und kein Radio hören können, ohne erinnert zu werden an die große Gottverlassenheit des menschlichen Daseins. Und ganz sicher fehlt es in keinem Leben, im Leben auch nur eines Einzigen unter uns an Augenblicken, nein, Stunden, Tagen, Wochen, vielleicht Jahren, in denen wir zu fühlen, in denen wir uns des Gedankens nicht erwehren zu können meinen: wir möchten von Gott verlassen sein – wir, die ihn so oft verlassen haben, ihn immer aufs neue verlassen. Damit ihr mich gerade darin recht versteht: ich schließe mich selbst nicht aus, sondern ein, wenn ich das sage. Ich bin in meinem Leben zwölf Jahre Pfarrer und nun bald vierzig Jahre Professor der Theologie gewesen, aber ich habe immer wieder Stunden und Tage und Wochen gehabt und habe sie noch und noch, in denen ich mich von Gott verlassen fühle, in denen ich meine, ihn zu mir sagen zu hören: Ich habe dich verlassen. Ich habe mein Angesicht vor dir verborgen – in meinem Zorn darüber, daß du mich verlassen hast. Also: wir sind schon beieinander in dieser |54| Sache, liebe Freunde, und Keiner von euch soll meinen, daß er in dieser Hinsicht anders dran sei als ich. Wir irren uns aber samt und sonders, wenn wir so fühlen und denken, und wenn es uns dabei noch so grimmig ernst zumute sein sollte. Gottverlassenheit kann laut der Ostergeschichte und Osterbotschaft, kann im Lichte des Karfreitags nur noch ein Schatten, nur noch eine wüste Erinnerung, nur noch ein böser Traum sein. Es könnte wohl wahr sein – es ist aber nicht wahr: für dich nicht und für mich auch nicht, für Keinen von uns, daß Gott uns verlassen hat. Die Wahrheit – gewiß nicht die Wahrheit unserer unruhigen Herzen und unserer bedrängten Gewissen, aber die Wahrheit des Ostertages als die Wahrheit des Karfreitags – ist die, daß Gott zu uns hält, wer wir auch seien und wie wir auch dran seien, was wir auch fühlen und denken mögen, wie schwer es uns auch heute und morgen zumute sein mag, weil und indem wir ihn wieder einmal verlassen haben und noch und noch verlassen. Er ist zugegen, er verläßt uns nicht, auch wenn wir uns für verlassen halten müssen. Und sein Angesicht leuchtet uns, auch wenn wir es auf weite Strecken aus guten Gründen nicht zu sehen meinen. Die Wahrheit ist, daß er ganz und gar der Unsrige ist und wir ganz und gar die Seinigen sein dürfen. Das ist die Osterbotschaft. Und das heißt Ostern feiern: daß wir uns diese Osterwahrheit gefallen lassen.

Wer redet so? Wer darf es wagen, so kühn zu reden? Ich gestehe frei und offen: ich von mir aus würde es nicht wagen, mir würde es gar nicht in den Sinn kommen, so kühn zu euch und zu mir selbst zu reden. Aber so kühn hat Gott selbst zur ganzen Welt und so auch zu uns gesprochen: in der Offenbarung des Geheimnisses jenes kleinen Augenblicks. So spricht der Herr, dein Erlöser. Amen. |55|

Du einer, du unser einziger Gott, stark in deiner Güte, heilig und herrlich in all deinem Tun! Wir kommen noch einmal zu dir als solche, die dir nichts zu bieten haben als das Bekenntnis, daß wir von deinem großen, freien Erbarmen leben möchten. Wir danken dir, daß du auch uns dazu einlädst und ermutigst, es darauf ankommen zu lassen. Du vergissest uns nicht – laß uns nur dich nicht vergessen! Du wirst nicht müde – laß nur uns nicht schläfrig werden! Du wählst und willst, was für einen Jeden von uns recht und heilsam ist – verwehre uns nur unser eigenmächtiges Wollen und Wählen!

Wir möchten hier aber auch die Anliegen, Fragen und Nöte der vielen Anderen bittend vor dich bringen. Gedenke du all derer, die in diesem Hause oder anderswo gefangen sind! Gedenke auch unserer Angehörigen in der Nähe und in der Ferne! Tröste und erquicke du alle an Leib und Seele Kranken, alle Bedürftigen und die besonders, die ohne menschliche Freunde und Helfer sind! Hilf du den Flüchtlingen und Vertriebenen und allen Unrecht Leidenden in aller Welt! Belehre du die, die zu lehren haben, und regiere du die, die zum Regieren bestimmt und berufen sind! Schaffe deinem Evangelium freudige und mutige Zeugen in allen Kirchen, auch in der katholischen, auch in den freien Gemeinschaften! Begleite und erleuchte die Missionare und die jungen Gemeinden, denen sie dienen möchten! Laß Alle, die auf dich hoffen, wirken, solange es für sie Tag ist, und gib gute Frucht auch allen ernsten Bemühungen derer, die dich nicht, noch nicht oder nicht recht kennen! Du erhörst die, die aufrichtigen Herzens sind. Mach auch uns aufrichtig, damit du auch uns erhören mögest!

Du warst Gott von Ewigkeit her, du bist es, du wirst es sein. Wir sind froh, daß wir auf dich bauen und vertrauen dürfen. Amen.

Lieder:
Nr. 158: «Erschienen ist der herrlich Tag» von N. Herman, Strophen 1–5
Nr. 264: «Mir ist Erbarmung widerfahren» von Ph. Fr. Hiller, Strophen 1–4 (= EKG 277, Str. 1, 2, 4, 5)
Nr. 159: «Christ lag in Todesbanden» von M. Luther, Strophe 5 (= EKG 76, Str. 6)

BEKEHRUNG

1. Johannes 4,18

6. August 1961, Strafanstalt Basel[1]

Herr, du großer, heiliger und barmherziger Gott! Du hast die ganze Welt geschaffen. Dir gehört sie. Deinem guten Willen ist sie unterworfen. Und so sind alle Menschen, so sind auch wir dein Eigentum, von dir dazu erwählt, dir Ehre zu machen, unsere Zeit und unsere

[1] Der Gottesdienst, in dem diese Predigt gehalten wurde, ist auf einer Schallplatte festgehalten: *Gottesdienst in der Strafanstalt*, EVZ Zürich 1961. Der gesprochene Wortlaut der Predigt ist abgedruckt im Anhang dieses Bandes, unten S. 289ff. Text hier nach der Vervielfältigung.

Kräfte sinnvoll zu gebrauchen und als deine Kinder einträchtig beieinander zu sein. Um dessen zu gedenken, sind wir an diesem Sonntagmorgen hier zusammengekommen.

Wir wissen und bekennen: in uns allen ist viel Widerspruch und Widerstand, viel Stumpfheit, Meisterlosigkeit und Besserwisserei. Vergib uns! Laß es uns nicht entgelten, wie wir es wohl verdienen würden! Brich du selbst hindurch durch alle die Mauern, die uns von dir und voneinander trennen!

Tu das auch in dieser Stunde! Gib, daß jetzt nichts Falsches gesagt und nichts falsch verstanden werde! Nimm auch unser armes Beten und Singen geduldig an! Wir machen gewiß schlecht genug, was deine Engel recht machen. Sei uns dennoch gegenwärtig und gnädig! Und tu das auch an allen anderen Orten, wo dein Volk sich an diesem Sonntag versammelt!

Darum bitten wir dich, indem wir dich im Namen unseres Herrn Jesus, deines lieben Sohnes, und mit seinen Worten anrufen: Unser Vater ...! Amen.

Furcht ist nicht in der Liebe, sondern die vollkommene Liebe treibt die Furcht aus.

Meine Brüder und Schwestern!

Ihr alle habt gewiß schon das Wort «*Bekehrung*» gehört. «Bekehrung» heißt: Umkehr, Neuanfang, Antritt eines anderen, besseren Weges im Leben eines Menschen. Über dieses Wort und das, was es bedeutet, ist unter den Christenmenschen aller Zeiten viel nachgedacht und geredet worden. Und so könnte es wohl sein, daß auch dem Einen oder Anderen von euch einmal von irgend Jemandem gesagt worden ist: Was du eigentlich nötig hättest, das wäre, daß du dich ernstlich bekehren würdest! Wohl wahr! Das ist es, was wir tatsächlich alle nötig haben: nötiger als alles Andere: daß wir uns bekehren – nicht nur einmal, sondern alle Morgen, alle Tage aufs neue. So hat es der Reformator Martin Luther gesagt: Gott wolle, daß das Leben eines Christenmenschen eine tägliche Buße sei.[2] Und Buße heißt eben: Umkehr, Bekehrung.

[2] M. Luther, *Disputatio pro declaratione virtutis indulgentiarum* (1517), WA 1, 233: «Dominus et magister noster Iesus Christus dicendo ‹Penitentiam agite etc.› omnem vitam fidelium penitentiam esse voluit» (die erste der 95 Thesen).

Recht verstanden ist auch in dem Wort, das wir vorhin gehört haben, von dieser Sache die Rede, läuft Alles, was da von der Liebe und von der Furcht zu lesen ist, darauf hinaus, daß wir uns bekehren dürfen und dann auch sollen und müssen. Aber das steht doch nur verborgen da, sozusagen zwischen den Zeilen, und darum möchte ich erst zum Schluß wieder darauf zurückkommen. Halten wir uns zunächst an das, was offen dasteht!

«Furcht ist nicht in der Liebe!» *In der Liebe!* Ist das nicht merkwürdig? Wie wenn das ein Ort, ein Raum, ein Haus wäre, in dem man sein, wohnen, sitzen, stehen und gehen kann! Die Bibel redet auch sonst gerne so. Daß dies und das im Glauben, im Geist, im Herrn, in Christus geschehe oder geschehen müsse, kann man ja da nicht selten lesen. Und mit anderen Worten wird damit wohl jedesmal derselbe Raum, dasselbe Haus beschrieben wie hier, wo es heißt: «in der Liebe».

Und nun hat dieses Haus offenbar auch eine Hausordnung – ihr wißt ja, was das ist! –, und in ihr steht als erster Satz, als § 1: «Furcht ist nicht in der Liebe.» Mit anderen Worten: Furcht hat in diesem Hause nichts zu suchen. Furcht kommt hier nicht vor, ist hier ausgeschlossen. Man möchte fast an das Plakat im Tram denken: «Rauchen verboten!» oder an das auf manchen Bauplätzen: «Für Unbefugte kein Zutritt!» Aber hier wird ja nicht nur ein Verbot ausgesprochen. Hier heißt es einfach: Furcht *ist nicht* in der Liebe. Die Liebe – die vollkommene Liebe! – *treibt* die Furcht *aus*. Etwa so, wie schlechte Luft in einem Zimmer ausgetrieben wird, wenn man Türen und Fenster öffnet und einen tüchtigen Durchzug macht! Oder, um eine schöneres Bild zu gebrauchen: so wie im Theater das Geschwätz der Leute aufhört, wenn der Vorhang aufgeht, oder im Konzert, wenn die Musik einsetzt. «Furcht ist nicht in der Liebe.» Ein guter Satz, nicht wahr, ein guter § 1 in einer guten Hausordnung eines guten Hauses!

Aber wenn wir ihn jetzt verstehen wollen, müssen wir einen Augenblick innehalten: Was meinen wir eigentlich, wenn wir von *«Liebe»* reden – von dem nämlich, was wir als Liebe kennen, als menschliche Liebe? Ja, dazu wäre viel, sehr viel zu sagen. Ich will jetzt nur das anzudeuten versuchen, was mit der uns doch wohl irgendwie bekannten menschlichen Liebe im *besten* Falle gemeint sein könnte. Sie könnte doch wohl eine schöne, enge Beziehung zwischen Menschen sein: vielleicht auch innerhalb einer ganzen Gruppe von Menschen. Und es möchte sein, daß die Menschen sich in dieser Beziehung zueinander nicht mehr fern noch fremd und gleichgültig oder gar unangenehm wären. Sie haben sich vielleicht kennen, vielleicht sogar verstehen gelernt. Und so haben sie sich gern bekommen: so gern, daß sie nicht mehr ohne einander sein möchten. So suchen sie sich. So begehren sie nach einander. So fehlt ihnen etwas, wenn sie getrennt sind. So möchten sie mit einander, ja für einander da sein. Sie wollen sich nicht für sich behalten. Sie wollen sich Einer dem Anderen anbieten. – Das mag, in ein paar Sätzen beschrieben, im besten Fall die uns bekannte, menschliche Liebe sein.

Ist das nicht schön? Ja, das ist wohl schön, nur fast zu schön, um wahr zu sein. Denn, nicht wahr, im wirklichen Leben begegnet uns auch im besten Fall immer nur so ein bißchen von dieser Liebe, so dann und wann in guten Stunden, im Grunde aber doch recht selten und nur in entfernter Ähnlichkeit mit dem, was da offenbar geschehen und sein könnte und sollte. So etwa, wie man sich und Andere auf einer schlechten Photographie nur gerade mit Mühe oder gar nicht wiedererkennen kann.

Und könnte es nicht auch sein, daß es auch unter euch den Einen oder Anderen geben mag, der jetzt wohl traurig und ein wenig zornig einwenden möchte: In meinem Leben gibt es das überhaupt nicht, von was du da redest? Mich liebt niemand, und ich liebe auch niemanden, geschweige denn so, wie es da beschrieben wurde. Einsam fühle ich mich, ganz einsam, steineinsam in einer Welt ohne Liebe, in der die Leute sich fern und fremd sind, in der sie ohne einander und gegeneinander leben.

Und Eines ist ganz sicher: die Liebe, die wir meinen und kennen, wenn wir dieses Wort aussprechen, treibt die Furcht *nicht* aus. Im Haus dieser unserer menschlichen Liebe gibt es auch im besten Fall nur zu viel Furcht: Furcht vor den Enttäuschungen, die man trotz Allem miteinander erleben könnte! Furcht davor, daß man einander verlieren könnte! Furcht vor der eigenen Vergangenheit und Zukunft, die wie zwei große Schatten in unser Leben hineinfallen! Furcht vor den Leuten! Furcht vor sich selbst! Furcht vor dem Schicksal! Furcht vor dem Tod und Furcht wohl auch vor dem Teufel! Im Haus der menschlichen Liebe haust auch im besten Fall in vielen Gestalten immer auch die Furcht. Es mag deswegen doch noch ein recht schönes Haus oder doch ein recht schönes Schrebergartenhäuschen sein. Eins aber ist es leider sicher nicht: *nicht* das Haus mit dem § 1 der Hausordnung: Furcht ist nicht in der Liebe.

Laßt mich jetzt etwas sagen von einem ganz anderen Haus, nämlich von einer ganz anderen, der *«vollkommenen Liebe»*, die nicht nur so ein bißchen vorübergehende, sondern die ganze, die bleibende Liebe ist – und vor allem: die Liebe, in der keine Furcht ist. Auch die Traurigen unter euch sollen jetzt zuhören: auch die, die von einem schönen Haus oder Häuschen menschlicher Liebe nichts zu wissen meinen!

Eine enge Beziehung ist auch die vollkommene Liebe. Aber der Ausdruck «Beziehung» ist zu schwach, um sie richtig zu beschreiben. Sie ist ein *Bund* und so zum vornherein eine feste, klare und geordnete Sache. Ein Bund ist im Unterschied zu einer bloßen Beziehung eine Sache, auf die man sich verlassen kann und darf: *dieser* Bund nämlich! Denn wer ist da verbündet? *Gott* auf der einen Seite: Er, der Herr und Schöpfer, der Freie, der Hohe, der Niemandem etwas schuldig ist, ohne den Niemand und nichts ist und bestehen kann. Er, Gott, begründet, und er erhält diesen Bund. Und nun auf der anderen Seite – es braucht ja Zwei zu einem Bund – *wir*, du und ich, wir alle!

Wie mag Gott dazu kommen, einen Bund zwischen sich und uns zu wollen, zu begründen, aufzurichten und zu halten? Etwa weil wir so stark und fein und gut sind? Nein, das alles sind wir ja nicht. Etwa darum, weil er uns nötig hätte und brauchte zu irgend einem gemeinsamen Zweck? Nein, Gott wäre nicht Gott, wenn er uns nötig hätte. Oder darum, weil wir es wunderbarer Weise doch gut machten oder mindestens so gut meinten, daß wir es verdient hätten, mit Gott im Bunde zu sein? Kommt nicht in Frage: wir verdienen das durchaus nicht. Die Wahrheit ist, daß Gott diesen Bund gerade nur darum begründet und beschlossen hat und hält, weil das die freie Güte, der freie Wille seiner allmächtigen Barmherzigkeit ist. Er tut es umsonst, «gratis», wie wir zu sagen pflegen. Er schenkt uns dieses Unbegreifliche, dieses Ungesuchte, dieses Unverdiente. «Das ist die Liebe: nicht, daß wir Gott geliebt haben, sondern daß *er uns* geliebt hat» [1. Joh. 4,10]. Und «also hat Gott die Welt – uns! – geliebt, daß er seinen eigenen Sohn *gab*» [Joh. 3,16].

«Gottes Sohn», das ist Gott selber: Gott nämlich, der nicht allein, einsam für sich in irgend einer Höhe und Ewigkeit Gott sein will, der also auch uns nicht alleinlassen wollte, sondern der zu uns kam und bei uns, unter uns ist, der Unseresgleichen, der unser Nächster, unser Bruder, der selber ein Mensch wurde und ist wie wir: das Kindlein in der Krippe zu Bethlehem und der gekreuzigte Mann auf Golgatha. Dieser Gott ist die vollkommene Liebe. In dieser seiner vollkommenen Liebe kennt uns Gott. In ihr begehrt er nach uns, sucht und findet er uns. In ihr ist er der Unsrige, und in ihr sind wir die Seinigen. «Der seines eigenen Sohnes nicht verschonte, wie sollte er uns in ihm nicht Alles schenken!» [Röm. 8,32].

In diesem Haus der vollkommenen Liebe ist keine Furcht. Sie treibt die Furcht aus. Eben dazu liebte und liebt uns Gott, dazu hat er in seinem Sohn sich selbst dahingegeben: damit wir uns nicht mehr fürchten müßten, damit wir zum Fürchten keinen Anlaß und Grund haben sollten. Indem Gott uns liebte und liebt, indem er seinen Sohn für uns dahingab, ist jeder Grund zum Fürchten beseitigt, weggenommen, ausgewischt, zerstört und vernichtet. Was könntest du fürchten? Diesen oder jenen Menschen, von dem du den Eindruck hast, er denke nicht gut von dir, der dir vielleicht auch schon böse Worte gegeben hat, von dem du erwartest, er könnte dir Böses antun wollen? Aber warum fürchtest du ihn? Was kann er gegen Gott tun? Und wenn er nichts gegen Gott tun kann, was dann gegen dich? Er ist wahrlich kein Grund, dich zu fürchten. – Oder du fürchtest dich davor, es könnte dich ein Mensch, den du gern hast, der dir unentbehrlich ist, verlassen, er könnte dir so oder so abhanden kommen? Gott kommt dieser dir werte Mensch ganz bestimmt nicht abhanden. Und weil er ihm nicht abhanden kommt, kommt und wird er auch dir sicher nicht abhanden kommen. – Oder du fürchtest deine Vergangenheit, deine Zukunft, deinen Tod? Sieh zu: du bist mit deiner Vergangenheit und mit deiner Zukunft und in deinen Tod hinein der von Gott geliebte Mensch und wirst das auch über deinen Tod hinaus sein. Was hast du in dem allem zu fürchten, da Gott mit dir und für dich ist, dein Bundesgenosse? – Oder du fürchtest dich – und das könnte der stärkste Grund zum Fürchten sein – vor dir selber: vor deiner eigenen Schwachheit und vielleicht Bosheit, vor den Versuchungen, die dir zu stark werden könnten. Du fürchtest dich vor den

Einfällen und Teufeleien, die dir durch den Kopf gehen könnten. Auch dieser Grund zählt nicht. Denn Gott – der Gott, der es mit dir hält – ist größer als dein Herz [vgl. 1. Joh. 3,20] und als dein Kopf, und weil dem so ist, darfst und sollst du es ruhig wagen, auch dem Bösen, das da aus dir selbst heraufsteigen und dich bedrohen möchte, ein wenig mutig und getrost entgegenzusehen. Ein Grund zur Furcht, eine Erlaubnis oder gar ein Gebot, dich zu fürchten, kann auch das nicht sein. – Oder solltest du dich vor dem Teufel fürchten müssen? Vor dem Teufel fürchten sich in der Tat viel mehr Menschen, als man denkt. Aber gerade dazu ist ja der Sohn Gottes erschienen, daß er die Werke des Teufels zerstöre [vgl. 1. Joh. 3,8]. Er *hat* sie zerstört, und nun sollen und wollen wir sie getrost zerstört sein lassen.

Ob es noch andere Gründe geben möchte, sich zu fürchten? Gewiß, noch viele, aber keinen einzigen, welcher im Haus der vollkommenen Liebe Raum und Bestand hätte. Und so gibt es *keine* Furcht, die wir vor irgendetwas oder irgendjemand haben könnten, die nicht durch die Liebe, die vollkommene Liebe ausgetrieben wäre. So ist es!

Ja, jetzt denkt aber vielleicht doch der Eine oder Andere von euch: Das ist alles ganz schön und recht, am Sonntagmorgen in der Kirche wohl einmal anzuhören. Aber wer ist denn da drinnen in diesem Haus der vollkommenen Liebe? Etwa ich? Ich doch wohl nicht! Du kannst lange sagen: «So ist es!» Ich fürchte mich eben doch, jetzt vor diesem, jetzt vor jenem, und das bei Tag und Nacht. Und daraus, daß ich mich fürchte, muß ich doch wohl schließen, daß ich nicht in diesem Hause bin, sondern mich irgendwo da draußen mitten auf der Straße befinde, wo ich beständig nach links und nach rechts schauen muß, weil da irgendetwas dahersausen und mich überfahren könnte. Halt, guter Freund, so denkt und redet ein unbekehrter Mensch. Und wieder und erst recht der unbekehrte Mensch denkt dann weiter: Es möchte wohl schön sein, in diesem Haus zu leben. Wie könnte ich wohl da hinein kommen? Vielleicht indem ich über die Gartenmauer steige und nachher mit einem Nachschlüssel oder unter Zertrümmerung einiger Fenster in sein Inneres komme? Was für eine Kunst, was für ein Krampf, was für eine Anstrengung wird wohl das beste Mittel sein, mich an den Ort zu versetzen, wo ich mich nicht mehr fürchten muß? Halt, meine lieben Brüder und Schwestern, so geht es gerade nicht. Es geht gerade nicht darum, daß wir uns so oder so in das Haus der vollkommenen Liebe von uns aus hineindrängen. Sondern es geht darum, daß diese vollkommene Liebe zu uns gekommen ist. Es geht um den Heiland, der für uns erschienen und da ist. Es geht um das Haus, welches Gott im Himmel gebaut hat für alle Menschen auf unserer ganzen armen Erde, in das wir also einfach eingeschlossen, von dem wir einfach umgeben sind, so daß wir alle gar nicht anderswo sein können als eben da, in diesem Haus, im Reich der vollkommenen Liebe.

Wißt ihr, wo es uns fehlt? Es fehlt uns daran, daß wir – und das ist das Denken, Reden und Tun, das Leben des unbekehrten Menschen – nicht merken, wo wir sind: daß wir nämlich wirklich schon drinnen sind. Wir merken es aber darum nicht, weil wir schlafen und im Schlaf träumen und im Traum uns irren. Und das ist der Irrtum unseres Traumes, daß wir meinen, wir seien ganz anderswo: eben da draußen, ohne Gott in der Welt [vgl. Eph. 2,12] und also dort, wo wir uns vor allerlei uns drohenden Gefahren fürchten müßten – wo es doch da, wo wir wirklich sind, zur Furcht gar keinen Anlaß und Grund gibt.

Was heißt also *Bekehrung*, Umkehr, Neuanfang, Buße, Weitergehen auf einem anderen, besseren Weg? Offenbar einfach dies, daß wir aufwachen aus unserem bösen Schlaf. Sich bekehren heißt: die Augen auftun, wie wir sie als kleine Kinder nach unserer Geburt zum ersten Mal aufgetan haben, und dann wie in einer zweiten, neuen Geburt entdeckten, wo wir waren. Sich bekehren heißt eben dies: entdecken, daß wir in Wahrheit nicht draußen, sondern ohne Kunst und Krampf in der vollkommenen Liebe sind, in der es keinen Grund zur Furcht gibt: von ihr umschlossen, umgeben, in ihr aufgehoben als in unserem wahren Vaterhaus.

Das geschieht, wenn der Heilige Geist in das Herz eines Menschen hineinredet: solche Entdeckung, solche neue Geburt, solche Bekehrung und damit solches Ende aller Furcht. Denn das sagt der Heilige Geist in unser Herz hinein: «Wache auf, der du schläfst, und stehe auf von den Toten, so wird Christus dir leuchten!» [Eph. 5,14]. Und weiter: «Fürchte dich nicht, ich erlöse dich, ich rufe dich bei deinem Namen, du bist mein!» [Jes. 43,1]. Meine Brüder und Schwestern, das schenke uns Gott, daß uns das geschehe! Er schenke es dir und mir, uns allen, heute schon und morgen wieder! Amen.

Lieber Vater im Himmel! Wir danken dir für das ewige, lebendige, rettende Wort, das du in Jesus zu uns Menschen gesagt hast und noch sagst. Erlaube es uns doch nicht, es flüchtig zu hören, und verwehre uns alle Faulheit, ihm zu gehorchen! Laß uns nicht fallen, sondern bleibe mit deinem Trost bei einem Jeden von uns und mit deinem Frieden zwischen einem Jeden von uns und seinen Mitmenschen!

Laß es doch immer wieder ein wenig hell werden in unseren Herzen, in dieser Anstalt und daheim bei den Unsrigen, in dieser Stadt, in unserem Land, auf der ganzen Erde! Du kennst die Irrtümer und Bosheiten, die die heutige Lage wieder einmal von allen Seiten so dunkel und gefährlich machen. Laß doch einen frischen Wind hineinfahren, der wenigstens die dicksten Nebel in den Köpfen derer, die die Welt regieren, aber auch der Völker, die sich von ihnen regieren lassen, und vor allem in den Köpfen der Leute, die die öffentliche Meinung machen, zu zerstreuen vermöchte! Und erbarme dich aller am Leib und in der Seele Kranken, der Vielen, die am Leben leiden, die durch fremde und eigene Schuld verirrt und verwirrt sind – und derer besonders, die dabei keine menschlichen Freunde und Helfer haben! Zeige auch unserer Jugend, was echte Freiheit und rechte Freude ist! Und laß die Alten, die Sterbenden nicht ohne die Hoffnung der Auferstehung und des ewigen Lebens!

Aber du bist ja der Erste, dem alle unsere Nöte am Herzen liegen, und bist der Einzige, der sie wenden kann. So können und wollen wir unsere Augen nur eben zu dir erheben. Unsere Hilfe kommt von dir, der Himmel und Erde geschaffen hat. Amen.

Lieder:
Nr. 76: «Gott des Himmels und der Erden» von H. Albert, Strophen 1, 2, 3, 5, 6
Nr. 259: «Ist Gott für mich, so trete gleich alles wider mich» von P. Gerhardt, Strophen 1, 3, 8, 9 (= EKG 250, Str. 1, 3, 11, 12)
Nr. 346: «Lob Gott getrost mit Singen» von M. Weiße, Strophe 2 (= EKG 205, Str. 3)

WAS BLEIBT

Jesaja 40,8

31. Dezember 1961, Strafanstalt Basel

Herr, du Gott des Himmels und der Erde! Da sind wir nun ein letztes Mal in diesem zu Ende gehenden Jahr, um miteinander zu hören, was du uns gesagt hast und immer wieder sagst – um dich miteinander zu loben, so gut und schlecht wir es verstehen und vermögen – um dich miteinander anzurufen, daß du uns gebest, was nur du uns geben kannst.

Wir brauchen Vergebung für das unendlich Viele, das wir auch in diesem Jahr verkehrt gemacht haben, und Licht in der großen Finsternis, die uns auch in diesen seinen letzten Stunden umgibt und erfüllt. Wir brauchen neuen Mut und neue Kraft, um von da aus, wo wir jetzt sind, weiter und endlich an das uns von dir gesteckte Ziel zu kommen. Wir brauchen viel mehr Glauben an deine Verheißungen, viel mehr Hoffnung auf dein gnädiges Tun, viel mehr Liebe zu dir und zu unseren Nächsten. Das sind unsere Neujahrswünsche, die nur du erfüllen kannst. |57|

So sei in dieser Stunde noch einmal unter uns! Zeige uns noch einmal, daß du uns allen und einem Jeden von uns nicht ferne, sondern nahe bist, unsere Bitten erhören willst und wirst: viel besser, als wir es dabei meinen und im Sinne haben. Und sei du an diesem Abend auch den vielen Anderen, die ohne dich auch nicht aus noch ein wissen, der treue Gott, der du der ganzen Welt warst, bist und sein wirst!

Unser Vater ...! Amen.

Das Gras verdorrt, die Blume welkt, aber das Wort unseres Gottes bleibt in Ewigkeit.

Liebe Brüder und Schwestern!

Als ich bei mir selbst überlegte, was ich an diesem Abend zu euch sagen wollte: welches die an uns alle und so auch an euch gerichtete Nachricht sein möchte, die ich euch heute auszurichten habe, da haben mich drei Sätze aus der Bibel immer wieder beschäftigt: Der erste steht im

102. Psalm [V. 28]: «Du aber bleibst, der du bist, und deine Jahre nehmen kein Ende» – der zweite im 1. Korintherbrief [13,13]: «Nun aber bleibt Glaube, Hoffnung, Liebe, diese drei.» Und dann eben der Satz aus dem Jesajabuch: «Aber das Wort unseres Gottes bleibt in Ewigkeit.»

Habt ihr bemerkt, daß in allen diesen drei Sätzen das Wörtlein *«aber»* vorkommt und dann wieder in allen dreien groß und entscheidend das Wort *«bleiben»*? Gott selbst bleibt, wie er ist, nach dem ersten Satz, und es bleibt nach dem zweiten merkwürdigerweise auch etwas in uns, das Fünklein von Glauben, Hoffnung und Liebe, das da irgendwo in uns glimmen mag. Und es bleibt nach dem dritten das Wort unseres Gottes – und das in Ewigkeit. Ich habe den dritten Satz gewählt, und |58| zwar darum, weil er gewissermaßen in der Mitte zwischen den beiden anderen steht, sie verbindet und zusammenfaßt. In seinem Wort offenbart und schafft der, der selber bleibt, das auch in uns Bleibende. Daß er das tut, das ist das große Aber, welches allem Vergänglichen in seinem Vergehen überlegen ist, siegreich, tröstlich, aber auch mahnend gegenübersteht.

Also: *das Wort unseres Gottes* bleibt in Ewigkeit. Ich habe nicht vergessen, daß da zuerst noch etwas Anderes steht: «Das Gras verdorrt, die Blume welkt.» Wir werden auch davon reden müssen, aber es ist hier, wie in der Bibel sehr oft, so, daß das Erste erst verstanden werden kann, nachdem man das Zweite gehört und verstanden hat. Darum zuerst und vor allem: «Das Wort unseres Gottes bleibt in Ewigkeit.»

Was ist das für ein Wort? Was wird und ist uns da gesagt? Ja, wenn man das in ein paar Worten angeben könnte! Das kann man nicht. Denn das Wort Gottes ist unendlich reich und mannigfaltig. Es umfaßt Alles, das Ganze. Es ist die ganze Wahrheit. Wer könnte die ganze Wahrheit in ein paar Worten angeben wollen?

Dennoch will ich versuchen, ganz kurz und für Jeden von euch verständlich anzudeuten, was da gesagt ist. Im Grunde ganz einfach dies: daß Gott nicht so ein «Höchster» ist, so ein «Allmächtiger», wie Hitler zu sagen pflegte, oder so etwas wie das Schicksal, oder irgend ein letztes Geheimnis – sondern daß er *unser* Gott ist, so daß wir Menschen – Große und Kleine, Alte und Junge – auch nicht so irgendwelche Lebewesen sind mit ein bißchen Vernunft und viel Unvernunft begabt, sondern die

Menschen dieses Gottes, der von sich selber sagt: Ich bin euer Gott! Das wird im Worte Gottes gesagt: daß er gar nicht Gott sein will ohne uns, sondern nur mit uns, so daß wir auch nicht ohne ihn Menschen zu sein brauchen. Das wird im Worte Gottes gesagt: daß Gott einen Bund |59| zwischen sich und uns begründet und gehalten hat bis auf diesen Tag, so daß wir nicht irgendwo da draußen in der Kälte leben, sondern in diesem Bund zu Hause sein dürfen und tatsächlich sind. Im Worte Gottes wird uns das Unbegreifliche gesagt: daß Gott uns alle geliebt hat, liebt und lieben wird, morgen wie heute und übermorgen wie morgen – solange wir da sind und auch wenn wir nicht mehr da sein werden, ganz gleich, ob wir gescheite oder dumme, gute oder böse, glückliche oder unglückliche Menschen sind. Daß wir von Gott Geliebte sind, das ist es, was uns zu Menschen macht. Und indem Gott uns liebte, hat er sich für uns dahingegeben, so daß wir nicht mehr uns selber gehören, sondern ihm, nicht unsere eigenen Herren sind, sondern in seinem Dienst stehen, nicht um uns zu sorgen brauchen, sondern seiner Sorge anvertraut sind, nicht für uns selbst garantieren müssen, sondern durch ihn garantiert sind. Das sagt das Wort unseres Gottes.

Aber noch einmal gefragt: Was ist das für ein Wort? Wo wird und ist es so gesagt, daß wir es hören können? Ich versuche noch einmal ganz einfach zu antworten: Gott hat sein Wort gesagt, indem er *getan* hat, was es sagt. Es geschah eben, daß er als unser Gott in unserer Mitte auftrat, handelte und wirkte. Es geschah, daß er den Bund mit uns aufrichtete. Es geschah, daß er uns alle, Jeden von uns so, wie er ist und wie er ihn wohl kennt, liebte, sich selbst für uns und so auch für ihn dahingegeben hat. Unseres Gottes Wort wurde gesprochen und bleibt als sein Wort gesprochen in dem, was in der Weihnacht geschehen ist. Es wurde gesprochen, indem er, der hohe Gott, ein Mensch wie wir, unser Bruder wurde – indem er unsere schlechte, böse Sache zu seiner eigenen machte, indem er unsere Last – die Last unserer Sünde, die Last all des Falschen und Verkehrten, die auf unserem Leben liegt – von uns weggenommen und hinweggetragen hat, damit sie uns nicht mehr |60| bedrükken solle. Unser Gott sprach sein Wort, indem er uns, die Fremden, die Heiden, die Gottlosen damit zu seinen Kindern machte, daß er uns in Jesus Christus unseren Bruder gegeben hat. Indem er das tat, hat er uns *sein Wort* gesagt. Und daß er das tat, das sagt uns sein Wort. Es ist kein bloßes Wort. Es ist, laut und für Jedermann vernehmlich in dem, was in der Weihnacht geschah, das unendlich kräftige, die Welt und uns alle umfassende und tragende Gotteswort.

Dieses Wort unseres Gottes *bleibt in Ewigkeit. «Bleiben»* heißt: bestehen, dauern, sich halten, sich bewähren. Aber das Wort hat in der Bibel einen ganz besonderen Klang, Sinn und Nachdruck. Nicht um ein Bleiben für einige Zeit, für eine Weile geht es da: nicht nur wie die Weihnachtskerzen zwar jetzt brennen, irgendeinmal aber heruntergebrannt sein werden – nicht nur so, wie der Weihnachtsbaum nach dem Fest in vielen Häusern noch ein bißchen stehen zu bleiben pflegt, oder wie das Tannengrün, das ich vorhin in euren Gängen gern genug noch immer gesehen habe. Und nicht nur so, wie es mit der Freude an den Weihnachtsgeschenken, groß und klein, unvermeidlich geht: daß sie zuerst ganz groß und lebhaft ist, nachher aber doch auch wieder verblassen und schließlich erlöschen kann und wohl auch muß. Das Wort Gottes bleibt *in Ewigkeit:* durch alle Zeit hindurch, über alle Zeit hinaus. Es umfaßt alle Zeiten: die ganze Welt, ihre ganze Geschichte und so auch die ganze Lebensgeschichte eines Jeden von uns.

Es und nur es tut das! Es gibt ja auch andere Worte, von denen man das nicht wohl sagen kann. Etwa die Worte, die wir in Büchern und Zeitungen lesen oder am Radio hören. Interessante, wichtige, gute Worte mögen sie wohl sein, aber nicht solche, die in Ewigkeit bleiben – und wenn sie die Worte der größten Dichter und Denker wären. Das gilt auch |61| von den gewaltigsten Worten von Kennedy und von Chruschtschew (und wenn er dabei mit seinem Schuh auf den Tisch klopfte)[1], auch von den Friedens- und Drohworten eines Nehru und

[1] John F. Kennedy hatte im Januar 1961 sein Amt als Präsident der USA angetreten. Seine sämtlichen Reden und Verlautbarungen aus seinem ersten Amtsjahr sind veröffentlicht in: *Public Papers of the Presidents of the United States. John F. Kennedy. Containing the Public Messages, Speeches, and Statements of the President. January 20 to December 31, 1961*, Washington 1962. – Der sowjetische Ministerpräsident Nikita S. Chruschtschow (oder Chruschtschew) hatte während der 15. Vollversammlung der Vereinten Nationen in New York am 12. 10. 1960 die Abschaffung des Kolonialsystems gefordert und die Westmächte angegriffen. Als der Delegierte der Philippinen, Lorenzo Sumulong, daraufhin verlangte, die Diskussion über die Befreiung vom Kolonialismus solle sich auch auf osteuropäische Länder erstrecken, begleitete Chruschtschow dessen Äußerungen mit Faustschlägen auf sein Pult und trommelte schließlich mit dem Schuh darauf.

Soekarno[2], und, mit Respekt zu reden, auch von den Worten des Papstes und unseres schweizerischen Bundespräsidenten, die wir morgen zu hören bekommen werden. Und laßt mich ganz deutlich sein: auch die Worte, die ich euch jetzt sage, sind keine ewig bleibenden Worte, und so auch die besten Worte aller besten christlichen Predigten nicht. Sicher gibt es unter allen diesen Worten auch gute, erleuchtende und hilfreiche Worte. Sie können sich aber auch im besten Fall nur auf eine bestimmte Zeit beziehen, im Blick auf eine bestimmte Lage bedeutsam sein. Kommt eine andere Zeit und ändert sich die Lage, dann müssen sie korrigiert und verbessert werden, dann müssen andere Worte an ihre Stelle treten, andere Reden gehalten, andere Bücher und Artikel geschrieben werden. Kein Mensch, dessen Worte nicht nach einiger Zeit überholt, zurechtgestellt, durch andere ersetzt werden müssen. Es wäre der allerbeste Fall, wenn menschliche Worte ein Echo, ein Zeugnis, ein Spiegel des ewig bleibenden Wortes unseres Gottes sein dürften. Es dürften nicht viele menschliche Worte auch nur das sein. Und kein menschliches Wort kann mehr sein als das.

Das Wort unseres Gottes aber bleibt in Ewigkeit. Es hat Kraft, Gültigkeit und Gewicht, es behält sie und bekommt sie immer neu, ohne daß es abgeschwächt oder verstärkt, ohne daß es verbessert werden muß: ohne daß es durch andere Worte ersetzt und verdrängt werden könnte und müßte. Warum bleibt es in Ewigkeit? Darum, weil es das Wort dessen ist, der selbst bleibt, wie er ist, und seine Jahre nehmen kein Ende [vgl. Ps. 102,28]. Und darum, weil es von Diesem nicht nur einmal, sondern einmal für allemal gesprochen wurde. Und darum, weil es kein von ihm nachträglich gesprochenes Wort war, kein Treppenwitz, |62| sondern sein erster, ursprünglicher Gedanke, in welchem er die Welt erschuf nach seinem Willen. «Im Anfang war das Wort, und das Wort war bei Gott, und Gott selbst war das Wort. Alles ist durch das Wort erschaffen, und ohne das Wort ist nichts erschaffen, was erschaffen ist» [Joh. 1,1.3]. Darum bleibt es, darum ist es durch alle Jahre, Jahrhunderte und Jahrtausende hindurch Anfang, Ende und Mitte –

[2] Der weltweite Ruf des indischen Ministerpräsidenten Jawaharlal Nehru als Politiker der Gewaltlosigkeit war ins Wanken gekommen, als er am 17.12. 1961 die portugiesische Enklave Goa von indischen Truppen besetzen und annektieren ließ. – Der indonesische Staatspräsident Achmed Sukarno (Soekarno) hatte seit dem 18.12.1961 mehrfach mit militärischen Aktionen gegen die niederländische Kolonie Neuguinea (West-Irian) gedroht.

und so auch Anfang, Ende und Mitte des Lebens, das du und ich zu leben haben.

Es *bleibt*, und das will sagen: Es wird nicht alt, es ist immer und überall jung, frisch und neu, zu jedem Menschen, in jede Zeit hinein, und für jeden Menschen und jede neue Zeit gerade in ihre Lage hinein gesprochen. Es ist so reich, daß es für einen Jeden das gerade ihn angehende, gerade ihn erleuchtende und rettende Wort sein kann und ist. Darum und so bleibt es, ist es zugleich das Gericht und die Gnade über Allem, was wir Menschen sind und tun. So bleibt es in und hinter all den Geschichten und Geschichtlein, die wir anstellen, wie es vor ihnen war, so vor und in und nach der Lebensgeschichte eines Jeden von uns, so vor, in und nach der ganzen Weltgeschichte. So bleibt es in Ewigkeit.

Und so ist es jenes merkwürdige *Aber*, das dem vielen, vielen *Vergehen*, das uns von allen Seiten bedroht, siegreich gegenübersteht. Ja, jetzt muß auch das gesagt sein: das Gras verdorrt – auch das saftigste und nützlichste Gras! Die Blume welkt – auch die schönste, die duftendste Blume. Das gilt nicht nur von allen unseren Worten, sondern von unserem ganzen Leben, und wenn es das beste, vielleicht strahlendste Menschenleben wäre. «Das Gras verdorrt, die Blume welkt.» Wie war es in dem jetzt zu Ende gehenden Jahr 1961? Wie Vieles an Freude und Leid, an Erwartungen und Befürchtungen, Aufregungen und Beruhigungen ist da gekommen und längst |63| wieder vergangen, als wäre es nie gewesen – um nun Anderem Platz zu machen, das im Jahr 1962 in ähnlicher Weise an uns vorüberziehen wird! Wir denken aber auch an diesen und jenen Menschen, den wir geachtet und geliebt, vielleicht auch gefürchtet und gemieden haben, der in diesem Jahr auf einmal gestorben, dahingegangen, aus unserem Leben verschwunden ist. Und wir denken schlicht daran, daß wir alle in diesem Jahr älter und damit sicher nicht stärker geworden sind, es lernen mußten, zurückzutreten, uns zu bescheiden, und daß es im kommenden Jahr sicher auf dieser Linie weitergehen wird. Es ist schon so: unser Menschenleben hat irgendwie den Tod, das Verdorren und Verwelken schon in sich und darum dessen Kommen mit unheimlicher Gewißheit vor sich. Es ist schon so: wir alle fahren wie in einem kleinen Boot ohne Steuer, Ruder und Motor auf einem breiten, mächtigen Strom, der uns unaufhaltsam einem Rheinfall oder

Niagara entgegenträgt. Was dann? Mich hat neulich ein Taxichauffeur gefragt: ob ich nicht auch der Meinung sei, daß das Ende der ganzen Welt nahe sein möchte? Was im Jahr 1961 geschehen ist und sich angekündigt hat, könnte einen wohl auf diesen Gedanken bringen. Und es möchte wohl sein, daß das Jahr 1962 uns diesen Gedanken noch viel näher legen könnte.

Warum ist es eigentlich so? Warum ist Alles, das Große und das Kleine, so unverkennbar einem großen Verdorren und Verwelken verfallen und schon in ihm begriffen? Sicher nicht darum, weil unser Dasein, unser Leben, unsere Welt einfach böse, schlecht oder gefährlich wäre. Mit dem Himmel hat Gott ja auch unsere Erde und uns als seine Geschöpfe geschaffen, und zwar nach dem ausdrücklich gesagten Wort der Bibel: sehr gut geschaffen [Gen. 1,31]. So kann es nicht anders sein, als daß wir bestimmt auch im Jahr 1961 Anlaß hatten, dankbar zu sein dafür, daß wir auch in diesem Teilstück unserer Lebenszeit |64| das eine und andere tröstliche und ermutigende Lichtlein sehen durften. Und so wird es auch im Jahr 1962 bestimmt nicht anders sein, als daß wir auch dann wieder gewisse Lichter zu sehen bekommen und also zum Danken Anlaß haben werden. Nicht umsonst leuchtet nun einmal das große Licht des Wortes unseres Gottes, das in Ewigkeit bleibt, auch über allem Vergänglichen dieser Welt und unseres eigenen Daseins. Alles vergeht: es vergeht aber im Widerschein dieses ewigen Lichtes. Gerade weil es in diesem Lichte steht, *muß* es freilich auch vergehen. Die Welt geht, weil ihr Herr kommt. Das Gras muß verdorren, die Blume welken, weil ewiges, nicht verdorrendes, nicht verwelkendes Leben unsere Bestimmung, Gottes guter Wille mit uns ist. Uns *muß* der Boden unter den Füßen weggezogen werden, jeden Tag und jedes Jahr noch deutlicher und mächtiger als zuvor, damit wir es doch ja nicht versäumen, sondern immer besser lernen möchten, uns an das zu halten, davon zu leben, was ewig bleibt, und also im Glauben, in der Hoffnung, in der Liebe zu leben, die das Wort unseres Gottes in uns schafft. Es soll nun einmal gerade nur das übrig bleiben, was wirklich bleibt: das Wort unseres Gottes und sein Werk. Darum das große Vergehen, darum der Fluß, auf dem wir dem Ende entgegengerissen werden. Es ist uns gut so, es könnte uns gar nichts Besseres widerfahren.

Ich bin am Ende. Einige von euch sind wohl schon am letzten Sylvesterabend hier gewesen und mögen sich vielleicht erinnern an das, was wir damals miteinander gehört und bedacht haben: «Meine Zeit steht in deinen Händen» [Ps. 31,16]. Und einige von euch mögen sich dann wohl auch daran erinnern, daß ich euch damals geraten habe, eben das vor dem Einschlafen im alten Jahr – und dann wieder beim Erwachen im neuen laut vor sich herzusagen: «Meine Zeit steht in deinen Händen.» Ich könnte euch heute die gleiche Aufgabe stellen. Es ginge heute um |65| den Satz: «Das Wort unseres Gottes bleibt in Ewigkeit.» Ja, meine Brüder und Schwestern, es wäre sicher eine gute Sache, heute nun eben mit diesem Wort einzuschlafen und morgen mit diesem Wort aufzuwachen. Eines ist sicher: Wir haben 1961 samt und sonders davon gelebt, daß dieses Wort wahr ist. Und es ist ebenso sicher: wir werden 1962 wieder davon leben, daß dieses Wort wahr ist. Es möchte wohl sein, daß die Not und Verwirrung in unserem Leben und in der Welt im kommenden Jahr noch größer wird – daß es uns den Ausbruch eines dritten Weltkrieges und die große Bombe bringen könnte. Es könnte auch in der Tat so sein, daß in diesem Jahr das Ende der Welt hereinbräche oder daß es doch das Jahr des Todes für Diesen und Jenen von uns, und daß es dann für ihn – für dich oder für mich – bestimmt das Ende der Welt würde. Davon aber, von dem Wort unseres Gottes werden wir alle, weil es in Ewigkeit bleibt, unter allen Umständen leben dürfen: ihr Gefangenen hier und wir draußen, die wir in unserer Weise samt und sonders auch Gefangene sind. Wer den Willen Gottes tut, d. h. aber: das Wort Gottes hört und als sein Hörer sich daran hält und also das, was es in ihm schafft, gelten und wachsen läßt – ein bißchen Glauben, ein bißchen Hoffnung, ein bißchen Liebe – der *bleibt* jetzt schon und dann auch in Ewigkeit [vgl. 1. Joh. 2,17].

Ich möchte schließen mit einem Liedervers. Er steht nicht in einem Abend-, sondern in einem Morgenlied, er blickt also nicht zurück, sondern vorwärts und lautet:

> Alles vergehet,
> Gott aber stehet
> ohn alles Wanken;
> seine Gedanken,
> sein Wort und Wille hat ewigen Grund. |66|
> Sein Heil und Gnaden,

die nehmen nicht Schaden,
heilen im Herzen
die tödlichen Schmerzen,
halten uns zeitlich und ewig gesund.[3]

Amen.

Herr, unser lieber Gott! Ja, dafür danken wir dir: daß du bleibst, wie du bist, und deine Jahre nehmen kein Ende – daß du es auch uns geben willst und gibst, zu bleiben – daß dein Wort bleibt, in welchem uns dein Herz aufgeht und zu unserem Herzen spricht. Schenke uns die Freiheit, uns, wo Alles vergeht, daran und nur daran zu halten!

Und nun laß uns in dieser Freiheit heute die letzten Schritte im alten und morgen die ersten im neuen Jahr tun und dann alle weiteren hinein in die uns beschiedene, vielleicht noch lange, vielleicht nur noch kurze künftige Zeit!

Und zu der gleichen Freiheit erwecke und erleuchte da und dort immer neue Menschen – Alte und Junge, Hohe und Niedrige, Kluge und Törichte – damit auch sie Zeugen werden möchten von dem, was bleibt in Ewigkeit! Gib ein wenig, vielleicht aber auch einmal viel Morgenglanz der Ewigkeit[4] |67| hinein in die Gefängnisse in allen Ländern, in die Kliniken und Schulen, die Ratssäle und Redaktionsstuben, in alle die Orte, wo die Menschen leiden und wirken, reden und beschließen und so leicht vergessen, daß du im Regimente sitzest und daß sie dir verantwortlich sind. Und gib solchen Morgenglanz hinein auch in die Herzen und in das Leben unserer Angehörigen zu Hause und der vielen uns bekannten und unbekannten Armen, Verlassenen, Verwirrten, Hungernden, Kranken und Sterbenden! Versage ihn auch uns nicht, wenn einmal unsere Stunde schlagen wird!

Großer Gott, wir loben dich. Auf dich hoffen wir allein, laß uns nicht verloren sein![5] Amen.

Lieder: unbekannt

[3] Strophe 8 des Liedes 77 (EKG 346) «Die goldne Sonne» (1666) von P. Gerhardt.

[4] Vgl. das Lied 80 (EKG 349) «Morgenglanz der Ewigkeit» (1654) von Chr. A. Ph. Knorr von Rosenroth.

[5] Anfang der 1. und Schluß der 8. (letzten) Strophe des Liedes 59 «Großer Gott, wir loben dich» von I. Franz (1719–1790).

DOPPELTE ADVENTSBOTSCHAFT

Lukas 1,53

23. Dezember 1962, Strafanstalt Basel

Herr, unser lieber Gott! Du heißest uns warten und eilen im Blick auf den großen Tag deiner vollkommenen, deiner erlösenden Erscheinung in der Welt, unter uns Menschen, in deiner Gemeinde, auch in unseren Herzen, auch in unserem Leben. Wir blicken nicht ins Leere, wenn wir diesem Tag des ewigen Lichtes entgegenblicken. Hast du ihn doch schon anbrechen lassen, indem du als das schwache und allmächtige Kindlein Jesus geboren und unser Mitmensch wurdest. Und nun dürfen wir bald wieder Weihnacht feiern im Gedenken an diesen Anbruch deines großen Tages.

Laß es zu – nein, hilf uns dazu, schenke es uns, daß wir uns an diesem letzten Sonntag im Advent noch einmal richtig sammeln, besinnen und darauf prüfen, wie wir dir, da es ja an deinem Kommen schon jetzt nicht fehlt, entgegengehen sollen, damit nachher unsere Weihnachtsfeier kein unfruchtbares Theater, sondern eine helle, ernste und frohe Begegnung mit dir sein möge!

Wir haben es nötig, zu solchem vorweihnachtlichen Bedenken aufgerüttelt und in Bewegung gesetzt zu werden. Aber eben das kannst im Ernst nur du selbst uns verschaffen. So bitten wir dich, uns auch in dieser Stunde nicht allein zu lassen, sondern in deiner Kraft gegenwärtig zu sein. Wir rufen dich an mit den Worten, die du uns durch deinen Sohn selbst auf die Lippen gelegt hast: Unser Vater ...! |69|

Hungrige hat er mit Gütern gefüllt und Reiche leer hinweggeschickt.

Meine lieben Brüder!

Ich habe in der vergangenen Woche in der wohl Manchem von euch bekannten Migros-Zeitung «Wir Brückenbauer» in einer Reportage unter dem Titel «Weihnacht der Sträflinge»[1] (übrigens unmittelbar hinter einem von mir selbst geschriebenen Weihnachtsartikel![2]) den Satz gele-

[1] Ungezeichneter Artikel *Weihnacht der Sträflinge*, in: Wir Brückenbauer (Zürich), Jg. 21 Nr. 51, 21. 12. 1962, S. 3.

[2] K. Barth, *Gottes Geburt*, a. a. O., S. 1f.; wieder abgedruckt in diesem Band: unten S. 273ff.

sen: «Das Fest der Liebe und des Friedens – es will nicht so recht ins Zuchthaus passen.»[3] Was man dann weiter las, war zwar sehr rührend, aber ganz ohnmächtig, und ich bin froh, daß ihr mich hier nicht so kläglich anschaut wie die Gefangenen, die dort abgebildet sind. Gegen jenen Satz muß man protestieren. Ich bin nicht so ganz sicher, ob das Weihnachtsfest ins Münster oder in die Engelgaßkapelle[4] paßt, wo es von den besseren Leuten gefeiert wird. Wohl aber bin ich ganz sicher, daß es hieher und also ins Zuchthaus paßt. So war es gut, daß ich meinen Text für diesen Sonntag schon vorher gewählt hatte. Hört ihn noch einmal: «Hungrige hat er mit Gütern erfüllt und Reiche leer hinweggeschickt.»

Er hat das getan: Er, der sich seines Volkes Israel und mit ihm der ganzen Erde angenommen hat – unverdientermaßen, aus lauter Güte! Er, der den Bund, den er mit dem Menschen geschlossen, treulich halten und erfüllen wollte! Er, der seine große Liebe zu der von ihm geschaffenen Welt nicht nur in Worten ausgesprochen, sondern kräftig ins Werk gesetzt hat! Er, der mitten in unserem Dunkel sein Licht aufgehen ließ! Er, der Allem, was lebt, eine ewige Hoffnung gegeben hat! Er hat das getan, indem er in der Stadt und im Stall von Bethle- |70| hem selber ein Menschensohn, ein Menschenkindlein, unsereiner wurde. *Er* hat das getan. Es heißt nicht, daß er das tun wolle und werde, sondern daß er das schon getan *hat*. Paß also gut auf: Bist du ein Hungriger, dann *hat* er dich schon mit Gütern erfüllt! Bist du ein Reicher, dann *hat* er dich schon leer hinweggeschickt. So ging es nämlich dort zu, so wurde, als das Kindlein Jesus geboren wurde, entschieden und geschieden. So wurde da erwählt und also Ja gesagt und Nein, geliebt und gehaßt, angenommen und verworfen. Hungrige wurden da mit Gütern erfüllt, und Reiche wurden da leer hinweggeschickt. Und das ist die doppelte Adventsbotschaft, die da laut wurde und bis heute laut ist, daß den Hungrigen und den Reichen von Gott eben das widerfahren ist.

[3] Aus dem redaktionellen Vorspann des in Anm. 1 genannten Artikels: «Aber das Fest der Liebe und des Friedens – es will nicht recht ins Zuchthaus passen.»

[4] Eine von Basler Familien des wohlhabenden Bürgertums aus Sorge um die unverfälschte Verkündigung des Evangeliums in der Zeit des überhandnehmenden Liberalismus ins Leben gerufene Stiftung veranstaltete in einer 1882 errichteten Kapelle an der Engelgasse sonntägliche Gottesdienste. Die Kapelle wurde 1970 abgebrochen.

Hungrige – was sind das für Leute? Ein Hungriger ist offenbar Einer, dem das Nötigste fehlt: nicht irgend etwas Nettes und Schönes, das er doch allenfalls auch entbehren könnte, sondern das Nötigste, das er nicht entbehren kann. Und nun hat er keine Mittel und Wege, um es sich zu verschaffen. Nun kann es mit ihm nur noch abwärts, nur dem Tod entgegengehen. Nun hungert er. Nun muß er befürchten, verhungern zu müssen.

Das ihm Nötigste mag ein Stück Brot sein und ein Teller Suppe, oder, wie für so Viele in Asien, ein paar Hände voll Reis. Bilder von hungernden Frauen und Kindern in Indien, Algerien oder Sizilien habt ihr wohl alle schon gesehen. Vielleicht hat der Eine oder Andere von euch auch schon einmal so gehungert? Ich denke aber: im Augenblick, solange ihr in diesem Hause seid, ist das nicht euer Problem. – Das Nötigste, das einem Menschen fehlen kann, mag aber auch einfach ein Leben sein, das er des Lebens wert findet. Was er aber sieht, das ist ein verpfuschtes, ein verlorenes und verdorbenes Leben. |71| Nun hungert er. – Das Nötigste, was ihm fehlt, könnte auch einfach ein bißchen Freude sein. Er sieht sich um und findet nichts, gar nichts, was ihm wirklich Freude machen könnnte. So hungert er. – Das Nötigste könnte schlicht darin bestehen, daß ihn Jemand so richtig lieb hätte. Aber da ist Niemand, der ihn lieb haben mag. So hungert er. – Wie, wenn das Nötigste, das ihm fehlt, ein gutes Gewissen wäre? Wer möchte und müßte nicht ein gutes Gewissen haben? Wie aber, wenn Einer nur eben ein schlechtes Gewissen haben kann? Dann kann er nur hungern. – Das ihm Nötigste könnte dies sein, daß er irgend einer Sache ganz sicher sein dürfte. Aber da sind lauter Zweifel in ihm, und irgendwo droht ihm Verzweiflung. So hungert er. – Und es dürfte doch das ihm Allernötigste dies sein, mit Gott in Ordnung zu kommen. Aber was er von Gott bisher gehört hat, das hat ihm nichts gesagt, damit konnte er nichts anfangen, davon wollte er wohl auch nichts wissen. Und jetzt hungert er gerade in dieser wichtigsten Sache.

Von solchen Hungrigen hören wir jetzt: Er hat sie *mit Gütern gefüllt*. Er hat ihnen also nicht nur so ein «Trösterli» gegeben, nicht nur so ein «Mümpfeli»[5], nicht nur so ein billiges oder auch teures Weihnachtsgeschenk, nicht nur so etwas wie die Brosamen, die von des Herrn Tische

[5] Wörtlich: ein «Mund voll», d.h. ein Bissen, Brocken.

fielen [vgl. Mt. 15,27], wie der arme Lazarus sie bekam [Lk. 16,21]. Nein, er hat sie gespeist und getränkt und erfreut bis genug. Er hat, wie es in einem unserer Lieder heißt, «vom Himmel mit Strömen der Liebe geregnet»[6]. Er hat aus ihnen, den Allerärmsten, Allerreichste gemacht. Er hat das damit getan, daß er ihr Bruder wurde und also selber ein Hungernder, der mit ihnen und für sie geschrieen hat: «Mein Gott, mein Gott, warum hast du mich verlassen?» [Mk. 15,34]. Er stellte sich nämlich an ihre Seite und stellte sie an die seinige, um ihre Schwachheit, ihre ganze Verkehrtheit, ihre ganze Sünde und ihr ganzes Elend von ihnen weg und auf sich zu nehmen. |72| Er ist auf seine eigenen Kosten für sie eingetreten gegen den Teufel, gegen den Tod, gegen Alles, was ihr Leben traurig, böse und finster macht. Er hat das alles von ihnen weg und auf sich genommen, um ihnen dafür das Seinige zu geben: die Herrlichkeit, die Ehre, die Freude der Kinder Gottes. Er ließ den Hungrigen wie jenen sündigen Zöllner aus dem Tempel herab in sein Haus gehen als einen ganz und gar Gerechten [vgl. Lk. 18,14]. Er erhob ihn wie jenen armen Lazarus als einen wahren Heiligen in den Schoß des heiligen Vaters Abraham [vgl. Lk. 16,22]. Er berief ihn in seinen Dienst wie damals den Petrus, nachdem er eine ganze Nacht vergeblich auf Fischfang ausgezogen war [vgl. Lk. 5,5.11]. Er hieß ihn als verlorenen Sohn im Vaterhaus willkommen: nicht mit dem vernichtenden Blick eines strengen Schulmeisters, sondern, wie es in der Geschichte jenes Sohnes ausdrücklich erwähnt wird: mit schallender Musik und indem er das gemästete Kalb für ihn schlachten ließ [vgl. Lk. 15,22 f.].

Das hat er alles uns getan,
sein groß' Lieb zu zeigen an.
Des freu' sich alle Christenheit
und dank ihm des in Ewigkeit![7]

Was ist das für eine Gesellschaft: die «Christenheit»? Nichts Anderes als die Gemeinde der Hungrigen, die sich darüber freuen und dafür danken dürfen, daß Gott sie mit Gütern erfüllt hat. Warum gerade sie?

[6] Aus Strophe 4 des Liedes 52 (mit Textdifferenzen: EKG 234) «Lobe den Herren, den mächtigen König der Ehren» (1680) von J. Neander:

Lobe den Herren, der sichtbar dein Leben gesegnet,
der aus dem Himmel mit Strömen der Liebe geregnet ...

[7] Strophe 7 des Liedes 114 (EKG 15) «Gelobet seist du, Jesu Christ» (1535) von M. Luther.

Nur eben darum, weil sie Hungrige und Verlorene sind und weil er gekommen ist, zu suchen und zu retten, was verloren ist [vgl. Lk. 19,10]!

Wer aber mögen die *Reichen* sein, von denen nun weiter die Rede ist? «Reiche»: wenn wir dieses Wort hören, dann denken wir wohl zuerst an Leute, die einen Haufen Aktien haben, ein großes Bankkonto, ein schönes Haus hier in Basel oder in der Nähe, mit echten alten und modernen Gemälden an den Wänden, dazu wahrscheinlich auch ein Ferienhaus am Vierwaldstättersee oder im Tessin, vielleicht auch einen tollen Mercedes |73| und einen teuersten Fernseh-Apparat und was andere lustige Sachen dieser Art sein mögen. Haben sie daran wirklich genug, halten sie sich dadurch für getröstet und gesichert, halten sie das für den Sinn des Lebens, Solches zu suchen, zu haben und zu genießen, dann gehören sie allerdings auch zu den Reichen, die hier gemeint sind.

Reiche in dem hier gemeinten Sinn sind aber wirklich nicht nur sie, sondern mit oder ohne Bankkonto und dergleichen Alle, welche mit ihrer Weisheit und Macht das Leben meinen meistern zu können: wie man heute sagt, «in Griff» zu haben. Reiche in dem Sinn, der hier gemeint ist, sind Alle, die sich selbst für klug und weise, für feine Kerle halten [vgl. Röm. 12,16] – Alle, die sich, wie der Pharisäer im Tempel, «selber zutrauen, gerecht zu sein» [Lk. 18,9] – Alle, die Gott meinen dafür danken zu sollen, daß sie nicht seien wie diese und jene Spitzbuben, die vielmehr von Gutem, das sie getan haben und noch tun, nicht wenig meinen melden zu können [vgl. Lk. 18,11 f.] – alle die, die mit dem Anspruch herumlaufen, daß Gott und die Menschen eigentlich so richtig mit ihnen zufrieden sein müßten. Das sind die Reichen, die hier gemeint sind.

Und eben von ihnen heißt es nun: Er hat sie *leer hinweggeschickt*. Die armen Reichen! Er hat ihnen nichts Böses getan. Er hat ihnen nicht einmal etwas genommen von ihren Reichtümern. Er hat ihnen aber auch nichts Gutes erwiesen. Er hat sie nur eben weggeschickt, wie einer weggeschickt wird, der eine falsche Telephonnummer gewählt hat oder auf der Straße an eine falsche Adresse geraten ist. Er ließ sie nur eben mit Sack und Pack stehen und gehen. Er fand sie nur eben nicht interessant. Er konnte sie nur eben nicht brauchen. Er hatte ihnen – den armen Reichen! – nur eben nichts zu sagen und nichts zu geben. Ja, so war es damals: daß, was im Stall von Bethlehem |74| geschah, diese Reichen einfach nichts anging. Und so ist es bis auf diesen Tag, daß die Weihnacht diese Reichen nicht froh machen kann. Man kann schon sagen: das Fest der Liebe und des Friedens paßt eben nicht zu ihnen. Die *armen* Reichen, die am letzten Adventssonntag nur eben das zu hören bekommen dürfen!

Aber damit, meine Brüder, sind wir mit der doppelten Adventsbotschaft noch nicht fertig, sondern ich bitte euch herzlich, zu merken, zu bedenken und zu Herzen zu nehmen, was da weiter zu beachten ist.

Zum Ersten: Nicht alle scheinbar Hungrigen sind *wirklich* Hungrige. Man kann auch im größten Elend, man kann auch als Schwerkranker, man kann auch im Gefängnis ein «Heimlichfeister»[8] sein. Mit sich selbst nur allzu zufriedene, frisch und froh ihrer selbst nur zu sichere Leute gibt es auch am Rande des Todes, auch in den tiefsten Löchern, in denen Menschen sich befinden mögen. Auch da genug solche, die sich selbst zutrauen, gerecht zu sein! Es gibt da sogar etwas ganz Schlimmes: Man kann nämlich auch kokettieren mit seinem Elend und fast mit Genuß bekennen und feststellen, daß man eben ein armer, verlorener Sünder sei. Es gibt nicht nur gewöhnliche Pharisäer. Es gibt – ich bin solchen schon begegnet – auch pharisäische *Zöllner*. Gott hat auch sie, wie jämmerlich sie sich gebärden mögen und wie wohl es ihnen im Grunde dabei sein mag, längst leer hinweggeschickt, und alle Engel des Himmels halten sich auch vor ihnen nur eben die Augen zu. Nur scheinbar Hungrige dürfen sich denn auch nicht wundern, wenn die Weihnacht ihnen nichts sagt und bringt. Sie hat eben nur den wirklich Hungrigen etwas zu sagen und zu bringen. |75|

Zum Zweiten: Es ist nun doch so, daß die armen Reichen aller Sorten zwar so *tun*, aber doch nur so *tun* können, als ob sie Reiche wären, während in Wirklichkeit auch sie bitter arm sind. Sie lügen mit ihrem Reichtum sich selbst, Gott und den anderen Leuten etwas vor, was nicht ist. Denn in Wahrheit wird kein Mensch satt durch das, was er selbst ist und hat: ob es nun sein Bankkonto oder sein Mercedes oder seine Rechtschaffenheit und seine Frömmigkeit sei. In Wahrheit ist Keiner sein eigener Meister, Keiner seines Glückes Schmied und wie die Ausdrücke alle lauten mögen, Keiner sein eigener Heiland. Indem er so tut, als ob er so etwas wäre, und solange er das tut, ist er Gott nur eben

[8] D.h. einer, der satt und zufrieden ist, ohne daß andere etwas davon merken.

verächtlich, ist er ein solcher, den er damals, im Erweis seiner größten Güte gegen das ganze Menschengeschlecht nur eben übergangen, leer hinweggeschickt hat. Solange er das tut, kann er nur zusehen, wie er Andere, die Hungrigen, mit Gütern füllt, kann er auch keine fröhliche Weihnacht feiern, haben die Engel für ihn umsonst gesungen.

Zum Dritten: Es gibt also schon eine Hoffnung auch für die vorläufig hinweggeschickten Reichen aller Sorten. Der arme Reiche sollte eben nicht so tun, als ob nicht auch ihm das Nötigste fehlte, als ob nicht auch er ein Hungriger wäre. Er müßte nur erkennen und bekennen, daß auch er gar nicht klug, weise und fein, sondern allen Ernstes ein sehr unerfreuliches, unbrauchbares und elendes Geschöpf ist. Er müßte sich nur offen und ehrlich neben den Zöllner – den echten Zöllner natürlich, nicht jenen unechten! – stellen: dorthin, wo dann auch der Heiland direkt neben ihm steht. Er sollte also nur noch das wissen und wahrhaben wollen: Gott sei mir Sünder gnädig! [Lk. 18,13]. Mit einem Schlag würde und wäre dann Alles anders. Kein *armer* Reicher wäre er dann mehr, sondern ein *reicher* Armer – Einer von denen, von denen es im Evangelium heißt: |76| *Selig* ihr Armen! [Lk. 6,20]. Mit Gütern gefüllt wäre dann auch er. Hören und vernehmen würde er dann, was der Engel den Hirten sagte: «Siehe, ich verkündige euch große Freude, die allem Volk widerfahren soll. Denn euch ist heute der Heiland geboren!» [Lk. 2,10 f.]. Und einstimmen dürfte er dann in den Lobpreis der ganzen himmlischen Heerscharen: «Ehre sei Gott in der Höhe und Friede auf Erden unter den Menschen seines Wohlgefallens!» [Lk. 2,14]. – Wißt ihr übrigens, welches das sichere Kennzeichen dafür ist, daß Einer ein von seiner Lüge befreiter, wirklich hungriger und darum schon mit Gütern gefüllter Mensch, ein *reicher* Armer ist? Ein solcher wird ein Herz und eine Hand haben für die anderen Hungrigen aller Arten. Ihn wird es z. B. nicht nur ein bißchen, sondern ganz unmittelbar angehen, daß es in Indien, Algerien, Sizilien und anderswo Millionen gibt, denen es an Brot, Suppe und Reis fehlt. Ihr Problem wird dann doch auch sein eigenes sein. Er wird dann in diesen Menschen seine Brüder und Schwestern erkennen und dementsprechend handeln. Indem er das täte, dürfte und würde er auch für sich selbst fröhliche Weihnacht feiern.

Und nun ergeht sie also an uns alle: die Einladung eben zur Weihnachtsfeier. Siehe, Ich komme bald! [Apk. 22,7.12], sagt der Herr – der

Herr Jesus Christus, der Herr Zebaoth, neben dem kein anderer Gott ist[9] – und fährt fort: «Kommt her zu mir Alle, die ihr mühselig und beladen seid, ich will euch erquicken!» [Mt. 11,28]. –

Die ihr arm seid und elende,
kommt herbei,
füllet frei
eures Glaubens Hände.
Hier sind alle guten Gaben
und das Gold,
da ihr sollt
euer Herz mit laben! [10]

Kommt als die, die ihr seid, als wirklich Hungrige! Tut also nicht, als ob ihr nicht solche wäret! Und jetzt können wir den betrübten Satz, den ich am Anfang erwähnte, aufnehmen und auf den Kopf stellen: In ein Haus, in welchem die Mühseligen und Beladenen, die Armen |77| und Elenden, die wirklich Hungrigen wohnen – und also in ein Haus wie das, in dem wir uns hier befinden – paßt so recht das Weihnachtsfest. Nur in ein solches Haus! Aber in ein solches ganz sicher! Amen.

Herr, unser Herrscher und Heiland! Nun laß uns ohne falsche Einbildungen, sondern aufgeschlossen für dein Wort, deine Zusage, dein Gebot in die Feiertage hinübergehen. Unsere Klagen und Fragen, unsere Fehler und Irrtümer, unsere Unsicherheit und unser Trotz werden uns auch in diesen Tagen zu schaffen machen und dir noch mehr. Aber du willst und wirst uns auch in diesen Tagen annehmen und aufnehmen, wie wir sind, wirst Ja zu uns sagen, wenn wir nur Hungrige und ja keine Reichen sein wollen.

Mit der Bitte um diese allen Menschen so nötige Erkenntnis treten wir vor dir ein – für alle Betrübten, Ratlosen, Verwirrten: in diesem Haus, in unserer Stadt, in unserem Land, auf der ganzen Erde – für

[9] Vgl. Strophe 2 des Liedes 342 (EKG 201) «Ein feste Burg ist unser Gott» (1529) von M. Luther:

...
Fragst du, wer der ist?
Er heißt Jesus Christ,
der Herr Zebaoth,
und ist kein andrer Gott ...

[10] Strophe 8 des Liedes 119 (EKG 27, Str. 9) «Fröhlich soll mein Herze springen» (1653) von P. Gerhardt.

die Kranken und Geisteskranken in ihren Kliniken und für ihre Ärzte, Pfleger und Pflegerinnen – für die Lehrer und für die großen und kleinen Kinder in unseren Schulen – für unsere Behörden, für unsere Politiker und Zeitungsschreiber – für die christlichen Kirchen hier und überall: daß doch das Evangelium von deiner freien Gnade unter den Katholiken – und ganz neu und erst recht unter uns Protestanten – immer klarer und freudiger verkündigt und das Salz werden möchte, das die Erde so nötig hat.

Und nun laß uns eine gute Weihnacht haben: über ihre vergänglichen Lichter hinaus nach vorwärts blicken, dem vollen Aufgang deines ewigen Lichtes entgegen! Amen.

Lieder: unbekannt

WAS GENÜGT

2. Korinther 12,9

31. Dezember 1962, Strafanstalt Basel

Herr unser Gott! Du lässest uns jetzt wieder ein Jahr unserer Wanderschaft durch die uns gewährte Zeit vollenden. Du hast uns zu all den großen und kleinen Schritten, die wir da getan, die Freiheit und das Vermögen gegeben. Du hast sie in Treue begleitet, hast sie regiert und gelenkt. Und du warst uns gegenwärtig mit deinem Wort, mit deiner Verheißung, mit deinem Gebot. Was du auch in diesem Jahr von uns gedacht, an und für uns gewirkt und zu uns gesagt hast, war recht und wohlgetan.

Nicht so unsere Gedanken, Worte, Verhaltungsweisen und Taten! Indem wir dir nur danken können, müssen wir vor dir und voreinander offen bekennen, wieviel wir da wieder und wieder versäumt, verfehlt und verkehrt gemacht haben. Wir hätten es wohl verdient, daß du heute Schluß mit uns machen würdest, statt uns noch einmal in ein neues Jahr hinübergehen zu lassen. Wenn du es nun so ganz anders mit uns hältst, so können wir nur deine unerschöpfliche Barmherzigkeit preisen. Um das zu tun, sind wir jetzt noch einmal als deine Gemeinde zusammengekommen. Daß doch auch in dieser Stunde das Rechte recht gesagt und recht gehört werden möchte! Gib uns |79|

den Glauben, die Hoffnung, die Liebe, die uns dazu nötig sind und die nur du uns geben kannst! Das erbitten wir von dir im Namen unseres Herrn Jesus Christus und mit seinen Worten: Unser Vater ...!

Meine Gnade genügt dir.

Liebe Brüder!

Das ist nun ein sehr kurzer Text – vier Wörtlein nur! –, ich meine: der kürzeste, über den ich je gepredigt habe. Das hat den Vorteil, daß ihr ihn umso besser behalten könnt. Es ist mir ja, beiläufig gesagt, jedesmal, wenn ich hier sein darf, das wichtigste Anliegen, daß weniger meine Predigt als das biblische Wort, dem sie jeweils folgt, so richtig in euch hinein und nachher mit euch gehe. Diesmal also: Meine Gnade genügt dir. Gerade in seiner Kürze besteht übrigens auch die wunderbare Würze dieses Textes – bildet er gewissermaßen ab, was er ausspricht. Diese vier Wörtlein genügen. Einige von euch haben vielleicht etwas davon läuten hören, daß ich in den letzten vierzig Jahren sehr viele und teilweise sehr dicke Bücher geschrieben habe. Ich darf aber frank und frei und auch fröhlich zugeben, daß die vier Wörtlein: «Meine Gnade genügt dir» viel mehr und sehr viel Besseres sagen als der ganze Papierhaufen, mit dem ich mich da umgeben habe. Sie genügen – was ich von meinen Büchern von ferne nicht sagen könnte. Was an meinen Büchern Gutes sein möchte, könnte höchstens darin bestehen, daß sie von ferne auf das hinweisen, was diese vier Wörtlein sagen. Und wenn jene längst überholt und vergessen sein werden und die Bücher der ganzen Welt mit ihnen, so werden diese immer noch leuchten in ewiger Fülle: Meine Gnade genügt dir. |80|

Und nun noch eine zweite Vorbemerkung: Wenn ihr diesen Text nachher in euren Bibeln nachlesen wollt, so werdet ihr finden, daß er gerade in der immer noch am meisten verbreiteten Übersetzung Luthers einen etwas anderen Wortlaut hat als den von mir angegebenen: «Laß dir an meiner Gnade genügen!», heißt es dort. Das ist auch schön und wahr: an dem, was dir genügt, darfst und sollst du dir genügen *lassen*. Aber der ursprüngliche Wortlaut ist doch noch besser. Ob du dir an ihr genügen lassest, ob du damit zufrieden seiest oder nicht: Meine Gnade *genügt* dir. Wie ein fester Turm steht das da oder wie das Matterhorn oder wie der Polarstern, um den unser ganzes Universum zu kreisen scheint: Meine Gnade *genügt* dir. Weil sie dir auf alle Fälle genügt, *darum* kannst, darfst und sollst du dir an ihr genügen *lassen:* heute wie gestern und morgen wie heute. Sie genügte dir im Jahr 1962. Sie wird dir auch im Jahr 1963 genügen. – Dieser Sache wollen wir jetzt noch etwas näher treten.

Ein Erstes und Wichtigstes: Kein Mensch kann das zu sich selbst sagen: Meine Gnade genügt dir. Denn Keiner kann sich selbst Gnade gewähren. Es ist immer ein schrecklicher Irrtum, wenn Einer meint, sich selber zu genügen. Daß es so etwas wie Gnade gibt und daß sie uns genügt, das können wir alle uns nur sagen lassen. Wir können es uns aber auch nicht von anderen Menschen sagen lassen. Gnädig ist eben kein Mensch und keiner in der Lage, Anderen Gnade zu gewähren. In alter Zeit gab es freilich gewisse vornehme Personen, die sich als «gnädige Herren» anreden ließen – der eine und andere Potentat sogar als «allergnädigster Herr». Und «gnädige Frau» und auch «gnädiges Fräulein» kann man in Deutschland noch bis auf diesen Tag gelegentlich hören. Worte wie «Gnadengesuch», «Begnadigung» und dergleichen sind euch ja auch be- |81| kannt. Aber das war und ist im Grunde alles Unsinn. Kein Mensch außer Einem hat Gnade zu vergeben. Von keinem Menschen außer Einem ist Gnade zu erwarten. So kann auch kein Mensch außer Einem zu Anderen sagen: «Meine Gnade genügt dir.» Nur Einer kann das sagen. Nur von Einem können wir uns das sagen lassen.

Dem Apostel Paulus verdanken wir dieses Wort. Aber gerade er schreibt ausdrücklich: «*Er* hat zu mir gesagt: Meine Gnade genügt dir.» «Er» ist der eine, einzige Mensch, der das zu Anderen zu sagen das Recht und die Macht hatte und bis auf diesen Tag hat; der Mensch Jesus, der dem Paulus nicht nur ein heiliger Name war – nicht nur eine hohe Figur, von der er durch Andere gehört, bei Anderen gelesen hatte, sondern eine lebendige Person, die sich ihm als der wahre Mensch, der auch der wahre Gott war, als Herr und Erretter aller Menschen, der ganzen Welt, offenbart, zu erkennen gegeben hatte und der nun mit ihm umging wie ein König mit seinem vertrautesten Boten. Er, dieser Eine, hat dem Paulus das gesagt: «Meine Gnade genügt dir.» Es war eine überaus merkwürdige, rätselhafte, widerspruchsvolle Lebenslage, in der er ihm das sagte: mitten im Gedränge zwischen zwei ganz entgegengesetzten Erfahrungen, herrlich die eine, schrecklich die andere – gewaltig erhebend die eine, tief niederdrückend die andere. Ich bitte euch, das in dem angegebenen Kapitel selbst nachzulesen. Es würde uns heute nämlich zu weit führen, wenn ich versuchen wollte, euch diese Umstände zu beschreiben und zu erklären. Wir wollen jetzt vielmehr nur einfach hören, was der Herr in dieser außerordentlichen Lebenslage zu Paulus gesagt hat. Er hat es aufgeschrieben: aber eben nicht als sein, sondern als das von seinem Herrn Jesus Christus an ihn gerichtete Wort. So hat er es weitergegeben. So dürfen wir es nun auch uns sagen lassen als auch an uns gerichtet und für uns gültig. |82|

Er, dieser Herr, ist gnädig, ist in der Lage, Gnade zu üben und das zu sagen: Meine Gnade genügt dir – er allein, kein Engel, kein anderer Mensch, keiner zu sich selbst. Er will das auch zu uns sagen. Er will das aber nicht nur. Er *hat* es zu uns gesagt, auch im ganzen Jahr 1962. Und er wird es uns wieder sagen, auch im ganzen Jahr 1963. Daß *Er* das gesagt hat und auch zu *uns* sagt, das ist die Wahrheit und die Kraft, der tiefe Trost und die wunderbare Ermutigung dieses Wortes.

Wenn Einer einem Anderen mit dem, was er ihm ist, für ihn tut, ihm gibt, *genügt*, so heißt das offenbar: er verschafft und vermittelt ihm, was er *braucht*, nicht mehr, nicht weniger, nichts Anderes. Aber was *braucht* so ein Anderer? Was müßte Einer sein, tun, geben, um einem Anderen zu genügen? Denken wir über diese Frage ein bißchen nach, so müssen wir entdecken, daß uns zunächst jede Antwort wie unter den Händen zu zerrinnen scheint.

Wir brauchen ja so *Vieles* und *Verschiedenes:* jetzt *dies,* jetzt *jenes*, Großes und Kleines, Nötiges und weniger Nötiges, Äußerliches und Innerliches, Nahrung für den Leib, aber Nahrung auch für die Seele, das Herz, das Gemüt, Menschliches und doch auch Geistliches. Aber was von dem allem brauchen wir nun eigentlich und wirklich? Was würde uns, wenn wir es bekämen, tatsächlich genügen?

Und wir brauchen Alles in *Abwechslung:* nicht nur Arbeit, sondern auch Ruhe und Zerstreuung – nicht nur dieses, sondern auch jenes Vergnügen – nicht nur die Familie, sondern auch gute Kameraden und Freunde – nicht immer dieselben Gesichter, sondern auch einmal ganz andere – nicht nur die Heimat, sondern auch die Ferne, die Fremde. Auch das Schönste würde uns öde, wenn es das Einzige wäre. So kommt es, daß sich Mancher auch den Himmel, auch die Ewigkeit nur

|83| als ziemlich langweilig vorstellen kann, weil er denkt, daß er da nichts zu tun haben werde, als fort und fort Psalmen und Choräle zu singen. Nun ja: aber wo in dem scheinbar endlosen Film unseres Lebens mit all seinen Wechseln kommt wohl das vor, was wir eigentlich brauchen? wo das Genügende, das uns dann gewiß auch nicht langweilig sein könnte?

Noch etwas: Wir brauchen bekanntlich Alles immer wieder: in lauter *Wiederholungen*. So ist es schon mit der Nahrungsaufnahme, so mit dem Schlaf. Haben wir eine Freude, so möchten wir dieselbe noch einmal haben. Sind wir einmal getröstet, so rufen wir schon danach, wieder getröstet zu werden. Ist uns Jemand lieb und wert geworden, so sagen wir nicht umsonst: Auf Wiedersehen! Haben wir Zeit gehabt (z. B. jetzt wieder ein ganzes Jahr), so wissen wir genau, daß das nicht genügt, daß wir noch mehr Zeit (ein «gutes neues Jahr») haben sollten. Was wir eigentlich brauchen, wäre immer mehr als ein nur Einmaliges. Aber was brauchen wir dann? Was kann und wird uns je genügen können?

Kehren wir zu dem zurück, was der Herr zu Paulus und so auch zu uns gesagt hat: Das *Genügende*, von dem da die Rede ist, ist ganz sicher das, was wir *brauchen*. Keine Sorge deshalb! Wir werden nicht zu kurz kommen. Nur daß, was wir brauchen und was uns genügt, ein wenig anders aussieht und auch recht anders ist als das, was wir da so meinen. Paulus hat es an einer früheren Stelle desselben Briefes mit dem seltsamen Satz beschrieben: «daß ihr in Allem zu aller Zeit alles (volles) Genügen habt» [2. Kor. 9,8]. Das tönt anders, nicht wahr? Das ist auch sehr anders.

Was wir brauchen, wäre demnach: ein *Ganzes*, in welchem das Viele, das Verschiedene, das wir brauchen, gewiß auch enthalten, in welchem es aber sicher eingeschlossen, richtig zu- |84| sammengehalten, geordnet und gereinigt wäre. Das brauchen wir eigentlich. Das könnte und würde uns genügen.

Was wir brauchen, wäre weiter: ein *Einziges*, das in der seltsamen Flucht unserer Jahre, ihrer Erscheinungen und Gestalten, in aller Abwechslung durchhielte, dem Wechsel einen Sinn gäbe, alles Einzelne (fern von aller Langweiligkeit) interessant machte. Das brauchen wir eigentlich. Das würde uns genügen.

Was wir brauchen, wäre (das ist die entscheidende Bezeichnung) ein *Ewiges*, das mitten in der Reihe der nötigen Wiederholungen selber keine Wiederholung nötig hätte – das uns nicht nur einmal, sondern einmal für alle Male gegenwärtig wäre, bliebe, immer neu würde: gestern *und* heute *und* morgen, 1962 *und* 1963. Das brauchen wir. Das würde uns genügen.

Eben davon hat der Herr zu Paulus geredet, und eben davon redet er jetzt auch zu uns. Ihr versteht nun vielleicht schon besser: Darauf würden wir nicht von uns aus kommen, daß das es ist, was uns genügt, was wir eigentlich brauchen. Daß es um dieses Ganze, dieses Einzige, dieses Ewige geht und daß es das gibt, und zwar für uns gibt, das können wir uns nur von dem sagen lassen, der darum weiß, weil es sein eigenes Reich, das Reich seiner Macht und Herrlichkeit ist.

Meine Gnade genügt dir, hat er zu Paulus gesagt, sagt er jetzt auch zu uns.

Meine Gnade – das ist das, was *nur Ich* dir geben kann – kein noch so lieber Freund, kein noch so edler Wohltäter, auch kein noch so ernster und beredter Pfarrer, die ganze Welt nicht. Warum nicht? Weil gnädig zu sein und Gnade zu üben ganz und gar meine, die von Gott mir anvertraute Sache ist.

Meine Gnade – das ist das, was Ich dir tatsächlich *geben will*, mehr noch: was ich dir, ob du es merkst und dafür dankbar |85| bist oder nicht, schon gegeben *habe*, jetzt eben *gebe*, wieder und wieder geben *werde*.

Meine Gnade – das ist das, worauf du nicht den geringsten Anspruch hast, was du nicht verdient hast, dessen du nicht wert bist, was aber ohne dein Zutun, frei und rein von mir aus *dein* sein, dir *gehören* soll.

Meine Gnade – das bin *Ich selber:* Ich für dich nämlich, Ich als dein Heiland an deiner Stelle – Ich, dein Befreier von Sünde, Schuld, Elend und Tod, die ich auf mich und so von dir weggenommen habe – Ich, der ich dir den Vater zeige und den Weg zu ihm auftue – Ich, der dich das große Ja hören läßt, das er von Ewigkeit her auch zu dir, gerade zu dir gesprochen hat – Ich, der dich hiemit einsetzt und einstellt in den Dienst Gottes und der dich eben zu diesem Dienst auch brauchbar, willig und bereit macht.

Das ist meine Gnade: *Und diese meine Gnade genügt dir.* Sie ist das, was du eigentlich und wirklich brauchst, was du aber auch haben darfst und sollst. An sie kannst du dich halten, mit ihr kannst du leben. Mit ihr kannst du auch sterben. Sie genügt dir jetzt, sie wird dir auch in alle Ewigkeit genügen.

Liebe Brüder, ich darf heute zum dritten Mal gerade an Sylvester hier unter euch sein. Und nun habe ich euch vor zwei Jahren und dann wieder vor einem Jahr jeweils das biblische Wort, das ich euch erklären und auslegen durfte, als eine Art *Parole* mit auf den Weg gegeben. «Meine Zeit steht in deinen Händen» [Ps. 31,16] hieß es 1960. «Das Wort unseres Gottes bleibt in Ewigkeit» [Jes. 40,8] hieß es 1961. Und nun soll es heute, 1962, die Umkehrung sein von dem, was wir diesen Abend gehört von dem, was genügt: unsere *Antwort* auf das, was der Herr zu Paulus und nun auch zu uns gesagt hat: *«Deine Gnade genügt mir.»* Liebe Brüder, sagt ihm das als Letztes im alten und dann |86| wieder als Erstes im neuen Jahr! Sagt es ihm leise, schüchtern, bescheiden. Wer dürfte es ihm schon anders sagen? Wir sind ja übrigens auch Männer, die wahrscheinlich zu stolz sind, so etwas laut zu sagen. Aber sagt es ihm! Er hört es, und er freut sich darüber, es von euch zu hören. Er erwartet nichts Größeres von euch und von mir, als daß wir das zu ihm sagen als Echo dessen, was er zu uns sagt: «Ja, Deine Gnade genügt mir.» Amen.

Ewiger, heiliger und gütiger Gott und Vater! Die erste Stunde eines neuen Jahres ist nun nicht mehr ferne. Du kennst die guten Gelegenheiten, aber auch die Rätsel, Versuchungen und Gefahren, die es uns bringen mag. Auf alle Fälle wirst du es sein, der uns in allen Veränderungen der Zeiten und Umstände begegnen wird. Du als unerschöpfliche Quelle alles Genügens, alles dessen, was wir brauchen! Laß uns dir von Anfang an und dann immer wieder in kindlichem und gehorsamem Vertrauen entgegengehen: im voraus dankbar für Alles, weil du in Allem deine Ehre groß und unser Heil offenbar machen willst.

In deine Hand legen wir nun auch alle Sorgen und Hoffnungen, die uns als Teilnehmer am Weltgeschehen dieser Zeit bewegen. Erleuchte du die Männer, die für die weitere Gestaltung der Geschicke der Völker dieser Erde eine so schwere Verantwortung tragen! Wecke aber auch die Völker selbst auf, daß sie sich nach dem Frieden nicht nur sehnen, sondern auch für ihn einzutreten und zu handeln willig und stark werden! Verhindere und zerstöre alle westliche und östliche Selbstge- |87| rechtigkeit, deren Fortdauer und Überhandnehmen zum Krieg, zum Atomkrieg führen müßte! Wehre dazu insbesondere der beiderseitigen Lügen- und Hetzpropaganda! Gib du Linderung und Heilung den Millionen von einzelnen Menschen, die unter der heutigen Lage zu leiden haben, aber auch den heute wie zu allen Zeiten Einsamen, Armen, Kranken, Gefangenen und als solche Mutlosen und Traurigen! Und wenn es ohne Verkehrung der Wahrheit sein darf, dann laß es im neuen Jahr in der Gemeinschaft des Glaubens an Jesus Christus zu weiteren Annäherungen und Verständigungen zwischen den Kirchen kommen, die seinen Namen tragen!

Du Vater, Sohn und Heiliger Geist seiest und bleibest der von uns in aller Schwachheit Gepriesene: wie gestern, so morgen, so in Ewigkeit! Amen.

Lieder:
Nr. 132: «Nun laßt uns gehn und treten» von P. Gerhardt, Strophen 1–7
Nr. 52: «Lobe den Herren, den mächtigen König der Ehren» von J. Neander, Strophen 1–5
Nr. 59: «Großer Gott, wir loben dich» von I. Franz, Strophen 6–8

VOR DEM RICHTERSTUHL CHRISTI

2. Korinther 5,10

24. Februar 1963, Strafanstalt Basel

Herr unser Gott! Hier kommen wir. Hier sind wir. Vielleicht nur darum, weil wir für eine Stunde nicht mit unseren Gedanken allein sein möchten. Vielleicht nur darum, weil wir gerne einmal etwas Anderes hören möchten als das, was wir uns untereinander zu erzählen haben oder was wir in Büchern und Zeitungen lesen können. Vielleicht nur darum, weil wir uns vorstellen, daß zu einem rechten Alltag auch ein rechter Sonntag gehören möchte. Aber in dem allem könnten wir ja schon deine Stimme, deinen Ruf vernommen haben und also ganz recht haben. Sind wir bei dir, dann sind wir gewiß nicht mehr allein. Hören wir dein Wort, dann hören wir auf alle Fälle etwas ganz Anderes und Neues. Dürfen wir diesen Sonntag mit dir feiern, dann wird er in aller Dunkelheit ein Sonnentag auch für unseren Alltag sein.

Du kennst uns besser, als wir uns selbst kennen. Mit unserem bißchen Glauben ist es nicht weit her. Laß unseren gemeinsamen Anruf dennoch gelten und erhöre ihn, wie wenn er das Bekenntnis eines reichen, starken Glaubens wäre! Tritt in unsere Mitte und rede du selbst zu uns! Öffne du selbst unsere Ohren und Herzen, damit wir frei werden, dich zu hören! Laß du selbst das Reden, Beten und Singen, mit dem wir dir zu |89| antworten versuchen, wenigstens von ferne übereinstimmen mit dem besseren Lob deiner heiligen Engel! Und dasselbe laß überall geschehen, wo deine Gemeinde auf Erden sich an diesem Tage versammelt, um die großen Taten deiner Barmherzigkeit zu bezeugen!

Das bitten wir dich im Namen unseres Herrn und Heilandes Jesus Christus und mit seinen Worten: Unser Vater ...!

Wir müssen alle offenbar werden vor dem Richterstuhl Christi.

Meine lieben Brüder!

Wir wissen alle, was das heißt: *vor Gericht* kommen. Ich kann mich selbst da ohne weiteres einschließen. Denn vor nun bald dreißig Jahren, in der Hitlerzeit also, in Köln am Rhein, bin ich auch einmal vor Gericht gekommen. Angeklagt war ich und vorgehalten wurde mir da von einem bösen Staatsanwalt: daß ich getan habe, was man im damaligen Deutschland nicht tun durfte, und nicht getan habe, was man im damaligen Deutschland tun sollte. Drei Richter saßen mir gegenüber und schauten mich mit ernsten, mißtrauischen Gesichtern an. Und ein tüchtiger junger Anwalt saß neben mir und gab sich große Mühe, zu beweisen, daß Alles nicht so schlimm sei. Es kam aber doch Alles, wie es kommen mußte. Ich wurde für schuldig befunden und verurteilt: zur Absetzung nämlich als ein unzuverlässiger Staatsbeamter und als ein unguter Lehrer der deutschen Jugend.[1] Nun, das ist lange her, und ich habe es, wie ihr seht, soweit gut überstanden.

Ich erzähle es denn auch nur, um euch an das zu erinnern, was ihr ja

[1] Der Prozeß fand am 20.12.1934 statt. Vgl. E. Busch, *Karl Barths Lebenslauf. Nach seinen Briefen und autobiographischen Texten*, München 1975. 1978³, S. 269ff.

selbst besser als ich kennt: wie das ist und zugeht, wenn man vor ein *menschliches* Gericht kommt. Inmitten vieler Menschen sitzt da – und Aller Augen sind auf ihn gerichtet – der Angeklagte, um von anderen Menschen wegen dessen, was er |90| getan, zur Rechenschaft gezogen zu werden. Festgestellt wird nun, was nach menschlicher Einsicht in seiner Sache offenbar ist. Und erkannt wird nun, was ihm deshalb nach menschlichem Urteil zukommen soll. Womit er sich dann wohl oder übel abzufinden hat! Vielleicht, daß er appellieren kann und will, was aber doch nur bedeuten wird, daß er noch einmal vor ein anderes menschliches Gericht kommt. Und dann geht das Leben weiter: für alle beteiligten Personen und so auch für ihn, den Angeklagten und nun Verurteilten. Andere Ereignisse folgen, und wer weiß, ob er nicht später statt einer Strafe gelegentlich – wohlverstanden: wieder nach menschlichem Ermessen – einen Preis bekommen wird?[2]

Wie ist das alles so klein, fast lächerlich, wie versinkt das alles verglichen mit dem, was uns jetzt in unserem Text durch den Apostel Paulus angezeigt wird: *Wir müssen alle offenbar werden vor dem Richterstuhl Christi!*

Wenn das geschieht, geht nämlich das Leben nicht weiter, weder in die Tiefe noch in die Höhe. Was jetzt ist und passiert, damit ist es dann zu Ende. Alles – der Himmel und die Erde in ihrer jetzt sichtbaren Gestalt, die Weltgeschichte, wie wir sie jetzt sehen und beurteilen, wir selbst mit Allem, was wir waren, sind und sein werden – dieses Ganze wird dann vergangen, d.h. vorübergegangen sein. Auch mit allen menschlichen Gerichtsszenen und Preisverteilungen wird es dann vorbei, sie werden dann nur noch gewesen sein: Alles zu einem einzigen großen Gestern geworden. Ein Traum, hat man wohl schon gesagt.[3] Aber nein! Es war kein Traum, es war schon unser wirkliches Leben, nur daß es dann unwiderruflich abgeschlossen dahinten liegen, gestern gewesen sein wird.

Was dann? Wir hören: eben dieses unser wirkliches, nun aber ganz und gar gestrig gewordenes Leben wird dann *offenbar* |91| werden. Es

[2] Am 16.2.1963 hatte der Rektor der Universität Kopenhagen Barth mitgeteilt, daß ihm der Sonning-Preis für Europäische Kultur verliehen werden solle. Am 19.4.1963 nahm Barth den Preis in Kopenhagen entgegen.

[3] Vgl. das Drama *Das Leben ein Traum* von P. Calderón de la Barca (1636).

liegt jetzt eine *Decke* darüber. Wir sehen jetzt Vieles, das Meiste, im Grunde Alles durchaus nicht so, wie es wirklich ist: auch uns selbst nicht so, wie wir wirklich sind. Und so sehen uns auch die Anderen nicht. So sieht uns Gott schon jetzt: sieht, was da vorgeht in unserem Innersten – sieht, was wir meinten und wollten von unserer Jugend an und was wir heute meinen und wollen – sieht, wie es stand und steht und noch stehen wird zwischen uns und unseren Mitmenschen – sieht, was wir erreicht und ausgerichtet haben und etwa noch erreichen und ausrichten werden – sieht, wer und was wir eigentlich sind. Wir sehen es jetzt nicht so. Wir sehen es nach anderen Worten des Apostels Paulus nur wie in einem Spiegel, nur als ein großes Rätsel [vgl. 1. Kor. 13,12] – und auch wenn wir Christen sind (oder wären) nur im Glauben, nicht im Schauen [vgl. 2. Kor. 5,7]. Das ist die Decke. Diese Decke wird dann in einem Ruck *weggezogen*. Wir werden dann *offenbar* werden. Nichts von Allem, was in unserem Leben war und geschah, wird dann verborgen bleiben: vor unseren eigenen Augen nicht und vor denen der Anderen auch nicht. Alles wird dann ans Licht kommen und im Licht sein: nichts vergessen, nichts vernebelt und zweideutig, nichts mehr mißverständlich. Das ganze große Gestern unseres wirklichen Lebens wird dann offen daliegen wie ein aufgeschlossenes Buch – Alles genau so, wie es gewesen ist!

Wir *müssen* dann *alle* offenbar werden, heißt es. Es wird dann also kein Versteckli s-Spiel geben wie das, das der Adam im Paradies spielen wollte [vgl. Gen. 3,8]. Das Licht, das dann aufleuchten wird, wird unaufhaltsam Alle und Alles erhellen, an den Tag bringen. Keiner wird dann eine Privatperson bleiben, sich ausnehmen, sich dem einfallenden Licht und also der Öffentlichkeit entziehen können: auch keiner von den Vielen, die nie vor ein menschliches Gericht gekommen sind. Und Keiner wird dann wenigstens Ausnahmen machen, dies und das auf die Seite |92| stellen können mit der Begründung: das sei seine Privatsache, die niemand als ihn angehe. Das mögen wir jetzt so zu praktizieren versuchen. Dann aber wird Alles veröffentlicht werden und öffentlich sein.

Und nun kommt erst die Hauptsache: Eben mit diesem Offenbarwerden werden wir, wird unser jetziges wirkliches Leben *ins Gericht* kommen. Das hereinbrechende Licht wird nämlich zeigen, ob es im Einzelnen und im Ganzen ein aufrichtiges oder ein verlogenes, ein schönes oder ein wüstes, ein in Liebe oder ein in Gleichgültigkeit oder Haß gelebtes, ein brauchbares oder ein unbrauchbares Leben gewesen ist. Es wird dann zur Krisis kommen. «Krisis» bedeutet Scheidung. Also: es wird dann eine *Scheidung* durch Alle und durch Alles hindurchgehen wie ein scharfes Messer. Und mit größter Pünktlichkeit wird es dann zur *Entscheidung* darüber kommen: wer und was wir waren, ob wir also auf die rechte, die gute – oder auf die linke, die böse Seite zu stehen kommen.

Sicher: göttlich und nicht mehr menschlich wird da gerichtet, nach göttlicher und nicht mehr nach menschlicher Weisheit und Gerechtigkeit wird da geschieden, entschieden und geurteilt werden. Und das bedeutet, daß wir Anlaß bekommen werden, uns zu wundern darüber, wieviel Erste da als Letzte, wieviel Letzte da als Erste erscheinen werden [vgl. Mk. 10,31] – uns auch darüber zu wundern, wieviel jetzt Großes dann ganz klein und wieviel jetzt Kleines dann ganz groß dastehen wird. Verlassen wir uns darauf: es wird da auf alle Fälle ordentlich und mit rechten Dingen zugehen. Aber verlassen wir uns auch darauf: es wird da tatsächlich gerichtet, geschieden, entschieden und geurteilt werden – und weiter auch darauf, daß da auch festgestellt werden wird, was einem Jeden auf Grund des über ihn ergangenen Urteils zukommen soll. «Damit ein Jeder empfange dem entsprechend, wie er gehandelt hat in seinem Leibesleben, |93| Gutes oder Böses» – so lautet nämlich die Fortsetzung unseres Textes. Verlassen wir uns schließlich auch darauf: bedingte Verurteilungen, Appellationsmöglichkeiten, frühzeitige Entlassungen – übrigens auch Rückfälligkeiten! – gibt es dann nicht mehr. Wir werden dann vor dem höchsten Richter stehen. Es wird das letzte, das «jüngste», das definitive, das ewige Gericht sein, in das wir dann kommen werden. Das Leben geht dann eben nicht mehr weiter.

Was sollen wir dazu sagen? Wie werden wir da bestehen? Was wird da aus uns werden? Haben wir einen Trost, indem uns unser Weg unvermeidlich diesem Gericht entgegenführt? Um da Antwort zu bekommen, müssen wir ganz neu und besonders darauf achten, daß es heißt: vor dem *Richterstuhl Christi* müssen wir alle offenbar werden. Also nicht vor dem Thron irgend eines höchsten, unbekannten Weltrichters wie der, den sich manche Heiden in Furcht und Schrecken ausgedacht haben! Nein: vor eben dem, der uns von Ewigkeit her und dann in seiner Geburt im Stall von Bethlehem und in seinem Kreuzestod auf Golgatha geliebt und zu sich gezogen hat aus lauter Güte [vgl. Jer. 31,3]! Vor dem, in welchem Gott seinen Bund mit uns Menschen geschlossen und treulich gehalten und erfüllt hat! *Dieser* wird unser Richter sein: *sein* Licht das Licht des jüngsten Tages, in welchem wir alle offenbar werden müssen – *sein* Werk das Scheiden und Entscheiden, zu dem es dann kommen – *sein* Wort das Urteil, das dann über uns ergehen wird. Wahrlich nicht nur *ein*, sondern *der* große, starke Trost: daß wir vor *seinem* Richterstuhl offenbar werden sollen. Ja, aber gerade weil er der große, starke Trost ist, kein billiger Trost!

Denn bedenken wir: Es wird dann gerade auch das offenbar werden, daß wir täglich und stündlich *gegen ihn*, diesen Mittler unseres Heils, gesündigt haben. Gerade an *ihm* vorbei haben |94| wir nach anderen Göttern, die doch nur Götzen waren, ausgeschaut und gefragt. Gerade *ihn* haben wir in unseren Mitmenschen, seinen Brüdern und Schwestern – diesen oft so beschwerlichen, so bösen, so verrückten und immer so armen Mitgeschöpfen – übergangen, verachtet, gehaßt. Gerade *ihn*, gerade seine freie Gnade haben wir, indem wir nicht auf sie, sondern auf unsere eigene Unschuld, Bravheit und wohl auch Frömmigkeit bauen und trotzen wollten, verworfen. Kurz gesagt: gerade als *seine Feinde* haben wir gelebt. Und sollen nun gerade vor *seinem* Richterstuhl erscheinen. Soll uns das eine tröstliche Aussicht sein, dann werden wir das einsehen und zugeben müssen, daß wir gerade gegen *ihn* gesündigt haben und noch sündigen, daß wir gerade *ihm* als unserem Richter gegenüber ganz und gar unentschuldbar sind. Tröstlich kann uns jene Aussicht nur sein, wenn und indem wir uns allein daran halten, daß er ja gerade die, die es nicht um ihn verdient haben, angenommen hat – daß er denen vergab, die ihn ans Kreuz schlugen und als den Gekreuzigten verhöhnten [vgl. Lk. 23,34] – daß er auch uns gerade als seine Feinde geliebt hat, liebt – und lieben wird. Der große starke Trost im Ausblick auf das kommende Gericht: daß der Richter Dieser ist, der es so mit uns hält – daß wir an ihn, der Dieser ist, glauben – auf ihn, der Dieser ist, hoffen – ihn, der Dieser ist, lieben dürfen. Billiger als so ist dieser teure Trost nicht zu haben. So ist er zu haben: sofort, ganz und in ganzer Gewißheit!

Bedenken wir dasselbe noch etwas anders: Es wird dann gerade das offenbar werden, daß er, Jesus Christus, der wahre Gottessohn und wahre Menschensohn, der dann unser Richter sein wird, zuvor genau dorthin getreten ist, wohin von Rechtswegen wir alle gehören müßten: unter Gottes Gericht und Todesurteil, auf die linke, die böse Seite, mitten unter die Verdammten und ewig Verlorenen[4]. So steht es mit uns. Das ist |95| unsere Stelle, unser Ort laut dessen, daß er an unsere Stelle, unseren Ort getreten ist. Wieder kann uns die Aussicht, vor seinem Richterstuhl offenbar zu werden, nur tröstlich sein, indem wir das einsehen und zugeben: dahin gehören wir – um uns dann daran zu halten, daß er als unser Richter noch einmal zu uns heruntersteigen, sich zu uns bekennen, sich an unsere Seite stellen und so sich als unser alleiniger, aber siegreicher Anwalt erweisen möchte. Der große, starke Trost: daß wir gerade ihn, diesen Richter als unseren rechten Anwalt anerkennen und bekennen, an ihn als Diesen glauben, auf ihn als Diesen hoffen, ihn als Diesen lieben dürfen! Billiger ist er, dieser teure Trost, nicht zu haben. So ist er zu haben – und das sofort, ganz und mit ganzer Gewißheit zu haben!

Ich bin am Schluß. *Angst* vor jenem Licht und Gericht? Ihr habt wohl bemerkt, daß wir sehr ernste Gründe haben könnten, hier Angst zu haben. Aber wenn wir den großen, starken Trost ergreifen und als unseren einzigen Trost im Leben und im Sterben[5] gelten lassen, dann fällt der Grund zur Angst, so ernst er sein mag, dahin. Wir haben dann Grund zur *Freude* – nicht zur Freude an uns selbst, wohl aber zur Freude an ihm, Jesus Christus, der gestern war, heute ist und in Ewigkeit sein wird [vgl. Hebr. 13,8] – Grund zur Freude daran, daß wir alle *vor seinem Richterstuhl* offenbar werden müssen. Müssen? Nein: dürfen! Amen.

Herr, unser Gott und Vater! Wir danken dir, daß das Wort, das du in deinem Sohn Jesus Christus zu uns gesprochen hast, so streng, aber auch so freundlich, so demütigend, aber auch so erhebend ist. Wir danken dir dafür, daß du uns nichts übrig |96| lässest, als uns vor

[4] Original: «... die Verdammten und ewig Verdammten». Korrektur nach Barths Manuskript.

[5] Vgl. Heidelberger Katechismus (1563), Frage 1: «Was ist dein einiger Trost im Leben und im Sterben? – Daß ich mit Leib und Seele, beides, im Leben und im Sterben, nicht mein, sondern meines getreuen Heilandes Jesu Christi eigen bin ...»

dir zu beugen, und uns gerade damit frei und freudig machst, uns aufzurichten und der Offenbarung deines Reiches gern und zuversichtlich entgegenzusehen. Bewege uns durch deinen Heiligen Geist, dir in Beidem immer neu gehorsam zu werden!

Und nun denken wir an die großen und kleinen Nöte dieser unserer gegenwärtigen Zeit und Welt: an die vielen Millionen von Hungernden, verglichen mit denen es uns so gut geht – an die finstere Bedrohung unserer schönen Erde durch die Atombombe – an die Hilflosigkeit, in der die großen Staatsmänner der Aufgabe gegenüberstehen, ein vernünftiges Wort miteinander zu reden – an die Schmerzen der Kranken und an die Verwirrungen der Geisteskranken – an das viele Versagen unserer öffentlichen Ordnungen und an die Torheit der meisten unserer Sitten und Gewohnheiten – an so viel Eitelkeit und Leerlauf auch in unserem geistigen und kulturellen Leben – an die Unsicherheit und Schwäche auch unseres kirchlichen Wesens – an so viel Kummer und Verwicklungen in unseren Familien und schließlich auch an all das Besondere, was jeden Einzelnen unter uns heute betrüben und belasten mag.

Nun bitten wir dich: Herr, laß es Tag werden! Herr, zermalme, brich, zerstöre alle Macht der Finsternis![6] Heile du uns, Herr, so werden wir heil! – wenn es im Ganzen noch nicht sein kann, dann doch im Kleinen und Vorläufigen: als Zeichen, daß du lebst und daß wir trotz allem dein Volk sind, das du durch Alles hindurch deiner Herrlichkeit entgegenführst. Du allein bist gut. Dir allein gebührt die Ehre. Du allein kannst und wirst helfen. Wir müssen es wohl erst ganz neu lernen, von Herzensgrund zu rufen: Du allein! Amen.

Lieder:
Nr. 80: «Morgenglanz der Ewigkeit» von Chr. A. Ph. Knorr von Rosenroth, Strophen 1–4
Nr. 50: «Gelobet sei der Herr» von J. Olearius, Strophen 1–3
Nr. 50, Strophe 4

[6] Anfang der 4. Strophe des Liedes 306 (EKG 262, Str. 6) «O Durchbrecher aller Bande» (1698) von G. Arnold (1666–1714).

TRAGET!

Galater 6,2

19. Mai 1963, Strafanstalt Basel

Unser Vater im Himmel! Unser Leben ist so verwirrt: zeige uns die Ordnung, die du ihm gegeben hast und neu geben willst! Unsere Gedanken sind so zerstreut: sammle du sie um deine Wahrheit! Unser Weg liegt so dunkel vor uns: geh uns voran mit dem auch uns verheißenen Licht! Unser Gewissen klagt uns an: laß uns erkennen, daß wir aufstehen dürfen, um dir und unserem Nächsten zu dienen! Unser Herz ist unruhig in uns[1]: Herr, gib uns deinen Frieden!

Du bist die Quelle alles Guten, bist selber das Gute, neben dem es kein anderes gibt. Um das noch gründlicher zu verstehen, noch aufrichtiger zu bekennen, sind wir in dieser Morgenstunde zusammengekommen. Du willst es ja nicht so haben, daß ein Jeder für sich dich suche und allein mit seinen Problemen fertig zu werden unternehme. Du willst, daß wir in unserem Elend und in unserer Hoffnung ein einiges Volk von Brüdern[2] seien. Als solches Volk geben wir uns jetzt die Hand, um dir gemeinsam zu danken und unsere immer wieder so leeren Hände gemeinsam nach dir auszustrecken. Mach du recht, was wir auch bei diesem unserem Sonntagswerk verkehrt machen mögen! Rede du selbst so mit uns, daß wir dich in unserer ganzen Schwachheit hören dürfen, können und müssen!

Im Namen und auf Geheiß unseres Herrn Jesus, deines lieben Sohnes: Unser Vater ...! |98|

Traget ein Jeder die Lasten des Anderen! Damit werdet ihr das Gesetz Christi erfüllen.

Meine lieben Brüder!

In Deutschland gab es früher – ich weiß nicht, ob es heute noch so ist – gewisse merkwürdige Eisenbahnwagen 4. Klasse, in denen z. B. die

[1] Vgl. Augustinus, *Confessiones* I,1,1: «... fecisti nos ad te; et inquietum est cor nostrum, donec requiescat in te.»

[2] Vgl. den Rütlischwur bei Fr. Schiller, *Wilhelm Tell*, V. 1448 (Zweiter Aufzug, Zweite Szene):

Wir wollen sein ein einzig Volk von Brüdern ...

Bauern, wenn sie auf den Markt fuhren, ihre Tragkörbe, Säcke und dergleichen ausbreiten und aufstellen konnten und die darum auch nach außen die Aufschrift trugen: «Für Reisende mit Traglasten». Solche «Reisende mit Traglasten» zu sein, ist wohl uns allen bestimmt. Die Einen wissen es, die Anderen nicht. Die Einen sind es offen, die Anderen im Verborgenen. Die Einen merken es erst später, wenn sie in die Jahre kommen, von denen wir sagen: «Sie gefallen uns nicht» [vgl. Pred. 12,1], die Anderen bekommen es schon von Jugend an zu spüren. Mit munteren Gesichtern sind es die Einen, mit bösen und traurigen die Anderen. Aber Alle sind es. Das scheint aufs erste Anhören nicht schön zu sein. Und nun verfolgt uns das schon in unserem Text bis in diesen Sonntagmorgen hinein – in sehr seltsamer Form sogar: «Traget ein Jeder die Lasten des Anderen!» Aber Achtung: damit dürfte nun gerade etwas sehr Schönes gemeint sein. Lautet doch die Fortsetzung verheißungsvoll genug: «Damit werdet ihr das Gesetz Christi erfüllen.» – Wir wollen darüber nachdenken, was uns mit dem allem gesagt ist.

Fangen wir, wie es bei der Auslegung der Bibel öfters ratsam ist, mit dem *Ende* an, um dann von da aus den Anfang zu verstehen!

Von einem *«Gesetz»* ist da die Rede. Auch das tönt nicht eben gut, weil es uns unangenehm an Buchstaben, Sätze, Paragra- |99| phen erinnert, an die man sich halten sollte, die man aber vielleicht lieber gelegentlich übertritt oder doch umgeht, wobei man leicht mit ihnen in Konflikt kommen und von ihrer gewaltigen Macht überfahren werden kann. Aber hier ist nicht von irgend einem, sondern von einem sehr besonderen, nämlich von dem «Gesetz *Christi*» die Rede. Beachten wir sofort, daß es nicht heißt: ihr *sollt* es erfüllen – wobei dann die Frage offen bleibt, ob wir das tun wollen oder auch nur können. Es heißt, wie wenn das das Natürlichste von der Welt wäre: ihr *werdet* es erfüllen. Und bedenken wir, was unser Herr Jesus selbst von diesem seinem Gesetz gesagt hat: «Nehmet auf euch mein Joch ..., so werdet ihr Ruhe finden für eure Seelen ... Denn mein Joch ist sanft, und meine Last ist leicht» [Mt. 11,29 f.]. Das verändert das Bild. Da wird offenbar von Niemandem zu viel verlangt. Da besteht kein Grund zur Auflehnung. Da wird auch Niemand überfahren. Da scheint es eine gute, fröhliche Sache zu sein, gehorsam zu werden. Da schmeckt es nach Freiheit.

Das Gesetz Christi ist in der Tat das Gesetz der *freien* und *befreienden Gnade* Gottes. Jesus Christus hat es (darum heißt es *sein* Gesetz) aufgerichtet und in Kraft gesetzt. Das geschah aber in dem, was er als Gottes Sohn und Gesandter und in seinem Namen für die Welt, nämlich zu ihrer Versöhnung mit Gott, und für einen Jeden von uns, nämlich zu seinem Heil, getan hat und noch tut. Er *tat* und *tut* es aber als der *große*, der unvergleichliche, der in seiner Art einzige wirkliche *Lastträger*. So hat ihn Johannes der Täufer gesehen: «Siehe, das ist Gottes Lamm, welches der Welt Sünde trägt» [Joh. 1,29]. Es geschah, daß alle Sünden, alle Übertretungen, Verfehlungen, Verirrungen, Verkehrtheiten der ganzen Welt aller Zeiten und Länder (mit Einschluß der unsrigen!) ihm aufgeladen wurden, als ob er sich ihrer schuldig gemacht hätte. Es geschah, daß er nicht |100| klagte angesichts dieses Meeres von Greueln und nicht aufbegehrte gegen solche unerhörte Zumutung, sondern diese ganze Last willig auf sich nahm, unsere Sünde seine Sünde, unseren Jammer seinen Jammer sein ließ. Es geschah, daß er diese ganze Last trug: «hinauftrug ans Kreuz», wie es an einer anderen Stelle [1. Petr. 2,24] heißt. Es geschah, daß er sie, indem er am Kreuz starb, wegtrug, abschaffte, auslöschte – die Welt und uns alle von ihr *befreite*. Das geschah.

Es geschah aber noch mehr: eben als dieser große Lastträger und so als der Vollstrecker der allmächtigen Liebe, in der Gott die Welt und uns geliebt hat [vgl. Joh. 3,16], ist er auferstanden von den Toten, lebt, leuchtet und regiert er nun für immer, in Ewigkeit. Als Dieser wurde und ist er Herr und Herrscher, König und Richter: nicht als ein gewaltsamer Eroberer, sondern als dieser große Lastträger. Als solcher hat er die Welt zu seinem Reich und Eigentum gemacht und uns alle zu Genossen dieses Reiches berufen. Eben als solcher sagt er, was Ordnung und Unordnung ist, entscheidet er über Recht und Unrecht, Gut und Böse. Eben als solcher gibt er der Welt und uns sein Gesetz. Als unser *Befreier* also wurde und ist er unser *Gesetzgeber*. Und was sein Gesetz von uns will, uns vorschreibt und gebietet, ist schlicht: daß wir als die durch Ihn, den großen Lastträger, Befreiten leben dürften und sollten. Darum nennt er sein Joch sanft und seine Last leicht. Darum folgt dem *Aufruf*, sein Gesetz zu halten, sofort die *Verheißung:* «So werdet ihr Ruhe finden für eure Seelen.»

Aber nun zum *Anfang* unseres Textes und also zu uns *kleinen Lastträgern!* Wir können und werden immer nur *kleine* Lastträger sein: mit ihm nicht zu vergleichen – weder in dem, was wir sind, noch in dem, was wir tun dürfen und können. Kein Gotteswerk wird das sein, sondern immer nur ein sehr bescheidenes und sehr brüchiges Menschenwerk. Was wir zu |101| tragen bekommen, wird ja nie die Last der Sünde der ganzen Welt sein: an gewissen dunklen Schatten eines kleinsten Teils der Last, die Er trug und trägt, werden wir genug zu tragen haben. Auch nur sie zu beseitigen, ist uns nicht aufgegeben: uns kommt nur zu, als die durch Ihn Befreiten mit diesen Schatten umzugehen. Das aber *kommt* uns zu. Und das ist es, was das Gesetz Christi, was Er, der große, von uns kleinen Lastträgern will, was er uns vorschreibt und gebietet.

Was aber sind die *Lasten*, die *wir* zu tragen bekommen? Schatten nannte ich sie soeben. Man sagt wohl besser: sie sind die *Rückstände*, die dadurch entstehen, daß es auch in der Welt, deren Sündenlast Jesus Christus doch weg-, hinauf ans Kreuz getragen hat, auch bei uns, den durch Ihn Befreiten, immer wieder zu ganz unzeitgemäßen *Rückfällen* kommt: zu Rückfällen in die alten, vermoderten Irrtümer und Bosheiten, Verkehrtheiten und Gemeinheiten, in die längst überholten Werke und Gewohnheiten des Hochmuts, der Faulheit, der Lüge. Wie wenn Einer, dessen im letzten Herbst gebrochener Arm[3] längst ganz schön kuriert ist, es gelegentlich (etwa wenn das Wetter umschlägt) doch wieder merken muß, daß ihm etwas passiert ist! Da sind sie wieder, ganz unerklärlich und unbegreiflich: die großen und kleinen Sünden, obwohl sie doch durch Jesus Christus längst ins Feuer geworfen und abgetan worden sind, obwohl wir doch ganz einfach und natürlich davon leben dürften, daß sie uns vergeben sind! Da sind sie wieder, die Gespenster – die sinnlos und mutwillig von uns heraufbeschworenen Gespenster – unserer Vergangenheit, der Zeit *vor* Christi Geburt! Ihre Wirksamkeiten sind die Lasten, die wir zu tragen bekommen.

Aber nun kommen wir erst zum Merkwürdigsten unseres Textes: *Nicht* unsere *eigenen*, sondern ein Jeder die Lasten des *Anderen* zu tragen werden wir geheißen. Sicher sind da auch je |102| unsere eigenen Sünden und also Lasten. Und sicher wäre auch vom Umgang mit ihnen

[3] Am 16.9.1962 war Barth während eines Ferienaufenthaltes in Walchensee (Oberbayern) gestürzt und hatte sich den rechten Arm gebrochen.

Vieles zu sagen. Nach unserem Text, dem wir jetzt folgen wollen, ist aber nicht die Beschäftigung mit ihnen das Eigentliche und Entscheidende im Gehorsam gegen das Gesetz Christi, besteht dieser vielmehr darin, daß *Einer* die Lasten des *Anderen* zu tragen willig und bereit sei und dann auch wirklich trage.

Ja, dieser *Andere:* dein Mitmensch, dein Nächster, dieser dir nur allzu Nahe, mit dem du jetzt, vielleicht aber auch dauernd, vielleicht dein Leben lang zu leben hast! O dieser Andere mit seinen Rückfällen und Rückständen, in dem ganzen gespenstischen Wesen seiner Art, seines Redens, Tuns und Verhaltens! O wie springt er dir in die Augen, wie betäubt er deine Ohren, wie gibt er dir bis in deine Träume hinein zu denken und alle Hände voll zu tun! O wie geht er dir auf die Nerven! Was ist er doch für ein wüstes Exemplar der Menschheit, die von der ihr geschenkten Freiheit keinen Gebrauch machen mag! Wie *lästig* ist er dir doch: dieser Mitreisende mit seinen Traglasten, Körben und Säcken! Wie macht er es dir doch so schwer! – Was tun in dieser bösen Sache? Willst du ihn *übersehen*, ihm aus dem Weg gehen, ihn verachten? Ach, damit änderst du gar nichts: an ihm nicht und für dich auch nicht. Kaum hast du ihn übersehen, so ist er in dieser oder jener Gestalt doch wieder da: wie eine eben verscheuchte Fliege brummend wieder und wieder kommt. Oder willst du ihm vorhalten, was für Einer er ist, dich mit ihm auseinandersetzen, mit ihm zu Boden reden[4]? Damit magst du dir, wie man es ja gerne tut, ein bißchen Luft machen – aber eben damit nimmst du sie dem Anderen. Er bleibt, der er ist. Auch seine Lasten bleiben. Und es bleibt auch bei der Belästigung, die er dir bereitet. Oder gelüstet es dich, ihn zu *strafen*, auf den groben Klotz einen groben Keil zu setzen – nach der Melodie: Wie du mir, |103| so ich dir? O weh, wo kommen wir da hin? Ohne eigene Rückfälle, ohne gespensterhafte Worte und Taten deinerseits wird es da bestimmt nicht abgehen. Und darum kann und wird dadurch erst recht nichts anders und besser gemacht. Tatsächlich auf *allen* diesen Wegen kann und wird nichts herauskommen als dies, daß es sichtbar wird, daß du mindestens ein ebenso wüstes Exemplar der trotz ihrer Befreiung so unfreien Menschheit bist wie der Andere. Was soll damit geholfen sein? Auf allen diesen Wegen kann die Not nur immer noch größer werden.

[4] D.h. ihm schonungslos die Meinung sagen.

Unser Text zeigt uns einen *besseren* Weg. *Traget*, so heißt es, *Einer* – die Lasten des *Anderen!*

Der bessere Weg ist das schon darum, weil da ehrlich vorausgesetzt wird, daß der Eine und der Andere sich in demselben Boot befinden, daß sie solidarisch zusammengehören und haftbar sind. *Beide* sind offenbar Rückfällige und also Lastträger. *Beide* fallen sich also auch gegenseitig lästig. Und so kann Beiden nur *gemeinsam* geholfen werden. Eben so kann und soll ihnen aber auch geholfen werden. Gemeinsam und nicht jeder für sich werden sie darum auch angeredet und aufgerufen zu gemeinsamem Tun: *Traget!*

Und besser ist der hier angezeigte Weg vor allem darum, weil damit Beide zu einem sinnvollen, *hilfreichen*, verheißungsvollen Tun aufgerufen werden. Nicht zu einem großartigen, nicht zu einem radikal hilfreichen Tun: beseitigen kann ja Keiner die Lasten des Anderen und so auch nicht die Belästigung, die er ihm bereitet. Gerade sie *soll* er denn auch gar nicht loswerden wollen! *Tragen* heißt gerade: die gegenseitige Belästigung wechselseitig ertragen, aushalten, über sich ergehen lassen. *Tragen* heißt: Gebrauch machen von der Erlaubnis und Möglichkeit, sich die erfahrene Belästigung wechselseitig zu verzeihen. *Tragen* heißt: ein bißchen gütig miteinander umgehen, nicht |104| als mit wüsten und bösen, sondern als mit armen und kranken Menschen – etwa so, wie es zwischen Patienten im gleichen Zimmer eines Spitals das Natürliche ist. *Tragen* ist also wohl das Gegenteil von Blindheit und Gleichgültigkeit gegenüber den beiderseitigen Rückfällen und Sünden, aber auch das Gegenteil von allem entrüsteten Anklagen und Dreinschlagen bei ihrem Anblick. *Tragen* besteht in dem Beistand, den man sich damit gegenseitig leistet, daß man sich samt den beiderseitigen Lasten auf- und annimmt als Gefährten auf einem Weg, den man gemeinsam betreten hat und nur gemeinsam weiter und zu Ende gehen kann. Zum *Tragen* wird dann gewiß ganz besonders auch das gehören, daß man den Balken im eigenen Auge entdeckt und sehr viel interessanter findet als den Splitter im Auge des Bruders [vgl. Mt. 7,3], daß man also bereit wird, die Schuld und also das Bedürfnis nach Verzeihung zehnmal lieber bei sich selbst zu suchen als bei Jenem. Damit hilft man einander und hilft dann doch auch ein Jeder sich selbst. Damit verschafft man sich gemeinsam Luft, während alles Andere nur zu neuer Plage führen kann. Damit verändert sich – nicht Alles, aber Einiges.

Es ist schon nur ein *kleines* Besseres, was wir *kleinen* Lastträger da wählen und ins Werk setzen dürfen. Dieses kleine Bessere hat aber – wir kommen jetzt noch einmal zum *Schluß* unseres Textes – die große *Verheißung*, die alles andere, auch das großartigste Tun nicht hat: *Damit werdet ihr das Gesetz Christi erfüllen.*

Indem ihr eure beiderseitigen Lasten gegenseitig tragt, tut ihr nämlich, was seinem Tun als der große Lastträger nicht gleich, wohl aber wie ein Spiegelbild oder Echo entsprechend, ähnlich ist. Man kann es auch so sagen: ihr tut damit im Kleinen und Einzelnen, was er im Großen und Ganzen getan hat und tut – er als der Gottessohn und vollkommene Heiland, ihr als |105| seine sehr unvollkommenen Menschenkinder. Ihr dürft, indem ihr das tut, dieses Tragen übt, dem Gesetz der in ihm erschienenen freien und befreienden Gnade demütig, aber entschlossen gehorsam werden. Ihr lebt und handelt also damit in seiner Gesellschaft, in Gemeinschaft mit ihm, in seiner Nachfolge: als solche, die allem Gespensterwesen, allen ihren Rückfällen zum Trotz durch ihn entlastet, befreit, gerettet, bewahrt sind zum ewigen Leben. Ihr mögt dann wohl einstimmen in das Kirchenlied:

Ich auch auf den tiefsten Stufen,
ich will glauben, zeugen, rufen,
ob ich schon noch Pilgrim bin:
Jesus Christus herrscht als König.
Alles sei ihm untertänig!
Ehret, liebet, lobet ihn![5]

In der Gemeinschaft und Nachfolge des großen Lastträgers getan, ist es, so klein es ist, im Ansatz und Anfang schon unsere Teilnahme an *seiner* herrlichen Erfüllung des Gebotes: «*Liebe* deinen Nächsten wie dich selbst!» [Mk. 12,31]. Amen.

Herr, du siehst und kennst den ganzen Jammer auf Erden und im Leben von uns allen: wie wir uns selbst und Andere plagen, wie wir ohne einander und gegeneinander dahinleben, wie wir immer recht haben wollen und gerade damit immer wieder Unrecht tun und Unglück anrichten. Wir danken dir, daß du uns den anderen, den besseren Weg nicht nur gezeigt, sondern eröffnet hast. Gib uns den Mut,

[5] Strophe 11 des Liedes 336 (EKG 96, Str. 10 – mit Textdifferenz) «Jesus Christus herrscht als König» (1758) von Ph. Fr. Hiller (1699–1769).

ihn zu betreten und zu gehen und so von der uns in der Dahingabe deines lieben Sohnes geschenkten Freiheit Gebrauch zu machen! |106|

Gib ihn auch vielen und endlich allen anderen Menschen: den durch eigene oder fremde Schuld Gebundenen hier und überall – den allzu Gottlosen und den allzu Frommen – den Reichen und den Armen – den an Leib und Seele Kranken und Alten und den Gesunden und Jungen, die so leicht vergessen, daß die Reihe auch einmal an sie kommen wird! Gib ihn den Mitgliedern unserer Behörden, Gerichte und Zeitungsredaktionen – gib ihn aber auch jedem einzelnen Bürger in der Erfüllung seiner Pflichten und in der Anwendung seiner Rechte im Staat und in der Gesellschaft! Gib ihn dem Volk und ganz besonders den Pfarrern unserer Kirchgemeinden und kirchlichen Gemeinschaften jeder Art – nicht zuletzt auch dem Papst und den Anderen, die heute in der katholischen Kirche so wichtigen neuen Verantwortungen entgegengehen![6] Laß uns alle, auch wo wir noch nicht eins sind, doch einig werden in der Erkenntnis der Notwendigkeit eines neuen Erwachens und Umkehrens zum Evangelium – in der Freudigkeit, das, was uns überall noch hindert und stört, gegenseitig zu ertragen – in der Bitte um deinen Heiligen Geist, ohne dessen Werk und Beistand das alles nicht geschehen kann! Deiner allertreusten Pflege befehlen wir unsere Wege und was unsere Herzen kränkt.[7] Amen.

Lieder:
Nr. 40: «Lobe den Herren, o meine Seele» (nach Ps. 146) von J. D. Herrnschmidt, Strophen 1, 4–7 (= EKG 198, Str. 1, 4–6, 8)
Nr. 69: «Für alle Menschen beten wir» von A. Knapp nach J. A. Cramer, Strophen 1–5
Nr. 44: «Nun danket alle Gott» von M. Rinckart, Strophe 2

[6] Am 29.9.1963 begann die zweite Sitzungsperiode des Zweiten Vatikanischen Konzils. (Papst Johannes XXIII. starb am 3.6.1963.)

[7] Vgl. den Anfang des Liedes 275 (EKG 294) (1653) von P. Gerhardt:

Befiehl du deine Wege
und was dein Herze kränkt
der allertreusten Pflege
des, der den Himmel lenkt …

ABER SEID GETROST!

Johannes 16,33

24. Dezember 1963, Strafanstalt Basel[1]

Großer und heiliger Gott! In deinem lieben Sohn, unserem Herrn Jesus Christus, bist du selbst als Einer wie wir in unsere Mitte getreten, ganz der Unsrige geworden, damit wir ganz die Deinigen sein dürften. So hast du uns Erlaubnis, Gebot und Macht gegeben, dich zu erkennen, dich zu lieben und zu loben.

Um Solches gemeinsam zu tun, sind wir in dieser Abendstunde vor dem Fest deiner Geburt zusammengekommen. Wir möchten dir danken für das Werk deiner allmächtigen Barmherzigkeit. Wir müssen freilich auch sofort bekennen, daß wir, unsere Gedanken, unsere Worte, unser Leben hinter dem, was du für uns bist und tust, immer wieder schwer und schmählich zurückbleiben. Und so können wir dich nur bitten, deine starke und gütige Hand dennoch nicht von uns abzuziehen, uns fernerhin Vater und Bruder, Heiland und Herr zu sein.

Schenke uns auch in dieser Stunde etwas von der unbegreiflichen und unverdienten Gnade deiner Gegenwart! Laß es im Licht deines Wortes und in der Kraft deines Geistes geschehen, daß wir dich und daß wir uns untereinander und ein Jeder sich selbst ein wenig besser verstehen lernen und so neuen Trost, neuen Mut, neue Geduld, neue Hoffnung gewinnen! Laß das |108| heute und morgen überall geschehen, wo Menschen – ob sie es wissen oder nicht – darauf warten, daß ihnen das Geheimnis der Weihnacht als ihr Heil und ihr Leben offenbar werde! Unser Vater ...! Amen.

In der Welt habt ihr Angst. Aber seid getrost! Ich habe die Welt überwunden.

Meine lieben Brüder!

Wir sind an diesem Heiligen Abend beieinander, um uns gemeinsam darauf vorzubereiten, morgen die Weihnachtsbotschaft zu vernehmen.

[1] Der Gottesdienst, in dem diese Predigt gehalten wurde, wurde von verschiedenen Radiosendern übertragen. Der gesprochene Wortlaut der Predigt – nach einer Tonbandaufzeichnung – ist abgedruckt im Anhang dieses Bandes, unten S. 296ff.

Ihr wißt, daß diesmal unsichtbar auch viele andere Menschen am Radio zuhören, wie wir hier beten, singen und Gottes Wort zu uns reden lassen: draußen in der Stadt, in der übrigen Schweiz, auch in großen Teilen von Deutschland. Das soll uns hier nicht stören, sondern freuen. «Alle Luft jauchzt und ruft: Christus ist geboren», haben wir ja eben gesungen. So grüßen wir auch diese mit uns Hörenden.

Ich habe die Welt überwunden. Das ist die Weihnachtsbotschaft. *Ich!* Das Kind in der Krippe zu Bethlehem sagt uns das – in größter Demut, aber auch in größter Macht und Bestimmtheit. Ich, der Sohn Gottes, des allmächtigen Vaters, des Schöpfers des Himmels und der Erde! Ich, den er euch Menschen als Menschensohn wie ihr selbst gegeben hat, damit er euer Gott sei und ihr sein Volk seid – damit das Heil, der Friede, die Freude dieses Bundes über euch komme! *Ich* habe die Welt überwunden. Nicht ihr bösen und auch nicht ihr guten Men- |109| schen, ihr Dummen nicht und ihr Gescheiten auch nicht, ihr Gläubigen nicht und auch nicht ihr Ungläubigen! Kein Papst und kein Konzil, keine Regierung und keine Universität hat das getan, keine Wissenschaft und keine Technik – und wenn es euch gelänge, übermorgen auf der Milchstraße Schlitten zu fahren. *Ich* habe das getan.

Ich habe die *Welt* überwunden. Es geht um die Welt in der Weihnachtsbotschaft. Die Welt: das ist unser großes Wohnhaus, als Gottes Schöpfung so gut und herrlich gebaut und geordnet – und nun doch so voll Finsternis, eine Stätte von so viel Übeltat und Traurigkeit. Die Welt: das sind wir selber, wir Menschen, auch wir von Gott gut geschaffen und von Anfang an dazu bestimmt, seine Kinder zu sein – und nun doch von ihm abgefallen, seine Feinde, darum auch Feinde untereinander, darum ein jeder sein eigener Feind. Eben diese Welt hat Gott so sehr und in der Weise geliebt, daß er ihr mich, seinen Sohn – so spricht das Kind von Bethlehem – schenken wollte und geschenkt hat [vgl. Joh. 3,16].

Ich habe die Welt *überwunden*, sagt dieses Kind. Es brauchte wohl einen großen Herrn dazu, um das zu tun! Ja, aber da ist er. Ein wunderlicher Herr freilich, ganz anders als die anderen großen Herren, die wenigstens diesen oder jenen Weltteil überwinden, unterwerfen, durch Schlauheit und Gewalt sich zu Füßen bringen zu können meinen. Ein Herr, der als armer Leute Kind in der Fremde, in einem Stall geboren, in der Nähe von Ochs und Esel in eine Krippe gelegt wurde – und wer weiß, ob das Holz dieser Krippe nicht aus dem gleichen Wald genommen war, in welchem später wieder Holz geschlagen wurde, um ein Kreuz zu zimmern? Denn damit und so hat dieses Kind die Welt überwunden, daß es sich für ihre Sünde und Schuld dem Tod der Schande ausliefern ließ. So hat es sie dem Verderben entrissen. So hat es sie mit Gott |110| versöhnt. So hat es sie für Gott gewonnen. So hat es sie wiederhergestellt. So hat es uns Menschen uns selbst herrlicher als zuvor wiedergegeben.

Ich *habe* die Welt überwunden, hören wir. Nicht: ich werde das irgendeinmal tun! Sondern: Es ist vollbracht [Joh. 19,30], es ist geschehen, ich habe es getan. Euch bleibt nur übrig, zu bemerken und euch darauf einzustellen und einzurichten, daß ihr in der von mir überwundenen Welt lebt – von mir überwundene Menschen schon seid!

Das ist die Weihnachtsbotschaft. Das zu vernehmen, gelten zu lassen, in uns aufzunehmen, damit zu leben – dafür wollen wir uns an diesem Heiligen Abend alle miteinander bereit machen: Ich habe die Welt überwunden.

Doch halt! Das könnte nun, wenn Er, Jesus Christus, es uns nicht sagte, allzu schön sein, um wahr zu sein. Und eben Er sagt uns ja, wie wir hörten – und das sogar zuerst – noch etwas sehr Anderes: *In der Welt habt ihr Angst.*

«Angst» hat viel zu tun mit Enge. Angst ist Beengung, Beklemmung, Bedrängnis durch eine uns bedrohende Gefahr. Und nun sagt uns der Herr zwar nicht, daß wir Angst haben dürften oder gar sollten und müßten. Wiederum macht er es uns auch nicht zum Vorwurf, daß wir Angst haben. Er stellt es aber ganz nüchtern fest: In der Welt habt ihr Angst.

Möchten wir davon vielleicht lieber nichts hören? Denken wir vielleicht: das passe nun doch zu schlecht in die Weihnachtszeit, zu unseren Weihnachtsliedern, Weihnachtslichtern, Weihnachtsgeschenken? Sehen wir wohl zu, liebe Brüder: unser ganzes Weihnachtswesen könnte unehrlich, könnte eine große Einbildung sein, wenn wir das nicht auch hören wollten: In der Welt habt ihr Angst. Eben das Kind in der Krippe zu Bethlehem, eben der auf Golgatha ans Kreuz Geschlagene sagt |111| uns ja Beides: Ich habe die Welt überwunden – *und:* In der Welt habt ihr Angst. Wollten wir uns vor Diesem die Ohren zuhalten, dann würden wir wohl auch Jenes nicht hören und verstehen. Wir wollen uns darum auch das aufrichtig, wie es uns gesagt ist, sagen lassen: Wir haben Angst – auch die Starken unter uns, auch jetzt, auch an diesem Heiligen Abend.

Es gibt eine Angst schon vieler junger Menschen: vor sich selbst, vor dem ihnen bevorstehenden Leben mit seinen unheimlichen Schwierigkeiten, die sie vielleicht erst ahnen, vielleicht aber auch schon nur zu gut kennen.

Es gibt eine Angst der alten Leute: vor dem Überhandnehmen ihrer leiblichen und geistigen Schwächen und Beschwerden – vor dem Gedanken, sie könnten nun ihre ganze Zukunft nur noch hinter sich haben, zu nichts Rechtem mehr zu brauchen sein.

Es gibt auf allen Altersstufen das, was man wohl «Platzangst» nennt: die Angst vor den Leuten, gerade vor den Nächsten vielleicht, die immer etwas von einem wollen, einem immer zu nahe treten – die Angst vor dem Gedränge der Vielen, in deren Mitte man sich kurioser Weise gerade ganz einsam und verloren fühlt.

Es gibt eine wohlbegründete Angst vor den schweren Verantwortlichkeiten, in die wir gestellt sein können: ich brauche euch nicht zu verhehlen, daß ich, solange ich denken kann, immer, und so auch gestern und heute, Angst gehabt habe, wenn ich predigen sollte.

Es gibt – auch das eine sehr ernsthafte Sache – die Angst angesichts des beständigen Verrinnens der Zeit, der Tage, Wochen und Jahre dieses unseres einzigen kurzen Lebens. Bringen wir sie nicht zu wie ein Geschwätz? Ist es nicht, als flögen wir davon [vgl. Ps. 90,9 f.]? |112|

Und dann die Angst vor gewissen gefährlich und verderblich auf uns zukommenden Ereignissen: vor einer verdächtig heranschleichenden tödlichen Krankheit etwa. Unvorstellbare Angst jener achtzig Menschen in dem bei Dürrenäsch abstürzenden Flugzeug[2] in den Minuten und Sekunden, da sie merken mußten, was ihnen jetzt unvermeidlich bevorstand – und so der Menschen in Skoplje, als die Erdstöße kamen, einer nach dem anderen[3] – und so der Menschen im Piavetal, als der

[2] Absturz eines Verkehrsflugzeugs der Swissair bei Dürrenäsch (Kanton Aargau) am 4.9.1963.

[3] Skoplje, die Hauptstadt der jugoslawischen Teilrepublik Makedonien, wurde am 26.7.1963 durch ein Erdbeben zu 80% zerstört.

Damm brach und die Fluten hereinbrachen, um ganze Dörfer zu ertränken[4]!

Und war es nicht auch eine große Angst, die uns vor Monatsfrist an jenem Abend erfaßte, als die erschütternde Nachricht von der Ermordung des amerikanischen Präsidenten durchging – und tags darauf die widerwärtige Nachricht von der Ermordung seines Mörders[5]: Angst vor dem, was nun werden solle, und schlicht die Angst vor den grausigen Möglichkeiten, die im Leben der menschlichen Gesellschaft offenbar jeden Augenblick wirklich werden können?

Ist es nicht auch Angst erregend, zu sehen, wie gewisse Irrtümer und Lügen, die man für überwunden, vielleicht für seit Jahrhunderten überwunden hielt, in der Geschichte der Menschheit, auch der christlichen Menschheit, immer neu aufbrechen und Kraft gewinnen? Drängt sich der Gedanke nicht manchmal auf, wir möchten uns in einem einzigen großen Irrenhaus befinden – und ist das nicht ein Angst erregender Gedanke?

Und da sind wir ja schon bei der Angst vor der Atombombe, von der heute so viele Menschen offen oder heimlich bewegt sind und von der man ja ernstlich wünschen möchte, daß viel mehr Menschen gründlich von ihr bewegt wären. Es ist ja schön und gut, daß nun eine Abrede besteht, laut derer mit diesem Teufelszeug in Zukunft nur noch unter der Erdc experimentiert werden soll.[6] Und es ist schön und gut, daß nach |113| den Beschlüssen der letzten Woche auch unsere liebe Schweiz sich dieser Abrede angeschlossen hat.[7] Aber sind nur zu große Vorräte von diesem Teufelszeug nicht schon da und dort vorhanden: um ein Vielfa-

[4] Nach einem Erdrutsch im Oberetschgebiet, der verursachte, daß große Wassermengen über den Staudamm von Vaiant übertraten, wurden in der Nacht vom 9. zum 10. 10. 1963 sieben Dörfer durch Überflutung zerstört oder schwer beschädigt. Ca. 2500 Menschen kamen ums Leben. (Die Meldung, daß der Staudamm gebrochen sei, erwies sich nachher als Irrtum.)

[5] Am 22. 11. 1963 wurde John F. Kennedy, der Präsident der USA, in Dallas (Texas) – und am folgenden Tag wurde sein mutmaßlicher Mörder Lee Harvey Oswald ebenfalls ermordet.

[6] Am 5. 8. 1963 unterzeichneten die USA, die UdSSR und Großbritannien in Moskau das Abkommen über die teilweise Beendigung der Kernwaffenversuche in der Atmosphäre, im Weltraum und unter Wasser. Am 10. 10. 1963 trat das Abkommen in Kraft, dem nach und nach fast alle Staaten beitraten.

[7] Am 18. 12. 1963 ratifizierte der schweizerische Nationalrat (Parlament) den bereits am 23. 8. 1963 vom Bundesrat (Regierung) unterzeichneten Beitritt der Schweiz zum Moskauer Abkommen.

ches genügend, um alles Leben auf unserer Erde auszurotten? Und erinnert die ganze Sache nicht peinlich an die bei Jeremias Gotthelf nachzulesende Geschichte von der schwarzen, der todbringenden Spinne, die man zwar vorsorglich in ein mit einem Pfropfen verschlossenes Loch in der Wand versorgt hatte, bis eines Tages eben doch ein Narr kam, den Pfropfen herausriß und dem Verderben freien Lauf gab?[8] Daß wir heute nun eben «mit der Bombe leben» müßten, hat man uns sehr weise belehrt.[9] Schon gut, aber das heißt doch wohl, daß wir heute gerade in dieser Angst leben müssen.

Noch etwas: Sollte nicht der Eine oder Andere auch von euch die Angst – gerade vor der Weihnacht kennen: die Angst vor der schmerzlichen Erinnerung an frühere bessere Weihnachtstage – die Angst vor der Verlassenheit, die sie gerade jetzt zu fühlen bekommen möchten – die Angst vor der Einladung, heute fröhlich zu sein, wo sie gar nicht fröhlich sein können – die Angst vor Gott, mit dem wir es ja an der Weihnacht so besonders intim und deutlich zu tun bekommen und mit dem wir doch so gar nicht im Reinen sind?

Kurzum, es ist schon so: in der Welt habt ihr Angst. Es braucht allerdings das Wort des Herrn dazu, daß wir das ernstlich zugeben und gelten lassen. Aber es ist schon so, und wir können Alles, was ich jetzt nur angedeutet habe, auf einen Namen bringen: wir haben Lebensangst, die man ebensogut auch Todesangst nennen kann, weil sie die große Angst vor der Bedrohung ist, von der wir unser Leben durch den Tod, durch sein von allen Seiten sich anzeigendes gänzliches Ende, durch seine rettungslose Auslieferung an das Nichts umfangen finden. |114| Wir haben Angst vor der Nacht, da niemand wirken kann [vgl. Joh. 9,4]. Sicher gibt es auch allerlei kleine, unnötige, vorübergehende Ängste, aber genau genommen sind auch sie Anzeichen, gewissermaßen Symptome der großen Lebens- und Todesangst, die wir alle haben: tief verborgen vielleicht, aber wir alle!

Liebe Brüder, zum Heiligen Abend, zur Vorbereitung auf das Hören der Weihnachtsbotschaft gehört unweigerlich, daß wir auch das annehmen und uns eingestehen: In der Welt haben wir Angst.

[8] J. Gotthelf, *Die schwarze Spinne* (1842).

[9] C. F. von Weizsäcker, *Mit der Bombe leben. Die gegenwärtigen Aussichten einer Begrenzung der Gefahr eines Atomkrieges* (Sonderdruck der ZEIT-Aufsätze), Hamburg 1958.

Doch nun genug auch von diesem Kapitel! Wieder Derselbe, der uns auf den Kopf zu sagt, daß wir in der Welt Angst haben, wieder das Kind in der Krippe und der Mann am Kreuz fährt ja fort, ruft es ja unüberhörbar hinein in das ganze unruhige Meer unserer Angst: *Aber seid getrost!*

Da haben wir es wieder: das gewaltige, das herrliche *Aber!*, das uns auch an so vielen anderen Stellen der Bibel begegnet. Irgend etwas unleugbar und unerschütterlich Wahres wird uns da jeweils zu bedenken gegeben, etwa: «Bei den Menschen ist es unmöglich» [Mt. 19,26]. Oder: «Es sollen Berge weichen und Hügel hinfallen» [Jes. 54,10]. Oder: «Himmel und Erde werden vergehen» [Mt. 24,35]. Oder: «Der Herr züchtigt mich» [Ps. 118,18]. Dann aber wird dem ein Zweites gegenübergestellt, das jenes Erste zwar nicht leugnet und darum nicht einfach durchstreicht und auslöscht, dafür auf einmal als klein erscheinen läßt und gänzlich in den Schatten stellt, etwa so: «Aber bei Gott sind alle Dinge möglich!» [Mt. 19,26]. Oder: «Aber meine Gnade soll nicht von dir weichen!» [Jes. 54,10]. Oder: «Aber meine Worte werden nicht vergehen!» [Mt. 24,35]. Oder: «Aber er gibt mich dem Tod nicht preis!» [Ps. 118,18]. So nun auch hier: «In der Welt habt ihr Angst. *Aber seid getrost!*»

Seid getrost! heißt nicht: Denkt eben an etwas Anderes! Springt |115| über das, was euch Angst macht, hinweg! Flieht vor eurer Angst – etwa in irgend eine Zerstreuung oder in irgend eine eifrige Beschäftigung oder in irgend ein wildes Unternehmen! Ihr könnt und werdet ihr doch nicht entfliehen: so wenig ihr euch selbst entfliehen könnt. Und seht wohl zu: gerade das ganz undurchführbare und also unnütze Fliehenwollen vor der Angst pflegt irgendwie die Ursache alles Bösen und alles neuen Leides zu sein.

Seid getrost! heißt: tut die Augen auf und seht empor: zu den Bergen, von denen euch Hilfe kommt [vgl. Ps. 121,1] – und seht vorwärts: auf die paar nächsten offenen Stufen eures Weges! Und dann tretet fest auf eure Füße: dann faßt Mut! Dann seid sogar ein bißchen fröhlich – das alles genau da, wo ihr seid, und also mitten in der Angst, der großen Lebens- und Todesangst, die ihr zweifellos habt!

Ja, kann man denn das? Ist das mehr als der gute Rat- und Zuspruch eines wohlmeinenden Mannes, den man doch praktisch nicht brauchen, mit dem man nichts anfangen kann? Antwort: Sicher kann *niemand von sich aus* aus eigener Erfindung, Einsicht und Entschließung getrost sein wollen, geschweige denn getrost sein. Ausnahmslos Jeder kann das aber, indem er sich von Dem sagen läßt, daß er es darf und soll, der als wahrer Gottes- und Menschensohn selber in die Welt, in der wir Angst haben, hineingegangen ist, in ihrer Mitte selber die größte Angst gehabt hat – «Mein Gott, mein Gott, warum hast du mich verlassen?» [Mk. 15,34] – der eben damit diese Welt überwunden, sie mit Gott versöhnt und damit der Angst, die wir haben, eine Grenze gesteckt hat. Von dieser von ihm gesteckten Grenze her leuchtet uns, dem Volk, das im Finstern wandert, ein großes Licht [vgl. Jes. 9,1]. Indem wir dieses Licht sehen, diesem Licht folgen – indem wir auf Ihn, der es uns leuchten läßt, blicken, an Ihn uns halten, an Ihn, wie man das nennt, glauben – auf sein |116| Wort werden wir frei dazu, getrost zu sein: frei für eine große Ruhe nicht vor dem Sturm, auch nicht nach dem Sturm, sondern mitten im Sturm unserer Angst, gerade «wenn wir in höchsten Nöten sein und wissen *nicht* wo aus und ein»[10]!

Auf jene Frage: ob man denn, wie der Herr uns heißt, getrost sein könne? ist nun freilich noch eine zweite Antwort zu geben. Wie niemand von sich aus getrost sein kann, so auch *niemand für sich allein*. Wohl aber ohne Ausnahme Jeder, indem er sich zu dem Volk versammeln läßt, dem – nicht privatim zu Diesem oder Jenem, sondern in der Zusammengehörigkeit aller seiner Glieder – gesagt ist, daß es getrost sein darf und soll: zu dem Volk, dem in der Finsternis seiner Lebens- und Todesangst das große Licht leuchtet. Ob du wirklich mitten in der Angst die Engel singen und sagen hören kannst: Ehre sei Gott in der Höhe? Mach die Probe darauf: du kannst es, indem du auch das Andere hörst, was sie gesungen und gesagt haben: Friede auf Erden! [Lk. 2,14]. Friede auch in diesem Hause! Friede zwischen dir und dem, der da neben oder hinter dir auf der Bank sitzt! Friede zwischen dem Mann in dieser und dem in jener Zelle! Friede zwischen den Gefangenen und den Angestellten! Und Friede zwischen einem Jeden hier und seinen Angehörigen daheim! Ob du wirklich nach oben und nach vorwärts zu blikken vermagst? Du vermagst es, indem du es nicht versäumst, auch nach links und rechts zu blicken auf die Nächsten, die auch gern nach oben und nach vorwärts blicken würden und die dazu vielleicht gerade deines

[10] Anfang des Liedes 297 (EKG 282) (1566) von P. Eber (1511–1569) (2. Zeile: «und wissen nicht, wo aus *noch* ein»).

Beistandes bedürfen. Ob du dich wirklich an Jesus Christus als an deinen Heiland halten, an ihn glauben könntest? Du wirst das tun, indem du in denen, die da angenehm oder unangenehm um dich her sind, nicht einen Haufen von irgendwelchen «Leuten» findest, sondern die von Jesus Christus, der ihrer aller Heiland ist, geliebte und berufene Gemeinde. Ob es ganz sicher ist, |117| daß gerade du ein Kind Gottes heißen und sein darfst [vgl. 1. Joh. 3,1] mitten in der Welt und also mitten in der Angst? Du darfst und sollst das ganz sicher heißen und sein, indem du mit den Anderen umgehst als mit deinen Brüdern, weil auch sie Brüder Jesu Christi und also Kinder Gottes sind. Das ist allemal und für uns alle die Probe aufs Exempel. Aber warum sollten wir diese Probe nicht bestehen?

Darauf also wollen wir uns an diesem Heiligen Abend vorbereiten: zu vernehmen, daß wir mitten in der Angst, die wir haben, getrost sein dürfen, sollen und auch können. Und darauf, uns sagen zu lassen, daß wir das eben in der Gemeinschaft mit all denen zu hören bekommen, denen derselbe Herr und Heiland das auch zugesagt hat und wieder zusagen will.

Alle Jahre wieder feiern wir den Heiligen Abend. Wir feiern ihn heute, wie wir ihn letztes Jahr gefeiert haben und wie wir ihn, wenn wir das Leben noch haben, auch nächstes Jahr feiern werden – und jedes Mal am Tag darauf das Weihnachtsfest. Laßt mich dazu noch ein Letztes sagen: Es ist doch wohl so, daß eigentlich unser ganzes Leben in dieser Zeit ein einziger Heiliger Abend sein darf und muß zu unserer Vorbereitung auf das eine, große und endgültige, das ewige Weihnachtsfest, das das Ziel aller Wege Gottes mit dem Menschengeschlecht und aller seiner Wege auch mit jedem Einzelnen von uns ist. So lese ich jetzt noch einige Verse aus dem Ende des letzten Buches der Bibel, die von diesem ewigen Weihnachtsfest handeln: «Ich sah einen neuen Himmel und eine neue Erde, denn der erste Himmel und die erste Erde vergingen, und das Meer ist nicht mehr. Und ich, Johannes, sah die heilige Stadt, das neue Jerusalem, von Gott aus dem Himmel herabfahren, bereitet als eine geschmückte Braut ihrem Mann. Und ich hörte eine große Stimme vom Thron, die sprach: Siehe |118| da, die Hütte Gottes bei den Menschen – und er wird bei ihnen wohnen, und sie werden sein Volk sein, und er selbst, Gott mit ihnen, wird ihr Gott sein; und Gott wird abwischen alle Tränen von ihren Augen, und der Tod wird nicht mehr sein, noch Leid, noch Geschrei, noch Schmerz wird mehr sein! denn das Erste ist vergangen. Und der auf dem Thron saß, sprach: Siehe, ich mache Alles neu!» [Apk. 21,1–5]. Amen.

Herr Jesus Christus, wenn nicht Alles umsonst sein soll, dann mußt du selbst jetzt zu uns kommen und zu uns reden von der Herrlichkeit dessen, was du für uns warst und tatest, noch bist und tust und wieder sein und tun willst – auch von der nüchternen Wahrheit, daß wir in der Welt Angst haben – vor allem aber von der fröhlichen Hoffnung, in der wir uns jetzt und für immer an dich halten dürfen. Wir sind so arme, taubstumme Leute. Öffne du unsere Ohren, damit wir dich hören – und unseren Mund, damit wir uns gegenseitig deine Zeugen werden können!

Sag dein Wort uns allen, so daß wir, von dir zusammengerufen, ganz dein Volk, ganz deine Gemeinde werden! Sag es jedem Einzelnen von uns, damit er ein Christ nicht nur heiße, sondern immer neu werden möge! Sag es auch allen unseren Angehörigen zu Hause! Sag es allen Gefangenen in allen Gefängnissen aller Erdteile! Sag es den Kranken, den Leidenden, den Sterbenden drüben in den Kliniken! Sag es den vielen in dieser Weihnachtszeit Aufgeregten, Gehetzten und Ermüdeten! Sag es den Traurigen und den Trotzigen, den allzu Oberfläch- |119| lichen und den allzu Tiefsinnigen, den allzu Gläubigen und den allzu Ungläubigen! Sag es den Eltern und den Kindern, den Lehrern, den Schriftstellern und den Zeitungsschreibern, den Mitgliedern unserer Behörden und Gerichte, den Pfarrern und ihren Gemeinden, den Großen und Starken und den Kleinen und Schwachen in allen Völkern! Wir alle haben es nötig, daß du es uns sagst, so wie nur du es uns sagen kannst. Und so schenke uns allen eine gute Weihnacht: morgen und am Ziel und Ende unserer und aller Tage!

Christus, du Lamm Gottes, der du die Sünden der Welt trägst, erbarm dich unser, gib uns deinen Frieden! Amen.

Lieder:

Nr. 119: «Fröhlich soll mein Herze springen» von P. Gerhardt, Strophen 1–4 (= EKG 27, Str. 1–3, 5)

Nr. 113: «Lobt Gott, ihr Christen, allzugleich» von N. Herman, Strophen 1–4 (= EKG 21, Str. 1–3, 6)

Nr. 104: «Wie soll ich dich empfangen» von P. Gerhardt, Strophe 3

ALS SIE DEN HERRN SAHEN

Johannes 20,19–20

Ostersonntag, 29. März 1964, Strafanstalt Basel

Lieber, allmächtiger Gott und Vater! Wenn wir es doch recht erkennen würden, was du für dein Volk, für die ganze Welt und so auch für uns tatest, indem du Jesus Christus, deinen Sohn, unseren Bruder, von den Toten, denen auch er zugesellt war, auferweckt und mit unvergänglichem Leben zu deiner Ehre und unserem Heil bekleidet hast! Wenn wir doch so recht dankbar wären für die Verheißung, den Trost und die Weisung, die du damit uns anderen Menschen ein für allemal gegeben hast! Wenn wir es doch annehmen und in dem, was wir sind, denken, reden und tun, bewähren wollten, daß der Ostertag unser aller wahrer Geburtstag ist, dem sich alle unsere anderen Tage anreihen dürfen als Tage der Freiheit, des Friedens und der Freude!

Laß uns etwas davon merken, wenn wir in dieser Stunde miteinander beten, singen, dein Wort zu verkündigen und zu hören versuchen. Du weißt ja, daß auch unser tiefster Ernst und Eifer, auch unsere größte Aufmerksamkeit das nicht schaffen können, daß wir jetzt eine rechte Ostergemeinde werden. Das Licht, das es dazu hier wie in allen Kirchen dieser Stadt und überall braucht, kann nur von dir selber kommen. Wir bitten dich ohne Anspruch, aber in kindlichem Vertrauen, du möchtest es daran nirgends und so auch uns nicht fehlen lassen.

Unser Vater ...! Amen. |121|

Am Abend jenes Tages, des ersten der Woche – die Türen des Ortes, wo die Jünger waren, waren aber verschlossen aus Furcht vor den Juden –, kam Jesus und trat in die Mitte und spricht zu ihnen: «Friede sei mit euch!» Und indem er das sagte, zeigte er ihnen seine Hände und seine Seite. Da wurden die Jünger froh, als sie den Herrn sahen.

Meine lieben Brüder!

Wir sind hier zur Feier des Gedächtnisses «jenes Tages», jenes ersten Wochentages. An Stelle des jüdischen Sabbats als des siebenten ist dieser erste in der christlichen Gemeinde wie von selbst zum wahren Sabbat und so zu ihrem wöchentlichen Feiertag geworden. Der hat also seinen Grund und Ursprung in jenem Tag. In den germanischen Sprachen heißt er ein wenig heidnisch: der «Sonntag». Nun ja, weil an jenem Tag mitten in der dunklen Welt der Ungerechtigkeit die Sonne der Gerechtigkeit [vgl. Mal. 3,20] aufging, mag er jetzt auch Sonntag heißen. Besser wird er doch in den romanischen Sprachen der «Tag des Herrn» genannt: weil Er, der Herr, die an jenem Tag aufgegangene Sonne der Gerechtigkeit ist.

Jener Tag war ein Tag wie alle anderen unserer Zeitrechnung. Was ihn zu jenem – jenem einzigartigen Tag machte, war das, was an ihm geschah: die Auferstehung Jesu Christi von den Toten, die Auferweckung dieses einen Gestorbenen, seine Herausführung aus dem Grabe, in das er zwei Tage zuvor, nachdem er gekreuzigt und gestorben, gelegt war.

Liebe Brüder, wie das geschehen konnte und geschah: diese |122| Überwindung und Beseitigung, dieser Tod seines Todes, seine Bekleidung und Erfüllung – nicht etwa mit seinem früheren sterblichen, sondern einem neuen, unsterblichen Leben, – das weiß ich so wenig wie ihr. Nichts ist einfacher als zu sagen, das könne man nicht glauben. Das konnte in der Tat schon damals nicht erzählt, geschweige denn beschrieben und erklärt werden. Es gibt denn auch keine Stelle im Neuen Testament, in der so etwas auch nur versucht würde. Die Auferwekkung Jesu war ganz und allein Gottes Tat: als solche höchst wohlgetan, aber auch höchst unbegreiflich. Es konnte, daß Solches geschah, schon damals nur eben erkannt, bekannt, bezeugt und verkündigt werden. «Jesus Christus ist auferstanden!» grüßt heute in Rußland ein Christ den anderen, worauf dann der andere antwortet: «Er ist wahrhaftig auferstanden!» Aber eben: das heißt nicht erzählen, das heißt bezeugen und verkündigen.

Erzählt werden konnte von dem Geschehen jenes Tages nur das, was der Auferstehung Jesu folgte: daß er nämlich seinen Jüngern erschien, daß er ihnen (wohlverstanden: nicht nur in Gedanken, im Traum oder sonstwie geistig, sondern auch leiblich sichtbar, hörbar, ja greifbar) begegnete: – dieser zuvor gestorbene Mensch lebend in der Macht und Art, wie Gott lebt – unmittelbar durch ihn und mit ihm und darum unsterblich, unvergänglich, unverweslich lebend. So kam Jesus an jenem Tage zu seinen Jüngern. Das konnte, wenn auch stammelnd genug, immerhin bestimmt erzählt werden. Und eben in dieser Erzählung wurde und wird, was nicht zu erzählen war und ist: Jesu Auferstehung bezeugt und verkündigt – damals und bis auf diesen Tag.

Also – so lautet die Erzählung und das Zeugnis: «Am Abend jenes Tages kam Jesus.» Wie vorgesehen und erwartet? Nein |123| – freilich wie von ihm zuvor verheißen, aber wie konnte das zuvor angenommen, auch nur verstanden werden? Welch ein Kommen: heraus aus dem Bereich der alle Menschen bezwingenden Herrschaft des Todes – heraus aus dem Grab, das noch keinen wirklich Gestorbenen wieder hergegeben hat! Also ein Kommen von dorther, von wo noch Keiner gekommen ist: ein ganz unvorhergesehenes, ganz unerwartetes Kommen. Er aber, Jesus, kam von dort. Wirklich derselbe Jesus von Nazareth, den sie vorher gekannt? Ja, gekannt und in seinem Wesen doch gar nicht erkannt! Derselbe also, aber derselbe jetzt in seiner Herrlichkeit, will sagen: jetzt sich selber offenbarend als der wahre Gottes- und Menschensohn, den sie vorher mit sehenden Augen nicht gesehen, mit hörenden Ohren nicht gehört hatten [vgl. Mt. 13,13]. Derselbe also, aber jetzt so, daß ihnen die Augen und Ohren aufgingen, indem er sie ihnen auftat.

Dieser von den Toten auferstandene Jesus kam «und trat in die Mitte». Bei diesem merkwürdigen Ausdruck wollen wir jetzt etwas verweilen.

Er sagt natürlich vor allem: Er trat in die Mitte seiner Jünger. Er trat also an eben die Stelle, die sie in den langen Stunden seit dem Abend des Karfreitags nur noch leer sehen, wo sie nur das Nichts wahrnehmen konnten: nur die Erinnerung an seine blutüberströmt vom Kreuz genommene Leiche, nur sein Grab und damit nur ihre eigenen vergangenen Irrtümer und Illusionen, nur das Ende aller Dinge.

Machen wir uns keine falschen Vorstellungen von diesen Jüngern Jesu! Sie waren so wenig wie wir hier eine Versammlung von frommen, gläubigen oder auch nur guten, tapferen, tüchtigen Leuten: an jenem Tage weniger als je. Wie ein Trupp Hühner auf der Stange, wenn es gedonnert hat, saßen sie da – oder etwas schöner gesagt: wie ein Schärlein von Kindern, die so- |124| eben Vater und Mutter verloren haben – oder wie ein Haufe von Soldaten auf der Flucht nach der Niederlage. Das Schrecklichste war geschehen: die Anderen hatten das Spiel gewonnen.

Jesus war überhaupt nicht mehr da. Und sie selber? Wie oft hatten sie ihn mißverstanden, ganz anders als nach seiner Anweisung gedacht, geredet, gelebt! Und als dann die große Probe kam, da hatte einer der Ihrigen ihn verraten um 30 Silberlinge [Mt. 26,15]. Da hatten sie alle ihn verlassen und waren geflohen [Mt. 26,56]. Da hatte ihn ihr stärkster Mann, der Felsenmann Petrus, auf den Jesus seine Gemeinde bauen wollte [Mt. 16,18], dreimal verleugnet [Mt. 26,69–75]. Was sollte aus ihnen werden? Da saßen sie hinter verschlossenen Türen: verriegelt aus Furcht vor den Juden, die Jesus verurteilt und an die Heiden ausgeliefert hatten, daß die ihn töten sollten – aus Furcht, es möchte ihnen Ähnliches widerfahren. Reue, Trauer, Angst was das, was ihnen blieb: ein Scherbenhaufen. Nein, das waren keine Heiligen, keine Helden.

Zu ihnen kam, in ihre Mitte trat der auferstandene Jesus. Wozu? Um sich in der Macht der großen Barmherzigkeit Gottes, seines Vaters, zum Haupt dieses verlorenen Haufens, dieser Mühseligen und Beladenen [vgl. Mt. 11,28], dieser Betrübten und Erschrockenen und Feiglinge – zum Haupt dieses durch und durch kranken Leibes [vgl. Kol. 1,18 u. ö.] zu machen. Er tat das in der denkbar einfachsten Weise: «Friede sei mit euch!», hat er zu ihnen gesagt, und das bedeutete in der damaligen Sprache nicht weniger, aber auch nicht mehr, als wenn bei uns ein Mensch zu anderen Menschen tritt und sagt: «Guten Abend (oder guten Tag) miteinander!» So menschlich, so als Ihresgleichen trat er in ihre Mitte. Aber wenn Zwei dasselbe tun, ist es nicht dasselbe. Jesus wünschte seinen Jüngern nicht nur, sondern Jesus brachte, ja schuf seinen Jüngern das, was jenes einfache Wort sagte: Frieden, einen guten Abend, einen guten Tag. Er tat das aber, indem er ihnen seine durchbohrten Hände, seine durchstochene Seite und also |125| die Spuren seines Kreuzestodes zeigte. Damit offenbarte er sich selbst als der, dem es nicht nur wie durch ein Schicksal widerfahren war, so geschlagen, verwundet und getötet zu werden, der das vielmehr in der Freiheit des Gehorsams gegen Gott, seinen Vater, auf sich genommen hatte und dessen Schmach nun von Gott gerade zu seiner Ehre gemacht war. Gerade als das am Kreuz geschlachtete Lamm Gottes erwies er sich als der siegreich lebendige Löwe von Juda [vgl. Apk. 5,5 f.]: als Erretter der ganzen von Gott geliebten Welt und so auch als ihr Erretter. So erschien und begegnete der auferstandene Jesus den Seinen: so als Prophet der einen unveränderlichen und unfehlbaren Wahrheit Gottes, der nun wirksam und endgültig die Unterweisung, die Ordnung, die Ausrüstung, die Führung jenes verlorenen Haufens, seiner Gemeinde, in die Hand nahm. So machte er dieses Völklein in seiner ganzen Ohnmacht mächtiger als alle Weltvölker. So wünschte, nein brachte und schuf er ihm Frieden, den guten Abend, den guten Tag, indem er in seine Mitte trat.

Wir dürfen und müssen hier aber etwas hinzufügen: Er trat, indem er in ihre Mitte trat, in die Mitte des Lebens jedes Einzelnen von ihnen: ob er nun Petrus oder Johannes, Andreas oder Jakobus hieß. Friede sei mit euch!, Guten Tag miteinander!, das hieß sofort: Friede gerade mit dir!, gerade dir einen guten neuen Tag! Ist er als das Haupt seines ganzen Leibes gestorben und auferstanden, dann auch als Haupt eines jeden von dessen Gliedern, dann auch zu deiner Rechtfertigung vor Gott, dann zur Heiligung auch deines Lebens! Steht sein Volk, indem er in seine Mitte trat, nicht mehr vor seiner Leiche, vor seinem Grab, nicht mehr vor einem Scherbenhaufen – dann auch du nicht, dann bist vielmehr auch du durch seine Auferstehung neu geboren zu einer lebendigen Hoffnung [vgl. 1. Petr. 1,3]. Bekommt seine Gemeinde als solche seine Erlaubnis und seinen Befehl, zu |126| beten: «Unser Vater im Himmel!» [Mt. 6,9], dann darfst und sollst gerade du Gott anrufen gerade als deinen Vater, darfst und sollst du wissen, daß gerade du sein liebes Kind bist. Was Alle angeht in der Begegnung des Auferstandenen mit seinen Jüngern, das geht unfehlbar eben dich an. «Mein Herr und mein Gott!» [Joh. 20,28], hat Thomas ausgerufen, als er ihn nach und mit allen Anderen erkannte.

Hier darf und muß aber noch etwas hinzugefügt werden: Der an jenem Tag in die Mitte seiner Jünger trat, trat eben damit in die Mitte, bestieg eben damit den ihm gebührenden Thron in der Mitte des ganzen Weltgeschehens. Frieden, einen guten Tag hat Jesus damals allen Menschen aller Völker und Zeiten der ganzen Erde, der ganzen sichtbaren und unsichtbaren Welt gewünscht, gebracht und geschaffen. Mitten in das ganze jetzt himmelhoch jauchzende, jetzt zu Tode betrübte Menschenvolk[1], mitten unter all die allzu dummen und allzu schlauen, allzu

[1] Vgl. J. W. Goethe, *Egmont*, Dritter Aufzug (aus dem Lied Klärchens):

> ...
> Himmelhoch jauchzend,
> Zum Tode betrübt –
> Glücklich allein
> Ist die Seele, die liebt.

sicheren und allzu verzagten, unter all die religiösen und nichtreligiösen Leute ist an jenem Tage der gekreuzigte und auferstandene Jesus als ihrer aller Herr mächtig hineingetreten. Mitten hinein in all die Krankheiten und Naturkatastrophen, all die Kriege und Revolutionen, die Friedensschlüsse und Friedensbrüche, in all den Fortschritt, Stillstand und Rückschritt, in all das unschuldige und schuldige menschliche Elend geschah es zu seiner Zeit, daß er sich erwies und offenbarte als der, der er war, ist und sein wird: Friede sei mit euch!, und zeigte ihnen seine Hände und seine Seite. Unter soviel Kraut und Unkraut ist an jenem Tag auch dieser Same gesät worden, reift auch er der Ernte entgegen. Verlassen wir uns darauf: Was an jenem Tag geschah, das wurde, war und blieb die Mitte, um die sich alles Andere bewegt, von dem es erstlich herkommt, dem es letztlich entgegeneilt. Es gibt viele wirkliche und viele scheinbare, viel helle und viel trübe |127| Lichter: dieses aber wird am längsten brennen: noch wenn alle anderen ihre Zeit gehabt haben und wieder erloschen sein werden. Denn alles Ding währt seine Zeit, die Liebe Gottes aber, die in der Auferweckung Jesu Christi von den Toten am Werk war und zur Sprache kam, währt in Ewigkeit.[2] Weil einmal auch das geschah, darum gibt es keinen Grund zum Verzweifeln, darum besteht aller Grund zum Hoffen – auch beim Lesen der Zeitung mit allen ihren verwirrenden und erschreckenden Nachrichten, auch für die in so vielen Farben unheimlich schillernde Geschichte, die wir die Weltgeschichte nennen.

So also trat Jesus, der eine große Mittler zwischen Gott und uns Menschen [vgl. 1. Tim. 2,5], auferstanden von den Toten, in die Mitte seiner Gemeinde und des Lebens jedes einzelnen Menschen und des ganzen Weltgeschehens. So sprach und spricht er von da aus das erste und das letzte Wort. Aber kehren wir noch einmal zurück zu den Jüngern an jenem Tag, dem guten Tag des Herrn, dem ersten Sonntag! Von ihnen hören wir ja am Schluß unseres Textes: «Sie wurden froh, als sie den Herrn sahen.» Das heißt nicht, daß sie jetzt auf einmal nichts mehr zu fragen und zu klagen hatten oder daß sie schließlich doch noch große Heilige und Helden geworden wären. Es heißt aber, daß sie sich getrö-

[2] Vgl. den Refrain des Liedes 48 (EKG 232) «Sollt ich meinem Gott nicht singen» (1653) von P. Gerhardt:

Alles Ding währt seine Zeit,
Gottes Lieb in Ewigkeit.

stet, ermutigt, auf die Füße gestellt fanden, daß sie in aller Demut den Kopf ein wenig aufrichten und hochhalten durften. Was sie hörten, indem sie den Herrn sahen, das war ja ein unwiderstehlicher, ganz praktischer Appell, der Ruf zum Dienst als seine Zeugen in der Welt, unter den anderen Menschen. Was sie dort bekamen, das war der Ausblick auf eine in ihrer ganzen Begrenzung klare und gefüllte Zukunft ihres Daseins in der Zeit. Und was sie, indem sie den Herrn sahen, weit darüber hinaus hörten, das war der feine, aber ganz starke Ton ewiger Hoffnung für sie [3] und die ganze Schöpfung. «Tod, wo ist dein Stachel? Tod, wo ist dein Sieg? Gott sei Dank, der |128| uns den Sieg gegeben hat durch unseren Herrn Jesus Christus!» [1. Kor. 15,55.57]. Sie bekamen Ausblick auf eine letzte Durchbrechung aller Bande, auf eine letzte und endgültige Lösung aller Rätsel, auf ein Erkennen und Sein im Reich des ewigen Lichtes, dessen erster Strahl sie jetzt eben, an jenem Tage, getroffen und erleuchtet hatte. Dazu und darüber wurden sie froh, als sie den Herrn sahen. Daß sie froh wurden, hieß gewiß schon für sie, daß sie – nicht immer gleich über das ganze Gesicht, wohl aber von da an beständig weit hinten auch ein wenig lachen durften.

Liebe Brüder, wir waren nicht dabei, als der auferstandene Jesus trotz aller Torheit und Trauer seiner Jünger, trotz jener aus lauter Angst verschlossenen Türen in ihre Mitte trat. So direkt wie sie können wir ihn jetzt nicht sehen, werden wir ihn erst zu sehen bekommen, wenn er am Ende aller Tage kommen wird, zu richten die Lebendigen und die Toten. Aber in unserer Weise, indirekt, nämlich im Spiegel der Erzählung und so des Zeugnisses, des Bekenntnisses, der Verkündigung der ersten Gemeinde können und dürfen auch wir ihn jetzt schon sehen. Viele vor uns, ein ganzes Volk von Menschen, haben ihn so gesehen und sind froh geworden. Eben dazu feiern wir Ostern, das Gedächtnis jenes Tages, um uns jenem Volk auch anzuschließen, um den Herrn in jenem Spiegel auch zu sehen und also auch froh zu werden. Ohne den Herrn zu sehen, kann niemand froh werden. Wer ihn sieht, der wird froh. Warum sollte das nicht gerade auch uns hier widerfahren: der kleinen Ostergemeinde von Gefangenen an der Spitalstraße in Basel mit ihrem Pfarrer und ihrem Organisten, mit allen Insassen und Angestellten dieses Hauses und (ich gehöre ja nachgerade auch ein wenig dazu) auch mit dem alten Professor, der hier gelegentlich zu Besuch sein darf? Wir alle

[3] Original: «sich»; Änderung vom Hrsg.

können den Herrn auch sehen. So dürfen wir alle auch froh werden. Gott gebe, daß uns das geschehe! Amen. |129|

Herr Jesus Christus! Du weißt, was das heißt, ein Mensch und im Elend zu sein. Du bist ja hinuntergestoßen worden, in Freiheit hinuntergestiegen bis in die tiefsten Tiefen, bist als größter Sünder verlassen, verraten, verleugnet, verurteilt, getötet worden, bist ganz und gar unter den Toten gewesen, um ganz und gar unser Bruder zu sein. Du weißt aber auch, was es heißt, ein Mensch mit Gott zu sein. Als solcher bist du ja auferweckt worden in der Macht deines Vaters und seines Heiligen Geistes, bist du auferstanden von den Toten und das Licht deiner Gemeinde, eines jeden Menschen und Christen, der ganzen Welt geworden. So bist du am Werk, uns aus der Tiefe in die Höhe emporzureißen. Wir danken dir für das alles. Wir bitten dich, das möge auch für uns nicht umsonst geschehen sein und noch geschehen.

Dies bitten wir dich zusammen mit allen Anderen, die dich auch als den Herrn gesehen und erkannt haben, vor allem aber auch für die Vielen, die dich als solchen noch nicht oder nicht mehr kennen. Halte unsere Augen offen und tu auch ihnen die Augen auf: den Gleichgültigen, den Verzweifelnden, den groben und den feinen Atheisten, Skeptikern oder wie sie sich sonst nennen mögen, damit sie – sie sind ja alle im Grunde so traurig – auch froh werden!

Laß das Licht deiner Auferstehung leuchten in den Kirchen aller Art und Richtung, auch in allen anderen Gefängnissen, auch in den Krankenhäusern und Irrenhäusern, auch in den Ratssälen und Beratungszimmern unserer Behörden, auch in den Redaktionen unserer Zeitungen, auch in unseren Schulen, auch in all den Privathäusern und Familien, in denen es so viel offene und heimliche Not, Verwirrung und Sorge gibt! Wir denken dabei nicht zuletzt an unsere Angehörigen in der Nähe |130| und Ferne: sei du ihr Freund und Tröster, ihr Berater und Helfer!

Und wenn einst die Schatten des Todes uns allen noch näher kommen, dann sei und bleibe du uns der Allernächste, dann sag uns das Eine, was wir dann hören müssen: daß du lebst und daß wir auch leben werden. Amen.

Lieder:
Nr. 160: «Gelobt sei Gott im höchsten Thron» von M. Weiße, Strophen 1–6 (= RG [1998] Nr. 466)
Nr. 165: «Jesus, meine Zuversicht» (Berlin 1653), Strophen 1–3
Nr. 165: Strophen 4–5 (= RG [1998] Nr. 478)

ARTIKEL ZU KIRCHLICHEN FEIERTAGEN

WO DER GEIST DES HERRN IST, DA IST FREIHEIT

[Pfingsten 1957]

Kühn, luftig, locker und offen, höchst bestimmt und doch so gar nicht naturhaft oder mechanisch, so richtig geistlich und frei wird das in diesem Wort aus dem 2. Korintherbrief (3,17) schlicht nebeneinander gestellt: Wo dieser ist, der Geist des Herrn, da ist auch dies, Freiheit. Selbstverständlich, unfehlbar ist es so, daß diese beiden immer und überall beieinander sind. Was gäbe es da abzuleiten, zu erklären, zu verrechnen? Sind Gott und der Mensch beieinander – und davon ist da die Rede –, dann ist es eben so, dann ist das aber eine höchst wunderbare Sache, weil Gott es den Menschen nicht schuldig ist, bei ihm zu sein, und weil der Mensch das nicht schaffen und nicht einmal erwarten kann, bei Gott zu sein. Zu verrechnen gibt es da also gar nichts. Es passiert dann nur eben: Wo der Geist des Herrn ist, da ist Freiheit. So passierte es am Pfingsttag. So entstand damals aus 12, aus 120, aus 3000 und später noch mehr Leuten die christliche Gemeinde. So mag, kann, darf sie auch heute und morgen aufs neue entstehen. So kommt es dazu, daß es in der Welt als Kinder Gottes und als Gottes Briefträger an die Welt auch Christen gibt.

Wo der Geist des Herrn ist, da ist *Freiheit*. Freiheit ist in der Sprache der Bibel eine Macht, ein Vermögen, ein Können, insofern eine «Kunst». Nicht irgend eine Macht und Kunst – am allerwenigsten die, ins Blaue hinein nach Zufall oder Belieben dies oder das zu wählen, nicht die Freiheit der Freiheitsstatue im Hafen von New York, nicht die Freiheit des Herkules am Scheidewege. Nein, die Freiheit, Macht und Kunst, zu erkennen, zu beherzigen, ins Werk zu setzen, daß Gott die Welt und in der Welt einen jeden Menschen geliebt hat, liebt und lieben wird [vgl. Joh. 3,16]. Christen sind Menschen, die diese Freiheit haben. Die christliche Gemeinde lebt, indem sie diese Freiheit betätigt. Wo der Geist des Herrn ist, da ist dafür gesorgt, daß es Christen, daß es christliche Gemeinde gibt: in dieser Freiheit, in ihrer Betätigung.

Christen sind Menschen, die ihren Herrn gefunden haben: daraufhin, daß er sie gefunden hat. Nach anderen Herren, Autoritäten, Heilanden und Schutzgeistern brauchen sie kein Bedürfnis zu haben. Das heißt nicht, daß sie respektlose, meisterlose Leute wären. Das heißt aber, daß sie aus aller Knechtschaft, Magie und Diktatur fröhlich und definitiv entlassen sind: aus der ihrer Zeitung, aus der des Urteils der Leute, aus der der gerade herrschenden Stimmung und öffentlichen Meinung, aus der bestimmter starker Persönlichkeiten, Ideologien, Prinzipien, Systeme – nicht zuletzt aus der der Vorstellung einer absolut maßgebenden Bedeutung ihrer eigenen Überzeugung, Stellungnahme und Rechthaberei. Sie haben in aller Ohnmacht die Macht, Gott über alle Dinge zu fürchten und zu lieben.[1] Das ist ihre Freiheit.

Sie sind darum Menschen, die gerade nur eine Sorge haben: die nämlich, sie könnten von Gott, seiner Güte und seinem Vermögen zu gering denken, zu wenig erwarten, im Blick auf ihn und auf sein Geheiß in Gedanken, Worten und Taten zu schüchtern sein, zu wenig wagen. Im übrigen brauchen sie keine Angst zu haben: vor der Zukunft ihrer Lebensgeschichte nicht und auch nicht vor der der Welt- und Kirchengeschichte, nicht vor der übermächtigen Unvernunft und Bosheit irgendwelcher Anderer und nicht vor ihrer eigenen, vor dem Altwerden nicht, vor dem Einsamwerden auch nicht und auch nicht vor dem Sterben, vor keinem Schicksal und vor keinem Teufel. Sie versäumen es gewiß jeden Tag ein paarmal, von dieser ihrer Macht Gebrauch zu machen. Die Angst will gewiß auch sie beständig übermannen und tut es oft genug. Sie haben aber die Macht über sie, und sie können sie betätigen. Das ist ihre Freiheit.

Sie müssen aber als solche Menschen nicht für sich – sie dürfen gerade in ihrer Freiheit für die Anderen, für die Welt da sein. Für das Volk Israel, für alle Völker, ihnen zum Zeugnis und zum Licht ist ja damals am Pfingsttag die freie Gemeinde der freien Christen geboren und eingesetzt worden. Die Christen haben die Macht, die Liebe Gottes in dem kleinen oder großen Kreis ihres Daseins denen sichtbar zu machen, die sie noch nicht oder noch nicht recht kennen: in aller Bescheidenheit, aber auch in aller Heiterkeit und vor allem: in aller Bestimmtheit. Dazu sind sie aus aller Knechtschaft und von aller Angst freigemacht. Sie dürfen dienen. Gott kann sie brauchen. Sehr seltsam, daß er sie brauchen kann. Aber er braucht sie tatsächlich und macht es eben damit unmöglich, daß ihnen ihr Leben je langweilig, überflüssig, sinnlos werden und erscheinen könnte. Gerade ihr Auftrag wird sie immer wieder tragen: auf Adlersflügeln sogar [vgl. Ex. 19,4]. Zusammenbrechen müßten und

[1] Vgl. M. Luther, *Kleiner Katechismus* (1528/29), Erklärung des Ersten Gebots: «Wir sollen Gott über alle Dinge fürchten, lieben und vertrauen.»

würden sie nur, wenn sie – ein schreckliches Wort! – «dienstfrei» sein müßten. Das ist aber gerade ihre Freiheit, daß für sie von Dienstfreiheit nie die Rede wird sein können. Gerade das wird ihnen zum Heil, daß sie schlicht zur Ehre Gottes da sein dürfen. Das ist ihre Freiheit, und man wird das wohl die Krone ihrer Freiheit nennen dürfen.

Wo der Geist des Herrn ist, da ist diese Freiheit. Da wäre er also nicht, wo diese Freiheit, diese Macht und Kunst *nicht* wäre, wo die freie Gemeinde der freien Christen *nicht* geboren würde, *nicht* aufstünde, *nicht* am Werk wäre. Christentum in der Knechtschaft, in der Angst, im Schneckenhaus kann und mag an sich immer noch eine nette Sache sein. Nur mit dem Geist des Herrn wird ein solches unfreies Christentum bestimmt nichts zu tun haben.

Aber nun ist auch das Andere zu bedenken. Wo der *Geist* |5| *des Herrn* ist, *da* (und nur da!) ist Freiheit. Es gibt auch andere Geister, menschliche und außermenschliche, auch übermenschliche, persönliche und unpersönlich kollektive: Hausgeister, Volksgeister, Rassen- und Klassengeister, Vereinsgeister, Parteigeister, auch religiöse, auch Kirchengeister übrigens. In Basel zum Beispiel gibt es einen besonderen mit Trommeln und vielerlei Redensarten begrüßten Fasnachtsgeist. Man redet wohl auch etwa von einem allgemeinen, in Natur und Geschichte waltenden und sich offenbarenden Gottesgeist. Man kann aber von allen diesen Geistern nicht sagen, daß, wo sie sind, auch Freiheit ist. Sie *müssen* zwar nicht, sie *können* sich aber allesamt auch als böse, als solche Geister entpuppen und erweisen, die die Menschen statt aus der Knechtschaft, der Angst, den Schneckenhäusern heraus tiefer in sie hinein und also in die Unfreiheit treiben. Gute, in die Freiheit führende Geister können sie eigentlich im besten Fall nur *werden*: dadurch nämlich, daß allenfalls mit und unter ihnen auch irgend etwas vom Geist des Herrn gegenwärtig und am Werk sein möchte. An und für sich sind sie um so mehr als ungute Geister zu erkennen, je mehr sie sich selbst groß machen und schließlich wohl gar eine Art göttlicher Würde und Heiligkeit für sich in Anspruch nehmen wollen. Und die Bibel macht uns darauf aufmerksam, daß ausgerechnet jener vielgerühmte allgemeine göttliche Weltgeist durchaus kein guter, sondern ein böser, ein richtiger Poltergeist sein dürfte [vgl. 1. Kor. 2,12]. Wo er ist, da ist *keine* Freiheit. Der Geist des Herrn ist, verschieden von allen anderen Geistern, das

Werk, das der auferstandene, der lebendige Jesus Christus unter uns Menschen tut: seine durch seine Himmelfahrt nicht unterbrochene, sondern nun eben so – vorläufig unsichtbar geworden, aber nicht minder unmittelbar und kräftig – fortgesetzte Geschichte und Gegenwart, Rede und Tat auf Erden. Der Geist des Herrn ist Jesus Christus selbst, der wieder und wieder zu seiner Gemeinde kommt, in ihr Wohnung nimmt und wirkt, mit ihr und so mit dem ganzen Menschengeschlecht auf dem Wege ist, dem Ziel seines Werkes entgegen, an welchem er allen Menschen als der, der er war und ist: als der Richter und Mittler zwischen Gott und ihnen offenbar werden und damit das Weltgeschehen abschließen und vollenden wird. Der Geist des Herrn ist die sich in diesem Übergang bezeugende brennende und leuchtende Liebe des Vaters und dieses seines für uns dahingegebenen und sich selbst hingebenden Sohnes. Wo dieser, der Heilige Geist, ist, einkehrt, spricht, handelt, treibt, führt und regiert, da ist Freiheit: da und nur da.

Wie unterscheidet man ihn von den anderen Geistern? Wir sind aufgefordert, die anderen Geister zu prüfen [vgl. 1. Joh. 4,1]: darauf nämlich, ob und inwiefern sie etwas mit diesem, dem Heiligen Geist, zu tun haben möchten? ob sie wohl direkt oder wenigstens indirekt auch bekennen möchten, daß Jesus der Herr ist [vgl. 1. Kor. 12,3]? ob dann, wo sie sind, auch so etwas wie Freiheit sein und sichtbar werden möchte? Aber wie kann man sich da auch bei gründlichster, ernstlichster Prüfung irren! Und wie oft ist das tatsächlich geschehen! Die eigentliche, die unfehlbare Unterscheidung des Geistes des Herrn von den anderen Geistern, an die wir uns bei unserem Prüfen nur eben nachträglich nach bestem Wissen und Gewissen halten können, ist offenbar die, die er, indem er da ist und indem da, wo er ist, auch Freiheit ist, selber vollzieht. Tut er es etwa nicht? Ist etwa Jesus und sein Werk nicht von allen anderen Geistern und ihren Werken – wenn wir nur aufmerksam hinsehen und hinhören wollen – unmißverständlich verschieden? Und so auch die Freiheit, die da ist, wo sein Werk geschieht, unmißverständlich verschieden von all den Gefangenschaften, die sich uns als Freiheiten ausgeben möchten? Die Menschen des Pfingsttages wußten Bescheid darüber, daß sie es mit dem Geist des Herrn zu tun hatten. Der Geist des Herrn selber gab ihnen darüber Bescheid, indem er sich schlicht als die mit keiner anderen zu verwechselnde Selbstbezeugung des leidenden, gekreuzigten, gestorbenen, aber auch auferstandenen, des lebendigen

Herrn Jesus Christus zu erkennen gab. Und ihre eigene Freiheit, die da war, indem er, Dieser, in ihrer Mitte war, war die Bestätigung, daß sie sich wahrhaftig nicht getäuscht hatten. Rechnen wir ruhig damit, daß er sich auch heute, auch unter uns, unfehlbar, mit keinem anderen zu verwechseln, zu erkennen gibt und daß sich seine Gegenwart in unserer ihr sehr wunderbar, aber auch sehr einfach auf dem Fuß folgenden Freiheit bestätigen wird!

DAS GROSSE JA

[Advent 1959]

Ja heißt bekanntlich: Einverstanden! Recht so! Ich hatte einen kleinen Großsohn – er ist unterdessen längst ziemlich groß geworden –, dessen erstes und damals für eine gute Zeit einziges deutliches Wort war das Wörtlein *Ja:* nach dem Erwachen und vor dem Einschlafen, wenn er allein und wenn er unter Anderen war, nur eben ein eigentümlich intensives und überaus freundliches Ja. Die Möglichkeit, daß er daneben oder gar überhaupt auch Nein sagen könnte, schien ihm nicht bekannt zu sein. Er war offenbar mit dem, was er um sich sah und hörte, nur eben einverstanden. Es freut und tröstet mich noch jetzt, wenn ich daran denke: weil es mir eine kleine ferne Erinnerung an das große Ja ist.

Das große Ja hat nun freilich – im Unterschied zu dem Ja jenes Bübleins – auch ein deutliches *Nein* in sich: nicht neben sich, aber in sich! Nein heißt: Nicht einverstanden! Falsch, verkehrt, böse! Im großen Ja ist auch ein solches Nein enthalten. Und es gibt kein so scharfes Nein wie das, das in dem großen Ja enthalten ist. Wo das große Ja laut und gehört wird, da kommt der Hochmut, die Dummheit, der Betrug und Selbstbetrug der Welt und des Menschen ans Licht, da wird er verurteilt und gerichtet, da ist es mit aller Selbstzufriedenheit und Eitelkeit vorbei, weil diesem großen Ja gegenüber Keiner sich selbst rechtfertigen und rühmen kann. Kann Einer sich selbst noch für recht und gut halten, dann ist das ein sicheres Zeichen dafür, daß er das große Ja noch nicht gehört hat.

Das große Ja ist ein Ja – *trotzdem!* Ja, du Welt, ja, du Mensch – so lautet es – ja, du bist meine mir liebe Welt, mein mir lieber Mensch – ja, ich bin mit dir einverstanden, ja, du bist mir recht – trotzdem du das nämlich ganz und gar nicht verdienst, trotzdem ich eigentlich allen

Grund zum Gegenteil hätte. Ich sage Ja zu dir, indem ich selbst dem guten Grund, Nein zu dir zu sagen, den noch besseren Grund meines herrlichen, gerechten, heiligen Trotzes, des Trotzes meiner Gnade, entgegenstelle. Gerade nur in diesem meinem Trotz sage ich Ja zu dir! Höre also auch das Nein, das ich damit zu dir sage, daß ich so Ja zu dir sage! Du würdest mich nicht hören, wenn du nicht auch das Nein hören würdest, das in meinem Ja verborgen ist.

Das große Ja ist ein Ja – *darum!* Ja, du Welt, ja, du Mensch – so lautet es –, darum bist du trotzdem meine liebe Welt, mein lieber Mensch, darum bin ich trotz Allem mit dir einverstanden, bist du mir trotz Allem recht: Weil ich zuallererst und zuallerletzt Erbarmen mit dir habe. Und ich erbarme mich deiner darum, weil ich dir treu bin und bleibe. Ich bin und bleibe dir aber darum treu, weil ich dessen gedenke, daß ich dein Schöpfer war und dein Erlöser und Vollender sein werde, weil ich mir selber treu bleiben will. Dieser Grund meines Ja – mein Erbarmen, meine Treue, mein Gedenken – ist noch tiefer und stärker als der tiefste und stärkste Grund, den ich habe, Nein zu dir zu sagen. Aus diesem Grund stelle ich ihm meinen herrlichen, gerechten und heiligen Trotz entgegen. Aus diesem Grund zürne ich dir wohl, aber im Zorn der großen Liebe, in der ich dich heimsuche, – sage ich wohl Nein zu dir, aber das Nein, das nicht irgendwo neben meinem Ja, sondern nur enthalten, eingeschlossen und verborgen in ihm laut wird und zu hören ist.

Das große Ja ist ein Ja – *dazu!* – : zu einem bestimmten Ziel und Zweck nämlich. Ja, du Welt, ja, du Mensch – so lautet es –, dazu erbarme ich mich deiner, dazu bin ich dir treu, dazu gedenke ich meiner Güte als dein Schöpfer und Erlöser, dazu trotze ich dem Grund, den ich wohl hätte, es ganz anders mit dir zu halten: um dir zu rufen, um dich zu mir umzukehren und hinzuziehen, um dich also aus deiner Verkehrtheit herauszureißen, um dich umzuschaffen zu einer neuen Welt, zu einem neuen Menschen. Dieser mein Wille macht freilich mein Urteil und mein Gericht über dich und also mein Nein unvermeidlich. In diesem meinem guten Willen kann ich aber mein Nein nur einschließen in mein Ja. Wegen dieses meines guten Willens kann mein Nein wie nicht mein erstes, so auch nicht mein letztes Wort sein, kann es auch nicht neben dem Wort meiner Gnade, nicht als Widerspruch dagegen laut und gehört werden, kann es nur klar machen, daß meine Gnade wirkliche, freie Gnade ist. Mein Wille ist, dich zu erleuchten, dir zu helfen, dich zu erretten. Was Anderes als mein überlegenes Ja könnte dir Licht, Hilfe, Errettung sein?

Wir reden von dem Ja *Gottes*. Als das seine ist es das *trotzdem* und *darum* und *dazu* gesprochene, das *große* Ja, das sich von jedem *kleinen* dadurch unterscheidet, daß das Nein wohl in ihm eingeschlossen, aber auch überwunden ist. Es ist «in keines Menschen Herz emporgestiegen» (1. Kor. 2,9). So kann auch kein Mensch von sich aus dieses große Ja sagen: zur Welt nicht, zu sich selbst nicht und zu seinem Mitmenschen auch nicht! Gott aber hat es gesagt und sagt es. Es ist als sein Gnadenwort zu uns Menschen herabgestiegen. Es ist das große Ja der Weihnacht, des Karfreitags, des Ostermorgens, des Pfingsttages. *Jesus Christus* ist das große Ja. In Jesus Christus ist Gottes Nein zur Welt und zum Menschen, sein Urteil und Gericht über sie erschreckend sichtbar, aber auch eingeschlossen in sein Erbarmen, seine Treue, sein Gedenken an seine eigene Güte, ist es gefangen in seinen guten Willen, uns zu erleuchten, zu helfen, zu erretten. In Jesus Christus ist Gott eindeutig mit uns einverstanden, sind wir ihm eindeutig recht. Noch einmal Paulus: «Gottes Sohn, Christus Jesus ... war nicht Ja *und* Nein, sondern Ja ist in ihm gewesen; denn soviel Verheißungen Gottes es gibt, in ihm ist das Ja, daher durch ihn auch das Amen, Gott zur Ehre durch uns» (2. Kor. 1,19–20).

Durch *uns?* Ja, durch uns: wenn und indem und sofern wir uns bitten, einladen, auffordern lassen, das große in Jesus Christus gesprochene Ja als zu *uns* gesagt anzunehmen und gelten zu lassen, von ihm als von unserem täglichen Brot, den Hungrigen gereicht, zu leben. Als eine von uns erfundene und vorgebrachte Meinung, Lehre und Theorie könnten wir es ehrlicherweise nicht aussprechen, könnte es auch bei Anderen nur Kopfschütteln erregen: zu schön, um wahr, zu triumphal, um brauchbar zu sein, eine Sache für Kleinkinder wie damals mein Enkel, oder eine Sache für christliche und andere Optimisten – keine Sache für reife und nüchterne Menschen, die im Kampf des Lebens stehen und also wissen, daß es kein Ja gibt ohne nebenher oder hinterdrein schleichendes, manchmal auch mit seinem Gebrüll den ganzen Raum erfüllendes Nein. Sicher, sicher! Unseren und allen menschlichen, auch unseren christlichen Meinungen, Lehren und Theorien zu mißtrauen besteht aller Anlaß. Gegen das große Ja aber, das Jesus Christus heißt und ist, gibt es kein Bedenken, keinen Zweifel, keine Einwände. In der

Wahrheit und Kraft dieses großen Ja wird alles Nein, das sich mit nur zu gutem Grund gegen die Welt und gegen Jeden von uns erheben mag und tatsächlich erhebt, zu einem *kleinen* Nein. In diesem großen Ja darf sich die Welt, darf sich jeder Mensch mitten in dem Keinem ersparten Kampf schlicht, aber sicher geborgen und zugleich zu rüstigem Widerstand gegen Sünde, Tod und Teufel ermächtigt finden. In diesem großen Ja ist uns allen ein unwiderstehliches Vorwärts! (der Freiheit der Kinder Gottes [vgl. Röm. 8,21] entgegen) zugerufen. Von diesem großen Ja kann und darf man gerade als reifer und nüchterner Mensch *leben* – nur von ihm!

Wenn ich nun doch mit einem gewissen adventlichen Seufzer schließen möchte, so kann es nur der sein: Ach, wenn sich doch die Stimme der Kirche in der Welt (die Theologie ihrer Theologen, die Predigt ihrer Prediger, das praktische Wort der Christen unter sich und zu Anderen) viel, viel mehr als die Stimme der Zeugen dieses einen Notwendigen [vgl. Lk. 10,42], des großen, alles (in ihm klein gewordene!) Nein in sich schließenden, aber auch überwindenden Ja erweisen würde!

WO IST JESUS CHRISTUS?

[Weihnachten 1961]

Er ist auferstanden. Er lebt und waltet «zur Rechten Gottes des Vaters»[1], d. h. genau *dort*, in eben der Höhe, von der aus die Welt im Großen wie im Kleinen regiert wird: Er, Derselbe, der in Bethlehem geboren wurde und am Kreuz auf Golgatha gestorben ist – Er, der Herr und Erretter, das eine ganze Werk und Wort des Gottes, der die Welt geliebt hat, liebt und lieben wird [vgl. Joh. 3,16] – Er, eines jeden Menschen Bruder und Fürsprecher. Ihm ist alle Gewalt gegeben [vgl. Mt. 28,18].

So das christliche Glaubensbekenntnis. Es ist nicht nur ein beiläufiger Trost und nicht nur eine zusätzliche Hoffnung, zu wissen, daß Er *dort* ist. Das ist vielmehr das ABC des christlichen Glaubens. Und eben wo man dieses ABC kennt und übt – wo man also glaubt und weiß, daß Jesus Christus dort ist, da ist er selbst nicht nur *dort*, sondern auch hier, mitten unter uns. Zu denen, die das in der Macht des Heiligen Geistes

[1] Apostolisches Glaubensbekenntnis.

glauben und wissen dürfen, ist ja gesagt: «Siehe, Ich bin bei euch alle Tage bis an der Welt Ende» [Mt. 28,20].

Sind wir Christen Solche, denen es in der Macht des Heiligen Geistes gegeben ist, das zu glauben und zu wissen? Wären wir es, dann könnte die Antwort auf unsere Frage einfach sein: Jesus Christus ist überall da, wo Christen sind. Wenn es doch bei dieser Antwort sein Bewenden haben dürfte! Wenn es doch die Menschen einfach sehen und merken müßten: wo Christen sind, da ist Jesus Christus selber und also Licht, Liebe, Leben für sie alle!

Aber eben: es gibt auch in uns Christen so viel hochmütigen, faulen und dummen Widerstand gegen den Heiligen Geist. Es gibt darum so viel angeblich christliches, in Wirklichkeit totes Glauben und Wissen, angesichts dessen kein Mensch auf den Gedanken kommen kann, daß Jesus Christus auferstanden, zur Rechten Gottes ist und wie *dort*, so für die ganze Welt auch hier ist. Vielleicht bitten wir Christen viel zu wenig um die Gabe des Heiligen Geistes. Vielleicht halten wir uns darum selbst nicht – oder nur mit halbem Herzen – daran, daß Jesus Christus auferstanden ist und lebt. Vielleicht haben wir darum so wenig Freudigkeit und Kraft, den Anderen zu zeigen, wo er zu suchen und zu finden ist: in welcher Höhe und in welcher Tiefe.

Das ist sicher, daß wir Christen immer im Unrecht sind, wenn wir uns über den Unglauben, die Unwissenheit, die Unart der Welt beklagen. «Gebt ihr ihnen zu essen!» [Mk. 6,37]. In der Umgebung von zehn, ja von fünf, ja eines einzigen in aller Unvollkommenheit aufrichtigen Christen pflegt die Frage: Wo ist Jesus Christus? von selbst zu verstummen oder doch leise zu werden.

EIN WORT ZUM NEUEN JAHR[1]

[Neujahr 1962]

Liebe Mitbürger und Mitchristen in der Nähe und in der Ferne!

Laßt uns aufrichtig sein: die Sorge, ja Angst, in der auch wir Schweizer in dieses neue Jahr eintreten, ist, tief in uns verborgen, stärker als die guten Wünsche und Hoffnungen, die wir uns ja auch heute, wie gewohnt, gegenseitig zurufen mögen. Der Horizont der uns heute umge-

[1] Ansprache über Radio Beromünster.

benden Weltverhältnisse könnte ja kaum dunkler sein. Wird die wilde Bewegung, die die Völker heute ergriffen hat, aufzuhalten sein? Wird es einen Schutz geben vor den Mitteln, mit denen sie sich und uns alle heute bedrohen? Ob unsere Demokratie, unsere Neutralität, unser Wohlstand, unsere Wehrbereitschaft – ob wir alten und jungen Schweizer und Schweizerinnen dem Sturm, wenn er, schlimmer als alle früheren, losbrechen sollte, standhalten werden?

Ganz sicher werden dann nur feste Herzen standhalten [vgl. Hebr. 13,9]. Fest sind die Herzen von Menschen, die heute nicht hassen, wo die Meisten hassen, sondern lieben, wo nur Wenige lieben. Fest sind die Herzen von Menschen, denen Geben seliger ist als Nehmen [vgl. Apg. 20,35]: denen Brot für die Brüder[2] bereit zu stellen heute wichtiger erscheint, als, um sich selbst zu verteidigen, nach neuen, noch schrecklicheren Waffen zu greifen. Fest sind die Herzen von Menschen, die darauf vertrauen, daß auch alles das, was vermöge unserer menschlichen Torheit heute geschieht und noch geschehen mag, in der festen Hand des gnädigen Gottes seine Grenze und sein Ziel hat. Die festen Herzen solcher Menschen werden auch im Jahr 1962, was es uns auch bringe – sie werden in Ewigkeit standhalten.

Wir haben im vergangenen Jahr eine neue, freilich altbekannte Nationalhymne bekommen.[3] Ich meine, daß darin etwas zu viel von Morgen-

[2] «Brot für Brüder» heißt die kirchliche Hilfsorganisation für die Dritte Welt, das schweizerische Gegenstück zu «Brot für die Welt» in Deutschland.

[3] Nachdem es in der Schweiz bis dahin keine offizielle Nationalhymne, sondern verschiedene Lieder, die abwechselnd bzw. konkurrierend faktisch eine entsprechende Funktion ausübten, gegeben hatte, beschloß der Bundesrat am 12. 9. 1961, den «Schweizerpsalm» (1841) von L. Widmer (1808–1868) provisorisch bis zum 31. 12. 1964 als Nationalhymne für die Armee und für den Einflußbereich der schweizerischen diplomatischen Vertretungen im Ausland einzuführen. (Am 13. 7. 1965 wurde dieses Provisorium unbefristet verlängert.)

Die 1. Strophe lautet: Trittst im Morgenrot daher,
seh' ich dich im Strahlenmeer,
dich, du Hocherhabener, Herrlicher!
Wenn der Alpen Firn sich rötet,
betet, freie Schweizer, betet!
Eure fromme Seele ahnt
Gott im hehren Vaterland!

Der Anfang der 3. Strophe lautet:
Ziehst im Nebelflor daher,
such' ich dich im Wolkenmeer,
dich, du Unergründlicher, Ewiger!

rot, Nebelmeer, Alpenfirn und dergleichen die Rede ist. Aber ein Satz darin ist gut. Er lautet: «Betet, freie Schweizer, betet!» Der Schweizer, der jetzt betet, ist ein freier Schweizer, hat ein festes und also ein liebendes, offenes, vertrauendes Herz, das auch 1962 durchhalten wird. Unser Vater im Himmel! Geheiligt werde dein Name! Es komme dein Reich! Es geschehe dein Wille! auf Erden wie im Himmel! [Mt. 6,9 f.].

GOTTES GEBURT

[Weihnachten 1962]

Mir ist eben in diesen Tagen sehr zufällig eine auf Pergament geschriebene und mit angehängtem Siegel versehene, fast 600 Jahre alte Urkunde in die Hände gekommen. Ihr Inhalt betrifft in aller schon damals erforderlichen Umständlichkeit den Verkauf und Ankauf eines Hauses. Das Datum lautet wie folgt: «geben zu Basel an dem nächsten montag nach sanct Urbans eines bapstes tage in dem Jare, da man zählte *von Gottes Geburte* driezehn Hundert eins und sibenzig Jare».

«Von Gottes Geburte»! Ganz so kindlich waren die Menschen des Mittelalters nicht, wie man es sich oft vorstellt, und besser und frömmer als wir waren sie auch nicht. Ihr Denken und Reden hatte aber offenbar eine Dimension, die uns wenn nicht verloren gegangen, so doch undeutlich geworden sein könnte. Sie haben, indem sie, auch wenn es um Geld und Gut, Handel und Wandel ging, «von Gottes Geburt» her «zählten», um das Geheimnis ihrer Zeit, ihrer Geschichte und ihres Lebens wohl besser gewußt als wir.

An dieses Geheimnis, das, ob wir es wissen und bedenken oder nicht, auch das unserer Zeit, unserer Geschichte, auch unseres Lebens ist, erinnert uns die *Weihnacht*. Von daher kommen wir. Von dorther «zählt» Alles. Von dorther hat auch alles Wirtschaftliche und Politische seinen Sinn und seine Ordnung, seinen verborgenen Anfang und sein verborgenes Ziel: daß Gott es sich gefallen ließ – in seiner ganzen Hoheit sogar *wohl gefallen* ließ –, *geboren* und also ein *Mensch* zu werden. Der Widerspruch dieser Botschaft (der Weihnachtsbotschaft) gegen Alles, was der Mensch von Gott und von sich selbst denken und halten möchte, liegt klar am Tage.

Wie sollte der über Alles, was ist, Erhabene, der nur eben Ewige und Unfaßliche geboren, ein Mensch, wie sollte der Mensch sein Bruder geworden sein – und das ein für allemal: vor 1371 oder heute vor 1962 Jahren? Es braucht keinen besonderen Scharfsinn dazu, um daran zu zweifeln, dagegen zu protestieren als gegen eine Beleidigung des gesunden Menschenverstandes und aller Erfahrung. Aber damit ist nun zum Glück nichts auszurichten. Eben dieser Widerspruch gegen das, was der Mensch von Gott und von sich selbst meinen und halten möchte, ist in der Weihnachtsbotschaft, allem gesunden und ungesunden Menschenverstand und aller sicheren und unsicheren Erfahrung überlegen, tatsächlich ausgesprochen.

Sie sagt, daß die Zeit der nur eben hohen, fernen und fremden, der raum- und zeitlosen, der unmenschlichen Götter, die auch die Zeit des gottlosen Menschen ist, abgelaufen und vorbei ist. Sie sagt sogar, daß es immer nur Irrtum und Lüge war, wenn unsere Zeiten, Weltgeschichten und Lebensgeschichten als die Reiche solcher unmenschlicher Götter und dementsprechend als die Reiche der gottlosen Menschen verstanden wurden. Herr der Zeit, der Geschichte, des Lebens war von jeher, ist heute, wird immer sein: der Gott, der den Menschen geliebt hat, liebt und lieben wird: nicht zum Schaden, sondern im Erweis seiner göttlichen Majestät.

Es war der Mensch von jeher – er ist auch in aller Gegenwart und Zukunft der Partner dieses Gottes. Eben darüber ist laut der Weihnachtsbotschaft ein für allemal entschieden worden, indem Gott geboren, ein Mensch, unseresgleichen wurde. Dieser ist der wahre, der lebendige Gott, neben dem alle anderen (auch die höchsten, die geistigsten, die herrlichsten unter ihnen) falsche, tote Götter sind. Und dieses Gottes Partner ist der wirkliche Mensch, neben dem der Gottlose immer nur als Gespenst existieren kann. «Fragst du, wer der ist?», hat Luther von diesem Gott gesungen: «Er heißt Jesus Christ, der Herr Zebaoth, und ist kein andrer Gott, das Feld muß er behalten.»[1]

Man kann an Vielem zweifeln, aber nicht daran, daß dieser Gott das Feld behalten wird. Und so auch daran nicht, daß unsere Feier der Weihnacht als Erinnerung an Gottes Geburt die nur eben gloriose Sache sein dürfte, müßte und könnte, als die sie in unseren Weihnachtsliedern

[1] Aus Strophe 2 des Liedes 342 (EKG 201) «Ein feste Burg ist unser Gott» (1529) von M. Luther.

gerühmt wird: «Fröhlich soll mein Herze springen»[2] usw.! Woran liegt es, wenn sie heute weithin eine so tief zweideutige Sache geworden ist, bei der zu «springen» unser Herz kaum große Neigung zeigt? Irgendwie brav und fromm (religiös) sind wir doch alle. Die üblichen Klagen über die Bosheit und Torheit des Menschengeschlechtes rennen in dieser Hinsicht offene Türen ein.

Das Mißliche besteht darin, daß wir in Arbeit und Erholung, in unserer hohen und niederen «Politik», im Wirtschaftsleben, im Sport und Verkehr, übrigens leider oft und oft auch in unseren Kirchen und nicht zuletzt in unseren familiären und anderen sozialen Beziehungen jahraus, jahrein dahinleben, als ob wir statt von Gottes Geburt von den Offenbarungen irgendwelcher falschen, weil unmenschlichen Götter her «zählten». Das bedeutet dann aber, daß wir im Dienst dieser Götter, die doch keine sind, brav und fromm sind: im Verhältnis zu allen möglichen Ideen, Prinzipien und Mächten, die wir nach unserem Gutfinden für göttlich halten und also als Autoritäten respektieren – nur eben nicht im Verhältnis zu dem Gott, der Mensch wurde, ist und sein wird.

Was Wunder, wenn dann unter und zwischen uns Menschen auch beim besten Willen Alles so unmenschlich, hart, steif und brüchig wird: ein stiller oder offener «kalter Krieg» ohne Ende! Und was Wunder, wenn dann auch aus der Weihnacht ein Geschäft und Betrieb wird, dem man nur ein bißchen traurig entgegenzublicken und auf den man nachher nur ein bißchen traurig zurückzublicken pflegt: Ohne ihr Geheimnis kann die Weihnachtszeit die fröhliche, die selige, die gnadenbringende, von der die Kinder singen[3], unmöglich sein.

Es geht nicht um das «Dogma». Es stünde uns zwar wohl an, mit dem Dogma nicht so leichtfertig und auch nicht so mißtrauisch umzugehen, wie es oft geschieht. Man könnte sich – und das wäre besser – durch seinen Lobpreis des wahren Gottes und des wahren Menschen, von dem zum Beispiel eben alle ordentlichen Weihnachtslieder erfüllt sind, auf das Geheimnis der Weihnacht aufmerksam machen lassen. Aber es geht nicht um das Dogma, sondern um das Geheimnis der Weihnacht selbst, das im Dogma doch nur stammelnd angezeigt ist.

Es geht um Gottes Geburt, von der wir herkommen, die die Luft ist, in der wir atmen dürfen, ohne die wir, mit der Atombombe und ande-

[2] Lied 119 (EKG 27) (1653) von P. Gerhardt.
[3] Lied 128: «O du fröhliche» von J. D. Falk (1768–1826).

ren Greueln oder ohne sie, auf unserer guten, alten Erde oder im sogenannten «Weltraum» als Kommunisten oder als Antikommunisten nur eben hilflos nach Atem ringen können und schließlich ersticken müßten. Es geht darum, daß wir die Menschlichkeit Gottes, in der seine wahre Göttlichkeit sichtbar und greifbar wird, zu uns reden – sie als die uns im Großen wie im Kleinen vorgegebene Wirklichkeit gelten lassen, in ihr bleiben, statt aus ihr heraus ins Leere zu treten. Wir können sie nicht erfinden und schaffen. Das zu tun (es wäre reiner Übermut, das tun zu wollen!) ist auch nicht nötig, weil sie der ganzen Welt und jedem einzelnen Menschen zum Heil von dem dazu allein kompetenten Erfinder schon erfunden, von dem dazu allein mächtigen Schöpfer längst geschaffen ist. Wir dürfen ihrer einfach, aber ernstlich froh sein.

Wir dürfen damit rechnen, daß das erste und so das letzte Wort im Streit der Menschlichkeit gegen die Unmenschlichkeit ein für allemal gültig ausgesprochen ist. Wir dürfen auch, indem wir kaufen und verkaufen, «zählen von Gottes Geburt neunzehn Hundert zwei und sechzig Jahre» – von Gottes Geburt, die «höher als alle Vernunft» [Phil. 4,7] geschehen ist: nicht gegen, sondern für die arge, aber von Gott geliebte Welt, nicht gegen, sondern für den allerdings bösen und törichten, aber von Gott zu seinem Bruder erwählten Menschen. Es geht nur darum, daß wir *tun*, was wir tun *dürfen*.

DAS GEHEIMNIS DES OSTERTAGES

[Ostern 1967]

Der Ostertag ist der eigentliche Feiertag der christlichen Kirche. Nicht die Weihnacht, nicht Pfingsten und erst recht nicht der Bettag[1], sondern auf dem unentbehrlichen Hintergrund des Karfreitags mit dem Himmelfahrtstag zusammen der Ostertag. Am Ostertag freut sich die Kirche des *besonderen Geheimnisses*, um das sie versammelt ist und das sie in der Welt verkündigt. Denn nicht zu ihrem eigenen Vergnügen, sondern zu diesem *Dienst in der Welt* ist sie die christliche Kirche. Das Geheimnis, dessen sie sich freut und das sie verkündigt, ist schlicht die

[1] Der Eidgenössische Dank-, Buß- und Bettag, ein vom Staat eingesetzter religiös-patriotischer Festtag von Protestanten und Katholiken, wird seit 1832 jeweils am dritten Sonntag im September gefeiert.

Existenz eines neuen, nämlich des freien Menschen, der einmal mitten in der Welt sichtbar, hörbar, greifbar erschienen ist, jetzt noch verborgen, einst aber Allen als ihr eigener Befreier offenbar werden wird.

Am Ostertag feiert die Kirche ihn als den lebendigen Herrn: die Zukunft seiner Offenbarung als die Hoffnung aller Menschen, der ganzen Welt, eines jeden Menschen. Genauso wie einst Israel Passah feierte vor dem Aufbruch aus der ägyptischen Knechtschaft in das seinen Vätern verheißene Land. Der Ostertag ist darum der höchste Abendmahlsfeiertag. Es dürfte wohl nicht allen Lesern bekannt sein, daß auch jeder «gewöhnliche» Sonntag im Jahr eine kleine Wiederholung dieses ersten, seiner Freude und Verkündigung ist. Es ist darum nicht in Ordnung, daß bei uns nicht an jedem Sonntag auch Abendmahl gefeiert wird. Die «orthodoxen» Kirchen des Ostens und doch auch die römisch-katholische Kirche haben sich eine deutlichere Erinnerung an dieses Geheimnis des Ostertages (und jedes Sonntags!) erhalten als wir Anderen. Sie dürfte und müßte auch unter uns wieder lebendiger werden.

Es gibt vermeintlich viele und vielerlei Geheimnisse: alte und neue, lösbare und vorläufig unlösbare. Es gibt technische, militärische, politische Geheimnisse – öffentliche Geheimnisse, die die Spatzen von den Dächern pfeifen, und andere, von deren Vorhandensein wirklich nur Wenige wissen. Es gibt das Arztgeheimnis, das Beichtgeheimnis, das Geschäftsgeheimnis. Es gibt auch persönliche Geheimnisse. Manche Geheimnisse sind wichtig, so daß sie irgendwie Alle angehen, auf die Alle achten, die Alle respektieren, um die sich irgendwie auch Alle bekümmern und bemühen müssen. Mann und Frau sind sich gegenseitig ein Geheimnis – und wie! Das Kind in allen seinen Gestalten ist es auch. Der Tod ist ein für alle Menschen wichtiges Geheimnis. Es gibt besonders im Bereich der Kunst wichtige Geheimnisse. Andere, besonders auch unter den persönlichen Geheimnissen, sind herzlich unwichtig: sie mögen diese und jene beschäftigen und unterhalten, während wir Anderen sie wirklich nicht zu wissen brauchen, die wir ihnen ohne Neugier überlassen können, bis sie ihrer eines Tages selbst überdrüssig werden mögen.

Aber eigentlich sind das alles nur vermeintliche Geheimnisse, die man vielleicht besser nur als Rätsel oder Masken, teilweise auch nur als Geheimnistuereien bezeichnen würde, bei deren Aufdeckung es dann auch mit mehr oder weniger natürlichen Dingen zuzugehen pflegt, die man unter allen Vorbehalten und Kompromissen mehr oder weniger vergnügt oder betrübt zu meistern vermag.

In Wirklichkeit ist das Geheimnis des Ostertages das einzigartige nicht nur, sondern das *einzige eigentliche Geheimnis* zu nennen. Sicher steht jene ganze Rätselwelt in Beziehung zu ihm, ist sie von ihm umfaßt und begrenzt und beleuchtet, können alle Rätsel von ihm her ihre heilsame Richtigstellung und werden sie von ihm her auch ihr barmherziges Gericht erfahren. Man kann auch sagen, daß die vielen Rätsel das eine Geheimnis aus großer Ferne anzeigen. Und schließlich: daß in seiner künftigen Offenbarung auch sie alle sich lösen werden. Insofern gehören sie mit ihm zusammen. Es steht ihnen aber auch, wohl von ihnen unterschieden, gegenüber. Es will mit keinem von ihnen verwechselt oder gar vermengt werden. Es entspricht seiner Einsamkeit und Eigenart, daß es nicht mit den Methoden zu lösen ist, mit denen jene allenfalls ganz oder doch teilweise zu lösen sind. Es kann sich nur von sich aus in voller eigener Freiheit öffnen und also offenbaren.

An ihm gibt es darum nichts zu rätseln, nichts zu deuteln. Es läßt sich weder ganz noch teilweise meistern. Und endlich: Wer es kennt und also seiner Offenbarung entgegensieht, der kann sich seiner nur eben freuen. Es kann nur eben in größter Heiterkeit gefeiert werden. Die im Mittelalter manchen Ortes übliche Sitte des «Ostergelächters» gerade im gottesdienstlichen Raum mag mit allerlei Unfug verbunden gewesen sein. Aber hier gilt: lieber noch Freude mit Unfug als freudlose Bedenklichkeit und Grämlichkeit. Wer sich des Geheimnisses des Ostertages nicht freut, wer am Ostertag nicht lachen kann, der zeigt damit an, daß er sein Geheimnis gar nicht kennt: genauso wenig wie der, der es sich nicht gefallen läßt, an seiner Höhe und Fremdheit, wie es sich gehört, Ärgernis zu nehmen, der sich ihm gegenüber nicht Einhalt gebieten läßt.

Das Geheimnis des Ostertages ist die der Welt ein für allemal nicht nur zugesprochene, sondern eingepflanzte *Hoffnung*. Sie gehört nicht zur Welt, sofern sie nicht aus ihr stammt, nicht als eine irgendeinmal und irgendwo in ihr aufgekommene Bewegung durch irgend eine von Menschen ersonnene Idee, Lehre oder Theorie lebendig ist. Sie gehört aber unveräußerlich zu ihr – wirklich zu unserer Menschenwelt von gestern, heute und morgen –, sofern sie ihr an bestimmtem Ort, zu bestimmter Zeit von außen her ein für allemal eingepflanzt wurde: von außen, aber hinein in ihr Innerstes. Sie kann also von keinem Menschen im Rahmen eines von ihm so oder so (vielleicht logisch, vielleicht naturwissenschaftlich, vielleicht ästhetisch, vielleicht politisch-sozial) verstandenen Wirkzusammenhangs des Seienden konstatiert, überschaut und erklärt werden. Sie kann und darf und will aber – und das geschieht nach innen im Glauben, nach außen im Bekenntnis der christlichen Kirche – von den Menschen, die sie einmal wahrgenommen haben, als das große Neue in allen Wirk- und Denkzusammenhängen festlich angerufen werden. Diese Hoffnung ist das *große Neue* in der Welt, das doch auch ihr Ältestes ist, sofern sie die ursprüngliche Bestimmung alles Seienden und Wahren ans Licht bringt und in Kraft setzt.

Die der Welt ein für allemal eingepflanzte Hoffnung ist das in seiner Freudigkeit ärgerliche und in seiner Ärgerlichkeit freudige Ereignis der *Auferstehung Jesu Christi* von den Toten. Man darf sich auch um seine Ärgerlichkeit nicht drücken – nicht zum Beispiel um die Sichtbarkeit, die Hörbarkeit, die Betastbarkeit, nicht um die Leiblichkeit dessen, was da geschah. Sonst betrügt man sich unweigerlich auch um seine Freudigkeit. Denn die in diesem Ereignis der Welt eingepflanzte Hoffnung ist nun einmal nicht mehr und nicht weniger als die Hoffnung auf eine im Verhältnis zu ihrem jetzigen Zustand total veränderte Gestalt dieses unseres menschlichen Daseins. Verändert: nämlich befreit von den großen und kleinen Erbärmlichkeiten, Verkehrtheiten, Überheblichkeiten, Dummheiten und Lügen seines jetzigen Zustandes. Total verändert: also nicht nur zum Besseren, sondern zum Besten, nicht nur vorübergehend, sondern unvergänglich – und eben nicht nur innerlich, das auch, aber auch äußerlich, nicht nur seelisch, geistig, das auch, aber auch leiblich.

Das wäre ja gar nicht unser Dasein, das wäre eine Hoffnung, die uns gar nicht anginge, wenn seine Zukunft nur die eines innerlichen, seelisch-geistigen, eines leiblosen menschlichen Daseins sein würde. Nein, es handelt sich um die *Zukunft* unseres, des ganzen Menschenvolkes Daseins in allen seinen zeitlichen und räumlichen Dimensionen und so wirklich um uns selbst, aber durchstrahlt von der Herrlichkeit der Kinder Gottes. So ist es in der Auferstehung Jesu Christi von den Toten uns vor Augen gestellt. So ist es in dem lebendigen Jesus Christus in der Macht des Heiligen Geistes verborgen gegenwärtig. So erwarten wir es als das Licht, das alle Finsternisse erhellen wird am letzten Tage, der der vollkommene Tag desselben Jesus Christus sein wird. Eben darum ist es das Geheimnis des Ostertages.

Man kann an ihm, den Kopf oder das Herz ein bißchen leer oder auch gefüllt mit anderen, vermeintlich interessanteren und lustigeren Dingen, vorbeibrausen: tiefsinnig oder auch gedankenlos, zu Fuß, per Auto oder Eisenbahn oder im Flugzeug, später vielleicht einmal per Rakete auf den Mond. Die Gedanken sind frei[2], und die Gedankenlosigkeit ist es auch. Niemand soll dazu gezwungen sein, das Geheimnis des Ostertages, die uns in dem Ereignis der Auferstehung des wahren Gottes- und Menschensohnes angezeigte Hoffnung auch nur zu respektieren, geschweige denn, ihm mit der christlichen Kirche aller Zeiten in Danksagung zu begegnen. Aber niemand kann etwas daran ändern, daß dieses Geheimnis der Welt eingepflanzt ist und so, ob er es weiß oder nicht, gern oder nicht gern hat, auch für ihn da ist.

Sehe jeder, wo er bleibe,
sehe jeder, wie er's treibe,
und wer steht, daß er nicht falle![3]

Das ist es, was ich den Lesern der «NZZ» zum bevorstehenden Festtag frei und freundlich zu bedenken geben möchte – zusammenfassend und abschließend mit den Worten, die man gleich am Anfang des *1. Petrusbriefes* [1,3] in ihrem Zusammenhang nachlesen mag: «Gelobt sei Gott, der uns durch seine große Barmherzigkeit neu erzeugt hat zu einer lebendigen Hoffnung durch die Auferstehung Jesu Christi von den Toten!» Um «eine Art geschriebener Predigt» bin ich gebeten worden. In einer wirklichen Predigt hätte ich mit diesem oder einem ähnlichen Wort der Heiligen Schrift angefangen. Ich habe diesen Aufsatz so eingerichtet, daß, wer das will, ihn gut und gern auch von hinten nach vorn lesen kann.

[2] Vgl. das Volkslied «Die Gedanken sind frei» (zuerst um 1800 in der Schweiz und im Elsaß bekannt).

[3] Schluß des zuerst 1789 veröffentlichten Gedichtes «Beherzigung» von J. W. Goethe:

Eines schickt sich nicht für alle!
Sehe jeder, wie er's treibe,
Sehe jeder, wo er bleibe,
Und wer steht, daß er nicht falle!

(Vgl. 1. Kor. 10,12.)

VORWORTE

VORBEMERKUNGEN

[zu: *Den Gefangenen Befreiung*]

Zu einer Predigtsammlung kann der, der da gepredigt hat, kein Vorwort schreiben, sondern nur ein paar Vorbemerkungen machen. Der Titel des Büchleins soll an Luk. 4,18 in der Übersetzung der Zürcher Bibel erinnern. Die Predigten wurden, wo nichts Anderes angegeben ist, in der Basler Strafanstalt gehalten. Martin Schwarz, der dort als reformierter Prediger und Seelsorger arbeitet, hatte mich eines Tages gebeten, ihn zu vertreten. Von da an bin ich jedes Jahr ein paar Mal, und immer gerne, in dieser Hausgemeinde zu Gast gewesen. Es freut mich, daß das, was ich ihren Angehörigen zu sagen versuchte, nun auch von Einigen von ihnen an Ort und Stelle gesetzt und gedruckt worden ist.[1] Zur Sache möchte ich nur das Eine hinzufügen: daß mir die Gebete bei der Vorbereitung und beim Halten der mir dort anvertrauten Gottesdienste mindestens ebenso wichtig waren wie die Predigen selbst und daß ich wohl wünschte, es möchte auch Einigen unter den Lesern, die hier nachträglich daran beteiligt werden, ebenso gehen.

Basel, im Herbst 1959 *Karl Barth*

VORWORT

[zu: *Gebete*]

Daß unter meinem Namen noch einmal ein Gebetbüchlein erscheinen werde, hätte ich mir in früheren Jahrzehnten meines Lebens gewiß nicht träumen lassen. Ich hatte nämlich schon in meiner Jugend eine Abneigung gegen alle kultische Feierlichkeit. Und von mir ist noch vor wenig Jahren von dem bekannten, mir sehr sympathischen Führer der Alpirsbacher Bewegung gesagt worden, daß ich von Liturgie gar nichts verstehe.[1] Vor den «Altären» der deutschen Kirchen wußte ich mich denn in

[1] Der Predigtband *Den Gefangenen Befreiung* wurde 1959 – ebenso wie dann 1965 der Predigtband *Rufe mich an!* – im Auftrage des Evangelischen Verlages A.G.Zollikon auf ausdrücklichen Wunsch Barths in der Buchdruckerei der Strafanstalt Basel hergestellt.

[1] Diese angebliche Äußerung von Dr. Friedrich Buchholz (1900–1967), dem Präses der Kirchlichen Arbeit in Alpirsbach, ist nicht authentisch. Herr Pfarrer i.R. Helmut Goes berichtet dem Herausgeber, er, Goes, habe Buchholz

der Tat, wenn ich dort zu predigen hatte, immer nur ungeschickt zu bewegen. In alten Bonner Tagen habe ich mich einmal in entschlossener Eigenmächtigkeit hinter statt vor den «Altar» gestellt, durfte das aber kein zweites Mal tun. (Nun ja: heute wird ja sogar die römische Messe nicht selten von dort aus zelebriert!) Aus anderen Gründen hat mich mein Freund Günther Dehn[2] noch nach dem Krieg unter der Türe der dortigen Poppelsdorfer Kirche mit der strengen Zensur: «Predigt Note 1, Liturgie Note 5» entlassen müssen. Und so bin ich auch mit dem Inhalt dieses Büchleins gewissermaßen nur durch eine Hintertüre in die Gesellschaft der eigentlichen Liturgiker herein geraten. |6|

Mir war schon seit längster Zeit nicht wohl zumute gewesen, wenn ich mich vor und nach meinen Predigten der Ordnung halber (oder auch einfach aus Bequemlichkeit?) an die da und dort üblichen Agendenbücher halten zu sollen oder zu dürfen meinte. Mich störte die sachliche Beziehungslosigkeit, aber auch das unorganische Verhältnis zwischen der (altertümlichen oder auch modernen) Fassung und Sprache dieser Gebete und der meiner Predigt. Ich suchte mir dann eine Weile dadurch zu helfen, daß ich die Darbietungen der Agende – nicht etwa (das habe ich nie riskiert!) durch extemporierte Gebete, sondern durch

einmal auf diesen Satz Barths angesprochen, und Buchholz habe bestritten, sich je in diesem Sinne geäußert zu haben.

Es bleibt offen, wie Barth dazu kam, Buchholz diese Äußerung zuzuschreiben. Ob ihm jemand etwas Unzutreffendes oder Mißverstandenes zugetragen hat? Denkbar wäre auch, daß Barth – in ungenauer Erinnerung? oder in pointierter Hervorkehrung eines Gedankens, den er zwischen den Zeilen gelesen zu haben meinte? – Bezug nimmt auf Buchholz' *Dank und Wunsch aus Alpirsbach* in: *Antwort. Karl Barth zum siebzigsten Geburtstag am 10. Mai 1956*, Zollikon-Zürich 1956, S. 22–26. Dort heißt es u. a.: «Sie selbst werden nur indirekt vom alpirsbachischen Tun erfahren haben und sich jetzt ein wenig verwundert fragen, was wir Ihnen zu danken haben, dessen Mund und Feder so kritische Bemerkungen zu allem gottesdienstlichen Tun, zu aller Liturgie (wie man heute so leicht verengend und so beängstigend feierlich gerne sagt) entströmt sind» (S. 22). «Wir können uns für unsere Entscheidungen und unser Handeln nicht auf einige Ihrer Sätze oder Schriften berufen, um damit vor andern theologisch gerechtfertigt dazustehen. Wir können nur, immer aufs neue dankbar, eine Verwandtschaft konstatieren ...» (S. 22f.). «Es war wohl ein Mißverständnis, wenn im Verfolg Ihrer Kritik mancher im Bereiche des Gottesdienstes alles laufen ließ, wie es eben lief – Sie begannen hingegen, einen Beitrag zur gottesdienstlichen Form zu geben in den Gebeten nach Ihren Predigten» (S. 23).

[2] Günther Dehn (1882–1970) war von 1946 bis 1953 Professor für Praktische Theologie in Bonn.

freie Zusammenstellungen von biblischen Psalmworten ersetzte. Erst in vorgerückteren Jahren begann ich solche Texte zuerst für den Schluß, dann auch für den Anfang der Hauptaktion des Gottesdienstes im Zusammenhang mit der Vorbereitung meiner Predigt selber wörtlich festzulegen. Mit den Predigten zusammen sind sie dann einzeln und in den Sammlungen «Fürchte dich nicht!»[3] und «Den Gefangenen Befreiung»[4] veröffentlicht worden; und ich habe mich immer dagegen gewehrt, daß die Predigten ohne die zu ihnen gehörigen Gebete nachgedruckt würden. |7|

Die Erwägungen, die mich dabei leiteten, waren, kurz gesagt, diese: Der Gottesdienst als Zentrum des ganzen Lebens der Gemeinde hat sich seinerseits als ein Ganzes, und zwar als ein Ganzes der Anrufung des gnädigen Gottes darzustellen. Er beginnt nach der Begrüßung der Gemeinde als des Volkes dieses Gottes mit ihrem (wie ich denke: nicht genug wichtig zu nehmenden und zu pflegenden) gemeinsamen Gesang. Er geht fort in der Aussprache ihres Dankes, ihrer Buße, ihrer besonderen Bitte um Gottes Gegenwart und Beistand in dem besonderen Tun ihrer gottesdienstlichen Versammlung durch den Mund des als Leiter der Aktion dienenden Gemeindegliedes. Er steigt auf zur Predigt, in der die Anrufung in Auslegung und Anwendung eines (besser kurzen als langen!) Schriftwortes zur Anrede und Verkündigung wird. Er gestaltet sich von da aus absteigend zum Schlußgebet, in welchem die Aussage der Predigt (nun wieder in direkter Anrufung Gottes) straff zusammenzufassen ist, in welchem sich aber der Gottesdienst vor allem als möglichst ausgebreitete Fürbitte (wird sie nicht zu oft vernachlässigt?) nach außen, nach allen anderen Menschen, nach der übrigen Kirche und Welt hin zu öffnen hat. Im zweiten gemeinsamen Gesang |8| macht sich die Versammlung dieses Schlußgebet zu eigen. Sie wird mit der Erteilung des Segens durch das dienende Gemeindeglied: «Der Herr segne euch ...!» [vgl. Num. 6,24–26] (nicht uns!) entlassen. (Auf denselben Linien würde sich, wenn es nach mir ginge, auch das Tauf- und das Abendmahlsformular zu bewegen haben.) Wobei die Würze in allen

[3] K. Barth, *Fürchte dich nicht! Predigten aus den Jahren 1934 bis 1948*, München 1949.

[4] K. Barth, *Den Gefangenen Befreiung. Predigten aus den Jahren 1954–59*, Zollikon 1959.

Stücken an aller geistlichen und theologischen Gesprächigkeit vorbei auch in der Kürze zu bestehen hat!

Die im Blick auf diesen Zusammenhang formulierten Gebete findet man in diesem Büchlein gesammelt. Die dem «Kirchenjahr» folgende Einteilung, in der sie hier erscheinen, und die beigegebenen Titel stammen nicht von mir; ich kann sie aber gerne gut heißen. Allzu zeitbedingte Elemente, besonders der Fürbitte (in der Kriegszeit ist da öfters der unsere Grenzen bewachenden schweizerischen Armee – es ist seinerzeit aber auch des eben gewählten Papstes Johannes XXIII. ausdrücklich gedacht worden) konnten hier in Wegfall kommen.

Daß meine zur Aufklärung der Sachlage vorhin skizzierte Auffassung vom Wesen und Gang des Gottesdienstes allgemeinen Beifall finden werde, kann ich nicht erwarten. Es mag aber sein – und das ist wohl die Meinung der |9| Freunde, die sich um die Sammlung und Veröffentlichung dieser Gebete bemüht haben[5] –, daß sie sich auch ohne die Voraussetzung meiner vielleicht allzu reformierten «liturgischen» Konzeption als dienlich erweisen können. Meine Vorstellung dabei ist nicht einfach die, daß sie von den Gemeinden bzw. von ihren Predigern so, wie sie dastehen, übernommen werden sollten, wohl aber die, sie möchten von Dem und Jenem als Anregung zu einer energischen Besinnung darüber gelesen werden: ob er das Beten in und mit der zum Gottesdienst versammelten Gemeinde nicht ganz anders als heute üblich zum Gegenstand seiner eigenen besonders sorgfältigen Aufmerksamkeit und Arbeit machen sollte? Darüber hinaus können und mögen sie da und dort auch zu privatem Gebrauch willkommen sein.

Basel, im Advent 1962 *Karl Barth*

[5] Die Anregung, Gebete Barths in einem separaten Bändchen zu veröffentlichen, wurde zuerst von Prof. D. Karl Gerhard Steck dem Chr. Kaiser Verlag vorgetragen und von diesem aufgegriffen. Cand. theol. Uvo Andreas Wolf nahm sich, unterstützt von Charlotte von Kirschbaum und vom Verlag, der Durchführung des Planes an. An der Gestaltung der Gebetsüberschriften wirkte zudem Prof. D. Helmut Gollwitzer mit. In dem Bändchen selbst ist kein Name eines Herausgebers oder Bearbeiters genannt.

ANHANG

BEKEHRUNG

1. Johannes 4,18

Wörtliche Wiedergabe der am 6. August 1961 in der Strafanstalt Basel gehaltenen Predigt [1]

Das Wort der Heiligen Schrift, das wir jetzt zu uns reden lassen wollen, steht im 1. Johannesbrief im 4. Kapitel, Vers 18, und lautet daselbst folgendermaßen:

Furcht ist nicht in der Liebe, sondern die vollkommene Liebe treibt die Furcht aus.

Meine lieben Brüder und Schwestern!

Ihr alle habt ganz gewiß irgendeinmal in eurem Leben das Wort «Bekehrung» gehört. Bekehrung, das heißt Umkehr, ein neuer Anfang, der Beginn eines anderen, besseren Weges im Leben eines Menschen. Bekehrung – darüber ist unter den Christen zu allen Zeiten viel nachgedacht und viel geredet worden. Es könnte ja wohl sein, daß vielleicht auch dem Einen oder Anderen von euch irgendeinmal von Jemandem gesagt worden ist: Was du eigentlich nötig hast, das ist, daß du dich bekehren solltest! Ja, das ist's, was wir alle nötig haben, nötiger als alles sonst: daß wir uns bekehren. Nicht nur einmal, sondern eigentlich alle Tage wieder. Martin Luther hat's einmal so ausgesprochen: «Das Leben des Christen muß eine tägliche Buße sein.»[2] Und Buße, das heißt auch wieder Bekehrung.

Wenn wir es recht verstehen, so ist auch in dem Wort, das wir vorhin gehört haben, von der Bekehrung die Rede. Alles, was da steht, was wir da gehört haben von der Liebe und von der Furcht, läuft zuletzt darauf hinaus, daß wir uns bekehren dürften und dann auch müßten. Aber allerdings, das steht in diesem Wort nur verborgen da, so zwischen den

[1] Vgl. oben S. 193ff. Die untenstehende Wiedergabe folgt dem in Jg. 8 Nr. 3 (März 1962) der «Berner Predigten» (EVZ-Verlag, Zürich) unter dem Titel *Furcht ist nicht in der Liebe* gedruckten Text, der seinerseits auf einer Nachschrift der Schallplatte *Gottesdienst in der Strafanstalt* beruht. Der Text wurde durch Beseitigung einiger Hörfehler verbessert und orthographisch dem oben im Hauptteil abgedruckten von Barth autorisierten Text angeglichen.

[2] Vgl. oben S. 194 Anm. 2.

Zeilen, wie man zu sagen pflegt. Und darum möchte ich erst am Schluß wieder darauf zurückkommen. Wir wollen uns jetzt zunächst an das halten, was offen dasteht.

Da heißt es also: «Furcht ist nicht in der Liebe.» In der Liebe! Ist das nicht merkwürdig? In der Liebe! Wie wenn die Liebe ein Ort wäre, ein Raum, ein Haus, in welchem man sein und wohnen und sitzen und stehen und gehen kann. Es gibt in der Bibel noch andere ähnliche Ausdrücke. Man kann da gelegentlich auch lesen, daß es heißt: *im* Glauben oder *im* Geist oder *im* Herrn oder *in* Christus. Und damit wird dann wohl jedesmal dasselbe Haus beschrieben werden, das jetzt also die Liebe heißt: «in der Liebe». Wir wollen's jetzt von der Seite mal ansehen heute: «in der Liebe.»

Und nun hören wir: in diesem Hause gibt es eine Hausordnung – ihr wißt ja, was das ist. Und in dieser Hausordnung gibt es einen ersten Satz, sozusagen den Paragraphen 1, und der lautet: «Furcht ist nicht in der Liebe.» In anderen Worten: Furcht hat in diesem Hause nichts zu suchen, ist da ausgeschlossen. Man möchte fast denken an die Inschrift im Tramwagen: «Rauchen verboten!» oder an die Inschrift, wie man sie auf gewissen Bauplätzen begegnen kann: «Unbefugten ist der Zutritt verboten.» Aber was wir hier hören, das ist nicht nur ein Verbot. Es heißt da: Furcht *ist nicht* in der Liebe, ist gar nicht vorhanden. Die Liebe treibt die Furcht aus, so wie schlechte Luft in einem Zimmer ausgetrieben wird, wenn man einen tüchtigen Durchzug macht, was manchmal nötig ist. Oder, um ein schöneres Bild zu brauchen: so wie im Theater das Geschwätz der Leute aufhört, wenn der Vorhang aufgeht, oder im Konzert, wenn die Musik zu spielen anfängt. Ein guter Satz, nicht wahr, ein guter Paragraph 1 in einer guten Hausordnung eines guten Hauses!

Aber wenn wir jetzt verstehen wollen, was da gesagt ist, dann müssen wir uns einen Augenblick darüber besinnen: was meinen wir denn eigentlich, wenn wir von «Liebe» reden, also von dem, was wir als Liebe kennen, von menschlicher Liebe? Nun, darüber wäre viel zu sagen. Ich will jetzt nur versuchen auszusprechen, was mit Liebe, mit menschlicher Liebe im besten Fall – ich betone: im besten Fall – gemeint sein könnte. Liebe, das möchte sein eine Beziehung zwischen Menschen, vielleicht zwischen zwei Menschen, vielleicht auch zwischen dreien, vielleicht zwischen vielen, vielleicht zwischen einer ganzen Gruppe von Menschen: eine Beziehung, in welcher diese Menschen sich nicht mehr fern sind und fremd sind und nicht mehr gleichgültig oder gar unangenehm, sondern sie haben sich kennen gelernt, sie haben sich verstehen gelernt, sie halten sich gegenseitig für vertrauenswürdig. Und so haben sie sich gern bekommen, so gern sogar, daß diese Menschen nicht mehr ohne einander sein möchten, so sehr, daß diese Menschen unwillkürlich nach einander begehren, es zieht sie hin Einen zum Andern, sie möchten mit einander sein. Und nun stehen sie sich gegenüber oder leben sie miteinander, indem sie sich einander gegenseitig anbieten.

Ist das nicht schön? Ja, das ist schön, aber fast zu schön, um wahr zu sein. Nicht wahr, im wirklichen Leben, da begegnet wohl uns allen immer nur so teilweise, so ein wenig etwas von dieser Liebe, dann und wann, und im Grunde eigentlich ziemlich selten, und dann wohl auch in einer nur entfernten Ähnlichkeit mit dem, was Liebe sein könnte und sollte. So, wie eine schlechte Photographie das Bild von Jemandem so wiedergibt, daß man sagt: ja, ich erkenn's grad von weitem, das sollte wohl mich oder dich sein, aber es ist weit, weit entfernt davon.

Und nun kann's ja wohl sein, daß es Menschen gibt – vielleicht ist sogar einer, ein solcher hier unter uns, der jetzt geneigt wäre zu sagen: In meinem Leben, da gibt's das überhaupt nicht, was du uns da als Liebe beschreibst. Mich liebt niemand. Und ich liebe auch niemanden. Geschweige denn so, wie das da eben beschrieben wurde. Ich fühle mich einsam, ganz einsam, steineinsam in einer Welt ohne Liebe, wo die Leute fern und fremd und ohne einander und gegeneinander leben.

Und Eines ist ganz sicher: diese Liebe, also die Liebe, die wir meinen, wenn wir dieses Wort aussprechen, und die wir vielleicht kennen oder also vielleicht nicht zu kennen behaupten – diese menschliche Liebe treibt die Furcht *nicht* aus. Im Hause dieser Liebe gibt es auch im besten Falle – und wie selten ist der beste Fall! – gibt es auch im besten Fall viel Furcht: Furcht vor den Enttäuschungen, die man mit einander erleben könnte, Furcht davor, daß man einander verlieren könnte, Furcht vor der eigenen Vergangenheit, die wie ein großer Schatten von hinten her in unser Leben hineinfällt, und Furcht vor der Zukunft – ein anderer Schatten, der von vorne da hereinkommt zu uns –, Furcht vor den Leuten und Furcht vor sich selbst, Furcht vor dem Schicksal, Furcht vor dem Tode und dann wohl auch Furcht vor dem Teufel. Im Hause der menschlichen Liebe, da hausen auch im besten Fall die Gespenster der Furcht. Es kann deswegen immer noch ein recht schönes Haus sein oder doch so ein Schrebergartenhäuschen, wo sich's ganz gut leben läßt, aber nicht das Haus mit dem Paragraphen 1, der lautet: Furcht ist nicht in der Liebe.

Und jetzt will ich euch etwas sagen von einem ganz anderen Haus und von einer ganz anderen Liebe, und die heißt in unserem Wort «die vollkommene Liebe». Also: die Liebe in Fülle, nicht bloß so in kleinen Teilchen – und die Liebe, die bleibt, die nicht so vorübergeht wie ein Hauch, und die Liebe, in der keine Furcht ist. Da sollen mir jetzt auch die ganz Traurigen unter euch ruhig zuhören, auch die, die eben vielleicht der Meinung sind: ich weiß überhaupt nicht, was Liebe ist.

Es gibt eine Liebe, die ist auch eine Beziehung. Aber Beziehung wäre ein viel zu schwaches Wort. Diese Liebe ist ein *Bund*, und ein Bund, das ist eine feste, eine geordnete, eine unauflösliche Sache. Auf einen Bund, wenn man einmal darin steht, darf man sich verlassen. Wer ist in diesem Bunde? *Gott* ist in diesem Bunde, Er, der Herr, Er, der Freie, der Hohe, Er, der niemandem etwas schuldig ist, Er, ohne den niemand und nichts ist. Er begründet und Er erhält diesen Bund. Und auf der anderen Seite – es braucht ja wohl Zwei zu einem Bunde – auf der anderen Seite wir. Ja, wir. Dieser Bund Gottes ist begründet zwischen ihm und dir und mir und uns allen.

Warum, wie kommt Gott dazu, einen Bund mit uns zu wollen und zu haben, zu begründen und aufzurichten? Etwa darum, weil wir so starke und feine und gute Leute sind? Nein. Sind wir alle nicht. Etwa darum, weil Gott uns nötig hätte, uns brauchte zu irgend einem Zwekke? Nein, er hat uns nicht nötig. Etwa darum, weil wir's nun vielleicht unbegreiflicherweise doch so gut meinten und es also verdienten, mit Gott im Bunde zu sein? Nein, nein, wir verdienen es nicht, wir meinen und machen es gar nicht gut. Sondern darum hat Gott diesen Bund begründet und erhält er ihn zwischen ihm und uns: ganz allein darum, weil es sein freier, guter, allmächtiger, barmherziger, heiliger Wille ist. Er tut's umsonst. «Das ist die Liebe, nicht daß wir Gott geliebt haben, sondern daß er uns geliebt hat» [1. Joh. 4,10]. Und «also hat Gott die Welt geliebt, daß er seinen eingeborenen Sohn gab» [Joh. 3,16]. Gottes Sohn, das ist nichts Anderes als Gott selbst, aber Gott, welcher nicht für sich allein in irgendwelcher Höhe und Ewigkeit Gott sein wollte, allein, und der also auch uns nicht allein lassen wollte, sondern Gott, der zu uns kam, Gott, der Unseresgleichen, der unser Nächster, der also selber ein Mensch wurde wie wir, das Kindlein in der Krippe von Bethlehem und der gekreuzigte Mann auf Golgatha. Das ist die vollkommene Liebe. So kennt uns Gott. So begehrt er nach uns. So sucht und findet er uns. So ist er der Unsrige, und so sind wir die Seinen.

Das ist sein Bund, das ist das Haus der vollkommenen Liebe, der Liebe Gottes. In *ihr* ist keine Furcht. *Sie* treibt die Furcht aus. Eben dazu liebte und liebt uns ja Gott, eben dazu hat er seinen Sohn, hat er in seinem Sohn sich selbst dahingegeben, damit wir uns nicht mehr fürchten müssen, damit wir nämlich zum Fürchten keinen Grund mehr hätten. Indem Gott uns liebte und indem er uns liebt, jetzt, ist jeder Grund zum Fürchten beseitigt, weggenommen, ausgewischt, zerstört und vernichtet. Du fürchtest dich vor diesem und diesem Menschen, von dem du meinst: er denkt nicht gut von mir, der dir vielleicht auch schon böse Worte gegeben hat, von dem du erwartest, er könnte dir Böses tun? Aber warum denn diesen Menschen fürchten? Was kann denn dieser Mensch gegen Gott? Und wenn er nichts gegen Gott kann, was kann er dann gegen dich, da Gott ja für dich ist? Du hast wirklich Keinen zu scheuen. Was können dir Menschen tun? [vgl. Ps. 56,5.12]. – Oder du fürchtest, es könnte dir ein Mensch, den du gern hast, der dir unentbehrlich ist, er könnte dir so oder so abhanden kommen? Ja, aber Gott kommt dieser Mensch sicher nicht abhanden. Und wenn er Gott nicht abhanden kommt, dann kann er auch dir in Wahrheit nicht abhanden kommen. Es ist auch mit diesem Grund zum Fürchten nichts. – Oder du fürchtest, wie ich vorhin andeutete, deine Vergangenheit und deine Zukunft und den Tod. Ja, aber schau, du bist *mit* deiner Vergangenheit und *mit* deiner Zukunft und in deinen Tod hinein und über deinen Tod hinaus der von Gott geliebte Mensch. Warum willst du dich dann fürchten vor diesen Gespenstern? Die vollkommene Liebe Gottes erstreckt sich über dein ganzes Leben von Anfang bis zu Ende und darüber hinaus. – Oder du fürchtest dich – und mir kommt's immer vor, das könnte der stärkste Grund zum Fürchten sein –, du fürchtest dich vor dir selber, vor deiner eigenen Schwachheit, und vielleicht nicht nur Schwachheit, sondern Bosheit, du fürchtest dich vor den Versuchungen, die dir zu stark werden könnten und oft genug zu stark werden, du fürchtest dich vor den Einfällen, die es da geben möchte in deinem Kopf, vor den Teufeleien, die einem Menschen wohl in den Sinn kommen könnten. Halt! Auch dieser Grund zählt nicht. Gott ist größer denn dein Herz [vgl. 1. Joh. 3,20], und Gott ist stärker als alles das in dir, vor dem du dich wohl sonst fürchten könntest und müßtest. Gott ist stärker, und da dem so ist, warum sollst du denn nicht anfangen, ja, dieser ganzen bösen Welt, die da in dir selber drin steckt, der nun einmal Trotz zu bieten? Gott bietet ihr zuerst Trotz, dieser bösen Welt. Schließ dich ihm an! Tu's auch! Du kannst. Zu fürchten brauchst du auch dich selbst nicht. – Oder willst du dich vor dem Teufel fürchten? Es haben schon Manche über den Teufel gelacht, und in Wirklichkeit fürchten viele, viele Menschen im Grunde den Teufel. Ich will dazu nur ganz kurz sagen: dazu ist der Sohn Gottes erschienen, daß er die Werke des Teufels zerstöre [1. Joh. 3,8]. Und er *hat* sie zerstört, und jetzt wollen wir sie zerstört sein lassen.

Ob es wohl noch andere Gründe geben möchte, sich zu fürchten? Sicher, noch viele. Es gibt aber gar keinen einzigen Grund, welcher Raum hätte, welcher Bestand hätte im Hause der vollkommenen Liebe. Und so gibt's keine Furcht, die wir vor irgendetwas oder vor irgendjemand haben könnten, die nicht durch die Liebe, die vollkommene Liebe ausgetrieben würde und wäre. Punktum. So ist's.

Ja, aber jetzt denkt vielleicht der Eine oder Andere von euch: Das ist alles schön und recht, ich will das mal so anhören, weil's Sonntagmorgen ist, weil wir jetzt in der Kirche sind. Aber wie ist das mit diesem Haus, mit dieser vollkommenen Liebe? Bin ich denn drin? Ich fürchte mich eben trotzdem, trotz diesem Punktum, das du uns da vorhin zugerufen hast, ich fürchte mich vor dem, vor jenem, bei Tag, bei Nacht; und daraus, daß ich mich fürchte, daraus schließe ich: ich bin wohl nicht drinnen in diesem Haus, ich bin wohl nicht in der vollkommenen Liebe, wo keine Furcht ist, sondern ich bin irgendwo da draußen, auf der Straße, mitten auf der Straße, wo es so gefährlich ist, wo ich ängstlich links schauen muß und rechts schauen muß, ob da nicht irgend etwas gesaust kommt und mich überfahren will. So denkt und so redet ein unbekehrter Mensch.

Und jetzt wird Alles noch schlimmer, wenn der jetzt weiter denken würde und reden: O, es wäre schön, da drinnen zu sein. Ich möchte auch in der Liebe sein und dann keine Furcht haben müssen. Wie könnte ich jetzt wohl da hineinkommen? So hineinsteigen über eine Mauer, vielleicht unter Zerbrechen von einigen Fenstern? Was für eine Kunst, was für ein Krampf, was für eine Anstrengung würde das wohl sein, um da hineinzukommen? Und dann würde ich mich wohl nicht mehr fürchten nachher.

Jetzt muß ich noch einmal sagen und ganz ernst sagen: So denkt und so redet ein unbekehrter Mensch. Denn, meine lieben Brüder und Schwestern, es geht nicht darum, daß wir in dieses Haus der vollkommenen Liebe von uns aus hineinkommen und dann wohl hineinsteigen, hineinklettern wollen, sondern es geht darum, daß diese vollkommene Liebe Gottes zu uns gekommen ist. Es geht um den Heiland, der für uns da ist – «nahm sich meiner herzlich an, eh ich seiner noch gedachte»[3] –, es geht um das Haus, welches Gott im Himmel gebaut hat für alle Menschen, und dann ließ er es herabkommen auf unsere arme, dunkle Erde, und nun steht es da und steht so da, daß wir alle gar nicht anderswo sein können als in diesem Hause.

Ja, wo fehlt's denn, wenn wir uns jetzt immer noch fürchten? Es fehlt dann daran, ganz schlicht nur daran, daß wir noch immer nicht *merken*, wo wir eigentlich *sind*, und das ist das Tun und Treiben und Denken und Reden des unbekehrten Menschen, daß er nicht merkt, was los ist, daß er nicht merkt: er ist nicht draußen, sondern er ist drinnen. Und er merkt es nicht, weil er schläft. Und im Schlaf träumt er. Und er träumt und irrt sich, wie eben Träume ja Irrtümer zu sein pflegen. Er träumt nämlich, daß er sich noch immer fürchten müsse und auch fürchten könne, er träumt davon, daß es noch wirkliche Gründe zum Fürchten gebe. Das ist der unbekehrte Mensch.

Und jetzt, was heißt *Bekehrung?* Was heißt Umkehr, was heißt Buße? Wie ist's mit diesem neuen Weg, den wir antreten dürften und müßten? Meine lieben Freunde, Bekehrung heißt ganz einfach, daß wir aufwachen, daß wir den Traum und den Irrtum, als ob wir Grund hätten,

[3] Aus Strophe 2 des Liedes 48 (gegenüber EKG 232 stark veränderte Textfassung) «Sollt ich meinem Gott nicht singen» von P. Gerhardt:

Er, der über mir schon wachte,
als ich kaum zu sein begann,
nahm sich meiner herzlich an,
eh ich seiner noch gedachte.

uns zu fürchten, daß wir ihn hinter uns lassen, indem wir nämlich die Augen auftun, wie wir's als ganz kleine Kinder, als wir geboren waren, zum ersten Mal getan haben, die Augen geöffnet und gesehen, wo wir sind: nicht draußen, sondern ohne Kunst und Krampf drinnen in der vollkommenen Liebe, in der Gott uns zuerst geliebt hat und in der keine Furcht ist, weil kein Grund zur Furcht da ist, weil diese Liebe die Furcht austreibt.

Wenn der Heilige Geist zum Herzen eines Menschen redet, dann bekehrt sich dieser Mensch, und dann tut er eben die Augen auf, wie das kleine Kind nach seiner Geburt. Und darum nennt man die Bekehrung auch eine Wiedergeburt des Menschen. Dann merkt er, wo er ist, dann kann er sich nicht mehr fürchten. Denn das sagt ihm der Heilige Geist in sein Herz hinein, dort, wo er nicht ausweichen kann, dort, wo er es hören muß: «Wache auf, der du schläfst, und stehe auf von den Toten, so wird Christus dir leuchten!» [Eph. 5,14]. Und weiter: «Fürchte dich nicht, ich erlöse dich, ich rufe dich bei deinem Namen, du bist mein!» [Jes. 43,1].

Meine Brüder und Schwestern, das schenke uns Gott, er schenke es dir und dir und dir und schenke es auch mir und uns allen heute, jetzt und morgen auch wieder immer neu das. Amen.

ABER SEID GETROST!

Johannes 16,33

Wörtliche Wiedergabe der am 24. Dezember 1963
in der Strafanstalt Basel gehaltenen Predigt [1]

Das Wort der Heiligen Schrift, das wir heute zu uns reden lassen wollen, steht im Johannesevangelium im 16. Kapitel im 33. Vers. Es ist ein Wort unseres Herrn Jesus Christus:

[1] Vgl. oben S. 242ff. Der Gottesdienst, in dem diese Predigt gehalten wurde, wurde von Radio Beromünster und vom Süddeutschen Rundfunk übertragen. Die untenstehende Wiedergabe beruht auf einer Nachschrift einer Tonbandaufzeichnung von dieser Radioübertragung. Die Nachweise finden sich in den Anmerkungen oben im Hauptteil; sie werden hier nicht wiederholt.

Eine Reproduktion der Tonbandaufzeichnung ist unter dem Titel «Aber seid getrost! – Weihnachtspredigt» 1979 als Tonbandcassette im Theologischen Verlag Zürich erschienen.

In der Welt habt ihr Angst. Aber seid getrost! Ich habe die Welt überwunden.

Meine lieben Brüder!

Wir sind an diesem Heiligen Abend vor dem Weihnachtstag beieinander, um uns vorzubereiten darauf, die Weihnachtsbotschaft zu hören. Und nun wißt ihr ja, daß diesmal auch viele andere Menschen uns hier unsichtbar hören, wie wir beten und singen und das Wort der Heiligen Schrift zu verstehen suchen: draußen in der Stadt und in der übrigen Schweiz und draußen in Deutschland – beinahe wörtlich so, wie wir eben gesungen haben: «Alle Luft jauchzt und ruft: Christus ist geboren.» Wir wollen uns also durch diesen Umstand nicht stören lassen, sondern wollen uns freuen, daß wir heute in ganz großer Gesellschaft sind. Und wir grüßen all die Anderen, die hier zuhören.

Ich habe die Welt überwunden. Das ist die Weihnachtsbotschaft. Das Kind in der Krippe von Bethlehem sagt das – in großer Demut, aber in großer Bestimmtheit. Ich, der Sohn Gottes, des Vaters, des allmächtigen Schöpfers Himmels und der Erde, den er hat Menschensohn werden lassen für euch, damit er euer Gott sei und ihr sein Volk und damit ihr, ihr Menschen alle, Anteil haben sollt an der Freude und an der Kraft und an dem Frieden dieses Bundes. *Ich* habe die Welt überwunden. Ich habe das getan, sagt er, nicht ihr, ihr bösen Menschen nicht und ihr guten auch nicht, ihr törichten nicht und ihr gescheiten auch nicht, ihr ungläubigen nicht und auch nicht ihr gläubigen. Kein Papst und kein Konzil, keine Regierung und keine Universität hat das getan und eure Technik und Wissenschaft auch nicht, und wenn ihr es dazu bringen solltet, übermorgen über die Milchstraße Schlitten zu fahren. *Ich* habe das getan, ich ganz allein.

Ich habe die *Welt* überwunden. Es geht in der Weihnachtsbotschaft um die Welt. Die Welt, das ist unser großes Wohnhaus, Gottes gute, herrliche Schöpfung und nun doch ein Ort mit so viel Finsternis, eine Stätte von so viel Missetat und Trauer. Die Welt, das seid ihr Menschen, auch ihr, jeder von euch, dazu bestimmt, Gottes Kind zu sein, auch ihr, jeder von euch, von Gott gut geschaffen, und nun doch von ihm abgefallen und nun doch seine Feinde geworden, und weil seine Feinde, darum Feinde untereinander und darum ein Jeder sein eigener Feind. Also hat Gott diese Welt geliebt. Dazu hat er mich, so sagt uns das Kind von Bethlehem, dazu hat er mich, seinen Sohn, gegeben, dahingegeben [vgl. Joh. 3,16].

Ich habe die Welt *überwunden*. Es braucht einen großen Herrn dazu, das zu tun. Aber ich *bin* dieser große Herr. Ein wunderlicher Herr freilich, verglichen mit den vielen anderen Herren, die es ja auch versucht haben, die Welt oder wenigstens irgend einen Teil der Welt zu überwinden und sich zu unterwerfen und sich zu eigen zu machen mit ihrer Schlauheit und mit ihrer Gewalt. Ich habe die Welt überwunden, indem ich als armer Leute Kind in einem Stall geboren wurde und in eine Krippe gelegt. Und wer weiß, ob das Holz, aus dem diese Krippe gemacht war, nicht aus demselben Walde genommen war, aus dem später Holz zu einem Kreuz gezimmert wurde? Denn ich habe die Welt überwunden, indem ich mich für euch, für eure Sünde und Schuld dahingegeben habe in den Tod und in die Schande. Ich habe die Welt überwunden, indem ich sie mit Gott versöhnt habe, indem ich sie von ihrem Verderben erlöst habe. Ich habe die Welt überwunden, indem ich sie für Gott gewonnen habe und damit auch für euch wiedergewonnen habe, daß sie wieder das Wohnhaus sei, wo alle froh werden dürfen, und damit wir Menschen wieder die sein dürften, die wir eigentlich sind, Gottes liebe Kinder.

Ich *habe* die Welt überwunden. Also nicht erst, daß ich es irgendeinmal wohl tun werde. Sondern das ist geschehen, das ist vollbracht, euch bleibt nur übrig, zu merken, daß sie die von mir überwundene Welt ist und daß ihr Menschen alle die von mir schon überwundenen Leute seid.

Liebe Brüder, das zu hören, das anzunehmen, aufzunehmen, in unser Herz, in unser Gewissen hineinzunehmen, das ist's, worauf wir uns an diesem Heiligen Abend miteinander vorbereiten lassen möchten: Ich habe die Welt überwunden.

Aber das könnte nun fast zu schön sein, um wahr zu sein, wenn es ein Anderer als er uns sagen würde. Und eben, er, der uns das sagt: Ich habe die Welt überwunden, er sagt uns ja, wie wir gehört haben, zuerst sogar, noch etwas Anderes: *In der Welt habt ihr Angst*. Er sagt nicht: Ihr *sollt* Angst haben. Er sagt auch nicht: Ihr *dürft* Angst haben. Er macht es uns aber auch nicht zum Vorwurf, daß wir Angst haben. Er stellt es einfach fest, ganz nüchtern als Tatsache: In der Welt habt ihr Angst.

Möchten wir das jetzt vielleicht lieber nicht hören? Paßt das vielleicht nicht in die Weihnachtszeit, nicht zu den Weihnachtsliedern und nicht zu den Weihnachtslichtern? Meine Brüder, laßt uns wohl zusehen: Unser ganzes Weihnachtswesen könnte unehrlich sein und könnte eine einzige Einbildung sein, wenn wir uns das nicht auch sagen lassen wollten. Derselbe Jesus Christus, dasselbe Kind in der Krippe, derselbe gekreuzigte Mann auf Golgatha sagt uns Beides: Ich habe die Welt überwunden – *und:* In der Welt habt ihr Angst. Wir haben Grund und Anlaß, uns von ihm Beides sagen zu lassen und ganz ruhig dazu zu stehen: es ist so, wie er es uns sagt: In der Welt haben wir Angst.

«Angst», das hängt zusammen mit «Enge», Beengung, Beklemmung, Bedrängnis durch irgend etwas, was wir vor uns sehen. Angst, das ist eine Lage des Menschen, in welcher ihm der Atem auszugehen droht, in welcher sich ihm das Herz zusammenkrampft, in welcher er nicht mehr aus noch ein weiß. Laßt es uns eingestehen: wir alle haben Angst, auch die Tapferen unter uns, die es sicher auch hier gibt, – auch jetzt, auch an diesem Heiligen Abend. Dort die Angst schon so vieler junger Leute, ihre große Angst vor den Schwierigkeiten des Lebens, die sie vielleicht mehr ahnen als kennen, aber vielleicht auch schon ein wenig kennen. Und da die Angst der Alten angesichts ihrer abnehmenden geistigen und leiblichen Kräfte, angesichts des Gedankens, sie könnten ihre Zukunft nun eben hinter sich haben und es könne jetzt nur noch ums Abnehmen und Zurücktreten gehen.

Es gibt auch das, was man «Platzangst» nennt – ihr habt das Wort wohl auch schon gehört –, wo man scheu und verlegen den Menschen, sogar den allernächsten Menschen gegenübersteht und beständig den Eindruck hat: sie wollen etwas von mir, sie treten mir zu nahe, und wenn man sich dann plötzlich so ganz einsam fühlt, mitten in der Menge, und nicht aus noch ein weiß.

Angst haben können und müssen wir auch angesichts der Tatsache, wie unsere Zeit, unsere einzige kurze Lebenszeit zerrinnt, unsere Tage und unsere Wochen, unsere Jahre, als flögen wir davon [vgl. Ps. 90,10]. Angst haben kann man auch vor den Aufgaben, die man zu tun hat, vor den Verantwortlichkeiten, die man auf sich liegen hat. Ich kann euch wohl gestehen, daß ich mich an keine Zeit in meinem Leben erinnere, wo ich nicht jedesmal richtig Angst gehabt habe, wenn ich predigen sollte, auch gestern und heute wieder.

Und nun kann man Angst haben – und das greift dann viel weiter – vor gewissen Ereignissen, die unheimlich auf einen zukommen, vielleicht eine schleichende Krankheit. Oder laßt uns noch einmal denken an die gewiß ganz unvorstellbare Angst, welche jene achtzig Menschen in dem bei Dürrenäsch abgestürzten Flugzeug durchgemacht haben müssen in jener letzten Minute, als sie merkten: jetzt ist dann gleich Alles aus, – oder die Menschen in Skoplje in Jugoslawien, als die großen Erdstöße kamen, oder die Menschen im Piavetal, als der Damm brach und das große Wasser ganze Dörfer ersäufte! Haben wir nicht alle auch Angst gehabt an jenem Abend vor ein paar Wochen, als die Nachricht kam aus Amerika von der Ermordung des Präsidenten dort und dann am Tag darauf die fast noch unheimlichere Nachricht von der Ermordung des Mörders: Angst vor solchen Möglichkeiten, die es in der Welt gibt?

Ja, und dann kann man wohl auch Angst haben, kann einen die große Angst überfallen angesichts der unbegreiflichen Irrtümer und Torheiten und Bosheiten, in die man die Menschheit immer wieder verstrickt sieht, wo man sich fragt: wo soll das alles noch heraus, leben wir eigentlich in einem großen Irrenhaus? Furchtbarer Gedanke, nicht wahr? Und da sind wir ja nun schon ganz nahe bei der Angst vor der Atombombe, die viele Menschen haben und viele andere vielleicht ein bißchen mehr haben sollten. Es ist ja schön, daß es jetzt eine Abrede gibt, laut derer dieses Teufelszeug nur noch unter der Erde den Experimenten unterzogen werden soll. Und es ist sehr schön, daß auch unsere liebe Schweiz jetzt dieser Abrede endlich beigetreten ist in der vergangenen Woche. Aber wer würde bei dieser Sache nicht denken an die Geschichte von Jeremias Gotthelf, jene Geschichte von der schwarzen, tödlichen Spinne, die in der Wand eingeschlossen war und wohl aufgehoben, und dann eines Tages nach Jahren und Jahren kommt irgend ein Tor, irgend ein Narr und reißt den Pfropfen heraus, und das böse Wesen bricht aus mit allen schrecklichen Folgen, die das hat. Man sagt uns ja jetzt so schön klug und gescheit: Ja, wir müssen jetzt eben «mit der Bombe leben». Schon recht, aber eben das heißt: in der Angst leben.

Und jetzt will ich nur noch etwas erwähnen. Es gibt auch viele Menschen – vielleicht sind auch ein paar solche unter euch –, die Angst haben ganz schlicht vor der Weihnacht, Angst vor den Erinnerungen an frühere Weihnachten, wo Alles noch so ganz anders war, oder auch Angst vor der Einsamkeit und vor der Verlassenheit, in der sie Weihnacht feiern müssen. Vielleicht auch Angst vor der Einladung, die da kommt: ja, jetzt sollte man fröhlich sein – «O du fröhliche, o du selige gnadenbringende Weihnachtszeit» –, und sie wissen: ich kann und werde nicht fröhlich sein, auch an der Weihnacht nicht. Und jetzt haben sie Angst vor der Weihnacht. Und vielleicht auch darum, weil sie wohl wissen, daß es sich an der Weihnacht um Gott handelt, und daß es ihnen dann wieder einmal zum Bewußtsein kommen könnte: ja gerade mit Gott und darum auch mit meinem Nächsten bin ich nicht im Reinen, und ich habe Angst davor, vor Gott, der mir an der Weihnacht begegnen könnte.

Kurzum, es ist schon so: In der Welt habt ihr Angst. Wenn wir dem allem, was ich jetzt nur angedeutet habe, einen Namen geben wollten, könnte man wohl sagen: wir haben *Lebensangst*, irgendwo ganz tief drin in irgend einer Form wir alle. Und Lebensangst heißt dann immer, merkwürdigerweise, Todesangst, Angst vor dem Ende, Angst vor dem Nichts, dem wir entgegengehen und von dem wir umgeben sind. Sicher gibt's auch allerhand kleine und unnötige und vorübergehende Ängste. Aber die große Angst, die Lebensangst und Todesangst, die kann man nicht verscheuchen, die bleibt. Dann wird's wohl so sein, wie es uns gesagt wird von höchster Stelle: ja, in der Welt habt ihr Angst. Und zum Heiligen Abend, den wir jetzt miteinander begehen, gehört auch das, daß wir es uns eingestehen: Es ist so, wir haben Angst, Lebensangst, Todesangst.

Doch nun genug auch von diesem Kapitel! Derselbe, dasselbe Kind in der Krippe, derselbe gekreuzigte Mann von Golgatha, der uns auf den Kopf zu sagt, daß wir's annehmen müssen: In der Welt habt ihr Angst, derselbe fährt ja fort und ruft es hinein in das ganze Meer unserer Angst: *Aber seid getrost!*

Da haben wir's wieder einmal, dieses herrliche, dieses wunderbare «Aber!», das uns in der Bibel so oft begegnet. Da wird so oft etwas genannt, was wahr ist, was unerschütterlich ist, was gelten muß, etwa: «Bei den Menschen ist's unmöglich» [Mt. 19,26]. Oder: «Es sollen Berge weichen und Hügel hinfallen» [Jes. 54,10]. Oder: «Himmel und Erde werden vergehen» [Mt. 24,35]. Oder: «Der Herr züchtigt mich» [Ps. 118,18]. Alles wahr, unerschütterlich wahr. Aber dann wird dem jedesmal etwas unendlich viel Größeres strahlend gegenübergestellt: «Aber bei Gott sind alle Dinge möglich» [Mt. 19,26]. «Aber meine Gnade soll nicht von dir weichen» [Jes. 54,10]. «Aber meine Worte vergehen nicht» [Mt. 24,35]. «Aber er läßt mich, er übergibt mich dem Tode nicht» [Ps. 118,18]. Und so nun hier: «In der Welt habt ihr Angst. *Aber seid getrost!*»

«Seid getrost!» Meine Brüder, das heißt nicht: Denkt jetzt einmal ein bißchen an etwas Anderes als an eure Angst! Ihr müßt versuchen, darüber hinwegzukommen. Vor der Angst kann man ja bekanntlich fliehen, vielleicht in irgend eine eifrige Beschäftigung hinein, vielleicht in eine Zerstreuung irgend einer Art, vielleicht in irgend eine wilde Unternehmung – Menschen haben schon Vieles unternommen, im Grunde einfach weil sie flüchten wollten aus der Angst heraus. Man kann vor der Angst nicht fliehen, vor der großen Lebensangst und Todesangst. Die ist da; und das Fliehenwollen vor der Angst, das war noch immer die Ursache und die Wurzel alles Bösen.

«Seid getrost!», das heißt: Augen aufgetan! Und jetzt braucht sie, um nach oben zu schauen! Und dann braucht sie, um vorwärts zu schauen! Und dann tretet ganz fest auf eure Füße! Und dann haltet aus, was da auszuhalten ist an Angst, und seid mutig, und sogar: seid fröhlich – fröhlich mitten in der Angst, mitten in der großen Lebensangst und Todesangst!

Ja, kann man denn das? Ist das nun mehr als ein guter Rat eines freundlichen Mannes, den man aber nicht brauchen, mit dem man nichts anfangen kann? Darauf ist zu antworten: Niemand kann das, getrost sein, von sich aus nämlich. Niemand kann getrost sein aus seiner eigenen Erfindung und Entschließung und aus seinem eigenen Wollen heraus. Es kann und darf aber Jedermann getrost, ganz getrost sein, indem er es sich nämlich *sagen* läßt: Sei getrost! – nicht von irgend einem Pfarrer oder von irgend einem anderen guten Menschen, sondern sagen läßt von Dem, der zu Bethlehem geboren wurde und auf Golgatha gekreuzigt, von Dem, der selber in die Welt hineingegangen ist und selber in die Angst hineingegangen ist, in die große Lebens- und Todesangst, und geschrieen hat: «Mein Gott, mein Gott, warum hast du mich verlassen?» [Mk. 15,34], um eben in dieser Tiefe der Angst die Welt zu überwinden. Im Blick auf ihn geht es; im Glauben an ihn, indem man sich an ihn hält, indem man sich an ihn klammert, indem man mit ihm geht, mit ihm in der Finsternis und in der Angst ist, geht es; auf sein Wort hin geht es, daß man getrost werden darf und auch kann. Mit ihm gibt es eine Ruhe – nicht, wie man sagt, eine Ruhe vor dem Sturm, und auch nicht erst eine Ruhe nach dem Sturm, sondern eine Ruhe mitten im Sturm drin. Und diese Ruhe mitten im Sturm, das ist das große und schöne Getrostwerden, zu dem wir alle frei werden dürfen.

Jetzt muß ich freilich noch etwas hinzufügen. So wenig wie jemand von sich aus getrost werden kann, so wenig kann man auch für sich allein getrost werden wollen. Jedermann kann getrost werden, habe ich gesagt, und es bleibt dabei. Aber nur zusammen mit den Anderen, nur indem er sich gerade durch diesen Anruf versammeln läßt zu dem Volk derer, die diesen Ruf auch hören, also nur in der Zusammengehörigkeit aller derer, zu denen Jesus Christus so geredet hat und noch redet. Seht, er hat's ja nicht gewissermaßen privatim dir oder dir oder dir oder mir ins Ohr geflüstert: Sei du getrost! Sondern das ist ein Trompetenstoß: *Seid* getrost! Und wenn du wissen möchtest, ob's wohl stimmt, daß du mitten in der Angst die Engel hören darfst, wie sie sprachen und sangen in der Weihnachtsnacht: «Ehre sei Gott in der Höhe!», dann mach die Probe darauf, ob du auch das Andere hörst, was sie gesungen und gesagt haben: «Und Frieden auf Erden!» [Lk. 2,14] – Frieden unter uns! Meine lieben Brüder, Friede auch in diesem Hause, Friede eines Jeden mit seinem Nachbarn hier aus der Bank, Friede zwischen dem Mann in dieser Zelle und dem in der anderen, Friede zwischen den Gefangenen und zwischen den Aufsehern, Friede in diesem ganzen Haus! Wo man Beides hört: Ehre sei Gott in der Höhe! und: Frieden auf Erden!, Frieden hier für uns!, da wird dann auch das Erste stimmen, und da darf dann ein Jeder getrost sein.

Ich könnt's auch anders sagen. Du könntest fragen: Ja, stimmt das wohl, wenn ich jetzt da so nach oben und nach vorne sehe oder sehen möchte, wie es vorhin gesagt wurde: werde ich dann wirklich getrost sein? Dann wäre zu sagen: Ja, du darfst und wirst getrost sein. Aber du mußt, indem du nach oben blickst und nach vorwärts blickst, auch immer nach links und nach rechts blicken, wo diese Anderen sind, diese Nächsten, die mit dir nach vorne und nach oben blicken möchten.

Oder noch anders: Stimmt's denn, daß ich einen Heiland haben darf, an den ich mich halten und mit dem ich durchkommen mag? Es stimmt, du darfst ihn haben, du wirst ihn haben, du wirst mit ihm durchkommen. Aber sieh zu, daß du deine Umgebung, diese anderen Leute da um dich her, und die Unangenehmen zuerst, daß du die nicht so als einen Haufen ansiehst von Köpfen und Leuten, mit denen man mehr oder weniger etwas anfangen kann, sondern daß du dir klar wirst darüber und klar bleibst darin: Das ist Gottes Gemeinde auf Erden; und ich kann nicht nur für mich, ich kann nur in der Gemeinde getrost werden. Ob es wahr ist, daß du ein Kind Gottes heißen und sein darfst? Ja, es ist wahr; aber die Probe darauf ist, daß du erkennst in den Anderen deine Brüder, die auch Kinder Gottes sind. Nun, warum sollten wir diese Probe, wie ich jetzt ein paarmal sagte, warum sollten wir die nicht bestehen? Allzu schwer ist sie eigentlich nicht, sondern einfach; wenn man das Eine verstanden hat, dann muß man ja und wird man auch das Andere verstehen und dann auch ein ganz klein wenig zu leben wissen.

Wir wollen uns also an diesem Heiligen Abend bereit machen, eben das zu vernehmen, was wir jetzt da zuletzt hörten, daß wir mitten in der Angst – «wenn wir in höchsten Nöten sein und wissen nicht wo aus und ein» –, daß wir da getrost sein dürfen. Aber nicht wahr, wir wollen das Letzte nicht vergessen, wir wollen uns bereit machen und offen auch dafür, mit allen anderen denen zusammen dieses große «Seid getrost!» zu vernehmen, welchen derselbe Herr und Heiland es *auch* zugesagt hat.

Das ist nun unser Heiliger Abend in diesem Jahr. Letztes Jahr war auch ein Heiliger Abend, und nächstes Jahr, wenn wir das Leben noch haben, wird wieder einer sein. Laßt mich zum Schluß jetzt noch etwas sagen: Es ist sicher so, daß genau genommen unser ganzes menschliches Leben von Anfang bis zu Ende ein einziger großer Heiliger Abend ist, der dazu bestimmt ist, daß wir uns vorbereiten auf den letzten, den ewigen, den endgültigen, den großen Weihnachtstag, welcher das Ziel aller Wege Gottes mit dem Menschengeschlecht ist und das Ziel seiner Wege mit einem Jeden von uns.

Ich will zum Schluß jetzt nur noch ein paar Verse lesen aus dem letzten Buch der Bibel, in welchem die Rede ist von diesem ewigen Weihnachtstag, dem wir während des Heiligen Abends unseres ganzen zeitlichen Lebens entgegensehen dürfen: «Ich sah einen neuen Himmel und eine neue Erde, denn der erste Himmel und die erste Erde verging ... Und ich sah die heilige Stadt, das neue Jerusalem, von Gott aus dem Himmel herabfahren, bereitet als eine geschmückte Braut ihrem Mann. Und ich hörte eine große Stimme von dem Stuhl, die sprach: Siehe da, die Hütte Gottes bei den Menschen. Und er wird bei ihnen wohnen, und sie werden sein Volk sein, und er selbst, Gott mit ihnen, wird ihr Gott sein. Und Gott wird abwischen alle Tränen von ihren Augen, und der Tod wird nicht mehr sein, noch Leid, noch Geschrei, noch Schmerz wird mehr sein! Denn das Erste ist vergangen. Und der auf dem Stuhl saß, sprach: Siehe, ich mache Alles neu!» [Apk. 21,1–5]. Das wird die ewige Weihnacht sein. Amen.

MARTIN SCHWARZ
NACHBEMERKUNGEN
[zu: *Den Gefangenen Befreiung*]

Die Tatsache, daß Karl Barth seit einigen Jahren hin und wieder in der Strafanstalt Basel predigt, ist weithin bekannt geworden und hat mancherlei Echo ausgelöst: Erstaunen, Befremden, Kopfschütteln, weit mehr aber Verständnis und Freude. Mancher hat sogar schalkhaft mit dem Gedanken gespielt: man sollte auf baselstädtischem Boden straffällig werden, um Gelegenheit zu bekommen, ihn predigen zu hören. Vor allem aber wurde von Christen und Nichtchristen besorgt gefragt: ob denn die, die diese Predigten mitanhören können, für ihre Botschaft aufgeschlossen und dankbar seien? ob sie es auch zu schätzen und zu würdigen wüßten, daß dieser Mann zu ihnen käme? ob sie denn seine Sprache verstehen könnten? ob es übrigens gut und angebracht sei, wenn an solchem Ort nicht zuerst Gesetz, sondern, wie hier geschieht, zuerst Evangelium gepredigt wird? ob an diesem Predigtort die Hörer nicht von vorneherein kritisch, vermutlich sogar nicht sehr «christlich» eingestellt seien?

Ja gewiß, vor sehr kritischen und «nichtchristlichen» Leuten sind diese Predigten gehalten und darum – so ist man versucht fortzufahren – auch aufmerksam gehört und verstanden worden. Aber man muß es doch wohl umgekehrt sagen: weil diese Predigten so nüchtern und einfach, so klar und ohne jeden falschen Ton, so eindeutig und fröhlich von der «Hauptsache» reden, darum sind sie von den Kritischen und «Nichtchristlichen» gehört und verstanden, bejaht und angenommen worden.

Wie sehr gerade die der Kirche Entfremdeten durch diese Predigten vom Evangelium selber sich angeredet und in ihrer Schuld und Not verstanden, getröstet und gestärkt wußten und die Gebete als ihre eigenen mitbeteten, ist auf mancherlei, oft ganz unscheinbare und hier nicht zu beschreibende Weise deutlich geworden. Das hat sich nicht nur in offensichtlicher Dankbarkeit und Liebe Karl Barth gegenüber gezeigt, sondern nun doch gemeindegemäß im Beisammensein unter dem Wort und in der fröhlichen Teilname am Abendmahl, wie es im Anschluß an die Mehrzahl der hier vorgelegten Predigten gehalten wurde.

Basel, im Herbst 1959.

NACHWEIS FRÜHERER VERÖFFENTLICHUNGEN DES INHALTS DIESES BANDES

Abkürzungen

D.G.B. K.Barth, *Den Gefangenen Befreiung. Predigten aus den Jahren 1954–59*, Zollikon 1959 (2. Auflage Zürich 1963)

R.m.a. K.Barth, *Rufe mich an! Neue Predigten aus der Strafanstalt Basel*, Zürich 1965

Ba.Pr. Basler Predigten. Eine monatliche Predigtfolge, hrsg. von E.Thurneysen und W. Lüthi (Friedrich Reinhardt Verlag, Basel)

Be.Pr. Berner Predigten, hrsg. von G.Locher, R.Morgenthaler und H.Schädelin (EVZ-Verlag, Zürich)

J.K. Junge Kirche. Protestantische Monatshefte (Dortmund)

L.Gl. Leben und Glauben. Evangelisches Wochenblatt (Laupen-Bern)

St.G. Stimme der Gemeinde zum kirchlichen Leben, zur Politik, Wirtschaft und Kultur (ab 1960: Stimme [der bisherige Titel als Untertitel]) (Darmstadt)

Th.St. Theologische Studien. Eine Schriftenreihe, hrsg. von K.Barth (Evangelischer Verlag A.G., Zürich)

Dennoch bleibe ich stets bei dir
Ba.Pr. Jg. 18 Nr. 6, Oktober 1954; St.G. Jg. 7 (1955), Sp. 453–456;
D.G.B. S.1–8

Euch ist heute der Heiland geboren
Ba.Pr. Jg. 18 Nr. 9, Januar 1955
D.G.B. S.9–18

Ich lebe, und ihr werdet leben
Ba.Pr. Jg. 18 Nr. 12, April 1955; St.G. Jg. 8 (1956), Sp. 192–198;
D.G.B. S.19–27

Bestattung von Paul Basilius Barth
unveröffentlicht

Durch Gnade seid ihr gerettet
Ba.Pr. Jg. 19 Nr. 6, Oktober 1955
D.G.B. S.28–37

Blicket auf zu Ihm!
Ba.Pr. Jg. 20 Nr. 1, Mai 1956
St.G. Jg. 10 (1958), Sp. 405–410
D.G.B. S.38–47

Ich hoffe auf dich
Ba.Pr. Jg. 20 Nr. 6, Oktober 1956
Verkündigung des Kommenden. Predigten alttestamentlicher Texte, hrsg. von Cl. Westermann, München 1958, S.142–149
D.G.B. S.48–58

Mitten unter euch – euer Gott – mein Volk!
K. Barth, *Die Menschlichkeit Gottes* (Th. St. 48), 1956, S. 28–35
D. G. B. S. 59–68

Das Evangelium Gottes
Ba. Pr. Jg. 20 Nr. 9, Januar 1957
D. G. B. S. 69–79

Die Übeltäter mit ihm
Ba. Pr. Jg. 21 Nr. 1, Mai 1957
St. G. Jg. 10 (1958), Sp. 193–200
Eckart, Jg. 27 (1958), S. 93–98 (leicht gekürzt)
D. G. B. S. 80–91

Alle!
Ba. Pr. Jg. 21 Nr. 6, Oktober 1957
St. G. Jg. 15 (1963), Sp. 5–10
D. G. B. S. 92–102

Gottes gute Kreatur
D. G. B. S. 103–112

Der große Dispens
D. G. B. S. 113–121

Er ist's
D. G. B. S. 122–132

Lehre uns bedenken ...
D. G. B. S. 133–143

Die Furcht des Herrn ist der Anfang der Weisheit
Ba. Pr. Jg. 22 Nr. 4, August 1958
D. G. B. S. 144–155

Der es mit uns hält
Ba. Pr. Jg. 22 Nr. 9, Januar 1959, S. 2–11
J. K. Jg. 20 (1959), S. 597–601
St. G. Jg. 11 (1959), Sp. 745–750
Communio Viatorum (Prag) Jg. 2 (1959), S. 137–142 (mit Widmung an J. L. Hromádka)
D. G. B. S. 156–165

Tod – aber Leben!
D. G. B. S. 166–175

Gelobt sei der Herr!
D. G. B. S. 176–186

Der Herr, dein Erbarmer
R. m. a. S. 5–16

Du darfst
R. m. a. S. 17–26

Rufe mich an!
R. m. a. S. 27–36; St. G. Jg. 18 (1966), Sp. 261–264

Meine Zeit steht in deinen Händen
Be. Pr. Jg. 7 Nr. 1, Januar 1961
St. G. Jg. 21 (1969), Sp. 41–44
R. m. a. S. 37–46

Der kleine Augenblick
Ba. Pr. Jg. 25 Nr. 1, Mai 1961
R. m. a. S. 47–55

Bekehrung
in dieser Fassung unveröffentlicht (vgl. Anhang) [fehlt in R. m. a.]

Was bleibt
Be. Pr. Jg. 8 Nr. 1, Januar 1962, S. 2–14
Vom Herrengeheimnis der Wahrheit. Festschrift für Heinrich Vogel, hrsg. von K. Scharf, Berlin/Stuttgart 1962, S. 88–97
R. m. a. S. 56–67

Doppelte Adventsbotschaft
Be. Pr. Jg. 9 Nr. 1, Januar 1963
R. m. a. S. 68–77

Was genügt
R. m. a. S. 78–87

Vor dem Richterstuhl Christi
R. m. a. S. 88–96

Traget!
R. m. a. S. 97–106

Aber seid getrost!
Be. Pr. Jg. 10 Nr. 1, Januar 1964
R. m. a. S. 107–119

Als sie den Herrn sahen
Ba. Pr. Jg. 27 Nr. 12, April 1964
St. G. Jg. 16 (1964), Sp. 261–264
R. m. a. S. 120–130

Wo der Geist des Herrn ist, da ist Freiheit
L. Gl. Jg. 32 (1957) Nr. 23, S. 4f.
St. G. Jg. 9 (1957), Sp. 321–324

Das große Ja
L. Gl. Jg. 34 (1959) Nr. 52, S. 4

Wo ist Jesus Christus?
im deutschen Text unveröffentlicht; holländisch unter dem Titel «Waar is Jezus?» in: Strijdkreet. Officieel orgaan van Het Leger des Heils (Amsterdam), Jg. 74 [1961] Nr. 25, S. 18

Ein Wort zum Neuen Jahr
Be. Pr. Jg. 8 Nr. 1, Januar 1962, S. 15f.; Schweizerischer evangelischer Pressedienst, 4. 1. 1962, S. 1; Neue Wege (Zürich) Jg. 56 (1962), S. 1

Gottes Geburt
Wir Brückenbauer (Zürich), Jg. 21 Nr. 51, 21. 12. 1962, S. 1f.

Das Geheimnis des Ostertages
Neue Zürcher Zeitung, Jg. 188, Osterausgabe Nr. 1290, 26.3.1967

Vorbemerkungen
D.G.B. S.VII

Vorwort
K. Barth, *Gebete*, München 1963, S.5–9
(Neuausgabe: Kaiser Traktate 14, München o.J., S.7–10)

Bekehrung
Schallplatte: Gottesdienst in der Strafanstalt (EVZ-Verlag, Zürich [1961])
Be.Pr. Jg. 8 Nr. 3, März 1962

Aber seid getrost!
in dieser Fassung unveröffentlicht (1979 als Tonbandcassette im Theologischen Verlag Zürich)

M. Schwarz: Nachbemerkungen
D.G.B. S.189f.

REGISTER

I. Bibelstellen

Wenn die Bibelstelle der Text der Predigt ist, sind die Seitenzahlen kursiv gedruckt.

II. Namen

Normal gedruckte Seitenzahlen besagen, daß die Person an der betreffenden Stelle im Text der Predigt bzw. des Artikels namentlich genannt oder daß sie (in der Anmerkung identifizierter) Urheber eines im Text angeführten Zitates ist. Kursiv gedruckte Seitenzahlen geben an, daß der betreffende Name vom Herausgeber in einer Anmerkung genannt ist, ohne im Haupttext direkt oder indirekt vorzukommen.

III. Begriffe

Vgl. dazu Vorwort S. XIII. Das Begriffsregister enthält auch Ortsnamen.